ウィーンとヴェルサイユ——ヨーロッパにおけるライバル宮廷　一五五〇～一七八〇

人間科学叢書 46

ウィーンとヴェルサイユ

ヨーロッパにおけるライバル宮廷1550〜1780

J.ダインダム著
大津留 厚・小山啓子・石井大輔訳

刀水書房

Vienna and Versailles

by

Jeroen Duindam

Japanese translation rights arranged with
Cambridge University Press
through Japan UNI Agency, Inc., Tokyo

日本語版への序文

私が二〇〇三年に出版したウィーンとヴェルサイユという二つの宮廷を論じた本書が日本語に翻訳されることはうれしい驚きです。私の本が日本の読者に届けられることになったことは大変喜ばしいことであり、神戸大学教授大津留厚氏をはじめ、日本語版の出版にご尽力いただいた方々にお礼申し上げたいと思います。二〇〇三年に本書が刊行されて以来、ヨーロッパ宮廷に関するいくつかの優れた著作が出版されました。それらの著作は私が本書で比較した二つの宮廷に関する分析と特に見解を異にするものではありません。そうした著作により宮廷論の視界が広がり、個々のテーマに関してより詳細に論じられるようになったことは論を俟ちません。日本語版『ウィーンとヴェルサイユ』が出版されるにあたって、最近の研究動向を俯瞰し、もって現時点における本書の意義を改めて考えてみたいと思います(i)。

宮廷の論じ方

本書の刊行後に出版された宮廷に関する研究にはいくつか共通に見られる特徴があります。その中でも最も重要なことは、宮廷がもはや貴族だけの世界ではない、あるいは少し譲っても貴族が主役を演じる世界ではない、ということが共通の認識になったということではないでしょうか。最近の研究では、宮廷に集う身分がそれほど高くなく、貴族の身分でない人々への関心、あるいは宮廷と都市の御用商人や宮廷で働く人への関心が高まっています。そのため宮廷研究は都市史研究を含みこむことになると同時に、都市史研究において宮廷が考察の対象になってきています。『ウィーンとヴェルサイユ』が明らかにしたことの一つは、宮廷が社会的に広範な人々から成っているということであり、したがって宮廷が貴族エリートの統御のための道具としてのみ扱われるべきものではない、ということでした。最近の研究ではさらに進んで、宮廷が有していた社会との様々な回路を仔細に検討し、君主の御座する都市との関係性が明らかになっています(ii)。寝室侍従から庭師に至る宮廷における個々の業務や職種に関する著作が産み出され、さらにこの傾向に拍車が掛かっています。つまり宮廷が貴族の荘厳な殿堂であり、いかめしい静的な殿堂であるとは考えずに、むしろ動的で様々な職種の人たちによって担われる一つの経営体として捉えなおそうとしていると言えます(iii)。しかもこの経営体としての宮廷に関する詳細なデータはデジタル化されて誰でもその実態に迫ることが可能になりつつあるのです(iv)。

宮廷と女性

広い意味で政治を扱った歴史研究の中では、宮廷を論じる時には旧来から女性の存在とその影響力に言及されることが多かったと言えます。その場合、女王や摂政や愛妾など高い身分の女性が対象となることが多く見られましたが、時には妃のスタッフなど少し身分の劣る者が対象となる場合もありました。この二〇年で見てみると、もっと広く一般の召使から女官、女性王族まであらゆるレベルの女性たちに関する詳細で十分な知識に裏打ちされた研究が増えてきています。研究の対象となった女性たちは、官職保有者の場合もあれば、政治的な役割を担う場合もあり、また後援者を周旋したり、自分自身が芸術、信仰、教育の後援者の役割を果たしたりする場合もありました(v)。国王の宮廷はほとんど男性の天下でした。女性たちも宮廷の社交の場で夫とともに参加しましたが、女性が就いた官職はもっぱら女性王族の宮廷のものでした。したがって宮廷の女性に関する関心が増すことは、そのまま二次的な宮廷つまり王子や王女の宮廷への関心の増大につながりました。ヨーロッパ宮廷の多くは、君主の宮廷を円心に円周状に二次的な宮廷が配されていました。その状況の中で現れる王族間の不和や国家の政策と王朝利害の矛盾にますます研究者の関心が向けられています(vi)。王族内での継承の順位をめぐる規定や親族間の序列がしばしば議論の的になり、時にはそれが宮廷内の派閥間の争いと絡んだり、もっと公の場での論争に発展したりすることもありました。エリアスはそうした不和はふつう国王と貴族の間で発生すると考えましたが、実際はむしろ国王とその一族の間で起こることが多かったと言えます。かくして王族の一員が宮廷から距離を置くことは必ずと言っていいほど疑いを招くことになりました。他方で貴族にとってみれば、宮廷で官職を得ることはそれほど容易なことではありませんでした。

権力の在り処

ここまで述べてきたような研究動向に照らして、一つの大きな問題が残ることになります。つまり君主権力の行使の問題です。宮廷は君主の日常生活の場を提供するとともに、君主の支配領域の統治機構を組織し、君主の儀礼的振舞を規定します。そこでは君主に万能の権力が与えられているかに見えますが、この装置の中心に立つ君主が実際に権力の手綱を自分の手に握っていたのか、握っていたとしてもそれははかなくもあり、気が進まないものでもあったのか、その辺りはまだ解明されていません。絶頂期に断固たる行動をとった強い君主という像も、あるいはその逆に廷臣の陰に隠れて何とか面目を保った弱い君主という像もむしろ例外でした。たいていの君主は両者の中間あたりに位置していました。君主が行使できる権力と宮廷に集うほかの有力者たちが行使できる権力との間に違いを見出すことは困難でした。著しく強力な国王の場合でも、ライフサイクルの論理が上回りました。つまり若くして国王の地位に就いたものは、その地位を確立するまで時間を要したし、高齢化した君主は自分の権力が失われていくのをただ見ているほかありませんでした。宮廷に関する近年の著作がとりわけ強調していることは、宮廷生活というものがその参加者にとっては賭け金の高いゲームに参加しているようなものだったということです。それはそこに参加する女性も男性も高位の貴族であっても、控えめな身分の者にとっても同じでした。宮廷人も使用人たちもみな国王に奉仕するに吝かではありませんでしたが、同時に自分たちの権利と利害にも敏感でした。時には家門の利害が君主に対する不動の忠誠の論理を凌駕することもありました。国王は権力を維持する義務感に溢れていたし、人材登用に対する権限は維持し続けましたが、必要とあれば物事の決定を廷臣たちに委ねることもありました。時には大事な案件の場合でもその辺りで揺れ動くことがありました。国王自身の意図とそれに基づく行為とその影響を、廷臣の意図と行為と影響と区別して論じることは容易なことではないのです。この点に関して特に重要な業績としてフランス宮廷を論じた二人の研究者の著作を挙げておきます。一つはギオラ・スターンバーグのルイ一四世期の地位と儀式に関する研究であり、もう一つはレオンハルト・ホロウスキのルイ一四世期からフランス革命に至る時期の王族間の勢力バランスを論じたものです(vii)。

エリアスを超えて

ヨーロッパ近世の宮廷を社会との広範な関係から論じることによってその見方も多様になり、またその理解も一筋縄ではいかないということも次第に浸透してきたと言えます。そこで改めて問われなければならないのが、そうしたヨーロッパ近世宮廷というものが、「近世」に限定されるものなのか、また「ヨーロッパ」に限定されるものなのか、ということです。この点でも言及すべき研究は多々ありますが、ここではヴェルナー・パラヴィッチニの研究グループの成果を挙げておきます。彼らの研究はヨーロッパ宮廷が中世後期から一七世紀まで多くの点で連続性を持っていたことを明らかにしました(viii)。中世後期以降、宮廷の家政は制度として次第に確立されていきますが、儀式や祭儀にもそのころからの連続性が見られます。ヨーロッパ宮廷を理解するためには、中世に遡るそのルーツに思いを馳せなければなりません。それに比べて一七五〇年以降一〇〇年の改革と革命の時代（ザッテルツァイト＝「鞍部」の時代）の宮廷研究は遅れていると言えます。革命を経験してヨーロッパの宮廷は大きく変化することになります。国王の中には宮廷が亡命を余儀なくされ、迫害された時代を払拭して、旧来のあり方を復活させようとするものもいましたが、それはあまり展望のないやり方でした。それに対して宮廷を新しい時代の要請に合せて変えて、革命によって作り出された統治のシステムをうまく利用しようとする国王もいました。国民代表機関や内閣制度は政治における強力な磁場として働くことになりますが、それは君主の周辺の廷臣や宮廷エリートにすぐに取って代わるようなものではありませんでした。しかしそれは廷臣や宮廷エリートの役割を根底から変えることになります。ただしその変化のプロセスは慎重に検討されなければなりません。

宮廷を一つの組織として長いスパンで見る場合には、人間関係や緊張関係あるいは改革志向が繰り返されることを正しく認識しなければなりません。私が『ウィーンとヴェルサイユ』で行った二つの宮廷の比較研究の目的の一つは正にその点にありました。本書が出版されて以来今日に至るまでに、組織としての宮廷の論理を中世ヨーロッパからフランス革命に至る長期のスパンで、また政治システムの変化や国の違いを超えて論じることは十分に可能になりました。近年では時間で言えば古代にまで遡り、空間で言えばヨーロッパを超えて世界規模で宮廷が論じられることになりました(ix)。古代宮廷の研究も世界規模での宮廷研究においてもノルベルト・エリアスの著作が出発点になっていることは不思議なことではありません。もっとも近世ヨーロッパ研究者からはエリアスに対する批判が大きくなっていますが、そのことは考慮される場合もあるし、考慮されない場合もあります。エリアスの宮廷像はあくまでフランス宮廷を例にとったものでありますが、それが遍くどこの宮廷にも適用できるかのように書かれています。エリアスは国王が巧妙な操作を通じて「分割して統治する」方法に長けていたと論じていますが、エリアスのモデルがそのままどこにでも当てはまることはあり得ません。ただしエリアスが提起した問題や彼が示した洞察力には今日でも見るべきものがあります。大事なことは実証研究に基づいてエリアスの誤謬を正し、彼の普遍モデルから生じる先入観に批判の目を向けることです。そうすれば大きな影響力を持ったエリアスの洞察は制約から解き放たれ、人類史としての宮廷と王朝に内在する問題を改めて検証することを可能にするでしょう。

二〇一七年一月　　ライデンにて

イェルン・ダインダム

[注]

i　この点に関する議論の詳細については、Duindam, 'Royal Courts', in : *The Oxford Handbook of Early Modern European History. 1350–1750. Volume II Cultures and Power*, Hamish Scott, ed.（Oxford, 2015）, 440–477 を参照。

ii　Werner Paravicini and Jörg Wettlaufer, eds., *Der Hof und die Stadt : Konfrontation, Koexistenz und Integration in Spätmittelalter und Früher Neuzeit*（Ostfildern, 2006）; Herbert Haupt, *Das hof- und hofbefreite Handwerk im barocken Wien, 1620 bis 1770 : ein Handbuch*（Innsbruck, 2007）; Irene Kubiska-Scharl, Michael Pölzl, *Die Karrieren des Wiener Hofpersonals 1711–1765. Eine Darstellung anhand der Hofkalender und Hofparteienprotokolle*（Innsbruck, Vienna, Bozen, 2013）; Boris Bove, 'La cour en ville, avenir de l'histoire urbaine?', *Histoire urbaine*, 44（2016）, 169–175 ; William Ritchey Newton, *Dans L'ombre de La Cour : Les Baraques autour du Chateau de Versailles*（Paris, 2015）.

iii　William Ritchey Newton, *La petite cour : services et serviteurs à la cour de Versailles au XVIIIe siècle*（Paris, 2006）; Mathieu Da Vinha, *Les Valets de chambre de Louis XIV*（Paris, 2004）; Pauline Lemaigre-Gaffier, *Administrer les menus plaisirs du roi : l'État, la cour et les spectacles dans la France des Lumières*（Paris, 2015）. 'Les Métiers de Versailles'の一連の書籍を参照。

iv　フランス宮廷の『名簿』に関するデジタル情報の概要に関しては、ヴェルサイユ宮殿研究センターのサイト（http://www.chateauversailles-recherche-ressources.fr/jlbweb/jlbWeb?html=accueil）を参照。ウィーン宮廷の廷臣、召使についてはhttp://www.univie.ac.at/hofpersonal/de/das-projekt/を参照（現在制作中）。イギリス宮廷の召使に関しては、http://courtofficers.ctsdh.luc.edu/を参照。宮廷に関する情報、書誌情報に関しては、http://cour-de-france.fr/を参照。以上のサイト情報は二〇一七年一月二日現在のもの。

v　Katrin Keller, *Hofdamen : Amtsträgerinnen im Wiener Hofstaat des 17. Jahrhunderts*（Vienna, 2005）; Nadine Akkerman and Birgit Houben, *The Politics of Female Households : Ladies-in-Waiting across Early Modern Europe*（Leiden ; Boston, 2014）; Anne Walthall, *Servants of the Dynasty: Palace Women in World History*（Berkeley, 2008）; Bettina Braun, et al., *Nur die Frau des Kaisers? Kaiserinnen in der Frühen Neuzeit*（Vienna, 2016）; Tracy Adams, 'Renaissance Queenship : A Review Article', *Explorations in Renaissance Culture*, 42（2016）, 87–107.

vi　Luc Duerloo, *Dynasty and Piety : Archduke Albert（1598–1621）and Habsburg Political Culture in an Age of Religious Wars*（London ; New York, 2016）; Liesbeth Geevers and Mirella Marini, eds., *Dynastic Identity in Early Modern Europe : Rulers, Aristocrats and the Formation of Identities*（London ; New York, 2015）.

vii　Giora Sternberg, *Status Interaction during the Reign of Louis XIV*（Oxford, 2014）. 最近では、Fanny Cosandey, *Le rang : préséances et hiérarchies dans la France d'Ancien Régime*（Paris, 2016）が刊行された。 Leonhard Horowski, *Die Belagerung des Thrones : Machtstrukturen und Karrieremechanismen am Hof von Frankreich 1661–1789*（Ostfildern, 2012）.

viii Werner Paravicini ほかの編集による宮廷研究叢書を参照。中世後期の宮廷に関しては，Malcolm Vale, *The princely court : medieval courts and culture in North-West Europe, 1270–1380*（Oxford ; New York, 2001）を参照。

ix Antony Spawforth, *The Court and Court Society in Ancient Monarchies*（Cambridge, New York, 2007）; *American Journal of Philology*, 132, 1（2011）special issue Classical Courts and Courtiers, David Potter, Richard Talbot, editors ; Walthall, *Servants of the Dynasty* ; Jeroen Duindam, Tülay Artan, and İ. Metin Kunt, eds., *Royal Courts in Dynastic States and Empires : A Global Perspective*（Leiden ; Boston, 2011）; Duindam, *Dynasties. A Global History of Power 1300–1800*（Cambridge, 2015）.

ウィーンとヴェルサイユ——ヨーロッパにおけるライバル宮廷　一五五〇～一七八〇　目次

〈装丁　的井　圭〉

凡例

一　人名や地名などの固有名詞の表記は通例に従い、現地語での発音に則したカタカナ表記とした。例えば、妃の名前は嫁ぎ先の言語に従い表記している。また、日本において定着している表記がある場合はそちらを優先させた。

一　原則として人名の後の括弧内の年代は、フランス国王や神聖ローマ皇帝の場合、「位」を付して在位年を示し、それ以外の場合は生没年を示した。

一　本文の原注と略語表は、刀水書房ＨＰ内に「原書注記一覧」として掲載した。適宜ご参照いただきたい。

（http：//www.tousuishobou.com/others/vienna%20and%20versailles%20notes.htm）

ウィーンとヴェルサイユ――ヨーロッパにおけるライバル宮廷　一五五〇～一七八〇

図１　「大臣の中庭」から見たヴェルサイユに集まる馬車群（17世紀後半）

第1部　序

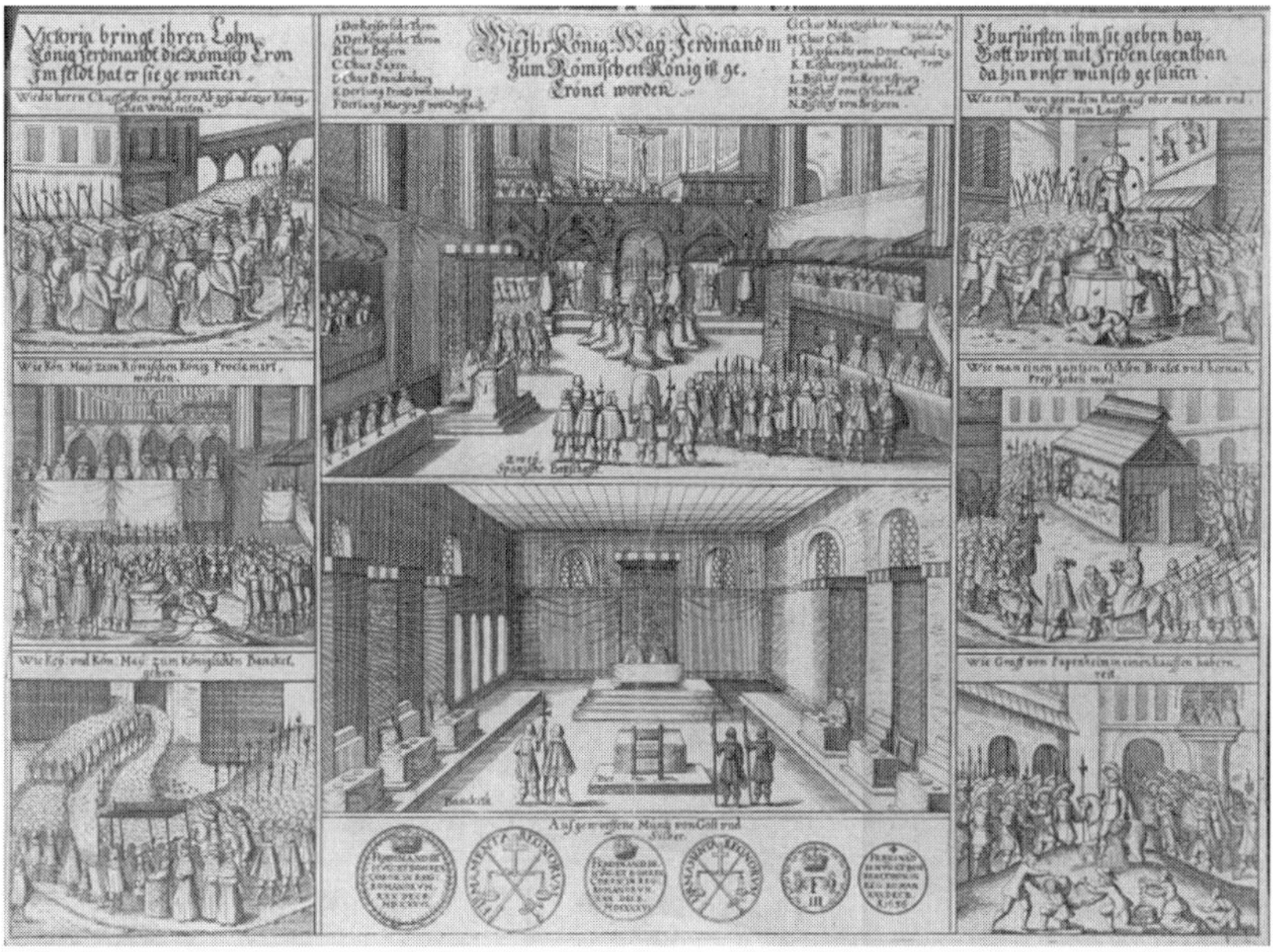

図2　フェルディナント3世のローマ王戴冠式の様子（1636年）

第1章　宮廷史研究の諸問題

王室と行政府

一六九〇年にフュルティエールが辞書に記述したところによると、宮廷というものは、「国王、もしくは主権を有する君主の住まい」であると同時に、「国王、そしてその国務会議や高官たち」と「君主の官吏や側近たち」そのものでもある。フュルティエールは宮廷を説明するために、宮殿、国務会議、従者という三つの組み合わせに加えて、法廷や洗練された作法に関連する意味も入れた。一六九四年に出された『アカデミー辞典』も同じような意味合いを載せ、宮廷は「国王や王太子の館であり、官吏や諸侯の集う所であり、法廷でもある」と記述している。ここで言う「館」には、王家、王室、国王の宮殿が含まれている。また、ヨーハン＝ハインリヒ・ツェドラーは、自身の『百科事典』の中で、「宮廷」についての長々とした議論に先立ち、次のような簡潔でありながら、包括的で伝統的な決まり文句を挙げている。「宮廷とは君主が滞在するすべての場所のことを言う」と(1)。つまり、宮廷についてのあらゆる定義は当時、王室と行政府の両方を含んでいたのである。確かに、君主に付き従い、君主の食事、寝室、礼拝、厩舎の世話をする役人や従者が、王国を統治するにあたって重要な役割を担っていた。さらに、宮廷近くにいた大貴族たちは君主を助け、助言する権利と義務を有しており、君主は彼らの意見を聞かなければならなかった。中世後期から一七、一八世紀まで、ほとんどの宮廷で人数が増加しており、このことは行政府だけではなく、王室でも起きていた。しかしこの拡大期以降、王室と行政府はゆっくりと、しかしはっきりと認識できるほど分離していく。そしてその過程は、君主権の持つ性質や地位の変化を伴う形で進行したのである。

一七九一年にルイ一六世（位一七七四〜九二）は、国民議会が君主個人のためになされていた仕事を財政的にも行政的にも分離させせようとしたことに対して嘆き、「あたかも、国王個人に関する仕事は、国家のためではないかのようだ」と語った。このルイ一六世の主張は、王党派の見解を反映していた(2)。しかしそれまでの五世紀の間、国王こそが頻繁に行政府と王室を分けようとしていたのである。中世後期から拡大した行政機関とその役人は、まだ君主個人の必要性に応じた奉仕と結びついていたが、行政府は近世の間に、君主と彼の助言者グループという王室の頂点とだけつながりを持つ自律した部門として次第に機能するようになった。一六世紀から一七世紀初頭に、文書化によって行政府は着実に成長し、各種の行政的な専門官が宮廷での明確な地位を確保していった。このことは、王室や行政上の地位に就いたり、司令官になることを生まれながらの権利と見なしていた帯剣貴族に対する挑戦となった。このような専門官たちは、宮廷の高官に服属していようが、君主自身にのみ責務を負っていようが、あるいは大貴族と競合しようが同化しようが、法服貴族として高い地位を得て、定着するようになった。また、あらゆるところで専門化された行政的な官職が増加し、「官僚的な」日常業務を発展させた。こうして、法服貴族と帯剣貴族はお互いを受け入れざるを得なくなり、両者の職務や地位を分かつ新たな境界線が確立されていった。

一七世紀から、王室の役人となった貴族とその一派が持つ優位を脅かす慣行がいくつか導入された。太陽王ルイ一四世（位一六四三〜一七一五）の「位階令」によって、陸軍卿ルヴォワ侯フランソワ＝ミシェル・ル・テリエ（一六四一〜九一）は軍隊内での昇進制度を再編成して、年功を重視し、貴族身分による特権を制限した。さらに重要だったのは、ルイ一四世が自身の国務会議に諸侯や大貴族を快く受け入れようとはしなかった点である。つまり貴族たちの中でも、国王が最も信頼を寄せる人物だけが、意志決定が行われる正式な機関に参加できた。王室の役人たちはもはや王国の統治に対して責任を負っておらず、王室の人員に対する責任も、宮内府を監督していた国務卿と分け合うことになった。一方、イングランドでも一六六二年からの三年間と一六八五年に王政復古がなされたが、宮廷は縮小され、その魅力をいくらか失っていく。また一六九八年の「王室費」制度は、一八世紀でも続いた。王室を維持するために議会で認められたこのような給付金は、王室、軍事、行政府という三つの予算をより明確に区分することにつながった(3)。しかしそれ以上に、この制度によって明確になったことは、宮廷が王国の中心であると主張することはもはやできなくなったということであった。

他の国々でも、王室と行政府は分離する方向で発展していく。ブランデンブルク選帝侯フリードリヒ三世（位一六八八～一七一三、一七〇一年からはプロイセン王フリードリヒ一世）の治世では、プロイセン宮廷は他のヨーロッパ列強の宮廷と張り合おうとしてきた。しかし兵隊王フリードリヒ＝ヴィルヘルム一世（一七一三～四〇）は、ほぼ完全に父の王室を廃してしまった。後を継いだフリードリヒ大王（位一七四〇～八六）は最低限の王室を復活させたが、王室が担ってきた主な責任を王妃や弟妹の宮廷に譲り、自らは行政機関の確立や軍事的な功績をあげるのに集中した(4)。フリードリヒ大王のライバルであったマリア＝テレジア（位一七四〇～八〇）は、オーストリア軍がシュレージエンで敗走した後、行政と軍隊を根本的に再編成した。マリア＝テレジアは啓蒙的な考えに追従しながらも、大貴族たちとの合意を維持していくことにも注意を払っていた。そのためにマリア＝テレジアは、王室や貴族の身分全体さえも行政府や軍隊のヒエラルキーと対等な立場に置いたのである。これは、デンマークの王令（一六八〇）やピョートル大帝の「官等表」（一七二二）と同じ考えを持った施策であった(5)。影響力のほどは推測するしかないが、マリア＝テレジアの行政機関における宮廷の高官たちの役割は、前任者たちの時のように広範囲に及ぶことはほとんどなかった。ヨーゼフ二世（位一七六五～九〇）はオーストリア宮廷をさらに作りかえ、縮小させた。ヨーゼフが何度も試みた全面的な改革は、一時的にエリート層とハプスブルク家とのバランスを崩した(6)。一方、フランスでは官僚制の影響力が初期から極めて強く、一八世紀を通じて行政がますます専門化していったので、法服貴族であった行政官たちが帯剣貴族と争うことは少なくなっていた。行政機関で高位を得たような傑出した家門が、貴族家門に組み込まれ、なかには宮廷の周辺にある意志決定機関でも中心的な立場を占める者もいた。フランス革命が起こるまでの数十年に、軍事的、財政的な崩壊によって、貴族が牛耳っていた二つの領域に根本的な変革が引き起こされた。軍隊はサン＝ジェルマン伯によって一七七八年に再編成され、王室は一七八〇年から改革・縮小された。

一八世紀末までに、伝統的に貴族身分と結びついていた奉仕と功績は、必ずしも血統に基づくものではなくなっていた。むしろ、貴族の出自と功績が全く反対の原理として考えられる可能性さえあった。君主に仕えていようがいまいが、戦場、官僚制、財政における功績自体が貴族に列せられるための至上の原則となった。ヨーロッパの各宮廷もこのトレンドに与していた。例えば、スウェーデンやプロイセン宮廷、さらにヨーゼフの宮廷では、伝統的な宮中服に軍服が取って代わった。他の多くの宮廷も追随し、フランス風の豪華な盛装やハプスブルクの伝統的な式服の代わりに簡素な燕尾服を上品に着こなすのが広まっていた(7)。近世国家に奉仕することで官吏に与えられた社会的な上昇は、形としては貴族の伝統や貴族社会の様相と酷似していたのである。つまり、官吏エリートたちも家系によって自らの地位を正当化しようとして、重層的な階層社会を生み出した。しかし、一九世紀に出現したこの官吏エリートたちは、より厳しい鍛錬と選別にさらされた結果、家系はあまり重要ではなくなった。このような国家や官吏エリートの「近代化」は長く複雑な過程であった。ここで、中世後期の「新たな」君主制、つまり一六世紀から一八世紀に及ぶ国家形成の重大な局面を指摘することができる。ある者は一七七〇年から一八三〇年の分岐点を強調するかもしれないし、またある者は一九世紀の君主制に特徴的な肥大した伝統と刷新の混在に焦点を当てるかもしれない。あるいは、あらゆる時代において「近代化する」国家の構造的な類似性に重きを置く者もいるかもしれない。だが、官僚の専門化と王室の隔離が、近世において最終局面に達した国はなかった。王室と行政府の間の公的な結びつきが強かった宮廷があった一方で、王室と行政府との分離が理論上は達成されていた国であっても、両者の間での行き来は可能であった。なぜなら、一人の人物、もしくは一つの家門に王室と行政府の官職が集積されていたり、廷臣たちが君主に意見するのは容易だったからである。

エマニュエル・シエイエスは、宮廷貴族の悪しき影響を糾弾した有名な著書『第三身分とは何か』(一七八九)の中で、この点を指摘している(8)。シエイエスの同時代人たちにとっては、王室と行政府との癒着は明白なことであっただろう。しかし、その後一世紀にわたる官僚制の発展と憲法をめぐる議論がこの問題を曖昧にしてしまった。確かに、一九世紀に君主制が衰退するとともに、宮廷役人が政治に関与することもなくなっていた。宮廷とは異なる権力とパトロネージの中心が前面に出てくるにしたがって、宮廷での親交や奉仕を通じて君主に近づくことはあまり重要ではなくなった。自ら即位した君主であれ、選出された君主であれ、国家の長の私的な取り巻きが常にある種の影響力を持ってきたことは間違いない。しかし、制度化された意志決定プロセスが最優先されたり、代議制機関が公的な権限を持つことによって、彼らの影響力は著しく制限された。さもなければ、正規の手続きを迂回する彼らの非公式な接触はスキャンダルや危機を明るみに出す恐れがあるので、彼らは公的な監視の目が届かないところに押しやられた。近世において、王室と行政府は同じくらい「公的な」存在であり、王室は決して従属的ではなかった。すなわち、何世紀ものプロセスを経て、優先順位が逆転したのである。本来、王室の中で従属的な存在であった行政部門は今や最高権力を振るう一方、現代の王室は憲法で規定された国家内の一部分に格下げされるか、公的な重要性を全く持たないものとなったのである。

したがって、一九世紀の歴史家たちが中世や近世のヨーロッパで起きたこの逆転現象の起源を探したのは無理もない。そのため、王室の分離や周縁化が実際よりも早められてしまったことが、本書の論点の一つである。彼らはヨーロッパの諸王朝を一九世紀後半の基準で判断し、さらに大臣、国務会議、官僚を宮廷世界と切り離して考えたために、近世の王室を近代の諸機関とはほとんど無関係な世界として取り扱ってしまった。つまり、一九世紀の歴史家たちは近代国家の先例さがしにこだわり過ぎるあまり、王室により相応しい場所を与えることができずに、合議的な意志決定の中に潜む、記録に残らず非公式ではあるが決定的な要素というものを理解することができなかったのである。フランスでは、宮廷はいくらか寛容に捉えられた。なぜなら、「絶対的な」君主が「封建的な」敵対勢力を打ち負かし、自らに有利な境界線を引くことで、それは「国民国家」の形成を確固たるものとした、と考えられてきたからである。これに対して一九世紀のドイツ史研究は、神聖ローマ帝国の遺物や多くの領邦国家が混在するモザイクを、国民国家という理念に一致させるのに苦労していた。つまり「国民国家」という意味においては、ドイツに多くの宮廷が存在することこそがドイツの無能さを象徴するようになり、同様に無力なハプスブルク家の宗主権やフランスの勝利をも示すと考えられた。ヴェルサイユは露骨な勝利宣言と同じであり、それは折に触れて示されてきた。どこにおいても、国民国家形成の観点がヨーロッパの諸王朝の解釈に影響を及ぼした。そして多くの研究を生み出したこの世代の歴史家たちが、近世の宮廷に関する私たちの知識の基礎を築き、彼らが編纂した大量の刊行史料がいまだに、私たちの知識を形作っているのである。さらに、こうした彼らの遺産が二〇世紀の歴史家によってすぐには修正されなかった。結果として、王室はますます縁遠いものとなり、一九三〇年代初めから一九七〇年代初めまで、宮廷は空想的な話題の一つとして、反動主義者か変わり者だけが好むものとして見なされてきたのである。

研究史上のバランスの是正

宮廷が歴史研究上の長い眠りから覚めるのに五〇年という年月がかかった。おそらく、その立役者はノルベルト・エリアスといってよいだろう。宮廷を無視しがちな歴史家たちの中にあって、エリアスは画期的な研究によって、妥当性と正当性のある研究テーマとして宮廷を復活させ、政治史の伝統的なあり方に難色を示す人々に、宮廷研究を受け入れられるようにした。というのも、そのような研究者たちには、宮廷はマンネリズムがはびこる、政治的には影響力のある団体でありながらも、歴史的には実体のないものと映っていたからである。エリアスは国家形成に関する一九世紀の理論を、中世後期から一八世紀にかけての「習俗の文明化」という同じく古典的な概念とつなげた。この関連付けをヴォルテールやその他の啓蒙思想家が聞いたとしても、特に驚きはしないだろう。しかしそんな彼らでも、エリアスによって提示されたこの関連付けの本質、すなわち外的強制から自己抑制への変化については少々懐疑的になるかもしれない。エリアスの考えによれば、「外的な」強制は抑圧された行動様式を命じるが、このような行動様式はすぐに「内的な」規範、すなわち理想として受け入れられるようになっていった。エリアスはこのような「内面化」のプロセスの中心として宮廷を選び、君主や貴族たちを主役に据えたのである(9)。貴族たちは自らの権力を失うことによってのみ、ヨーロッパにおける「文明化」のための規範を定めることができた。結局、エリアスの概念の枠組みは「国民国家」を中心に据える歴史家の考えとほとんど一致していた。つまり、宮廷は貴族の権力をうち破り、近代国家の成立に貢献した故に重要である、と考えたのである。宮廷は貴族たちにとって権力の中枢ではなく、むしろ飼い慣らされた大貴族たちの、うわべだけ綺麗に飾られた窮屈な場所だった。君主は、配下の廷臣たちが権力を誇示するための消費によって身を滅ぼし、宮廷でライバルと儀礼をめぐる論争に没頭し、自らの手の上で形骸化していくのを煽っていた。エリアスはこのようなモデルの証拠をサン＝シモン公の回想録に求め、見出した。確かに、サン＝シモンは偉大な著述家ではあったが、なり損ないの宮廷人であり、彼の回想録だけに依拠すると、太陽王の宮廷史を見誤ってしまうのも事実である。

　エリアスはエリート層の様々な行動様式を解明しており、間違いなくエリアスの構想のいくつかは宮廷生活を研究している者にとっていまだに妥当性を持つものである。君主はしばしば抜け目のない操り手であり、貴族は不運な犠牲者であっただろう。しかし、より大きな議論の中でこのような状況を理論的必然として用いることはできないだろう。この重要な説を実証するために、エリアスはフランスや他の至るところで、自分のモデルにそぐわない、もしくは明らかに矛盾する多くの異なった宮廷生活を排除した。それ以上に、特定の人物に焦点を当てるという危険を冒し続けてまで、君主個人の影響力をあまりにも誇張しようとしたことは驚きに値する。また、エリアスは君主と貴族との相互関係における様々な様相を一つの型に押し込めることで、「ヴェルサイユ神話」を増長させた。この「ヴェルサイユ神話」はサン＝シモンの回想録で目を覚まし、すでに幾世代もの歴史家や作家に、最近では映画製作者にも影響を与えている。しかしながら、ルイ一四世期初めにおける王権の著しい復活、それとは対照的なフロンドの乱という諸侯と高等法院の反乱、ヴェルサイユ宮廷の輝かしい最初の一〇年、緊縮財政によって特徴づけられる晩年の停滞、そして独断的な貴族エリートによって支配されていた宮廷の一八世紀的な洗練、これらの出来事はエリアスの一元論的な見解に容易には適合しない。エリアスは主としてフランスを論じているが、彼の研究でどこまで見通せるかは、依然として明瞭でない。しかしその興味深い記述によって、他の研究者たちはルイ一四世の宮廷で起きた出来事を積極的に一般化することに希望を見出した。そして、このような「構造化された」研究において、サン＝シモンの記述はヴェルサイユ宮廷についてですら信憑性に乏しいにもかかわらず、ヨーロッパ全土の宮廷生活の略図として今一度受け入れられた(10)。

大きな学説と明確に系統立てられた分析ではあるが、それらを支えている調査はあくまで限定的であるという矛盾を抱えていたのがエリアスの研究であった。それでもエリアスの研究が、概念装飾と折衷的な議論への強い偏愛を伴った宮廷史の伝統に先鞭を付けた。「絶対主義」における宮廷の「役割」や儀礼の「意味」は、儀礼の具体的な形式や宮廷での日常生活よりも学問的な注目に値すると考えられた。また、人類学的な見地はかつてヨーロッパに存在した宮廷を再評価するために大変重要ではあるが、「儀礼」の概念的な側面を強調し、さらにポストモダン的な「脱構築」やそのレトリックと結びついた結果、具体的なデータよりも抽象的な概念に取り組む傾向を強めてしまった。そのうえ、美術史、音楽史、演劇史、建築史、言語史のような関連分野に研究者が存在することからも分かる通り、宮廷の歴史は文化に強く偏った専門領域として現れた。これらの学問分野からの刺激が必要不可欠なのは今も昔も変わらないが、宮廷研究における文化史への著しい偏りが、政治史の領域とのやりとりを困難にしてしまった。つまり、権力の「レトリック」や「提示」に関する研究は、宮廷における政策決定の過程との関連付けが不十分で、宮廷の壮麗さを説明する原理、もしくはそれを見る側にいた者たちを系統立てて分析してこなかったのである。一九七〇年以降の宮廷史研究は数十年過ぎても、一九世紀の研究によって残された様々なバイアスを明らかにすることはできなかった。宮廷史研究は不当なまでに誇張されたヴェルサイユの優位性を大局的に見直すことも、時を同じくして盛んになっていた絶対主義の再評価を効果的に組み込むこともできなかったのである(11)。

宮廷の歴史に多大な影響をもたらすはずだった近世国家の根本的な再解釈が現れたのはここ数十年である。なかでも、R・J・クネヒト、R・ハットン、J・H・エリオット、R・J・W・エヴァンズらは、国家形成のイメージをより細分化して、その微妙な違いを明らかにした。その際、彼らは君主制の複合的な性質、様々なエリートの連綿と続く影響力、さらに政治的・文化的なパトロネージや、宮廷内での党派と寵愛の性質を強調した。これらの研究者たちは、君主の個人的な側近の重要性を明らかにしており、A・G・ディケンズが編纂した『ヨーロッパの宮廷』に最も優れた章を寄稿している(12)。一九八〇年代には、様々な詳細な研究が、君主の財政的な限界や地方権力からの反動を指摘することで、「絶対主義」概念を明確に批判した。当初、中央行政の諸機関の莫大な文書が国家形成史の主たる史料であったが、今ではそれらを君主の権力を示す「証拠」と見なすことはできない。同様に、法令や役人の急増が、中央行政府の権力の増大と一致していたとは限らない。なにより、このような進展を立証する際、それに伴い貴族の権力が減退していたかどうかも明らかではない。例えば、エリートたちは周辺部で失ったものを中央で取り返すこともできたのである。絶対主義とは君主が意識的に用いた表象の一つでしかなかった。つまり、大掛かりに明示された君主の野心が、具体的な成果に支えられていたことは稀であった。したがって、太陽王ルイ一四世の権力を仰々しく表象したものも額面通りに受け取ることはできない(13)。実際、真っ先に批判の矛先が向いたのは、決まってフランスの「絶対主義」であった。ウィリアム・ベイク、ダニエル・デセール、ジョセフ・バーギン、ロジャー・メッタム、デイヴィッド・パロットら多くが初期の歴史学の脆さを慎重に明らかにしていった(14)。逆にドイツでは、「国民国家」を中心に据えた歴史学を見直す動きが、神聖ローマ帝国に対する興味や関心をかきたてることになった。それは、カール＝オトマール・フォン・アレティン、フォルカー・プレス、ヘルムート・ノイハウスなどの著作に顕著である(15)。

では、絶対主義を見直すことやエリートたちの歴史に新たに注目することが、より成熟した宮廷史研究の始まりとなったのか。その新たな出発点となったのが、ロナルド・アッシュとアドルフ・ビルケによって編纂された論文集『諸侯、パトロネージ、貴族』であり、同書によって宮廷の実態をめぐる議論と、より概念化された宮廷史から生じた疑問が結びつけられた。しかし、同様の重要性を持つ論文集が出されるようになったのは一九九〇年代末になってからだった[16]。最近の研究書でさえ、ヨーロッパの宮廷に関する幅広く、そして十分な根拠に基づいた再評価には未だ程遠いことが指摘できる。そのような中で、デイヴィッド・スターキー、ロバート・バックホルツといった歴史家たちの研究によって、イングランド宮廷の姿は例外的に明らかとなっている。また、いくつかの研究がスペイン宮廷に関する知識を提供してくれた。もちろん、これらのスペイン宮廷に関する研究が、ジョン・エリオットの先駆的な研究によって他と比べて常に有利だったことは言うまでもない。しかし他はどこでも、成果はあまり期待できない。なぜなら、フランス宮廷とオーストリア＝ハプスブルク宮廷のどちらに関しても十分に納得のいく研究はなく、スカンジナヴィア、ドイツ、イタリアの諸宮廷に至っては、まともな扱いをほとんど受けてこなかったからである[17]。権威あるヨーロッパ科学財団の「ヨーロッパ近代国家の起源」という研究プロジェクトは数巻の論文集を刊行したが、その主要なテーマの中に君主の王室や、王室と新たに出現した行政府の統治機関との関係は含まれなかった[18]。この事実は、宮廷史が近代国家の形成史にとってまだ有効ではないことを想起させる。つまり、一九世紀の遺物はなおも大きな力を持っているのである。このような王室という大きな問題をしっかりと理解すること、文化に偏った宮廷研究と近世国家の意志決定に関する近年の研究を統合すること、この両者を併せ持った研究はごくわずかしかないのが現状なのである。

　王室と行政府との間に明確な境界線を引いてきたことだけが、宮廷史研究の進展を妨げてきたわけではない。儀礼も大抵巧みなごまかし、あるいは象徴や記号がしっかりと染みついた難攻不落の要塞のように描かれることがある。また君主と貴族、もしくは君主と身分制議会が敵か味方かというように分類されているように思われる。この敵対関係において、宮廷貴族は支配階層としてか、捕らわれのエリートとして認識されがちである。しかし、このような分断的思考パターンは役に立たない。なぜなら、貴族は宮廷を性格付ける両極の間を常に揺れ動いていたからであり、だからこそ興味深いのである。すなわち、一方では名声を高めるために、意図的に儀礼が使用されたことは否定できないものの、君主に独占され、階層的な世界観に一切束縛されないマキアヴェッリ的な計略の一つとして儀礼を考えることも無駄である。同様に、軍隊、宮廷、官僚などの組織における貴族エリートの「統合」は史料によって裏付けられるものの、それが毅然とした君主が厄介なエリートたちを「てなずけた」ことを意味するのか、それともエリートたちが次第に力を失っていったことを意味するのかは判然としない。おそらく、君主とエリート層の高官たちは等しく宮廷の力に影響されていたのであろう。宮廷では革新と伝統が連綿と絡み合っており、変革を求めて計画された試みよりも、想像上の旧秩序を度々回復させようとした臨機応変な試みの方が「革新的な」結果をもたらしたとも言える。帯剣貴族や諸身分という存在がいつも伝統を媒介するものであったわけではないし、法服貴族や君主が合理的な革新者であったというわけでもない。

現代のプロパガンダや国民国家史的な歴史学が残した厄介なものを退け、宮廷史研究に携わった最初の世代が残した偏りや行き詰まりを避けながら、今こそ近世の王室に関する具体的な輪郭を再構築するべき時である。そうは言っても、現状分かっていることを集めて一般化したり、「モデル」を作り上げることは時期尚早である。なぜなら、現段階でのそのような作業は不釣り合いな事例の寄せ集めや、不十分なデータを基に構築された類型にしかならないと思われるからである(19)。逆に、一つの宮廷に関する詳細な研究が、サン＝シモン公のヴェルサイユという頑なイメージを再考するために十分な基礎を提供してくれるわけでもない。イングランド宮廷に関する一連の学術的な研究、アロイス・ヴィンターリンクが一九八六年に発表したケルン選帝侯の宮廷に関する洞察力に富んだ研究、あるいはファビアン・パーションの十分な史料に基づいたスウェーデン宮廷に関する分析などは、結果的に「ヴェルサイユ・モデル」の妥当性が普遍的ではなかったことを示している。しかし、これらの成果からフランスの状況を判断することはできない。逆にフランスだけに集中することも同様によくない。なぜなら、別の宮廷に関する史料を分析することで生じる疑問や示唆がなくては、フランスの例を再評価することはかなり難しく、それが本当に例外であったかどうかを判断することは不可能だからである。

上記のことから、フランス宮廷とヨーロッパにあった別の主要な宮廷を比較することによってのみ、本書の目的が達成されるということになる。一六世紀中ならばスペインと、おそらくはイングランドが適当な候補となるだろう。一七世紀初め以降ならば、スペインに加えてウィーンも条件を満たした候補となりうる。しかし、ヴェルサイユが典型的であった期間、つまり一六八二年から一七一五年の間ならば、ウィーン宮廷は当然の選択となる(20)。フランス宮廷とオーストリア＝ハプスブルク宮廷とは、一六世紀後半から一七世紀初めにかけてヨーロッパの覇権を握っていたスペイン＝ハプスブルク家とのつながりを通じて接触していた。親密な王朝連合であろうが、永遠のライバルであろうが、ヴァロワ－ブルボン家とオーストリア＝ハプスブルク家のどちらにとっても、スペインは避けられない相手であった。では、両ハプスブルク家とそのライバルであるフランス王家との三角関係はどのように展開したのであろうか。

競合する二つの王家

近世ヨーロッパにおける主要な王家が相対するきっかけとなった一連の出来事を引き起こしたのは、一四九四年にアルプス越えを行った、フランスのシャルル八世（位一四八三～九八）である。フランス・ヴァロワ朝とハプスブルク家との争いが始まったのである。当初、砲兵隊を擁したフランス軍はイタリアを瞬く間に占領したが、この成功は長くは続かなかった。しかし、その後のフランス国王たちもイタリアへの野心を捨て去りはしなかった。良かれ悪しかれ、歴代のフランス国王はその努力を繰り返したが、結局スペインを飲み込んだハプスブルク家とその同盟国によって押し返されてしまった。スペインの若き王カルロスは、一五一九年にカール五世（位一五一九～五六）として神聖ローマ皇帝に選出され、これより後フランスの国王は圧倒的な広さを誇る諸領土の集合体と対峙することになる。一五五九年まで続いたイタリア戦争によってハプスブルク家はナポリとミラノを新たに獲得し、スペインとその海外領土、ハプスブルク家世襲領、ブルゴーニュ伯領とネーデルラント、神聖ローマ皇帝位を合わせると広大な領土がハプスブルク家に集まった。このような領土の集積が、中世ヨーロッパ最大勢力であったフランスとの敵対関係を生み出したのである。おそらく、フランス人たちはハプスブルク家の領土に囲まれていると考えただろう。

こうしたカールの手にも負えないほど広大な領土の統治もその継承も、一人の手中に収まることはなかった。一五二一〜二二年にハプスブルク家内で盟約が取り決められ、ハプスブルク家を「スペイン」系と「オーストリア」系に分割するための基礎が敷かれた。この盟約に従って、マクシミリアン一世（位一四九三〜一五一九）の遺領はブルゴーニュ伯領とネーデルラントを除き、カールの弟フェルディナントによって治められることとなった。さらに、一五二六年にオスマン帝国がハンガリーの大部分を占領し、オスマン帝国との戦いの中で、ボヘミアとハンガリーの王であったヤゲウォ家のラヨシュ二世が戦死したため、フェルディナントはボヘミアとハンガリーの王位を獲得したのである。一五三一年ついに、フェルディナントは次代皇帝となるローマ王に選出された。一五五〇〜一五五一年には、カールは自らの息子フェリペに皇帝の称号を確保するため、当初の盟約を改定することを望んだ。しかし、すでに年老いた皇帝は、両家が交互に神聖ローマ皇帝の称号を得るという非現実的な取り決めで満足せざるを得なかった。この取り決めに従えば、フェルディナントが皇帝としてカールの後を継ぐが、フェルディナントが生きているうちにフェリペがローマ王に選出されることになっており、フェリペがフェルディナントの後を継いで皇帝となった時に、フェルディナントの息子マクシミリアンが同じくローマ王に選出される、というように続いていくことになっていた。しかし、すべては失敗に終わった。帝国の選帝侯たちは新皇帝を自由に指名する権利に対する侵害を受け入れなかったし、フェルディナントが選帝侯たちの留保を打開しようとすることもなかった。こうして、マクシミリアン二世（位一五六四〜七六）が父の後を継ぎ、オーストリア＝ハプスブルク家は一七四〇年まで皇帝位を保持することとなった。この両ハプスブルク家の分裂は、一七〇〇年にカルロス二世が逝去してスペイン＝ハプスブルク家が絶えるまで続くことになる。

兄カールのスペイン＝ハプスブルク家と弟フェルディナントのオーストリア＝ハプスブルク家は頻繁に結婚相手を

交換し(21)、ヨーロッパの他の王朝に対して統一した体裁を取り繕おうと努めたが、それは容易ではなかった。両ハプスブルク家が軍事上の優先事項を一致させることは簡単ではなかったのである。スペイン＝ハプスブルク家は海外領地、地中海、フランス、そして西ヨーロッパに力を注ぎ、オーストリア＝ハプスブルク家は東部国境におけるオスマン帝国の脅威と、帝国の北東外縁部におけるポーランドとスウェーデンの情勢に気を配らなければならなかった。そのうえ、オーストリア＝ハプスブルク家は一六世紀後半、「カトリックの王」と呼ばれたスペイン王よりも異端者に対して寛容である必要があった。フェルディナント一世の息子マクシミリアンはカール五世の娘マリアと結婚し、スペイン総督としてカールに仕えた。マクシミリアンは父フェルディナントとスペイン＝ハプスブルク家のどちらとも関係の悪化を招くような宗教的な立場をとったが、ローマ王選出を確実なものとするために、異端と思われるような態度を一五六〇年にだけ捨てた。さらに、息子ルドルフとエルンストをフェリペ二世の宮廷で教育させるべく送り込むことで、マクシミリアンは自らがカトリックであることを示した。結局、両ハプスブルク家の対抗宗教改革に対するスタンスが一致したのは一七世紀初めだけであった。ハプスブルク家世襲領で明確な対抗宗教改革を推し進めたフェルディナント二世（位一六一九〜三七）でさえ、帝国の選帝侯や諸侯の態度を考慮せねばならず、皇帝たちは多くのプロテスタント領邦君主を含む帝国を統治しているということを常に思い知らされてきた。

また、フランスの脅威が常に両ハプスブルク家を一つにしたというわけでもなかった。三十年戦争の間、選帝侯や諸侯はカトリックもプロテスタントも同様に、スペインの影響力を怪訝な目で見ていた。彼らは、皇帝がスペインの助力を得て、カトリシズムを復活させると同時に、ハプスブルク家の権力を強化するのではないかと疑っていた。一六三〇年のレーゲンスブルクの和約に際して、選帝侯たちは自分たちの同意なしでは戦争できないことを明記し、これがフェルディナント二世のマントヴァ危機への介入を妨げたのである(22)。さらにヴェストファーレン会議において、フランスはオーストリアとスペインの分離という同じカードを切り続けた。この会議で結ばれた条約によって、皇帝はスペインとフランスが戦争状態にある間はスペインを支援してはならないとされた。さらに、新皇帝が選出されるに際して受け入れなければならない条件を記した選挙協約によって、皇帝は帝国議会の明確な同意なしでは戦争できないということが改めて規定された(23)。このような状況は、オーストリア＝ハプスブルク家の君主が神聖ローマ皇帝としての利益とスペイン＝ハプスブルク家への孝行心とを同時に実現することを難しくした。したがって、フェルディナント三世（位一六三七～五七）やレオポルト一世（位一六五七／五八～一七〇五）は、フランスと戦争中だったフェリペ四世（位一六二一～六五）を効果的に支援することができなかった。

一六五九年のピレネーの和約後、ハプスブルク家とブルボン家の対立は、その質と焦点を変えた。ルイ一四世とフェリペ四世の長女マリ＝テレーズの婚姻を和平の証とすることは、一六一五年に結ばれたスペイン王家とフランス王家の婚姻と似ていたが、その内実は大きく変わっていた。両者の関係の変化を端的に示しているのが、一六六一年にロンドンでスペインとフランス大使の従者が口論となった事件である。事態が深刻な危機になることを恐れたスペインは、謝罪のための使節をルイ一四世の宮廷に送らなければならなかった(24)。この顚末は決して偶然ではない。前世紀には明らかにハプスブルク家の権力の中心であり、多くの点でヨーロッパ外交の中心であったスペインは、程なくフランスによって失墜させられた。一六五九年の和約やその後のロンドンでの騒動は、明らかにフランスの優位を示していた。しかしそうは言っても、ルイ一四世即位後の数十年間において、フランス宮廷に影響を与えていたのはスペインの動向であった。ウィーンに目が向けられたのは、フェリペ四世が逝去した一六六五年前後というハプスブルク家が危機的な状況に陥った時期だけであった。一六五四年ローマ王フェルディナント四世の突然の死、そこから一六五八年七月にレオポルト一世が選出されるまでの一五か月の空白期間、ルイ一四世とマリ＝テレーズの婚姻、病弱でわずか四歳のスペイン王カルロス二世の即位、両ハプスブルク家における男子継承者の不在、これらの出来事はまさしくハプスブルク家の存続をおびやかしているように思われた。レオポルトはフェリペとその後妻の間に生まれた娘マルガレーテ＝テレジア（一六五一～七三）と結婚し、その後ティロルのクラウディア＝フェリーツィタス（一六五三～七六）と再婚したが、危機的な状況に変化はなかった。プファルツ＝ノイブルク公の娘エレオノーラ（一六五五～一七二〇）との三度目の結婚によって、一六七八年にヨーゼフ、一六八五年にカールと、ようやく男子後継者が生まれた。その頃までに、ルイ一四世が治めるフランスは明らかにヨーロッパの大国となった一方、マドリッドはもはやハプスブルク家の中においてさえも中心ではなくなっていた。

ルイ一四世の治世半ばも過ぎたところで、スペイン王家は宮廷の有力な模範ではなくなっていたし、フランスにとっての比較対象でもなくなっていた。ウィーン宮廷においてさえ、スペイン大使は他の大使や諸侯の中でぬきんでた存在であり続けることは難しかった[25]。帝国の複雑な国制や、ハプスブルク君主の領邦に存在した諸身分の権力によって制限されていたものの、皇帝に忠実な貴族たちの手助けのおかげで、レオポルトの統治は大いに成功した。一六八三年のオスマン帝国によるウィーン包囲のすぐ後、気弱な皇帝にとって栄光の時が訪れた。ハプスブルクの軍隊がオスマン帝国を撃退し、押し返し始めたのである。ハプスブルク軍の前進が食い止められたのは一七三〇年代後半だけだった。一六八〇年代後半から、ウィーンとヴェルサイユがヨーロッパの宮廷世界における二大勢力であったことは間違いない。レイスウェイク条約（一六九七）からスペイン継承戦争までの休戦状態の間、この二つの宮廷の間にあった緊張関係は、儀礼上の争いという形をとって典型的に現れた。一六九九年、フランス外交使節ルイ＝エクトール・ド・ヴィラールはカール大公の祝宴を訪れた。外交使節が行事に参加する場合は、ある一定の距離をとって参加することがならわしであった。この慣例的な境界線をヴィラールが越えてしまった時、彼はカール大公の宮廷長官であったアントン＝フロリアン・フォン・リヒテンシュタインによって強制的に追い払われることになる。ヴィラールはこの出来事を悪用して大騒動を作り出し、軍事的な脅迫もにおわせた。結局、リヒテンシュタインはヴィラールに謝罪しなければならなくなった。この事例は前述のもっと有名なロンドンでの論争とはあまり類似点はなく、ウィーンの謝罪は、以前スペインが行ったほど明確でも公になったわけでもなかった。しかし、この事例は今やレオポルトの宮廷が、儀礼と外交におけるフランスからの挑戦の矢面に立つようになったという印象を裏付けたのである[26]。

スペイン継承戦争（一七〇一〜一三／一五）の参戦国によって、ブルボン家によるスペイン王の継承が承認されると、ハプスブルク家とブルボン家との間にあった対立の根本的な原因、つまりハプスブルク家によるフランスの「包囲」は消えてしまった。オーストリア領のネーデルラント、イタリアにおけるブルボン家とハプスブルク家の領地が問題を引き起こす可能性はあったが、より激しく競合する局面は終わっていた。「最後のハプスブルク家の君主」であるカール六世のもと、ウィーン宮廷はバロック時代の絶頂期にあり、カールはなおもフランス流の宮廷生活の影響からは少し距離を置いていた。最終的に、ハプスブルク家のフランスに対する敵愾心と反フランス的な流儀が消え去るのは、一八世紀半ばの大規模な戦争の後であった。ヴェルサイユの初期の輝かしさを経験した人々にとって、ハプスブルク家のウィーン宮廷は明らかにヴェルサイユとの対比に値するものであった。ウィーン宮廷はマドリッド宮廷を浸食し、主要なカトリックの宮廷にのし上がった。神聖ローマ帝国に対するフランスの野心は、一六四八年のヴェストファーレン条約を保証するという立場に覆い隠されてはいたが、レオポルトに皇帝としての権力を積極的に守るように促すことになった。確かに、ヴェストファーレン条約は帝国におけるハプスブルク家の地位を強めるための出発点であった。そして、宮廷はなくてはならない要素であった。レオポルト一世はますますルイ一四世に対抗する人物と考えられるようになり、皇帝がフランスの覇権主義やオスマン帝国の脅威から帝国を守ってきたと考えられた。プロテスタントの大多数にとってさえ、皇帝は最小限の害悪でしかないと思われた(27)。

しかし、レオポルトの統治に皇帝としての側面が強く表れていたという事実こそが、レオポルトの宮廷とルイ一四世の宮廷との比較を難しくしている。ハプスブルク家世襲領の君主権、ボヘミアとハンガリーの王権、そして神聖ローマ帝国に具体的な権利を持たない皇帝権という三つを束ねる行政府は常に混乱していた。宮廷と帝国との間に生じる利害の衝突、すなわち世襲領と、中間的な立場にあるボヘミアとハンガリー王国を含む帝国との対立が、多少なりとも統一した国家を作ろうとする努力を妨げたことは一度や二度ではなかった。選帝侯に相当する強力な中間層は、一七世紀後半のフランスにはなかった。フランスでは、いくつかあった諸侯家も特権的な地位にしがみついているだけの、帝国の小諸侯たちと何ら変わりのない存在であった。オーストリア＝ハプスブルク家の権利や領地が複雑に入り組んだ集合体は、フランスの統合された君主制という誇張を相対化するのに役立つ。しかし、最も顕著なことは、ハプスブルク家が宮廷における貴族と君主の関係を正しく理解していたことである。オーストリア＝ハプスブルク家領内にいる大貴族は、地方行政の根幹をなしており、領主としての地位を強固にしてきた。しかし、大貴族の中でも最高位にあった者たちは同時に、宮廷でハプスブルク君主に仕えていた。ハプスブルク家と皇帝に忠実なカトリック貴族との連携の強さを見れば、ヴェルサイユのよく知られた類型を払拭せざるを得ない。つまり、宮廷役人を機能不全や衰退と結びつけて考えることは必ずしも正しくないということである。ハプスブルク家の宮殿であったホーフブルクの知見を踏まえてヴェルサイユ宮廷を見ると、貴族であった高官たちの卑屈さではなく、むしろ国王によって形作られた堂々たる宮廷においても貴族たちの威厳や自由が際立っていたことに驚かされる。しかもこのような貴族たちの態度は、喪失した権力に代わるものであったと言い切ることもできない。ここまで示してきたように、事実と既存のイメージを再び混ぜ合わせることこそが本書の目的に沿うものである。なぜなら、広く知られている現象に対してよりバランスのとれた説明が可能となるからである。

しかし、ウィーン宮廷を選ぶことには一つ大きな難点がある。二つのカトリック宮廷を比較するのにもかかわらず、宗派と宮廷のスタイルという複雑な問題を置き去りにしている。宗派は宮廷のスタイルと大いに関連していた。儀式は明らかにカトリックの礼拝にルーツを持ち、宮廷における崇敬の形式の重要な手本は教皇庁であった。したがって、プロテスタントたちは名声や礼儀作法に関する言説を懐疑的に見ていた(28)。宮廷の荘厳さはカトリックに特有なものなのか、ルター派やカルヴァン派は違った形態をとっていたのであろうか。教会でのカトリック礼拝を廃止した王室は、脱神聖化されていったのであろうか。これらの疑問は文献に度々登場するものの、まだ十分に分析されておらず、そして本書でもこれらの疑問を体系的に扱うことはできていない。

本書について

ルイ一四世とレオポルト一世が受け継ぎ、形作った宮廷の組織は、中世後期に形を成し、一六世紀後半から一七世紀前半の激しい戦いの時代に再構成された。本書では、宮廷生活の形態や中世後期における宮廷を簡単に論じた後、一五五〇年頃から一七八〇年代までの期間においてブルボン家とハプスブルク家の宮廷がどのように発展していったのかを示すことにしたい。関心の中心は、一七世紀前半の紛争の後に現れた宮廷生活の「典型」である。プロパガンダや文学的な装飾、そして一八世紀に作られた神話からルイ一四世の宮廷を解き放つために、ハプスブルク家の宮廷と比較したり、両宮廷の前期と後期の慣習を見比べることにする。宮廷生活のスタイルが変化した一八世紀自体もまた重要である。一八世紀の人々は、一七世紀の宮廷にあったような陽気で不作法な雰囲気に、一八世紀の洗練された宮廷というイメージを重ね合わせた。一八世紀半ばを過ぎると、一連の改革がハプスブルク君主国の構造を変えた。そして、そのプロセスはヨーゼフ二世の治世が終わる一八世紀末まで続くことになる。フランス革命を前にした一〇年間で、ブルボン家の宮廷も今一度新たな形に作り直された。宮廷の人員は削減され改革された。その結果、宮廷役人の支配力が衰えた。間違いなく新しい心情に突き動かされたこれらの改革は、経費の削減や効率性の向上を目指した以前の法令を思い起こされる。近世を全体として捉えることによってのみ、宮廷生活に関する定型句を修正し、そして変化の決定的な瞬間を正しく評価できるだろう。

本書は、三つの領域に関する疑問によって構成されている。より推論的な議論や解釈に移る前に、これら三つすべてに具体的な解答を提示することを目指す。誰が宮廷にいたのか。宮廷に集まった人々はどのように組織され、君主に仕えたのか。そのような人員や役人たちが行っていた日常的な活動とは何だったのか。また、これらの日常的な活動はどの程度儀式によって決められたのか。政体の中にどのように王室を位置付けることができるのか。具体的に言えば、意志決定の過程における宮廷役人の立場、パトロネージ、党派、寵愛主義のメカニズムについて論じ、君主国全体に対して王室の持つ社会的、政治的な重要性をどのように評価すべきなのかを探る。だが、宮廷における芸術家たちの活動、彼らを支えた文化的なパトロネージ、宮廷文化が社会全体に与えた影響については、前述した社会的、政治的な状況においてのみ論じることにしたい。

史料は本書で行う二つの宮廷の比較にとって十分な基礎となるが、オーストリア＝ハプスブルク家とヴァロワ－ブルボン家の宮廷に等しく存在しているわけではない。ハプスブルク宮廷に関する国家文書館に収められている史料や同家の文書に残されている回想録は、怠慢、火災、革命などによって被害を受けたフランス宮廷に関する史料よりも継続的かつ系統的な遺産である。しかしフランスには、この隙間を埋めてくれる、学者、系譜学者、高官によって集められた豊富な手書き史料がいくつかある。また、刊行物史料に関しては立場が逆転する。一七世紀から今日に至るまで、フランス宮廷はかなり注目を集めてきたが、ウィーンにはサン＝シモン公はもちろんのこと、ダンジョ侯やスルシュ侯のような人物はいなかった。ただ、一八世紀のウィーンに関しては、ケーフェンヒュラー＝メチュの『日記』など、フランスに匹敵するような史料が残されている(29)。フランス宮廷に関する豊富な、半ば文学的な史料の多くが、過去の史料を集めたフランス史の記念碑的なシリーズの一つとして編纂・刊行されるよりも前の一八世紀に様々な形で出回っていた。しかし、これらの史料がいつも役に立つとは限らない。なぜなら、これらこそがいまだに歴史家を悩ますルイ一四世の宮廷世界に関するイメージの発端だからである(30)。

これまで、およそ一〇年間を宮廷の研究に費やしてきたが、文書館に残された史料を直接手に取ったのは最近のことである。だが、文書館における調査こそが唯一合理的な研究の方向性である。この宮廷史という領域では、本筋から外れた議論が長年にわたり具体的な知識の欠落を覆い隠しており、文書史料に関する専門的な知識だけでは流行りの過剰な概念化から逃れることはできない。私自身、この挑戦を受け入れた時から、極めて困難なことに取り組んでいると実感した。しかしながら、史料とこれまでの宮廷史研究において受け入れられてきた考えとを突き合わせていく作業は、私の研究生活の始まりをとても刺激的なものにした。本書は、文書館史料や刊行史料を選択しながら研究することによって、これまでの文献にある疑問に答え、知識の欠落を埋め合わせて、現状の歴史学が作り出した世界と史料から見える世界を統合することを試みている。二つの宮廷を長期間にわたって比較することで、これまで明らかにされてこなかった展開を分析できていれば幸いである。しかし、長期間の比較ということを選択したために、対象期間を限定して文書館史料を徹底的に調査した研究が持つ深みや精密さに達することはできなかった。しかし、本書の第一の目的は、ウィーンとヴェルサイユという二つの宮廷の発展について輪郭を描くことである。そのうえで、近世における宮廷の本質的な特徴を再評価するために、宮廷に関する疑問を包括的に議論できる大きな枠組みを本書によって提示できればと願っている。

第2章　近世前夜の王室

宮廷において繰り返される伝統と模倣

ウィーンとヴェルサイユ、ヨーロッパにおけるこの主要な宮廷二つを比較するためには、宮廷というものが必然的に持つ汎ヨーロッパ的な性格に関して議論しなければならない。ヨーロッパでは各王家間の緊密なネットワークが形作られており、その君主たちはライバルであれ、同盟者であれ、各宮廷の最大の長所を取り込むことに懸命であった(1)。ヨーロッパの諸王家は常に婚姻関係を結び合っており、ブルゴーニュ公国の例がはっきりと示しているように、確かに王家とその宮廷の成功は結婚政策に反映されているものである。一六世紀後半から一七世紀にかけて、スペイン王家出身の花嫁は高い価値を持っていたが、フランスにおいてメディチ家の王妃は、ウィーンにおけるゴンザーガ家の皇妃と同様に重要であった。王妃や皇妃は、生家の伝統に則った儀式や宮廷システムを持ち込むことによって、たとえそれが新しい宮廷の組織にうまく馴染まなかった場合でも、自らの慣習や側近たちを嫁ぎ先でも維持することができた。また、家系の断絶によって他国の環境で育った子孫が連れてこられる場合もあり、当然その君主たちは常に新しい臣下の伝統を考慮に入れなければならなかったが、それでも自らの好みに最も合ったやり方を採用することができた。こうした適応の過程は記録にはっきりと残されていないものの、それでも長期間にわたって、そして大きな混乱もなく行われたのは間違いない。それゆえ人員、役人、伝統に関して、ヨーロッパの諸宮廷が類似していたこと自体驚くべきことではない。宮廷の官職保有者や随行者のリストも多くの場合、多言語による様々な伝統の寄せ集めであった。

ヨーロッパの君主たちの間での競争や接触が増していく長期的な局面において、王室の拡大や統治に関わる人員の増加が生じた。戦争や相続という予測のつかない変動によって、寄せ集めであった王家の支配領域が、より大きな領域へと統合されていった。その時、このような複合国家を統べる王家の重要性が高まったのである。これらの新たに出現した国家と地理的にあまり重要ではなかった様々な地域との接触は、次第に代表団を場当たり的に派遣するやり方から、常駐の大使や公使、もしくは下級の代理人を置くという、より持続的な形態へと発展していった。これらの外交官たちは自らが参内していた宮廷の状況を報告することが求められており、それによって宮廷生活の像が形成されていった。したがって、今日に至るまで彼らの報告が宮廷史に関する最重要史料の一つとなっている。多くの君主にとって名声というものが極めて重要な関心事であり、そして素晴らしい王室の存在が君主の名声を築いたり、高めるのに役立ったのである。

同時代の人々はすでに宮廷の名声を話題にしていたものの、彼らの中で宮廷の人員や役人、儀礼的な慣習を詳細に比較できる者はほとんどいなかった。したがって、名声というものは概して曖昧なものであった。例えばフランスの宮廷はにぎやかで、陽気であると考えられており、クリスティーヌ・ド・ピザンはフランス国王シャルル五世（位一三六四～八〇）の宮廷での開放的で、のびのびとした雰囲気を強調している。シャルルの宮廷では国王が礼拝所を出る時、「どんな人々でも」国王に近づくことができ、側近たちは苦労することなく国王の寝起きに立ち会っていた(2)。またバルダッサーレ・カスティリオーネは『宮廷人』の中で、スペイン人の「静かな厳粛さ」とフランス人の「陽気さ」を対比している(3)。確かにフランス王権の持つ開放的で近づきやすい性質とそこに集う廷臣ののびのびした振舞は、長らくよく知られてきた。にもかかわらず、そのことが結果として全く異なる評価を受ける宮廷を生み出すことにつながったのである。それはフランス国王の親族封であったブルゴーニュ公の宮廷であり、すぐに壮麗さや上品さにおいてフランス宮廷を凌ぐほどになった。フィリップ善良公（位一四一九～六七）は、特に祝宴、騎士叙勲、宮廷運営のために新しい基準を定めた(4)。当番制がブルゴーニュの宮廷において実践され、このことによって君主や廷臣に過剰な金銭的負担をかけることなく、これまでよりも多くの役人が一定の頻度で宮廷に出仕することが可能になった。実際にブルゴーニュ公の法令は、役人たちが当番時期以外に君主の負担で宮廷に出仕することを禁じ、出仕する場合にはあらかじめ許可を得なければならないと規定している(5)。

一五世紀のミラノ大使たちは、ブルゴーニュ公の優れた礼節や豪華な服飾を、フランス国王のより質素なしきたりと対比している。彼らは、フランス国王ルイ一一世（位一四六一～八三）は魅力的で、友好的で、親しみやすい人物だと考えており、確かに堂々たる王権ではあったが、ルイの宮廷は「ほんの都市民の家」と見なしていた(6)。他方、ミラノ公国の大使たちは十分に壮麗であったミラノ宮廷に慣れていたにもかかわらず、ブルゴーニュにおける豪華な祝宴や金羊毛騎士団の厳粛な儀式に深い感銘を受けている。ブルゴーニュ公軍の宿営地においてさえ、大使たちは規律や壮麗さに感じ入っていた。反対に、一四六九年にシャルル突進公（位一四六七～七七）の使節団がハプスブルク家のティロル伯ジギスムント（位一四四六～九六）によってタンでの祝宴に招かれた時、使節団の人々は主催者側のテーブルマナーのひどさに愕然としている。ジギスムント自身は親しみやすさということにかけてはフランス国王にも勝っていて、気軽に民衆的な踊りや馬上槍試合に参加していた(7)。ともあれ、ブルゴーニュ宮廷はイングランド王エドワード四世（位一四六一～八三）の『王室黒本』の手本となり、ヨーロッパ中の君主が騎士的な姿を誇示することに拍車をかけることになったのである(8)。

ハプスブルク家はこのブルゴーニュの遺産を引き継ぐことで、大きな成功を収めた宮廷生活のモデルを手に入れた。その結果、同時代の人々や歴史家たちにとって宮廷における「スペイン流」もしくは「スペイン＝ブルゴーニュ流」の儀式とは、双方の厳粛な儀式がはっきり区別できないほど混ざり合うものとなった。しかし、スペイン宮廷に対する決まり文句となっていた閉鎖性や儀式ばった厳粛さは、ブルゴーニュの宮廷文化の一側面しか反映していない。人々を熱狂させる表現方法はブルゴーニュ公による都市での壮観な式典においても見受けられ、シャルル突進公によって始められた公開謁見式においても明らかである(9)。カール五世は即位当初カスティーリャの慣行を取り入れていたが、息子フェリペにブルゴーニュ宮廷を譲った一五四八年には、ブルゴーニュの伝統はカスティーリャの伝統を完全に葬りはしないものの、確実に目立たなくしてしまった(10)。カールとその後継者たちは自分たちの趣向や必要に合った要素を選別し、カスティーリャの元々の慣行とそれらを混ぜ合わせた。それゆえ宮廷生活に関するカスティーリャ・モデルは、ブルゴーニュの慣行と密接に混ざり合い、さらにアラゴンやその他のスペインの伝統によって複雑なものとなったのである(11)。さらにブルゴーニュ宮廷の組織や対抗宗教改革への熱意が、「スペイン」の遺産の顕著な特徴となった。肖像画、宮殿、儀式によって君主権を暗に示すやり方は、ヨーロッパの宮廷の伝統に対するスペインの最も典型的な貢献であると言える。したがって、このやり方をブルゴーニュ宮廷のものだとするのは、配慮に欠けるだろう(12)。

スペインとオーストリアの両ハプスブルク家は、自らの宮廷にあるブルゴーニュの伝統を育てた。しかし、オーストリア＝ハプスブルクにおける具体的な影響は限定的なままだった。フランスではルイ一一世が一四七七年にブルゴーニュ公国の大部分を併合し、ルイの後継者たちは自分たちの宮廷にブルゴーニュ宮廷の壮麗さを取り入れようとした(13)。ネーデルラントにおいては、ブルゴーニュの伝統が続き、その遺産はハプスブルク家によって引き継がれた。そのためブルゴーニュは、ヴァロワ－ブルボン家の宮廷とハプスブルク家の宮廷に共通の特徴となった。この二つの宮廷がブルゴーニュという共通項を持っていたことは、評判の高い宮廷が模倣されるという実例となっている。すなわちスペイン＝ブルゴーニュの王室は、ブルゴーニュの慣行を取り入れたという点において一四世紀のフランス国王シャルル五世の宮廷と同じであり、さらに異なる環境にも適応した。

ローマは長くヨーロッパのキリスト教国家の要であり、教皇もしくはその代理人たちが多くの争いを調停してきた。ほとんどの宮廷において教皇使節、ヴェネツィア大使、スペイン人外交使節が格上の外交使節として特権的な立場を享受していた。一五、一六世紀のイタリア都市国家群は外交と同様に、宮廷生活においても影響力のあるモデルであった。イタリア戦争（一四九四～一五五九）がイタリア都市国家の宮廷の名声を広めることになり、その結果イタリア以外の宮廷でイタリアの影響が見られるようになった。カスティリオーネは『宮廷人』において、イタリアの宮廷の上品さや華々しさを記している。しかし、カスティリオーネが定着させたイタリアの宮廷の名声はそもそも宮廷の組織や厳かな儀式に基づいていたのではなく、芸術を庇護することや壮麗な宮廷生活、そして数々の美徳に基づいていた(14)。イタリア人の軍人、廷臣、芸術家、音楽家、様々な指導者がヨーロッパ中の宮廷におり、そのようなイタリア人たちは他の芸術家、特にフランドルの音楽家や画家と優位性を分け合っていたが、一七世紀末頃にフランス人がイタリア人の半独占状態をうち破るまで、全体として覇権を握り続けていた(15)。オーストリア＝ハプスブルク諸邦やドイツ諸邦において、イタリア人・スペイン人・フランス人という「外国人」の集団は疑いの眼差しを向けられていて、プロテスタンティズムの出現によってその傾向は一層強まった。フランスでは、宮廷におけるイタリア語の流行や傑出したイタリア人寵臣の存在は、ライバルであったフランス人にとって目の上のこぶであった。これと同じことが宮廷の「外国人」グループ、とりわけスペイン人たちについても言える(16)。

これらの各地の宮廷生活は、共通の祖先、または共通の模範に由来していたのであろうか。ヨーロッパの主要な王家は過去にさかのぼる芸術品や伝統を大切にしていたが、この宮廷生活の系譜をたどることはできるだろうか。もしたどることができるのであれば、より具体的に説明すべきである。また宮廷の礼儀作法や、式次第、壮麗で豪華な物質的文化、宮廷組織のモデルを探すべきだろうか。騎士的な中世の宮廷生活に見られる理想的な立ち居振舞から宮廷文化の発展を追うことは可能である。それは廷臣の理想と悪習が絡み合い、王朝の終焉まで多様な形で繰り返された。同様に壮麗な式典や君主の行列は、ローマ帝国の大規模な儀式から近世ヨーロッパの主要な宮廷の儀式に至るまで酷似している(17)。これらの厳粛で民衆に公開された儀式は、戴冠式、葬式、入市式、他の君主の訪問のようなイベントと結びつく傾向にあった。ローマ皇帝ディオクレティアヌス（位二八四〜三〇五）とコンスタンティヌス（位三〇六〜三三七）は、ギリシアの君主に倣って儀式を作り直し、そのギリシア人たちはペルシアの例から影響を受けていた[18]。西ローマ帝国終焉後、ローマ帝国の遺産はビザンツ帝国に引き継がれ、西欧では教皇によって引き継がれた。教皇やカロリング朝の皇帝とその後継者たちは、自分たちの好みにあった「支配権の表現」形式を再生するために、残された伝統のかけらをかき集めたに違いない。ローマ・カトリックの典礼はそうした儀式の例が詰まった宝庫の一つであり、ローマやアヴィニョンの教皇庁で行われていたことは後にヨーロッパ全体の宮廷文化に含まれる様々な儀式のさきがけとなった[19]。最終的にコンスタンティノープルの陥落によって、ビザンツの例が以前よりも知れ渡るようになった。またコンスタンティノープルを占領したメフメト二世（位一四五一～八一）は、宮廷をそこに移した。これを機に、メフメトはオスマンの儀式に関する最初の法典を制定し、法典集カーヌーン・ナーメを編纂した。メフメトはおそらくペルシアやアラブの宮廷と同様、ビザンツの法典とアレクサンドロス大王のイメージにも影響を受けていたのであろう[20]。

儀式に関してその継続性を指摘することはできても、そのつながりを具体的に証明することは難しい[21]。権力を示す象徴、もしくは視覚芸術である彫像や芸術品から、私たちは断定的に模倣の連鎖を見出すことはできる。王座・王冠・錫・オーブ・指輪は強い継続性を示している。同様に、防護しやすい配置によって侵入が制限されている宮殿や居所の構造も継続性を示す例である。最終的には宮廷で働く人々や廷臣も、食事、睡眠、乗馬、狩猟、祈りなどのような君主の日常的な行いを基にして形作られた。すべての王室はある程度日常的な仕事や活動を共有していた。しかし視野をアジアやアフリカに広げてみると、そのような類似性が相互に影響し、模倣し合った結果とは限らないということが明らかになる[22]。ヨーロッパ以外の君主が持つ宮殿や寺院の配置は、ヨーロッパの宮廷での日課や衣裳と同じくよく知られている。どんな時代、どんな場所でも支配者やエリートたちは権力を維持し、権威を高めるために似たような形式を用いた。人類学に見られる問題がここで浮上する。例えば、それぞれ独立しているが、だいたい同程度の環境にあって、それぞれに同じような伝統が見られた時、両者が同じ伝統を持つことが模倣に由来していないことを十分に立証できたとする。そうした時に、その伝統が伝播した経路を示すことにどれほどの意味があるだろうか。君主たちが遭遇した構造的な課題は、様々な方法で解決され得たし、そのための手本はいくらでもあった。もちろん宮廷生活には人類による他のいかなる行為と同じように、多くの過去の手本や再生があった。そのような影響は手がつけられないほど複雑に絡み合い、中世後期におけるヨーロッパ宮廷世界の拡大の出発点となった。仮説的に連続した模倣を証明することよりも、構造的な類似点を理解し、異なる君主がとった選択肢を概観し、説明する方が本書の目的にとって有益である(23)。ウィーンとヴェルサイユという、二つの異なる王朝文化を比較することによって、王朝制度の普遍的な特質をいくらか明らかにすることができ、ヨーロッパだけに限定した観点というバイアスを避けるのにも役立つだろう(24)。またこうすることで、宮廷や廷臣の研究に携わる現代の歴史家の中でも、すぐれた古物研究以上のことが可能になるだろう。しかし、王朝文化の比較だけでは両宮廷の発展を理解することができないので、以下ではヴァロワ宮廷とハプスブルク宮廷の人員や官職に関する概要をまとめてみることにする。

宮廷の拡大と法令

中世後期から近世にかけて宮廷が発展していく中で、移動する君主に付き従う近習、家臣、衛兵、奉公人といった少数の者たちがその中核となった。一三世紀から一七、一八世紀にかけて、宮廷の人員が増加し、名誉的な官職や行政府の官職が急増し、そして君主権の重要性が増したことによって、宮廷の様相は変化した。様々な文書からこの変質の初期段階を見て取ることができる。これらの文書は宮廷の発展を記録し、規定することを目的としていた。宮廷の寝食に必要な物資に関してはより大規模な組織が不可欠だったが、実際には財政的に制約されることが多かった。そのため宮廷で食事をし、寝ることを許された人々の地位や数をより厳密に規定して、宮廷の規模を縮小しようとした。さらに、君主からの厚遇や下賜を得られる基準がより細かく定められた。その基準の明確化は地位や官職に関するヒエラルキーの確立と同時に起きており、またこの一連の過程は、礼儀作法を重んじる考えの高まりとうまく適合していた。同時に、宮廷の発展において手続きの文書化が重視された。というのもこの文書化は、様々な尚書局、国務会議、書記局の業務だけではなく、同じように王室に関わる業務やその業務を整然と行おうとする試みに関係していたからであった。

君主の財政が許す限りではあるが、秩序立った王室や行政組織を作るために諸法令は出された。つまり諸法令とは将来の支出の見積もりであり、宮廷が提供する食料、住居、下賜金にかかる経費を抑えることによって収支バランスを保とうとする試みそのものであった。また新しい君主が自らの即位を強調するために法令を公布することもあった。結局、動機の如何にかかわらず、法令は宮廷の全般的な改革の手段であった。では、そのような改革の主唱者は君主だったのか。史料によれば、君主は多くの場合、役人の文書化された手続きや規則に縛られることを良しとはせず、時には無視することもあった(25)。また諸侯の持つ自由が非常に重要視されていたので、バランスのとれた予算を目指した法令に諸侯を従わせることはできなかった。多くの場合、君主は直轄地からの収入に加えて、諸身分からの援助金に依存していた。したがって王室や行政組織の役人によってではなく、改革や削減を通じて君主の金銭的要求を抑制しようとする身分制議会によって、君主自身が法令に従わされる事態もあったのである。

法令という語は、一つの明確な史料を示してはいない。大まかには三種類に分類できるが、それぞれ重複し合っている部分もあった。つまり法令とは、宮廷に仕え、もしくは給料を受け取る資格のある人々の名簿、日常業務を規定した全般的な法令、王室や行政府の役人や人員への特別な指令であった(26)。時には、名簿や指令を含むようなより包括的な法令も見られる。そのような史料こそが、宮廷にいる人数や統治システムの枠組みを示し、宮廷の高位役人やその人員を明らかにしてくれるのである。

フランス

カロリング朝の宮廷には、多種多様な宮廷官職があった。中世におけるほとんどの宮廷には、小規模ながらカロリング朝の官職から選び出された官職が見られる(27)。例えばカペー朝初期の宮廷では、主要な官職が四つあった。それは主膳長（家令）、主馬長、官房長、司酒長であった。国王の有力な封臣たちがこれら四つの主要官職に就いており、彼らは国王の命令書に連署し、名誉的な職務とともに政治的・軍事的な責任も負っていた(28)。後の君主たちは、王位に近く、事実上世襲化されたこれらの官職にあった者や、官職を有する家門の中で力をつけてきた者たちを疑いの眼差しで見ていた。何かあった時には、君主たちはこれら主要官職をあまり高位の者ではないが、より信頼の置ける貴族に与えるか、もしくは称号を地域的なものに留めることによって抑制した。例えば、主膳長の地位は一一九〇年に廃止され、地方のものとして残され、司酒長はシャルル七世（一四〇三～六一）の時代に、官房長は一五四四年に、最後に主馬長は一六二六年にそれぞれ廃止された。一二世紀後半まで大尚書局長の称号を保持していたのはランス大司教であり、国王の統治体制において極めて重要な地位であった大法官も通例聖職者が担っていた。

フランス＝カペー朝の国王の居所に関する最初の法令は一三世紀中葉に公布され、そこには六つの仕事が記述されていた。王室に食事を提供するパリのギルド（パン屋、酒屋、料理人、果物屋）が、君主への食事の提供や給仕に直接関わる仕事（厩舎部、寝室部）を行っていた(29)。官房長を頂点とし、数人の侍従で構成された侍従職は国王の寝室に対して責務を負っていたが、その職務はもっと広く宮殿の内部全般にも及んでおり、一三世紀末頃には本来の仕事から離れていた。侍従たちの記録から侍従職の経緯を読み解くと、端的に言って、官房長は君主の私的な空間に対して責任を負っていて、カロリング朝時代の寝室付き侍従の職務を担っていたと言える。その一方で、国庫や動産の管理というカロリング朝の官房長の職務は、侍従によって引き継がれていった。このような官房長と侍従との職務の分担は、この時代にはあり得ることだと思われる(30)。しかし実際には、官房長が侍従長に置き換えられるようになってくると、官房長は名誉的な官職になった。一五四四～四五年に官房長が廃止されたとき、寝室部第一侍従が官房長の名誉ある地位を占め、侍従たちの第一の代表として仕えていた(31)。移動、宿営、先導、もしくは外の世界との接触に責任を負っていた設営官は、一三〇七年には全六職のうち寝室部の空位を埋めていた。そして一三一五年には、衣裳部が寝室部に組み入れられた。国王の居室や給仕とは別に、礼拝堂も宮廷の常に変わらない付属物だった。礼拝堂には宮廷司祭、聴罪司祭、礼拝堂付き司祭だけではなく、音楽団も含まれていた(32)。厩舎、近衛、狩猟、鷹匠もまた独自の組織を発展させ、一五世紀にはますます独立して機能するようになった。国王の余興のための部門が一四八三年に登場し、寝室部、衣裳部、祝祭にかかる支出を管理した(33)。

一三世紀初めに国王の館は再編成され、その際王室内での食事全般のために新しい職が加えられた。この大膳部を構成する仕事は、変わらず国王の要求に応じていたものの、王室の拡大に対応する必要が生じたと言える。絶え間ない旅の途中であれ、宮殿であれ、盗難や浪費を避けながら食事を提供し続ける職務は厄介な仕事であった。しかもこの仕事は、君主の厚遇や裁量によってますます困難になった。フィリップ四世（一二六八～一三一四）治世期に初めて言及された侍従は、六つの部門に対する責務を担うようになり、さらに全般的に宮廷の「財政」に対する責務も担った。一二九一年から、一人もしくは二人の侍従が宮廷への食事提供を監督することになり、程なく主穀職、酒酌職、肉切り職を従えるようになった。そしてこの主穀職、主酌職、肉切り職は名誉職的な性格を持ち続けたのである(34)。王室を養い、その収支を計算し、そのための資金を調達することは、ますます面倒な仕事になった。出納官が一三世紀後半に設けられ、宮廷の支出を管理し、王室の役人の給料を支払っていた(35)。一四世紀以降、戦争や宮廷維持にかかる費用が高騰しすぎて、王領地からの収入では支えきれなくなったので、フランスの行政府において臨時課税がすぐに恒常化し、この「臨時の」現金収入を担当する諸組織が作られた(36)。一六世紀初頭には王室の財務部門に関わる役人が増加したが、依然として国家の財政を担う家門と密接に結びついていた(37)。出納官や監査官はフランス国家の中でも一番の高給取りであった(38)。急増した会計係や出納官、監査官が、それぞれ独立して機能していた宮廷の各部門における支出を監督していた。

高等法院（聖俗大領主〈諸侯〉の集会である同輩衆法廷と並んで）や会計院をはじめとしたいくつかの機関が、一三、一四世紀に国王会議から分かれて、国王の行政府においてほぼ独立した機関として高い地位を得た(39)。国務会議は、国王の側近や助言者の臨時の会議という性格を徐々に失い、恒常的に他の統治機関を生み出す場となった。一五世紀末以降、国務会議自体が次第により専門化された部門に分割されていき、一五四七年アンリ二世によってその分化が確立された。直接王室につながりがあろうがなかろうが、王国の大官職は宮廷とのつながりを保っていた。大法官は国王の印璽を守り、各国務会議で議長を務めた。もともと王室に由来する職務であった大元帥が王国軍の最高司令官になると、主馬が王室内での軍事職務を引き継いだ。元帥はカペー朝初期にはこれらと同じく厩舎部に属していて、大元帥の近しい同僚であり、軍事・司法・行政面ではかなりの権力を持っていた。実際に国務会議において、大法官、大元帥、元帥は王室内の高位役人である大侍従や侍従などと同格であった。大侍従は、国王への給仕という本来の職務に加えて、一五世紀には王室の高位役人になっていた。

一四世紀には、国王、王妃、そして子どもたちのそれぞれの宮廷を合わせると五〇〇～八〇〇人の人員がいたが、一五世紀前半の戦乱期に減少したと思われる(40)。実際一五世紀では、ブルゴーニュ宮廷がフランス宮廷を人員数において上回っていた。一四二六～一四二七年にはブルゴーニュ宮廷に約四〇〇人がいて、その数は一四五八～一四五九年までに九〇〇人に達していた。アンヌ・ド・ブルターニュ（シャルル八世王妃）は、かなり大きな独立した宮廷を持つ最初の王妃であったと思われる。アンヌの宮廷には一四九六年時点で三二五人がいて、その内五三人が女性であった(41)。このような拡大が宮廷の構造を必然的に変化させた。地域ごと、もしくは時期ごとに宮廷の官職に就くことを認める持ち回り制というシステムによって、ブルゴーニュ宮廷は急速に拡大することができたのである(42)。一五世紀後半以降、フランス宮廷はいくつかのブルゴーニュの革新を取り入れて、多くの官職を任期制とすることにした。フランソワ一世のもと王室は拡大し、国王の宮殿だけで六〇〇人以上もの人々がいた。フランソワは名誉職や厨房（国王内膳職）を拡大させることを認めたが、その後すぐにそれ以上の拡大については食い止めようとした。一五一五年にフランソワは寝室部侍従を創設し、さらに寝室部従者を加えた。するとすぐにイングランド王ヘンリ八世がこの革新をまねた(43)。寝室部侍従は、フランソワの治世下で二一人から六四人というように約三倍に増加したが、これと同時に旧来の侍従や「名誉ある子ども」が減少していった。とはいえ、ヴァロワ朝後期の君主たちの下、様々なタイプの寝室部侍従と同様に侍従が存在していたのである。一六世紀後半には、若い貴族と子どもが君主に付き従うということはなかったが、一七世紀には再び、「名誉ある子ども」が君主の側近くに仕えるようになった(44)。他方、フランソワは経費を削減するために食事に関わる人員を制限したため、王室における人件費は一五世紀後半から一六世紀初期を通じて安定していたという。それにもかかわらず、一五二三年から一五四九年の間に王室の経費は、二八万七五〇〇トゥール貨リーヴル（以下リーヴル）から六一万六二九八リーヴルに増加した。しかもこの数字は、国王以外の宮廷で経費が増加した分を含んでいない。例えば王妃エレオノールの宮廷には、フランソワの治世の終わりまでに約一〇〇人の女性を含む、ほぼ四〇〇人もの人員がいた。また王太子アンリの宮廷には一五三五年時点で三〇〇人いたが、この人数は父の王室のほぼ半分に相当する。フランソワ二世の治世から様々な王室の人員が急激に増加したことは明らかであった。一五六〇年には、王室の人員は一〇四九人に達した。内乱後の時代はさらなる拡大期となり、一五七八年と一五八五年にアンリ三世は新たな体制を確立しようと試みた。

一五〇〇年以前に「ハプスブルク宮廷」は存在したのか？

不規則な発展の曲線を描きながらも、フランス宮廷は一三世紀からその終焉まで基本的な性格を保ち、はっきりと認識できる組織を持った存在であった。これに対して、近世のハプスブルク宮廷は同時に様々な宮廷からの系統を引いていた。一五世紀にハプスブルクの領地は三人のハプスブルク領邦君主の間で分割されており、それぞれが独立して領地を統治していた。ハプスブルク家のドイツ王ルドルフ一世（位一二七三〜九一）の治世に由来する神聖ローマ帝国の宮廷とハプスブルク家との関係は、一五世紀になってようやく継続的なものになった。一四四〇年にドイツ王に選出されたオーストリア大公フリードリヒは、ローマ教皇による戴冠式を経て一四五三年に皇帝に即位した。ハプスブルク家の中で、フリードリヒ以外にローマ教皇による戴冠という栄誉を得たのは、一五三〇年にボローニャで戴冠したカール五世だけだった。一七四二年から一七四五年にヴィッテルスバッハ家によって中断したが、皇帝フリードリヒ三世（位一四五三～九三）が一連のハプスブルク皇帝の最初の人物であったと言っていいだろう。オーストリア継承戦争後、ハプスブルク家の皇帝位は神聖ローマ帝国やオーストリア（＝ハンガリー）帝国の終焉までハプスブルク＝ロートリンゲン家系に引き継がれた。一五世紀のハプスブルク宮廷は、自動的にドイツ王、または皇帝の宮廷と同義ではなく、さらにフリードリヒの宮廷は、ルクセンブルク家の皇帝カール四世（位一三四七～七八）のプラハ宮廷のような、過去いく人かの歴代皇帝が築いた華やかな宮廷には及ばなかった。フリードリヒ三世、マクシミリアン一世（一四九三～一五一九）、カール五世（一五一九～五六）、フェルディナント一世（一五五六～六四）の皇帝在位期間に起きたハプスブルク家権力の一体化、強化、拡大、再分割によって、宮廷に多様な遺産がもたらされた。それは、私たちも困惑してしまうほどの多様さである。ブルゴーニュ、フランドル、スペインとのつながりはひとまず置いておいたとしても、神聖ローマ帝国宮廷の遺産とハプスブルク家の領邦君主としての様々な宮廷とは区別する必要がある。

近世を通じてほぼ独占的に皇帝位を保持したハプスブルク家にとって、帝国は最重要であった。帝国に存在する多くの宮廷にとって模範となっていく皇帝の宮廷において、ザクセン朝時代（九三六～一〇二四）に四つの官職が登場した。それは、内膳長、主馬頭、酌頭、侍従長であった。カペー朝初期の四つの官職に相当するこれら世襲官職は、後に選帝侯に与えられた。つまり、ボヘミア王には酌頭、ブランデンブルク辺境伯には侍従長、宮中伯には内膳長、ザクセン公には主馬頭がそれぞれ与えられた(45)。世俗の選帝侯たちが、大集会を開く時のような、帝国の大きな式典の間だけこうした役割を担った一方で、小集会における同じような日常的な仕事は、下位に位置した役人によって担われた(46)。世俗選帝侯と同様に、マインツ大司教が帝国官房長の職責を負っていた。帝国官房に加えて、礼拝堂も宮廷に関わっていた。なぜなら、ローマ教皇との叙任権闘争によって皇帝の司教叙任権が縮小する以前は、礼拝堂が帝国における聖職候補者の宝庫として機能していたからである。同時に選帝侯たちが、理念的には多かれ少なかれフランスの同輩公法廷のような、帝国の最高会議を形成していた。四大官職と同名の官職が、帝国内の様々な領邦において現れた。これらの官職はすぐに名誉ある地位を獲得し、領邦世襲官職となった。そして、こうした大官職や世襲官職の宮廷における代理人たちが、君主の普段の宮廷を形成していた。したがって宮廷における実際の仕事は、初めは不自由身分から自由身分である貴族へと昇格していくミニステリアーレ家門の者たちによって担われ、最終的には給料の見返りとして仕事を行う別の人々によって引き継がれたのである。

一五世紀後半よりも前にさかのぼる法令は、ハプスブルク家のティロル宮廷についてのみ残っている。それもせいぜいフリードリヒ三世と同時代の宮廷の仕組みについて間接的に知ることができる程度でしかない。マクシミリアンとフェルディナントの法令は、もっと本質的な証拠を提供してくれている(47)。それによると、四つの伝統的な官職（内膳長、主馬頭、酌頭、侍従長）に加えて、官房長や礼拝堂付司祭、宮廷長官が一二九三年以来ハプスブルク宮廷で活動していた。修道院やその領地を管理する同名の役人に倣って、宮廷長官は当初王室の物資を管理していたが、フランスの大侍従のように、程なくもっと全般的で統治に関わる責務が与えられるようになった(48)。フランスの場合と同様に、宮廷長官の台頭は君主の恩恵を管理する必要性と結びついていたと考えられる。ティロルのインスブルック宮廷の法令は、君主の晩餐を知らせるトランペットのファンファーレが、この機会に必死になって利益を得ようとする人々を引き寄せていたことを示している(49)。再三にわたる管財院の改革、または一五二七年以降の宮内財務院に加えて、財政運営を担当する官職（財務院長、収税長、監査官〈一五〇二年設置〉、簿記官、秘書官）の多さが、この場合もやはり予算作成と会計の重要性を強調している。

内膳長はもともと君主権力の代理人であったが、君主の食事に関わる名誉職として理解されるようになっていった。この変化が称号の解釈を難しくしている。つまり酌頭や肉切り頭とともに、内膳長は宮廷長官の影に隠れてしまったのである。さらにこれら三つの食卓に関わる官職の具体的な仕事は、部下たち（厨房長、料理長、酒蔵長）に引き継がれていた。伝統的な四大官職の中で、主馬頭だけがほぼ間違いなく宮廷長官の権威に抗うことが可能であった。この二つの官職の格付けは、一六世紀に入っても曖昧なままである。旅の連続によって、宮廷は馬に乗せられ移動することを余儀なくされ、廷臣には食事や宿と同じく馬が与えられていた。したがって、与えられた馬の頭数によって、廷臣の格付けを推し量ることができる。一五一九年のマクシミリアン一世の宮廷では、一八頭の馬を与えられた主馬頭が第一位の地位を占めていた一方、宮廷長官については与えられた馬の頭数が記載されておらず、宮内法院に名前を連ねているのみであった。しかし一五二七年と一五三七年のフェルディナントの法令では、宮廷長官は「国王陛下に仕える第一の人物として尊重されるべき」と明確に規定されていた。さらに一五二七年の法令では、宮廷長官に一二頭与えられているのに対して、主馬頭には八頭しか与えられていなかった(50)。管財長や侍従長は同じく八頭の報酬を得ていた。それに対して、厩舎長は伯やヘレン身分の者であった場合のみ八頭を得られたが、騎士身分であった場合は六頭に限られていた。様々な他の高官がすぐ下に連なっていた。儀杖長には六頭もしくは五頭、酌頭、肉切り頭、内膳長と収税長には五頭、宮内顧問官には五頭もしくは四頭がそれぞれ与えられた。しかし間違いなく宮廷の重要なメンバーであった官房長と、おそらく重要なメンバーであったであろう司祭に関しては、明確に記述されていない(51)。このリストから分かることは、報酬は官職によって決められている場合と、在職者の身分によって決められている場合があったということである(52)。

マクシミリアン一世によって一四九八年に設立された宮内法院は、一五一八年に改革された。この改革によって、一八人の顧問官の出身地が規定された。帝国には五人、下オーストリア地域には五人、ティロルには二人、上オーストリア地域には二人の顧問官がそれぞれ割り当てられていた。残りは主馬頭、宮廷長官、官房長、管財長という固定されたメンバーであった。さらに「貴族と法学者」がともに宮内法院へ顧問官を送り込んでいた(53)。精力的な皇帝であったマクシミリアンは、マインツ大司教を長とする帝国官房に「ブルゴーニュ＝オーストリア」官房を加え、自らの所領を経営するための機関を再編成した(54)。帝国に関する機関とハプスブルク家の世襲領を統治するための機関とのバランスは、神聖ローマ帝国がナポレオンの影響下で崩壊するまで、皇帝にとって事態を複雑にする要因であり続けた。しかもハプスブルク宮廷に本拠地を置く帝国の諸機関の権限と、そのライバルとなった帝国の他の場所にある諸機関の権限との間の境界は、決して明確ではなかった。この最たる例が帝国宮内法院と帝室裁判所であった。

そして権限の不明確さが、何よりも第一に皇帝と帝国諸侯との新たな争いの火種となった(55)。マクシミリアンの宮廷は異なる領邦を融合するという先進的な試みではあったが、マクシミリアンの支配領域が拡大したことによって、統合は促進されることはなかった。一五一九～一五二一年にカール五世と弟のフェルディナントはそれぞれの担当地域を整理分担し、一五二六年以後フェルディナントがボヘミア王とハンガリー王(56)に即位したことによって、状況は一層不透明になった。フェルディナントが真に皇帝として君臨したのは、一五五六年にカールが退位し、一五五八年にフェルディナントが戴冠式を行った後、すなわち最後の八年間のみであった。しかし間違いなく、このことがフェルディナントの宮廷や統治機関の性質に重大な影響を及ぼした。結婚政策の大成功によって、ハプスブルク家は一人の君主が統治できるレベルを超える領域を獲得し、明確とは言えない家族協定が宗派分裂の深刻な影響と相まって、マクシミリアンの行政改革の実現を一世代以上もの間先送りすることになったのである。

一五世紀におけるハプスブルク家のティロル伯の宮廷は、洗練されたブルゴーニュ宮廷にはかなわなかったかもしれないが、人員数の上では決して少なくはなかった。一五世紀半ばの祝宴期間には四〇〇人を集め、一五世紀末頃になってマクシミリアン一世の宮廷は体制として五〇〇人程度の規模に達していて、ティロル宮廷は帝国内で最大規模の宮廷の一つであった(57)。皇帝フリードリヒ三世のヴィーナー・ノイシュタット宮廷は恐らくそれよりわずかに大きく、六〇〇人弱であった。一五一九年マクシミリアンが旅の途上で逝去したとき、マクシミリアンは三五〇人に伴われていた。加えてインスブルックには他に一七〇人が残っていた。したがってカール五世即位以前の皇帝の宮廷には、最大で六〇〇人がいたと思われる(58)。君主は自領地からの収入で王室にかかる費用を賄うことになっていたが、それは明らかに不可能だった。このためにハプスブルク君主たちは、身分制議会に一層の援助を求めることや、支出自体の削減を余儀なくされた。一五一五年下オーストリア諸身分がマクシミリアンに四年間で四〇万グルデンの援助金を認めた時、この金額の三分の二が、すでに借金の形にとられていた王領地を取り戻すために計上された(59)。しかし、廷臣の約六〇〇頭の馬を飼育するのにかかる最低限度の費用だけでも、少なくとも年に七万二〇〇〇グルデンかかることを踏まえると、見通しは明らかに絶望的であった(60)。ここで言うハプスブルク宮廷にかかる費用とは王室と行政にかかる費用のことで、軍隊に関しては諸身分の援助金で賄われていた。また軍事費は一五五六年以降、宮内軍事顧問院によって別途管理されていた。それでも宮廷費が、領地の経済力に無理を強い続けていたことには変わりなく、それゆえ諸身分や資産家の援助が不可欠であり続けた(61)。国境を越えて旅を続けたカール五世の宮廷は一〇〇〇人から二〇〇〇人もの人員を抱えていたと推察され、約二五〇〇人いたというカールの息子フェリペ二世の宮廷は、ほぼ間違いなくキリスト教世界で最大の宮廷であった。一方、フェルディナント一世の宮廷はウィーンにしっかりと根付いてはいたが、当初カールの宮廷ばかりか、それ以前の皇帝たちの宮廷にも及ばず、フェルディナント治世初期には四〇〇人にも満たないままだった(62)。

二つの宮廷の構造と類似点

フランス宮廷と様々な前身を持つオーストリア＝ハプスブルク宮廷との発展における類似点は明白である。同じ「四大官職」(家令、主馬頭、侍従長、酌頭)がカロリング朝以後に登場し、両国においてこれらの官職は異なるレベルで存在していた。有力家臣が儀式のクライマックスにおいて職務を果たし、その代理人たちが君主の宮廷で日常的に仕えていた。そして同じ官職の様々な変種が、両国の地方にも見られた。一三世紀最後の一〇年間に大侍従や宮廷長官が両宮廷に登場し、王室を管理するようになった。その中で四大官職の日常的な在職者たちは次第に追いやられていった(次頁表1・表2参照)。君主との個人的な結びつきや、職務の個人的性質が優位を占め、君主の食卓に責任を負う大侍従や宮廷長官が優勢になることは、驚くべき事ではない。ジャン・デュ・ティエは、フランスや帝国における四大官職の優位性に関する議論の中で、「皇帝その人に関わる仕事をする人は、職務だけに責任を持つ人よりも勝る」と述べている(63)。デュ・ティエは初期の宮廷に言及しているが、彼の言葉は一六、一七世紀においても依然としてかなり的を射ている。

表1　4つの伝統的な官職

	ラテン語	ドイツ語	フランス語
酌　頭	Pincerna/buticularius	Schenk	Bouteiller/Echanson
家　令	Dapifer	Truchseß	Sénéchal
主馬頭	Comes Stabuli	Marschall	Connétable
侍従長	Camerarius/Cubicularius	Kämmerer	Chambrier/Chambellan

表2　フランス大侍従，およびハプスブルクの宮廷長官の下で仕えるようになった役人

内膳長	–	Truchseß
主穀職	pannetier	Pannathier（空位の場合あり）
酒酌職	échanson	Mundschenk
肉切り職	écuyer tranchant	Vorschneider/Fürschneider

個人的な結びつきが宮廷の上級官職を得るための基盤となったが、宮廷内で高位にある者たちがすべて国王の友人であったわけではなく、宮廷の上級官職保有者たちを見れば分かるように、必ずしも国王のすぐ近くにいたわけでもなかった。名誉と君主との近さ、名誉的な職と実質的な職は奇妙で変化しやすい関係の上に成り立っていた。有力な大家臣たちは、王妃の不在時に国王の足元で夜を過ごしたり、国王の室内トイレの世話をしたりして、本当に国王のベッドの脇で仕えていたのであろうか。たとえ家臣たちがそのつもりであっても、王家の権力を威圧的なほど集積することで、家臣たちが君主との緊密さを悪用しやすくなるので、君主は家臣たちを信頼することは賢明ではないと考えただろう。通例、有力家臣の下位の代理人たちがそのような仕事をこなすか、もしくはその代理人が仕事のために雇ったもっと身分の低い使用人がそのような仕事をしていた。しかしこれらの仕事に必然的に伴う国王との近さによって、身分の低い使用人が短い期間で高位を得ることができた。君主は特に微妙な任務や職務をそのような信頼のおける側近に任せた。フランソワ一世の場合のように寝室部に権力が集中するか、もしくは王室の他の部署に集中するかにかかわらず、そのような人々が大抵高位の官職や任務を担う候補者の集まりを形成していく(64)。国王の個人的な環境におけるお気に入りや親友の昇格が、宮廷における変化の大きなはずみとなった(65)。また新しい官職が彼らのために作られ、時には既存の官職と重複することもあった。初期の官

職は一般に、在職者の死やその家系の断絶によって官職が空席となった場合にのみ、廃止された。廃止されなかった場合でも、空席となった官職は一旦身分の低い者たちで埋め合わされ、徐々に重要性を失った。職務が重複したり変更されたりして生じた官職の重層的な構造は、官職の衰退が繰り返された結果であった。この例として、寝室付きの役人である官房長、侍従、寝室部侍従、寝室部従者が挙げられるだろう。

他方で、もし信頼されている王室の役人が常に高位の軍事的、外交的、政治的任務を負っていたら、彼らは君主の要求を慮ることをしなくなり、君主との近さによって得られる恩恵を他の人に譲ることになった。大元帥、元帥、主馬といった一連の役人が、ここでの実例となるだろう。さらに王室から離れるにしたがって、役人たちは王権の代理人から自分の一族の利益を守る守護者になりがちであった。ハプスブルク宮廷において、帝国レベルの宮廷の世襲官職と領邦レベルの世襲官職は中世のままであったが、これらの官職の役割は、主に特別な場面に限られていた。そのため、彼らの日常的な代理人たちが社会的に台頭してくるようになったのである。フランスにおいて、宮廷における最高位の官職は有力諸侯と強い結びつきを保持していたが、「大 grand-」、「第一 premier-」、「常任 ordinaire-」といった、上級官職の様々な接頭辞が示しているように、彼らも代理人によって助けられていた。

宮廷は、他の貴族たちの家の中で最高の「館」というだけではなかった。宮廷には軍隊との多くの類似点が見られる。というのも、宮廷は男性が大多数を占める組織で、巡回する組織でもあり、さらに宮廷と軍隊では人的に重複する部分もあった。つまり定期的な召集、宿舎長による宿舎の提供、監督者による規律の維持は、宮廷と軍隊に共通していたのである。また領地内での諸活動のつながりや領地経営の構造において、王室は修道院と似ていた。そのうえ宮廷のある都市において、宮廷は第一の団体として機能した。すなわち、法令がシャトレ裁判やウィーン市当局に対して明確にしていたように、フランス国王の陪食官やハプスブルクの廷臣といった宮廷の構成員は、宮廷の「審問部 prévôt de l'hôtel, Hofmarschall」以外のどんな裁判にも従わなかった(66)。彼らは様々な免除や特権を享受し、居住する環境において際立った存在だった。さらにフランスの宮廷役人たちは、観念的には彼らの王室での役職に相当するパリの手工業者のパトロンの役目を果たしていた。それゆえ主穀職にある者はパン屋を監督し、酒酌職にある者はワイン商人や居酒屋を監督していた一方で、服飾に関わる様々な職人は、侍従の統制を受けた(67)。

近世前夜の宮廷は、流動的な性質を持っていた。国王の身の回りの世話、王室の運営、名誉的な職務、執行職もしくは統治に関する職務はひとつながりのものであった。宮廷における平民の職務と貴族の職務とを厳密に区分することも、「階下」と「階上」とを厳密に区分することもできない。なぜなら境界は不安定で変わりやすかったからである。しかし手順が文書化される傾向は、一六世紀に強くなった。宮廷に関わる法令は、様々な種類の一覧表を作成する必要性を強調し、主要な役人に廷臣の存在を注意深く確認することを促し、すべてのお金のやりとりを文書にして記録することを要求し、宮廷における優先権に関する規則を定めようとした。これらの要求や規則化は決して目新しいものではなかったが、確かに宮廷での実務を固定するのに役立ったかもしれない。フェルディナント一世の一五二七年と一五三七年の法令は、一六、一七、一八世紀を通じてオーストリア＝ハプスブルク宮廷の基準点としての役目を果たした。一九一七年に刊行されたハプスブルク宮廷に関する唯一の包括的な研究書の著者ツォルガーは、依然としてフェルディナント一世を「彼の（ツォルガーが研究対象とした時代の）」宮廷の設立者と見なした(68)。フランス宮廷を確立したのはフランソワ一世とアンリ二世であり、アンリ三世の一五七八年と一五八五年の王令が、フェルディナント一世の法令に匹敵する役割を果たした(69)。官職のヒエラルキーは変動しやすく、新しい官職が既存の人員構造の中に作られることもあったが、一六世紀のうちに、両宮廷における上級官職の配置は、その後の世紀でもおおよそ維持される形に到達した。

両宮廷において一六世紀に確立された役人は、食卓、寝室、厩舎、狩猟、礼拝堂での日常的な業務を明らかに反映していた。しかし官職と地位が完全に釣り合っていたわけではなかった。君主に食事を提供する長官（フランス大侍従／宮廷長官）は、台所、地下貯蔵室、食糧、高価な食卓用食器類の在庫にも責任を負っていた。長官は、王室における高位を約束されたと同時に、国務会議や枢密顧問院での発言権を併せ持っており、広範囲の部下を指揮していた。

長官の部下の上層には、数多くの補佐（宮内侍従／大膳職）を従えた長官の代理人（第一宮内侍従／儀杖長）や、君主の食卓で給仕を担当するよく知られた三人の役人（主穀職、酒酌職、肉切り職。すなわち給仕長、酌頭、内膳長、時にパン焼き職）がいた（表2参照）。フランスにおいて、給仕を担当するこれら三つの名誉職の上位の在職者は、「第一 premier」、後に「大 grand」と名付けられた。ウィーンでは名簿上、役職の三分割が見られるのみであり、フランスの侍従職の分割に類似している。上級官職であった銀器侍従長とその代理人の後には、内膳長が続いた。その内膳長は様々な料理人、配膳係、小姓を監督し、地下貯蔵室係、照明係、菜園係も監督していた。これらのハプスブルク宮廷の役人にほぼ相当するフランスの七部門は、さらに国王に食事を提供する職務と陪食官に食事を提供する職務とに分かれていた。また監査官や管財官が食糧と支出を監督していた。

「侍従長 grand chambellan, Oberstkämmerer」は、君主の「私的空間」へのアクセスを管理し、寝室にある物や宝物を守っていた。したがってフランスとハプスブルクのどちらの侍従長も当初は財政運営に参加していた。課税が発展するのに伴い、この増大する負担は、他の役人に任されるようになった。フランスにおいて、侍従長は一五四五年以後、寝室部の最高位の官職となり、様々な侍従によって補佐されていた。その侍従の中で、特に第一侍従や衣裳部侍従長は上級役人として仕えていた。フランス宮廷の寝室部の構造は、一七世紀初期に固定化されるまで再三変更された(70)。ウィーンではそのような混乱はなく、侍従と部屋付き従者という地位しかなかった。またウィーン宮廷の部屋付き従者は、漠然とした職務の常任従者や非常任従者を従えた、フランスの寝室部や衣裳部の第一従者に匹敵するほどの名声を得ていたわけではなかった(71)。

上述の二つの上級官職の人員に加えて、元帥や厩舎を監督する主馬頭がおり、宮廷の頻繁な移動の手筈を整えた。元帥は伝統的に廷臣や外国人訪問者に対する裁判権を保持しており、宮廷内の秩序維持を担っていた。さらに元帥は宿舎の提供に責任を負っており、戦場では軍隊を指揮することになっていた。フランスにおいては、これらの役割は様々な役人で分担されていた。主馬頭が厩舎や小姓を監督し、宮廷審問部長が護衛兵を率いて王室内で懲罰権や裁判権を行使し、御用商人を管理していた。そして宿舎管理長（カロリング朝時代の聖堂門番）は宮廷の宿舎を引き受けていた。軍隊を指揮し、兵糧や軍資金を調達していた主馬頭や元帥は、王室と緊密な関係ではなかった。オーストリア＝ハプスブルク宮廷においては、宮廷式部長が廷臣、外国人、外交使節に対する裁判権や懲罰権を保持しており、その他宮廷への宿舎提供も監督していた。式部長は二番目に位置し、必要な場合には長官に取って代わられることもあった。厩舎とその小姓の移動や監督は宮廷厩舎長に委ねられ、フランスの主馬頭に比べると名声という点で幾分劣っていた。

宮廷司祭長が礼拝堂を統括しており、宮廷の宗教的な要請に対応していた。驚くべきことに、ハプスブルク宮廷では宮廷長官に従属する地位に宮廷司祭長がいた。他方フランスでは宮廷司祭長は独自の人員を持ち、ブルゴーニュの慣行に従って宮廷聖職者団は名簿の最上位に記載されていた。この聖職者の身分が両宮廷間の相違を反映している。フランスの宮廷司祭長は必ず上級貴族層から選ばれたのに対して、ハプスブルクの司祭の経歴は平凡であった。礼拝堂は楽団や聖歌隊を備えていたが、野外儀式のためのより力強い伴奏は厩舎部の太鼓やトランペットによって行われ、フランスでは寝室部にも音楽家が仕えていた。狩猟や護衛に関する人員は、狩猟頭や鷹匠頭といった上級官職において両宮廷で一致していたが、フランスではより豊富で変化に富んでいた。ウィーンにおける護衛騎兵や護衛歩兵は、フランスにおける国王近衛兵やスイス近衛兵になぞらえることができる。彼らは君主を守り、行進や儀式に参加した。これらの中隊の隊長は宮廷役人の最高位層の中で下位を占めていた。

両宮廷は続く一七世紀のうちに拡大し、多くの官職はさらに多様に、専門的になった。これまで述べてきた構造は基本的には変化しないままで、両宮廷が根本的に異なっていたのは礼拝堂の地位や、ウィーン宮廷における式部長がフランス宮廷における宮廷審問部長、または宿舎管理長と一致しない点においてのみであった。宮廷は君主の日常的な要求に応えていて、理念的には国中の様々な集団との結びつきを象徴し、強化していた。しかしこの結束力は様々な発展によって厳しく試された。フランスでは、行政府の新参者たちは財政的、法学的な専門知識を活かし、宮廷での足がかりを得て、貴族身分や影響力を確保した。帯剣貴族はこの新たに登場したライバルによる「強奪」を激しく非難し、自分たちの古くからの権利を強く主張した。ドイツ諸邦の貴族たちは、行政府での優位を保持するために必要な非騎士的な教育を特に嫌っていなかった。貴族たちが行政の専門家に対する反感を助長することもなかった。確かにドイツにおいて、フランスのような法服貴族が成長することはなかったが、徐々に発展してきた制度的な構造が、身分や家柄という分類にうまく適合しているわけではなかった。しかしながら、文書化やその社会・政治的な結果による統治機関の発展よりも痛烈だったのは、プロテスタント教義の成功だった。一六世紀半ば、カルヴァン派が有力な勢力となり、ハンガリーと同様にフランスでも改宗者の中で貴族が重要な位置を占めた。オーストリア＝ハプスブルク諸邦では、それほどではなかった。したがって、親密な関係ではあったが、完全に気を許すことはほとんどなかった君主と君主に従う大貴族たちは、二つの重大な障害を克服しなければならなかった。その二つの障害とは、非貴族の役人エリートの台頭と宗教対立の悪化であった。

貴族の不満をなだめ、貴族の誠実な援助に対して報いるのに、君主は宮廷を利用することができたのであろうか。また君主はその過程で宮廷を再編成したのだろうか。およそ一六世紀末から一七世紀後半まで続く戦乱期の間に、フランスとオーストリア＝ハプスブルク宮廷は、その性質上決定的となるいくつかの刻印を押されることとなる。宮廷の周辺にいた有力家門の貴族たちは、政治的な権力を掌握することや君主の恩寵から利益を得ていたが、この有力家門は反乱や戦乱という危機によって入れ替えられることも度々あった。このような試練をくぐり抜け、うまく台頭してきた家門がアンシアン・レジームの終わりまで君臨していたのである。この危機と和解が交互に繰り返された局面において、宮廷の人数、経費、ヒエラルキーはどのように発展したのであろうか。

第2部　廷臣たち

第3章　宮廷の人数と費用

『名簿』

ウィーンとヴェルサイユ、どちらの宮廷についても言えるのだが、信頼に足る名簿類が連続して存在し、それらを利用できることは一八世紀以前にはあり得ない。つまり、文書によって十分に証明できる例はあるのだが、そこから全体像を描くことは難しいということである。さらに利用可能な史料であっても、それらはしばしば歪められており、不完全でもある。宮廷の役人たちが数値を書き留めようとした背景には、それぞれの理由があり、多くの場合、その目的のためだけに記録が残されたという事情があった。これらの史料編纂者たちは主として、有給、無給を問わず宮廷使用人たちの見事なまでの配置や人数を示すことに関心を払っただろうか。それとも、無給の名誉職を考慮せず、特定の職務に従事した最小限の有給の者たちを名簿に載せたのか。同じく別の予算が割り当てられていた厩舎や狩猟部は除外されたのか。高官の個人的な秘書や被扶養者たち、つまり必ずしも君主の財源から支払われない人々は名簿に含まれたのだろうか。これらの不完全な一覧表は給与台帳や支払い帳簿として利用されていたが、こうした概して不正確であった一覧表のいくつかを、より詳細で信頼性があるものと突き合わせることよってのみ、ある程度の精度が達成されうる。また、廷臣たちの名前と宿所を記載した宿営帳簿は、給与台帳と同程度の精度を持つものと考えてよいだろう。今日まで、このような骨の折れる作業は、例外的によく史料が残されているブルゴーニュ宮廷に関してのみ体系的に行われてきた(1)。

役人の一覧と、地位や職務についての短い記述を含んだフランスの『名簿』は、一七世紀の半ばにはすでに印刷されるようになっていた。この印刷に至る過程は単に王室部門と行政部門をより鮮明に区分することになっただけではなく、多くの人の目に触れるものとなり、そうした中で名簿の持つ性格も変わったと思われる。印刷される前の手書きの総覧は、煩雑な王室を管理し、主として予算を組むために使う内輪のツールとして存在した。つまり、これら手書きの文書は少数の関係者のみ手にすることができたのである。一六五〇年代に、最初の短く不完全な名簿が印刷されたが、それは不定期に発刊されていた。一六六一年から一六九八年まで、礼拝堂付司祭を務めたニコラ・ブゾンニュが三年ごとにこれまでより体系的で包括的な名簿を編纂した。そして、彼の礼拝堂付司祭としての襲職権を獲得したルイ・トラブイエがその任務を引き継いだ一六九九年以降、名簿は四年ないし六年間隔で刊行された。一七二七年以降は、さらに間隔を空けて発刊されるようになった。一七三六年から一七四九年の間などは、完全な名簿はただ一度しか出されていない。しかし、この時期の次第に分厚さを増していく名簿は、フランス王国のすべての主要な人物・組織を包括するだけでなく、宮廷における序列と儀式のあらましをも示している(2)。もっと時代が下った名簿になると、王室、政府、軍隊、そして地域行政といったものが、異なる部門として記され始めた。一七世紀の終わりからは、『王のアルマナ』が毎年刊行された。『アルマナ』にある情報はうまく分別されておらず名簿の精度に匹敵するものではないが、一八世紀中に宮廷の主要な役人についての簡単な説明が加えられるようになった(3)。これらの出版物は、『メルキュール』や『ガゼット』での宮廷の描写、あるいは豪華な挿絵の入ったフェリビアンの書物ほど、手の込んだあからさまな王権の表象手段ではなかった。だがしかし『名簿』や『アルマナ』は、宮廷の外や国境の向こう側にいる人々に宮廷のイメージを伝えるのに一役買ったのである(4)。そしてこのことが、理想的な宮廷の状況を提示しようとする傾向を強めることになったと思われる。

ウィーンでは、同じような状況がほぼ半世紀遅れてやってきた。一七世紀後半、様々な『宮廷名簿』があった。しかしそれは旅行や儀式に際して、あるいは宮廷の特定の部門に関して作成されるものであったし、時折出版されるだけだった。より包括的な名簿では、ハプスブルク諸邦の様々な部分を統治する行政機構や顧問会が王室と混ざり合い、奇妙にも見える状態で示されている。『ドイツ＝オーストリアに広がる鷲、すなわち皇帝の宮廷に関する極めて簡潔な見取り図……』という手稿本のシリーズは、神聖ローマ皇帝の財政も対象としており、様々な地域からの領地収入が記されている。その算定には王室、顧問会、軍隊までもが含まれている(5)。そして一七〇一年に始まり、当初は不定期であったが、一七三〇年以降は毎年出版されるようになった『国家・身分年鑑』をもってして初めて、我々は幾分か信頼できるひと続きの一覧表にたどり着くのである(6)。『職階表』として知られるこれらの出版物は、当初はわずかな記述であったが着実に量を増していき、専らウィーンやその関連団体をアルファベット順目録で誇らしげに掲載するようになった。さらに、皇帝や親族の宮廷も一つの項目としてそこに掲載されていた(7)。一七一五年頃からは、暦である『皇帝の宮廷における慣行について』が別途出版されるようになった(8)。一九世紀初頭の『職階表』ないし『国家・身分年鑑』では、宮廷と国家がそれぞれ明確に分けられていた。また軍隊は一七九〇年代以降、独自に印刷された『職階表』を有していた(9)。このようにして、一八世紀に入って初めて王室、政府、軍隊の明らかな分離が印刷物で確認されるのである。しかし、それはフランスでは一七世紀後半の出来事であった。

王室の周辺

我々は様々な方法で宮廷を定義することが可能である。そして、どう定義するかによって、宮廷の人員数に関する評価は異なってくるだろう。中世においては「大宮廷」という大家臣団を指す言葉と、「小宮廷」という日常的に君主に仕えている人々を指す言葉が区別されている。この区別によって、必要に応じて君主のもとに参上する高位身分の人々と、恒常的に君主に仕える人々とが明確に分断されていた。では、我々は実際に宮廷に仕えていた人々の数に関心があるのであろうか。それとも宮廷で仕えることを望みうる人々に関心があるのか。日常的に君主に仕えていた人々の中に、すべての階層および宮廷の全部門に属する人々を含めてよいのか。日常的に君主に仕えていた人々の多くにとって、「廷臣」という呼び方は確かに相応しくない。宮廷の人員数の変化を分析する前に、まずはこういった疑問に取り組む必要がある。

古い一覧表や法令を見れば、王室が行政に携わる人々や行政府を含めた全体のほんの内核部分にすぎなかったことは明白である。会計局や、司法権・執行権を有する国務会議と同様に、中世の宮廷で特徴的なものであったのが官房であった。のちに、書記官やそれを補佐する者たちも、次第に行政府の中で必要不可欠なものとなった。王室と行政府との正確な関係性がどういったものでも、両者に明確な線引きをすることは不可能である。中世における定義では、行政府の中心的な機関は「広義の」宮廷を構成する一部であった。よって、宮廷を訪れた者たちが宮廷内に居住していた人数を数える際に、行政府に属する人々も含めていた可能性がある。王室と行政府における人員数の変化は時には一致し、時には一致しなかった。こうした両者の変化を見極めることが、王室と行政府との相互作用を明らかにする一助になることは確かだろう。

ここまでの王室と行政府という観点と同様に、別の観点から見ても、君主の王室は様々な要素に囲まれた核でしかなかった。つまり君主の王室は、君主一族の中で最も目立つ家ではあったが、その一つにすぎなかったとも言える。君主の兄弟姉妹が総督として領地の一部分を統治した際には、その者の家は物理的に宮廷から分離していた。例えばハプスブルク家において、マクシミリアン二世の弟たち、カールとフェルディナントはそれぞれグラーツとインスブルックで統治していた。一六六五年にティロル系ハプスブルク家の血統が途絶えるまで、ティロルはインスブルックから統治されていた。しかし長子相続や主権の「不可分性」という理念によって、君主が男系の親族に親族封を譲ることをよしとしない風潮が高まってきた。ただそうした中でも、親族たちが自らの家や宮殿を持つことは習慣的に許されてきた。嫁いできた妃たちは自らの家臣団を連れてきて、その者たちをかなり大きな組織へと変貌させた(10)。そこでは君主の宮廷と同じようなヒエラルキーを高貴なる女性たちが形作っていた。しかも王妃や皇妃は、自らの夫が死んでからはかなり重要な地位に付くことになる。即位したばかりの若い君主が結婚する前には、その傾向が特に顕著であった。寡婦となった彼女たちの宮廷は、死去した夫君に仕えていた人々を吸収することで、新しい君主の

「若き宮廷」よりも威勢を誇ることさえあった。子どもや孫たちは、青年期に達すると、慣習的に自分たちの従者を与えられることになる。宮廷における誕生や死去は、それぞれの宮廷内での王室の様相を一夜にして変化させ、一族の家の数をほんの短い間で変化させる要因となった。カール六世は一七一一年にウィーンに戻ってきたのだが、死んだ兄ヨーゼフの宮廷、夫君に先立たれた二人の妃の宮廷、自分の妃の宮廷、自らのスペインにおける宮廷、スペインに向かう際にウィーンに残していた規模の小さい宮廷を養わなければならなかった。しかし他の君主たちは、このようなプレッシャーからは比較的自由であった。結局、まだ君主の宮廷に関わることができない人たちが野心を実現しようと考えた時、理想的な足掛かりとなったのが、君主の一族が個々に構えた二次的な宮廷であった。そこで野心を持つ人々は、富や名声をもたらす官職にたどり着く前に、表に出ることなく自らのコネクションを築き上げることができたのである。こういった周縁に位置する二次的な宮廷の重要な文化的、政治的な関連性に注意を払わなければいけない。さらに、宮廷の発展についてはこうした関連性を考察の対象に含める必要がある。

行政官たちは宮廷内、もしくは宮廷の周辺で生活していた。君主と最も近い親族は、重要な人的な組織を持っていた。加えて、親族たちは君主との結びつきを持ち続けることを期待されており、長期間にわたって親族たちが宮廷に姿を見せないことは、良くない兆候であった。しかしながら当然、相当数の宮廷役人は行政官のようにきまじめであることはほとんどなく、したがって宮廷の役人が宮廷にいないことで周りが動揺することもなかった。特に宮廷のあらましを記した文書では、侍従、主馬、宮内侍従、給仕侍従、施し物分配係、女官、書記官などといった名誉職が宮廷の役人に含まれていた。名誉職にある者たちは宮廷に出仕する権利を享受しており、理論的には輪番制に基づいて自分たちの業務を積極的にこなすものと考えられていた。彼らのような名誉職に就いた者たちの多くは、同じ職を共有する者と交互に出仕するだけであった。彼らが宮廷で過ごす期間は、数週間、四半期間、半年間、または数年間であり、比較的短いものであった。実際の職務内容は正確に規定されることが普通であったが、名誉職は単に、在職者に免除や様々な権利を与える名誉ある特権として捉えられていた可能性もある(11)。空白期間の長さに比べて、実際に職務を行う期間が短いということは、ハプスブルク宮廷においては侍従のような典型的な名誉職にしか当てはまらなかった。そもそも侍従以外の人の多くは、一年間を通じて職に留まり続けることとされていた。名誉職と実務を担う職との線引きは比較的明確なものであった。一方、フランス宮廷においては、期間ごとに職務を交代するというシステムが広く採用されていた。そして、このシステムは宮廷内のヒエラルキーの最下層から最上層まで広がっていた。このことは下部組織が重要であったことを示す一例である。期間ごとの職務交代を構造上取り入れたことや特定の名誉職の増加は、職務の数そのものは交代で職務を担っている人の数よりも少なかったことを示している。一方で、一人の人物や一つの家門に様々な官職が集中することで事態は複雑になっている。例えばウィーンにおいては、貴族身分の廷臣は常に侍従であり、それに加えて他の官職が付け加えられた。加えられた官職は、顧問官が多かった。さらに、そのような貴族の名は王室と関係の深い地方や中央の行政機関においても見受けられる。再三禁止されていたにもかかわらず、フランスでは官職を多数有することが根付いており、それは上層の官職にまで広がっていた。そのため、官職に就いた者の数と官職の数は異なる。この官職に就いた者の数と官職数の不一致は、廷臣全員の名前を把握できた時に初めて解消されるだろう。名誉的な官職は著名な騎士団といくつかの特徴を共有している。職務を期間ごとに交代するというシステムは、ブルゴーニュ宮廷が築いた功績の一つであった。騎士団においても名誉的な官職においても、それぞれの構成員であるということこそがまさに特権であった。構成員であることで得られるつながりは、頻繁に接触を持ったか否かに必ずしも左右されるものではない。離れた場所にいる廷臣であっても宮廷に属していたのは確かである。つまり、彼らも宮廷を構成する重要な要素の一つであった。しかし、彼らを宮廷に出仕してきた人数にまとめて計上することは不可能である。

高い名声を得た画家や宝石工から傑出した作品を生み出したわけではない職工まで、職人、使用人、業者といった多様な集団も『名簿』に記載されている。彼らの中には、宮廷世界における立場を認められた者もおり、あまり関係がなかったとしても、宮廷に立ち入ろうとする者もいたかもしれない。彼らは君主のお気に入りの一人となれば、税や裁判に関する免除特権を手に入れて、富を約束された地位を確保できた。このような定まった職務を持たない人々の数を算定することは難しく、『名簿』に最下層の使用人が記載されるかどうかも明確ではない。『名簿』が収支を合わせることを第一に考え作成された場合に限り、定期的に支払いを受けるすべての者を記載する必要があった。しかし、『名簿』が宮廷における代表的な人々のリストになった場合には、下位の使用人を省略するか、彼らを総称として記載するに留まったのである(12)。

宮廷に住まう人数を算出することは、季節の変化によってさらに困難になる。近世において、多くの宮廷は居城で冬季を過ごし、春季から夏季には狩猟場の滞在地を転々としていた。そのため、このような別邸の多くは、冬季の宮殿と同じだけの人数を住まわせるようにはなっていなかった。したがって君主の世話は通常よりも少ない人数で行われ、そこにはわずかな訪問者しか迎えることができなかった。狩猟の娯楽性と、君主と容易に親しくなることができるという利点から、随行者にとってこれらの外出はかなり魅力的であったものの、実際に随行できるのはかなり限られた者たちだけだった。また、貴族の位と武功が密接に結びついていたことも、季節ごとに宮廷の人員数が変化する要因となっていた。馬の餌を戦地で調達できる温暖な時期には、戦争によって多くの廷臣たちが出払っていた。さらに、護衛連隊は通常の軍隊の中でもエリート部隊として存在していて、彼らには宮廷内での位も与えられていた。宮廷内に存在する護衛連隊やその他の部隊が増員されることで、宮廷と軍隊の境界線は曖昧にならざるを得ず、また宮廷の人員数も大きく変動していたことが推察されるのである。

最後に、本質的に政治の中心であった宮廷というものは接触の場であった。つまり、宮廷は高貴な訪問者、外交使節団、請願者、出世や雇用を求める者、大小の旅行団などの異質な集団が集まり交わる場だったのである。高官の配偶者、親族、子や孫たちは恐らく宮廷の常連であっただろうが、給与名簿でこうした人々の名前を実際に見かけるのは、彼らが宮廷内で職務に就いている時だけである。さらに重要なものとして馬上槍試合、狩猟、祝祭などが宮廷に多くの人々を集めたであろう。それらの場に集った人々も多くは宮廷に参内する資格を持つ貴族であっただろうが、

図3　アンヌ・ド・ジョワユーズとマルグリット・ド・ロレーヌの結婚を祝して，アンリ3世の宮廷で行われた舞踏会

普段の宮廷で彼らの存在を見つけることはできない。王室やそれを取り巻く行政機関を描いた名簿は、宮廷にいる外交使節団も記載していることはあったが、残念ながらこうした名簿からは、大変捉え難いにもかかわらず重要な宮廷の特徴を再構築することはできない。他方、同時代人たちは宮廷に殺到する人々のにぎわいを目の当たりにして、宮廷にいる人数を過剰に見積もってしまったのであろう。例えば一六七三年から一六八一年までフランス宮廷の常連であったプリミ・ヴィスコンティは、廷臣と奉公人を合わせると少なくとも七〇〇〇人いたと述べている。この人員数は宮廷内の軍隊を含めない数であり、本章以降に示す最も穏当な試算を上回る数である。とはいえ、このようなよくある試算を簡単に破棄してしまっていいのか。それとも我々が史料からは知り得ないだけで、彼らは間違いなく宮廷と関連がある人々を正確に試算したのであろうか(13)。

フランス宮廷の人数

フランソワ二世の治世において、「狭義の」宮廷に属する宮廷司祭長、フランス大侍従、フランス侍従長、門番頭によって取り仕切られた職務を行う人員は一〇〇〇人を超えていた(14)。さらに、狩猟の設備、馬房、守衛などに関わる者たちや審問部の役人を加えれば、その数は一七〇〇人近くになる。しかしながら、もしこの数に王太后や王妃の宮廷に仕えていた者たち七〇〇～八〇〇人をさらに加えると、「広義の」宮廷ではおよそ二五〇〇人になった。宮廷の拡張に積極的ではなかったアンリ三世でさえも、このような前国王たちのやり方を踏襲した。シャルル九世の王室にはわずか五〇〇人程度の貴族が職務を有していただけであったにもかかわらず、この数は一五七五年から一五八六年の間に倍増した。つまり、王室での職務に占める貴族の割合は約二五％から四四％程度にまで上昇したのである。この増加は寝室部常任侍従たちの職務が増えた結果と言える。彼らは一五八三年の一年だけで一気に三八〇人に達し、一五八〇年代を通じてさらに増加した。確かに、一五八五年一月アンリ三世は寝室部侍従を一つの部門あたり四五人まで、つまり全体では一八四人まで減らしたが、このような動きは君主を警護し、世話をする四五人の献身的な近習である寝室部常任侍従という新たな集団を作り出した後に行われたものだった。貴族たちを宮廷に引き寄せておき、君主にとって理想的な状況を守ろうとしたとも解されるこれらの方策だが、それだけで宮廷が拡張していったわけではない(15)。アンリ三世はその他の陳情にもしぶしぶ応じながら、このように宮廷が拡張していく範囲と結果を制限しようと試みた。すなわち一五八四年、アンリ三世は自らの宮廷に二一六人の無給役人を加えたのである。彼らは直接税タイユやその他の責務からの免除など宮廷職務に付随する特権を享受したと思われるが、それ以上の見返りは期待できなかった(16)。一五八〇年代、これら二一六人の無給役人を除き、王室では一〇〇〇人から一一〇〇人が働いていた。一方で、厩舎や狩猟部、審問部役人、近衛兵、王妃の宮廷、さらに王太后の宮廷に関わった六六八人を加えると、広義の宮廷では三〇〇〇人以上がいたにちがいない(17)。アランソン公、のちにアンジュー公となったフランソワ・ド・ヴァロワという御しがたい王弟は、国王の王室と肩を並べる程の人員を有していた。一五七二年にはまだ二七七人であったが、ボーリュー王令後の一五七六年に宮廷は四一五人から九四二人に増加し、一五七八年には一一二三人を数えるまでになった。自らの領内での君主の地位に執着していたアンジュー公は、ちょうどその頃に宮廷の行政的な権限を持つようになった国務卿や、宮廷を対外的に代表するようになった外交大使を抱えるまでになった(18)。このようにして、フランス大侍従であったギーズ家を含む宮廷関係者の数は、一六世紀後半の政治・宗教的な危機の時代に一旦ピークを迎えたのである。しかし宮廷の拡張は、この時が最後でも最大でもなかった。

アンリ四世が前王の王室の人員をいくらか削減しようと目論んでいたことは間違いない(19)。しかしアンリの意図に反して、彼の王室の人員が一〇〇〇人を下回ることは決してなかった。ブルボン家最初の王アンリ四世が、ヴァロワ家最後の王アンリ三世と同じ圧力に晒されていることはすぐに明らかになった。すなわち、無給の宮廷司祭は一五九一年に三一人だったのが、一五九九年には一七四人になり、また宮内侍従は一五九〇年の一〇人から一五九九年には二二人に、給仕侍従は一五九〇年から一五九九年の間に一〇人から二二人に、同様に寝室部従者も四六人から六七人に増加したのである。様々な部門における書記官の数が急増したことは最も顕著で、一六〇〇年までに三〇〇人を上回った(20)。しかもこのような君主の王室だけで拡張が起こっていたというわけでもない。君主の狩猟に従事するものは、それまでおよそ一四人前後であったのが、一五九六年には狩猟部侍従一三二人を含めて五六二人になっており、一六〇五年の『名簿』で主馬の項目を見れば狩猟と厩舎に関わった者が合わせて六〇〇人を超えていることが分かる。この人員数はアンリ三世治世のおよそ二倍である(21)。アンリ四世はカトリック同盟に属していた者たちを懐柔せねばならなかった。そのため、アンリ四世は上級官職を倍増させて、プロテスタントと同様にカトリックの代表にも上級官職を与えた(22)。そうやって、カトリックを満足させようとしたのである。アンリ四世の再婚相手であるマリ・ド・メディシスの宮廷を含めた「広義」の宮廷(23)は、一時的に他の主要な宮廷がなくなったおかげで人員が減ったように見えただけなのであろう。

暗殺という壮絶なアンリ四世の死後、アンリの王室と王太子ルイ一三世の宮廷が統合されたことにより、王室は短期間であるがかなり拡張され、結果として一六一二年に一七八〇人の人員を抱えるまでに成長した。主馬は一六二三年に七五〇人になり、最多になった。しかしながら一六二四〜一六二五年にルイ一三世は、一六二四年初めに権力の座に昇りつめたリシュリューの援助を受けながら、思い切ってエリート役人たちを大量に削減した。国王付き司祭は二五二人から一〇人になり、寝室部書記官は三一六人から一一人に減らされた(24)。さらに一六三一年に、ルイは削減した厩舎部の人員を有給の役人二〇八人と無給役人二〇五人とに分けた。ルイはさらに削減を断行するため、租税法院に毎年出されていた『給与名簿』に載っていない役人、報酬が二〇エキュ以下の役人、そして定期的に業務をしていない役人は、宮廷役人が通常享受していた特権を得られないと宣言した(25)。そのうえ一六四一年、ルイは以前から宮廷役人に与えられていた免除を制限することで費用の節減を試みた。その際、最も顕著だったのは、やはりタイユ免除の制限であった。

これらの施策はどれ一つとして長続きしなかったし、その影響も限定的なものに留まった。国王付き司祭や書記官は以前のような水準に達することはなかったものの、宮内侍従や給仕侍従の数は依然として多く、一六三〇年代にはさらに増加した。宮内侍従は一一四人から二三三人になり、給仕侍従は一三三人から一七〇人になった。だが、『名簿』はこの二つの役職が「以前は空席だった」として、前者は一二人、後者は二四か三六人にそれぞれ削減する必要性を繰り返していた(26)。また厩舎部でも主馬、第一主馬、主馬官が一六四〇年代に合わせて一一一人いた(27)。そして、絵師や門番といった高位ではない官職も、この膨張の余波を受けることとなった。その一方、君主以外の宮廷も例外ではなく、ガストン・ドルレアンは若干二〇歳ながらも、一六二八年に五四二人もの人員を有する宮廷を持っていた。この人員数が意味することは、人員削減が宣言された一六二七年の『名簿』から一七か月そこそこで五〇人ほどが増えたことを示している(28)。しかし慣習的な特権は別にして、ガストンの宮廷の『名簿』に列挙されている役人の多くは報酬を受け取っていなかった。このような宮廷の拡大を食い止めようとするあらゆる試みは、三十年戦争やフロンドの乱などで混乱したアンヌ・ドートリッシュの摂政期に入るとすべて頓挫した。一六四五年、王室は一六〇〇人以上を抱えるまでになり、一六五〇年には二〇〇〇人に迫る勢いであった。同じ年、宮内侍従だけで三二一人を数え、手工業者は三〇九人であった。また、新設された役人は特権を持たない二流の地位に甘んじる必要もなかった。すなわち、彼らは（少なくとも制度上）報酬を受け取り、一六四三年に再び制度化された慣習的な特権も得ていたのである(29)。

官職数の増加は歯止めがきかなくなってしまっていた。しかし、一六五〇年代が特に史料の裏付けがしにくいのは偶然の一致ではない。一六五三年の『名簿』で一七〇以上の給仕侍従を記載したパンソン・ド・ラ・マルチニエールは「国王役人の数が日々増加している」と記している(30)。一七二〇年代初期の『名簿』編纂者も過去を振り返って、以下のように述べた。

> ルイ一四世の治世初期には、あまりに多くの人々が宮内侍従の肩書きを得た。一六四九年に刊行された『フランスの名簿』を見ると、実に一七〇人もの有給の侍従が数えあげられている。さらに一六五三年と一六六〇年の『名簿』では、その数は三一八人に膨れあがった。しかし同時に、フランス大侍従の選考により、実際には四半期交代で三人ずつの侍従しか業務につくことができなかったため、結局のところこの大人数も最終的には年間で一二人という数におのずと引き下げられることになった(31)。

確かにフロンドの乱の間に、フランス国王の宮廷は前例のないレベルにまで達した。それはその後を見ても匹敵するものがないほどである。一六五四年四月には名誉職の削減が宣言されたが、すでに膨れ上がった部分を取り除くのに一〇年を要した(32)。ルイ一四世は一六六四年五月の布告で更なる人員削減を言い渡し、王室の人員をはるかに少なくすることに成功した(33)。その結果、宮内侍従や給仕侍従はこれまで通り一二人と三六人だったが、一六六〇年代初頭になって過去一世紀のうちで初めて、王室は一〇〇〇人を下回った。一六七〇年代末からオランダ戦争による勝利に沸く一六八〇年代初頭に至るまで、ルイ一四世の王室は一一〇〇人から一二〇〇人の間を推移したが、一六八九年以降、教会、寝室、衣裳、給仕、門番、宿舎管理などの王室の中心的な職務に携わる人数は、総計九〇〇人以下という状態が続いた。

本章で引用した様々な人数の情報源となっているジャクリーヌ・ブシェは、このルイの大幅な人員削減があまりぱっとしない業績として済まされないよう明快な分析を与えている。ブシェによれば、ルイ一四世は父ルイ一三世によって試された手法を真似たのである。つまり、ルイ一四世は宮廷に仕える人々の数を減らそうとしただけでなく、王室の役人のうち、特権的地位を保有する者たちを減らすことに取り組んだのであった。一六六一年、彼は六〇〇余りいる主馬や侍従のおよそ半分だけが「国王の命令に応じて」給料が支払われると宣告した。それは、ルイ一三世が二〇エキュ以上の報酬を得ている者にのみ特権を付与すると定めた時と同じように、王室の役人にとって特権的地位の喪失を伴うものだった。間違いなく、これらの降格した者たちの多くは引き続き宮廷で雇われたのだが、彼らはもはや王室の役人とは言えなかった(34)。王室の役人を記載していた『名簿』は、特権を失った者たちのような底辺の委託業務までは含んでいないだろう。様々な手書きの『名簿』に主馬が二五〇人強しかいないのはこのような理由のためである。その一方、一六九四年に刊行されたブゾンニュの『名簿』は四四四人の主馬を記載しており、「それ以外にもたくさんいた」ことをほのめかしている(35)。古文書史料に基づいた近年の試算によれば、一七八七年の改革までは、二つの厩舎と王の飼育場には、二七〇人程度の王室の役人に加えて、一二〇〇人以上の制服を着た奉公人が勤めていた。さらに、五〇〇人前後いた従者や召使を合わせれば、その数は約二〇〇〇人になる。また、『名簿』が常に完璧で信頼に値する史料でないことを示している例もある。例えば、ダンジョは削減後の国王護衛隊の数を一六九〇年に一六八〇人、一六九九年に一六五六人とそれぞれ記載しているものの、多くの別の史料によれば国王護衛隊は四九六人だったと言うのである(36)。

ルイ一四世の目的が特権の剝奪にもあったというこの事実は、彼の人員削減が何よりうわべだけの作業ではなく、特権の剝奪と人員の削減が同じくらい重要な作業であったということを示している。換言すれば、ルイの治世の間に特権を「持つ者」と「持たざる者」が再定義されたと考えるべきなのである。ルイ一四世は名誉職に就いた貴族の奉公人の数を制限したが、認可された奉公人については彼らの特権を追認し、債権者から官職を奪われないよう保護することによって、彼らの地位を強固にしようとしたのであった(37)。しかしそれと同時に、ルイ一四世は宮廷での日々の業務を運営している人々の数を、その活動状況によって増減できるようにもした。とはいえ、そうした人々は「階上」にいる社会的に上位の者たちが享受している最上の富や名声を共有できなかった。近世には、中世の六職務に相当する七つの部門があり、その七部門とは、宮内府大膳部給仕職、料理・内膳職、パン給仕職、酒酌・給仕職、料理・給仕職、果物給仕職、薪炉職であった。七部門における下位の役人たちが、国王の食卓、大侍従や侍従長の食卓、王室全体の食卓を準備しており、彼らの人数は一五六〇年代に二三二人だったのが、一七一三年には三四一人に、そして一七五四年には四〇〇人へとゆっくりと拡大していった(38)。このような拡大は、審問部の人員が一五六〇年から一七一三年までにおおよそ三倍になったように、仕事の多様性と仕事量の増大を反映したものだった。増加した下級役人の中でも、王室の役人としての官職と地位を保持していた者たちは、世襲貴族に昇進することも望むことができた。王室の役人に関連する法令を編纂した一七二〇年の国王陪食官法典は、門番、従者、給仕に「主馬と同等の地位」と貴族身分を与える一連の国務会議採決を含んでいる(39)。

「宮廷の役人」のあらましを説明した一六九九年の詳細な回想録によれば、国王の宮内府の人数は八八六人であった。この数字は最も高位の官職も含んでおり、宮廷司祭長に従う四〇人余りの宮廷聖職者、四〇〇人ほどの給仕関係者や五三人の名誉ある膳職を含めた大侍従の部下たち、寝室部や衣裳部の二〇〇人弱の人員、四人の隊長と五〇人の守衛を従えた門番頭、さらに宿舎管理官に仕える六〇人ほどの人員、さらにいくつかのこまごまとした職務を担う人員が八八六人の中に含まれていた。これらに加えて、教会、寝室、衣裳などに関連した様々な人員一九一人が記載され、すべてを合計すると一〇七七人の役人がいたことになる。そしてサント・シャペル国王礼拝所には五五人が雇われており、狩猟に関連する役職として三四〇人が、厩舎部に二五四人、審問部に一三一人がいた。狩猟に関しては、総勢二六三人の多種多様な狩猟部関係者を加えることになろう。そうすると近衛府や親族の宮廷を別にすれば、国王の宮廷には二一二〇人の役人がいたが、その職務は陪食できるという特権を持たない多数の奉公人によって支えられていたのであり、特に厩舎部、狩猟部、楽団、そして建築事業部に勤務する役人の活躍が目立っていた。

さらに、宮廷の衛兵の存在がこうした数字を複雑にする。先に示した二一二〇人の王室の役人に含まれている門番兵や審問部衛兵に加えて、四九六人の国王護衛隊、一二八人のスイス近衛連隊、一一四人の侍従、二五〇人の近衛軽騎兵隊、二五〇人の近衛騎兵隊、砲兵隊と大元帥に属する一五九人の士官も回想録に記載されている。結果、衛兵の総勢は一三九三人となる。ところが一六九〇年代までに近衛府は大規模な組織に発展し、二六九〇人の宮内府警備とルーヴル宮周辺警備を中核として、一万五〇人を有する組織となっていた(40)。しかし、国王の館の守衛、宮廷での治安を守る審問部衛兵、スイス百人隊、鉤爪付き金槌を携行した衛兵、国王護衛隊の四連隊は明らかであるにせよ、いかなる軍隊が宮廷に属すると見なすべきなのかは判然としない。あくまで恣意的な線引きではあるが、一六九九年の回想録の例に従ってフランス近衛連隊やスイス連隊、マスケット銃兵中隊を除外することはさほど理不尽なこととは思えない。しかし、マスケット銃兵中隊の隊長は、『王のアルマナ』に載せられた小規模で限定的な名簿には含まれており、近衛府の上級士官は全員、宮廷に近い存在であったに違いない。近衛府の拡大やその士官たちに与えられた特権的な地位は、フランス貴族と軍役とのつながりを強化しようとする太陽王ルイ一四世の強い意志の表れであろう(41)。

法令では、宮廷の人員数は現状維持か、削減されていたが、これに左右されなかったのが、宮廷内にいる小姓である。寝室付き小姓は変わりなく二四人であったが、厩舎部に属する小姓の人数は増加する傾向にあった。ブゾンニュは一六八七年の『名簿』の中で、大厩舎部の小姓に関して次のように書き記している。「中心となっているのは一九人であったが、この数以上に大勢いる」(42)。確かに一六六〇年代初頭の『名簿』では、大厩舎部の小姓は七〇人程度がいたのだが、ルイ一四世の治世の終わりにかけて四〇人ほどにゆっくりと減少した。一七二二年に出された大厩舎部に関する規則には、前治世では大厩舎に五〇から六〇人ほどの小姓が割り当てられていたが、一七二〇年には四二人に固定されたと書かれている(43)。小厩舎部の小姓は二〇人から三〇人に増えたが、一七二〇年代までに再び二〇人に戻った。ルイ一六世に仕えた寝室付き小姓の一人、フェリクス・エゼックは、国王がヴェルサイユに到着した際に一五八人の小姓がいたことを記している。その内訳は、大厩舎に属する者が五八人、小厩舎に属する者が四〇人、寝室部に属する者が二六人であった(44)。ルイ一四世の貴族的な軍隊への志向が、近衛府や小姓が増大した理由となるだろう。通常三～四年間、宮中に住み込みで働く小姓たちは、その後軍隊に入ることになっていた。そのため、彼らはしばしば宮廷のエリート集団の一つに数えられたのである。一六四三年以降、大小厩舎部に属する小姓の家門は、ドジエ家が長らく務めた（小姓のための）国王系譜官によって厳密に審査されることとなっていた(45)。

一六九九年はある意味で例外的な年であった。なぜなら、王妃や王太后の宮廷が見当たらないからである。ルイ一三世の王妃すなわちルイ一四世の母アンヌ・ドートリッシュが亡くなった一六六六年に、彼女は五二五人ほどの人員を抱えた宮廷を持っていた。それは慣習的な王妃の宮廷と同じく、国王の宮廷を真似たものであった。五〇人ぐらいの女性を抱え、守衛はわずかで、狩猟に関する人員はいなかったものの、何らかの会議、寝室部、衣裳部に男性役人が加わり、給仕関係や薪炉、主馬、そして楽団といったすべての業務が君主の宮廷と同様に行われていた。王太后としてかなり大規模であったアンヌの宮廷は、アンシアン・レジーム期で最後のものだった(46)。ルイ一四世の王妃マリ＝テレーズには一六六〇年時点で六四三人ほどが仕えていたが、一六七六年には人員数は五三八人まで縮小する(47)。彼女が亡くなった一六八三年には、宮廷で働く女性にとって、バイエルンから嫁いできた王太子妃の宮廷だけが代わりの働き場となり得たが、一六九〇年にはその王太子妃も亡くなってしまった。一六九七年にようやく、宮廷は高貴な花嫁マリ＝アデライード・ド・サヴォワ（一六八五～一七一二）を迎え入れることとなった。ルイ一四世は孫の妃のために館を慎重に選んだ。「国王は御自らすべての必要な職務を書き出した。それらはほぼ、王太子妃の側近くで仕える家内奉公人としての職務であった」(48)。そしてわずか二年後の一六九九年、マリ＝アデライード王太子妃の宮廷は四四三人の人員を抱えていた。これに対して、彼女の夫であるブルゴーニュ公ルイ（一六八二～一七一二）はたいした宮廷を持っていなかった。というのも彼は殿下でも、ルイ一四世の息子やフランス王太子でもなかったからである。したがって、ブルゴーニュ公ルイは父である王太子ルイの廷臣に依存しており、彼の教育や健康を世話する限られた従者で満足するしかなかった。また、狩猟のための名誉ある組織や、高貴な侍従や近侍などの貴族集団にしても、同様にわずかな人員しかいなかった。まだ幼かったが、未来の国王という地位を約束されていたルイ一三世は、小さいながらも、国王の宮廷の構造に沿った完璧な宮廷を持っていた。しかしその後の王太子は自分の思い通りになる宮廷を全く持つことができなくなったし、多くの場合父親の宮廷役人によって給仕されていた(49)。当時の一覧表からは、王太子のための「教育係」やお側近くで仕える使用人たち、そして一六八〇年以降には青年となった王太子に仕える近侍がいたことが分かる。しかしながら、ルイ一四世の弟オルレアン公フィリップ一世、すなわち王弟殿下（一六四〇～一七〇一）が、一六九九年に八三〇人の人員を抱える立派な宮廷を持っていたことは確かである。また彼の二番目の妃であるエリーザベト＝シャルロッテ・フォン・デア・プファルツ、つまり王弟妃殿下（一六五二～一七二二）にも、夫とは別に二四二人が仕えていた。この二つを合わせると、王族の二次的な宮廷は一六九九年時点で一五八九人を有していたことになる(50)。フランス大侍従の役職に就いていたコンデはシャンティイに自らの宮廷を持っており、一六九九年に二七四人がいた。しかし、一六八六年に大コンデが亡くなって以降、その数は大幅に減らされたと回顧録は付け加えている(51)。

女性王族の宮廷では、女官、寝室付き侍女などの女性比率が男性に比べてはるかに高かった。したがって、宮廷を持つ女性王族の数が宮廷における女性役人の数に大きく影響した。一六世紀のフランス王妃の宮廷は約二〇～二五％が女性であった(52)。だが、一六六六年のアンヌの宮廷、あるいは一六六〇年と一六七六年のルイ一四世王妃の宮廷では、女性は一〇％にさえ満たず、後の時代の名簿ではそれ以下であった(53)。有給役人としては、女性は依然として宮廷で少数派であった。少数派という意味では外国人たちもおそらく同様であった。一六世紀初頭の宮廷は、主としてイタリアの影響からコスモポリタン的な環境にあった。君主の宮廷に占める「外国人」の割合は一五七五年頃まで増え続けたが、一五六〇年頃を境にその増加傾向は緩やかになり、一七世紀初頭にはフランス人の廷臣が優勢となった。最終的に同様の傾向に落ち着くものの、王妃の宮廷での外国人の割合は依然としてより重要であった。混乱した一七世紀最初の二〇年間において、主としてマリ・ド・メディシスの摂政とイタリア出身のコンチーノ・コンチーニの重用によるものだったが、イタリア人の存在は再び脚光を浴びることとなった。しかし同世紀のうちに外国人の割合は縮小していくことになる。例えば、ジュール・マザラン、アンヌ・ドートリッシュ、短命に終わったルイ一四世のスペイン出身の王妃（マリ＝テレーズ・ドートリッシュ）、そしてその他にも外国出身の王妃たちがいたが、フランス人が宮廷においてますます優勢になっていく。マリ＝テレーズに関する一六七六年の『名簿』の余白には、その三年前に残っていたスペイン女性たちを本国に送還したことが記されている(54)。芸術家たちは長い間コスモポリタン的な、主としてイタリア的な考え方を持ち続けており、またあらゆる国からの訪問者や外交使節も頻繁に宮廷に出入りしていたが、フランス人が宮廷の人員を「階上」から「階下」まで独占するようになっていった(55)。

一六九九年の回想録によれば、王族が持つ様々な宮廷を合わせると、守衛を含め総勢五一〇二人の王室の役人がいたという信頼できる数字に行き着く。国王の王室には一〇七七人、サント・シャペルには五五人が仕えており、狩猟部、厩舎部、審問部には合わせて七二五人がいた。さらに、近衛府の中核として一五二四人、他の王族が持つ宮廷には一五八九人がいた。一七〇〇年前後に、国王の王室はアンリ二世の逝去から延々と続いた政治的、宗教的な危機、すなわち宗教戦争が始まった頃の水準に近づいた。それ以降、国王の王室はこの水準から大きく乖離することはなかったと思われる。一七二九年の国王の宮内府は八九六人であり、それは一六九九年のルイ一四世の時から一〇人増えていただけである。そしてその後の一〇年間を見ても、この数字はわずかに低くなるだけである。ただ、一七五五年には九二一人に増えることになる。その二〇年後、革命初期の直前では、王室の人員は八七九人のレベルに再び落ち着いている。厩舎部にも二六〇～二七〇人の人員がおり、依然としてルイ一四世の改革期の水準に留まっていた(56)。近衛府は一七世紀末になってから補強されるが、一七七〇年までほとんど増減しなかった。ただ、狩猟部は一七〇五年には一旦減ったものの、拡大を続けていた(57)。一七一五年の『名簿』は、狩猟部の人員二三〇人ほどに加えて、さらに狩猟関係者二七二人を載せている。しかし、一七四九年に出された『名簿』は狩猟部に三〇九人を記載し、狩猟関係者にはさらに多くの人数を載せている。ところで、一七三七年に行われた改革は人員削減を目論んだものであった。それはある部分では王室の役人に関して、「定まった給料を得ていない大部分の者たちを、フランス主猟頭殿の任命によって」被雇用者に変えてしまうことで対処した(58)。このような狩猟に関する人員が拡大したのは、水と森林に関する業務の発達と一致するからで、単に廷臣やその娯楽という観点からのみ理解するのは正しくない。森林管理に関する業務の発達と並行し、建築や音楽に携わる人員も拡大し、次第に専門化していった。その後、これらの業務は次第に宮廷とは距離を置くようになり、その人員の多くも委託されて雇われたので、宮廷生活とは離れていくことになる(59)。王族内の他の宮廷もだいたい同じ経過をたどった。確かにそれらの宮廷は依然として重要であったが、その重要度は幾分軽減される傾向にあったと言える。アンヌが死去して以降、王太后の宮廷というものは全く存在しなかった。王妃の宮廷の人員数も四二五人から五〇〇人の間で留まっていた(60)。しかし、一八世紀後半になると小規模な女性王族の宮廷が次々と作られていった。それはちょうど親王たちの宮廷が次々と増えていったのと同じである。これらの宮廷は国王から資金を得ており、『王のアルマナ』にもそれらは記述されている(61)。しかしながらこのような宮廷の数は常に、政治的な判断というより王族の人数に合わせて決められたのであろう。

宮廷のエリート守備隊は、陸軍卿サン＝ジェルマンの一七七六年の軍制改革において削減されることになった。それが一連の改革の口火となり、次第に王室そのものが改革の目玉になっていく(62)。一七八〇年、ルイ一六世は給仕関係の職務を再編成し、その結果、わずか二一人の王室の役人と正式な官職を持たない使用人という必要最低限の人員が残された。それと同時に三六人の給仕侍従も一八人に減らされた(63)。宮廷の人員に関する会計手順は簡素化され、会計長官の監査下に置かれた。国王の宮廷と王妃の宮廷を統合させようとする試みがいくつかあったが、当初その試みに抵抗したのは王妃の宮廷であった。というのも、一七八一年には王妃の給仕に携わる人員数は一八四人であり、君主のそれよりも規模が大きかったからである。また、国王の「狭義の」宮廷の人員数は、一七八六年には四二七人になっていた。この人数は以前の半分であったが、この減少傾向は続くこととなる。一七八七年八月に布告された更なる法令で、鷹匠部、狼猟部、そして猟犬部が廃止され、大小二つの厩舎部も統合された。一七八九年ついに、王妃の厩舎部も国王の厩舎部と合併された(64)。一七八七年の方針と同様、宮廷守備隊はさらに削減させられ、名誉職も四半期から半期まで勤務を減らされた。宮内府の文書庫には一七八〇年から一七九〇年までの史料が驚くほどの密度で保管されているが、それは改革プロセスの煩わしさや改革に対する抵抗の激しさを物語っている。そして、すでに人員を削減され、構造を変えられ、ステータスを失っていた宮廷制度は、フランス革命によって最終的な崩壊に至ったのである。

王室の拡張、統合、そして削減は中央行政機関の発達と歩調を同じくした。王制に蔓延《はびこ》っていた官職売買は行・財政組織に複雑に絡み合っており、忠実で効果的な官僚組織の創出を難しくしていた。しかし一七世紀に入ると、国王親任官と官吏の登場がこのような状況を改善した。国王親任官は半世襲的な官職ではなく罷免可能であり、官吏は行政部局の書類業務を行っていた。しかし近世の間は、その人数は依然として少ないままであった。ルイ一六世の治世でわずかに減らされるものの、ルイ一四、一五世の治世に国務卿や財務総官、大法官の業務が拡大した。そして、フランス革命の直前の時期には、四つの書記局、財務局、大法官府という六つの中央部局の人員は七〇〇人弱を数えるまでになった(65)。行政府の他の機関も人員は補強されたであろうが、中央の行政機関は通常、官職売買の巣窟であった。大法官府には三〇〇人の国王書記官がおり、大法官府と国務会議での職務は六七人の訴願審査官によって担われていたのである(66)。「正式の」国王の諮問機関であった評定官は依然として少人数であった。一六四四年の一二〇人から一六七三年に三〇人に減らされ、一七八七年になっても三二人であった。依然として、その中の多くが国王顧問官という空虚な称号を持っていた(67)。地方長官の下には、常に一〇人から一五人の人員がいたが、国王の地方出先機関はより自立的で、はるかに多くの人員を抱えていた。大人数という意味で最も顕著な機関は、陸軍を別にすれば徴税請負人であった。例えば一七七四年において、徴税請負人は間接税と財務総官の諸権利から得られる税（実のところ、それらは一八世紀の歳入の四割以上を占めたのであるが）を集めており、地方全体で三万人が雇われて、パリには七〇〇人がいた。しかしながら、国王の官僚組織の中枢は宮内府の人員数を超えることはなく、王室や宮廷に関係する職務を行う人員数をはるかに下回っていた。

フランス宮廷の費用

宮廷の歳出項目に関して、その正確な額や全体に占める比率は一七世紀からおおよその追跡が可能となる。一七世紀に関しては、財務総監デマレの第一官吏であったジャン＝ロラン・マレによって集められた史料が素晴らしい情報源になり、一八世紀に関しては前任者ジャック・ネッケルの有名な財政報告書（一七八一年）の前身である財務保証書もある程度の基礎情報を提供してくれる(68)。一七世紀は戦争と平和の繰り返しが予算を規定していた。すなわち、平時には「民政の」支出が拡大し、一方戦時になると財政をやりくりするために徹底した取り組みが求められた。例えば軍事行動は臨時の支出を要したが、その一部は一六九五年の人頭税、一七一〇年の一〇分の一税、一七四九年、一七五六年、一七五九年の二〇分の一税、もしくは借款といった臨時収入によって賄われた。にもかかわらず、戦争が常に他の予算を圧迫していた。軍事衝突の期間、王室の支出は削減される傾向にあり、臨時支出を含めた全予算に占める王室費の割合も莫大な軍事費のためにかなり小さくなってしまった。部分的には通常財政と非常時財政が重複していたが、戦争と平和が国家予算における宮廷費の割合にかなり影響したのである。

マレの一覧表を見ると、王室の主な業務を特定することができる。一七世紀を通じて、宮廷の食卓と食糧供給を担当していた出納官への支払いは王室支出の大部分を占めていた。その割合は一六〇〇～一六五六年で平均二五％だったが、一六六二～一六九五年には平均三六％へと上昇している。廷臣の給料は一七世紀後半に一五％から一二％に下がった。しかしながら、出納官が廷臣に様々な必要経費を支払っていたことにも留意すべきである。旅費が一七世紀前半には二五％を占めていたのに対し、同世紀後半には一六％に下がった一方で、銀器係を通じて支払われた儀礼のための費用は九％から二三％に上昇していた。その他、厩舎部の費用の割合は一一％から一三％に増えた。祝祭の支出は依然として七％程度を安定して推移していた。また、狩猟の費用は五％から七％に増えた(69)。

王室の経費におけるいくつかの項目は大幅に変動している。大規模な祝祭や長旅といった行事は急激な費用の増大をもたらすこともあったし、時折臨時の財源が必要になることもあった。例えば、一七二二年のルイ一五世の戴冠、一七二五年の結婚、一七三九年の彼の長女の結婚、はたまた宮廷で追悼するべき王族の逝去などである(70)。一七五五年の財政報告書は臨時費として六〇〇万リーヴルを計上し、「この費用に、フランスの子どもおよび血統親王の洗礼、結婚、葬儀に関わる費用、そして同種の他の支出を含む」と述べている(71)。また、個人の道楽が財政から出される場合もあった。一七七五年、マリ＝アントワネットは四六万リーヴルもするダイアモンドをちりばめた燭台を自分の金庫から購入した。四六万リーヴルといえば、同年の宝石類の予算の四倍であり、寄進の費用とほぼ同額であった。もっと言えば、前年にはルイ一六世が彼女に三〇万リーヴルもの宝石を買い与えていた。在仏オーストリア大使でありマリア＝テレジアの腹心であったメルシ＝アルジャントは、マリ＝アントワネットが自分の忠告を無視するようになっていると王妃の母マリア＝テレジアに報告している。それを聞き、憤慨したマリア＝テレジアは、自分が人生で宝石に費やしたのは二〇〇〇グルデン程度でしかないと返答した(72)。しかし、たとえ浪費や例外的な状況がなかったとしても経費は全く安定しなかった。一七八〇年代の王室の会計処理における乱れを批判した回想録は、「王室が関わる様々な行政機構で管理不行届きや悪習がなかったとしても、実際、王室の出費は年によって数百万リーヴルの差がある」と記している(73)。

王室費における主要な項目は、支払命令官、すなわち関連する宮廷高官によって管理されており、彼らは部下の監督官、監査役、財務官によって補佐されていた(74)。こうした予算項目のあり方は、上記の回想録で批評の的になっていた。君主の食卓にかかる費用は、フランス大侍従と大膳部によって監査されたのちに出納官から支払われた。服務中の寝室部第一侍従は部下の監督官や監査役とともに、娯楽費、銀器費、寝室費といった異なる予算に責任を負っていた。寝室費から寝室の様々な費用が賄われ、銀器費から宗教儀式、娯楽費から宮廷での祝祭や劇場の費用が賄わ

表３a　フランス宮廷の支出内訳（1600～1656年）（単位：リーヴル）*

支出先	平均年間支出額	全支出に占める割合	最高支出額		最低支出額	
国王の王室費	2, 996, 780	36%	4, 600, 057	（1619年）	1, 677, 082	（1604年）
恩　給	3, 044, 255	36%	5, 452, 586	（1620年）	1, 443, 062	（1625年）
二次的な王室費	1, 605, 361	19%	3, 353, 982	（1644年）	105, 400	（1611年）
建　設	451, 551	５%	1, 358, 137	（1634年）	10, 435	（1649年）
軍　事	256, 018	３%	375, 253	（1619年）	201, 871	（1604年）
合　計	8, 353, 965	100%	11, 959, 290	（1620年）	4, 959, 899	（1605年）

表３b　フランス宮廷の支出内訳（1662～1695年）（単位：リーヴル）

支出先	平均年間支出額	全支出に占める割合	最高支出額		最低支出額	
国王の王室費	5, 103, 035	27%	7, 370, 968	（1662年）	3, 733, 643	（1666年）
恩　給	4, 796, 122	25%	7, 416, 186	（1694年）	2, 578, 049	（1670年）
二次的な王室費	2, 782, 308	15%	5, 401, 069	（1662年）	1, 662, 810	（1669年）
建　設	4, 704, 464	25%	15, 340, 901	（1685年）	1, 456, 438	（1693年）
軍　事	1, 533, 814	８%	5, 352, 481	（1662年）	418, 675	（1677年）
合　計	18, 919, 743	100%	30, 364, 627	（1685年）	13, 604, 106	（1673年）

*　この表は，Bonney, *Malet*（http : //www.le.ac.uk/hi/bon/ESFDB/index.html）に基づいている。Bonney, *Malet*, fig. 6，7を参照のこと。割合に関しては，pp. 37, 57から引用した。また，上記の資料を改訂したWilliam Beik, *Louis XIV and Absolutism. A Brief Study with Documents*（Boston and New York 2000), pp. 96–107（特に表４，５〈pp. 104–106〉），Verlet, *Versailles*, pp. 138–143（グラフはp.141）を参照のこと。国王の宮廷にかかる支出は，比較的平和だった1680年代にピークに達している。1683年と1715年の支出の比較や，1708年から1709年の恩給を含めたより詳細な内訳に関しては，A. M. de Boislisle, *Correspondance des contrôleurs généraux des finances avec les intendants des provinces*（Paris 1897), III, pp. 624, 662–672を参照のこと

*　表３bと表４の合計値に関しては，原書の計算違いを修正した点が２か所ある

れていた。寝室部の予算と関連していながら、寝室部第一侍従の管理を受けていなかったのが、宮殿内の設備品にかかる家具・調度費である。家具・調度費や娯楽費はともに特別財務官から支払われていた。フランス主馬頭は大厩舎部の費用を定めており、この費用は監督官による監査を受けたのち、別の財務官によって支払われた。第一主馬頭は、小厩舎部の費用について簡潔な報告書を国王に直接提出していた。同じように、フランス主猟頭も狩猟部の費用を国王に報告していたが、狩猟部財務官は寝室部にも報告しなければならなかった。狩猟に関わる組織は一八世紀に徐々に重要性を失い、その予算は一定の額に決め

られるようになった。宮殿の建設や維持は、独自の監督官と財務官の下で建築事業部に集約されており、王室やその書記官たちが口を出せるのは部分的でしかなかった。また回想録が「あまり重要でない部分」と意味ありげに付け加えている役人たちの通常給は、王室を担当する会計総官から支払われており、『名簿』に記載されていた。その他、娯楽、年金、そして他の王族の宮廷維持費を含むような上記以外の費用は、「王室長官によって交付された支払命令に基づいて、王国財務府」から直接支払われた。一七八〇年のジャック・ネッケルの改革は予算に関する宮廷高官の権限を制限し、特別財務官の増殖を阻止して、彼らに替わって中央の財務長官を一人置いた。そして、この改革は後の人員削減の下地となった。

王室費は宮廷全体における様々な支出の中核であったが、それがすべてではなかった。宮廷全体という意味では、恩給やその他の報酬、王族の二次的な宮廷の支出、宮殿の建築や維持費用、そして宮廷に属す軍隊の費用を常に考慮すべきである。これらすべての費用は変化していたが、変化の度合は同じではなかった。二次的な宮廷は多くの場合、不規則に変化する王族の数に左右されていた。そして、建築費用は宮廷の支出の中で最も激しく変動した。ヴェルサイユ宮殿の建築は、ルイ一四世の大規模な戦争の合間に集中し、一六八〇年代初頭に集中して行われた。前頁と次頁の表（表3a／3b、表4）は宮廷予算における主要な支出項目の金額を表したものである。この表によれば、王室費はほとんどの場合恩給と同じ水準である。そして、ルイ一四世の治世に建築費用が最高額に達していることが分かる。

アンリ四世の治世では、宮廷関連支出の総額は経常支出と臨時支出を合わせたおよそ二五％程度であったことが分かる。一六一八年が最高で三八％である。三十年戦争の間は歳出のうちに宮廷の支出が占める割合は一〇％以下になっており、その後一六四八年からのフロンドの乱の時には五〜八％になっている。しかも、この時期に宮廷の人員数が急増していたことに留意しておく必要がある。一六六二年には、宮廷は再び総支出の三八％を占めており、その後一〇年間は二五％近くであった。戦争が一旦起これば、宮廷支出の割合はもう少し低い割合になるのだが、一六九〇年代だけは例外的に低く、宮廷支出の占める割合は一〇％を割り込んでいた。またスペイン継承戦争の間は、宮廷

表4　18世紀におけるフランス宮廷とその他の支出（単位：リーヴル）*

1751年	1752年	1768年	1775年	1781年	1788年
26, 000, 000	28, 200, 000	34, 000, 000	43, 000, 000	41, 421, 000	42, 000, 000
18, 900, 000	13, 300, 000	8, 000, 000	33, 000, 000	29, 379, 000	47, 800, 000
211, 400, 000	272, 500, 000	307, 119, 284	335, 400, 000	183, 154, 000	543, 300, 000
256, 300, 000	314, 000, 000	349, 119, 284	411, 400, 000	253, 954, 000	633, 100, 000

1751年	1752年	1768年	1775年	1781年	1788年
10.0%	8.9%	9.7%	10.4%	16.3%	6.6%
7.3%	4.2%	2.2%	8.0%	11.5%	7.5%
82.5%	86.8%	88.0%	81.5%	72.1%	85.8%
100%	100%	100%	100%	100%	100%

*　それぞれ「王室」,「恩給・給料」としてここで挙げた項目を正確に検証することはできない。例えば，マリノーが建設や近衛府の支出を宮廷費に含めていたかどうかは判然としない。Morineau, ‘Budgets’（1726年，1751年，1775年，1788年に関する表は p. 315で，1741年の王国財務に関しては p. 293). Mathon de la Cour, *Collection de Comptes rendus*, pp. 141–165には，恩給や給料は示されていないものの，1775年の宮廷費に関して比較可能な支出額が示されている（48, 493, 910リーヴル，または総支出額414, 445, 163リーヴルの11.7%）。1752年の支出額に関して，James C. Riley, *The Seven Years War and the Old Regime in France: The Economic and Financial Toll*（Princeton 1986), pp. 55–59には，経常支出として243, 600, 000リーヴルが，経常と臨時を合計した総支出として313, 800, 000リーヴルが示されている。ジョエル・フェリックス Joël Félix は，AN K 385，4 の複写を快く提供してくれた。《Rapport de la situation des finances, janvier 1768, par M. de Laverdy, contrôleur-général des finances》（総覧は p. 102，財務，民政部門，近衛府の支出の明細は pp. 106–108)。この「財務」の中には，建設bâtiments，諸侯の恩給，国務評定官報酬，アカデミー，図書館，パリの庭園（合わせて1, 200, 000リーヴル），だいたい宮廷関連の支出とされる旅行が含まれている。他の費用は，オルレアン公，コンデ公，コンティ公などに対する多額の支払いを含む，地方三部会からの収入（pp.95–97）を差し引いた額を挙げている。ラヴェルディによって選ばれたカテゴリーは，マトン・ド・ラ・クール Mathon de la Cour やネッケルに見られるものとかなり異なっており，比較することは難しい。1781年の経常収入と支出に関しては，Jacques Necker, *Compte rendu*（1781), p. 118を参照のこと。恩給に関しては Necker, *De l'administration des finances de la France*, 3 vols.(1784), II, pp. 390–398，宮内府 maison と関連する支出に関しては同書 pp. 442–464，概略に関しては同書 pp. 517–518と比較せよ。この概略では，総予算610, 000, 000に対して宮廷費は67, 572, 000リーヴル（全体の11%）となっている。宮廷費に関するその他の概略は，Mathon de la Cour, *Collection de Comptes rendus*, pp. 3–10（1758年の宮廷費は28.6)，同書 pp. 50–52（「財務」を含む1764年の宮廷費は27)，同書 p. 53（王家の軍隊を含む1768年の宮廷費は31.5)，同書 pp.88–89（「財務」を含む1773年の宮廷費は26)，同書 p.111（プロヴァンス伯とアルトワ伯の宮廷費を含む1774年の宮廷費は32）を参照のこと。1775年（同書 pp. 141–165）と1787年（同書 pp. 203–223）に限り，経費の内訳すべてがあり，1788年（同書 p. 94）の『収支報告』と比較せよ

支出は五％未満にまで減少していたようである[75]。しかし平均すれば、一七世紀中の宮廷の総支出は、通常支出と臨時支出を合わせた総支出の約一八％に落ち着く。

一八世紀の間の詳細な情報を見つけることは難しく、マレの年次概観ほどの正確な史料はない。**表4**の数値は慎重に扱われるべきである。なぜなら、それらの数値は様々な著作からの寄せ集めであり、おそらく様々な解釈や算出方法が隠れているからである。そのような例としては、一七八一年に出されたネッケルの財政報告書が顕著である。ネッ

支　出	1726年	1741年
王　室	31,000,000	30,154,000
恩　給	14,000,000	11,944,000
その他	137,300,000	–
総支出	182,300,000	–

支出に占める割合	1726年	1741年
王　室	17.0%	–
恩　給	7.6%	–
その他	75.3%	
総支出	100%	100%

ケルは赤字額を削減し、経常支出のみを一覧にすることによって、総支出における宮廷の割合を不当に増大させたのである。

　一八世紀の大半を占める平時において、王室費というのは依然として一〇％程度であり、それは恩給や給料よりも少しばかり小さな割合である。王室費の増加は、予算全体の増加よりも緩やかだった。そして絶対額が高く見えるのは、多くの場合インフレで説明できる[76]。恩給や給料に関する数値は全く信頼できるものではないが、一七七〇年代以降それらが急速に増加しているように見えるのは驚くべきことである。それは他の王室関連費の割合で見ても、絶対額で見ても増額しているように思える[77]。ネッケルの一七八一年の財政報告書からアンシアン・レジームの終わりまで、他の王室費用は大幅に減少しているのに対し、恩給は高いままであった。

　恩給や勤務手当における廷臣たちの取り分を算出するのは困難である。『名簿』の中では多くの宮廷高官の収入として勤務手当が載っているが、恩給も手当もすべてが廷臣たちに費やされたわけではない。改革の真っ只中であった一七八七年の恩給制度の崩壊によって明らかになったことは、国王の宮内府に四〇〇〇万リーヴルが費やされていたということである。この金額は陸軍卿によって分配された一六〇〇万リーヴルの四分の一であり、恩給総額の七分の一であった。とはいえ、部局での区分は誤解を招く恐れがある。宮廷での上級官職を持っていた大貴族は、軍事や外交においても官職を有しており、これらの官職を通じても補助的な報酬金を受け取っていたのである。同様に、一七八七年に勤務手当の大部分を消費していた高官たちは、宮廷貴族の中から雇われていた[78]。宮廷の高官や王族は、間違いなくアンシアン・レジームの主たる受益者であったはずである。国王の子どもたちやその配偶者たちは、ルイ一六世治世の予算において重要な位置を占めていた。なぜなら彼らの宮廷は経費も人員数も多く、その費用は国王の財源から捻出されていたからである。そういうわけで王妃や王族の宮廷は、宮内府の諸改革にしぶしぶ従うことになった。

十分な量かつ辻褄の合う史料によってのみ、宮廷関連費とその他の項目との間に明確な境界線を引くことができる。しかし、これまでの史料はその精度には達していない。それどころか、手に入れることができる一八世紀の史料は矛盾しており、解釈が難しいものがある。したがって、一七世紀から一七八〇年代までの宮廷支出の長期的な傾向を満足に導き出すことはできない。しかしここでの目的のためには、大まかであるが根拠のある指標を示すことができれば十分だろう。一七～一八世紀の間、宮廷や宮廷関連活動に費やされた平均支出は、経常支出と臨時支出を合わせた総支出の一五～二〇％であったと認められる。また割合は多少変動するものの、宮廷に関する支出は、戦費と借款返済に次ぐ三番目の位置を占め続けていたのである。

ウィーン宮廷の人数

フランス宮廷の場合は豊富な刊行史料によって、宮廷の人員数と費用を突き止めることができる。しかしオーストリア＝ハプスブルク宮廷に関しては、同様の史料はまだ刊行されていない。利用できる手稿史料からも、一七世紀中の王室における人員数の推移を詳細に解明することはできない。しかし、大まかな人数や構成の変動を知ることはできるので、それはフランスとオーストリアにおける進展を比較するには十分な基礎となるだろう。一七世紀の最後の数十年以降についてはより多くの情報があるので、レオポルトとルイの王室の人員については詳細に比較可能である(79)。

一五五四年フェルディナント一世の宮廷には約五五〇人がいて、彼の息子マクシミリアンには三二五人が、そしてマクシミリアンの妻マリアには九〇人がいた。つまり、全体で約九五〇人の人員がいたということになる(80)。マクシミリアン二世（位一五六四～七六）の宮廷はいくらか拡大したと思われ、少なくともマクシミリアン一世の宮廷に匹敵する人員を抱えていたことは確かである。人員のインフレーションが起きたのは、ルドルフ二世（位一五七六～一六一二）治世末期の十数年間であった。この人員の増加は、宗教的な危機にあったフランスの状況に似ており、ハプスブルク宮廷の人員は一五八〇年代初めの約七〇〇人から一六一一年の一一〇〇～一二〇〇人に増加した(81)。一六一一年には、酒酌職、内膳職、主穀職、肉切り職の集合体であった大膳職が一三一人、馬を与えられていた宮廷奉公人が一三四人、侍従が三八人いた。その中でも、すべての名誉職を担っていたのは貴族であった。この人数は、一五八〇年代と比べると二倍になったことを示している。特に侍従の場合は三倍になった(82)。宮廷内で非貴族が担った部門では、護衛兵の人数が二〇五人で、寝室や食卓に関する使用人の少なさに比べると多かったが、護衛兵が多いことはルドルフ治世を通じて常態的なことだった。『全ブルゴーニュ宮廷記』は、宮廷役人の給料、指示書、宣誓書を含む一七世紀初期の手稿本であり、主に財政的な事柄に関連した様々な規則に加えて、宮廷奉公人が顕著に増加したことをはっきりと記している。また同書には、貴族は内膳職、肉切り職、酒酌職、侍従に就く前に、数か月間平凡な宮廷奉公人として仕えることが望ましい、とある。彼らは宮仕えすることによって高位官職への資格を得るとともに、宮廷の威光や名声を高めた。月給二〇～四〇グルデンを受け取るこれらの宮廷奉公人の数は、約二〇人から「一〇〇人にまで」急増した。さらに、「資格のない人物」が認められることも多くあったが、その場合は大抵、頻繁に交代する宮廷の最高位の役職者に付き従う人物であった。宮廷長官は、自分に忠実な従者への報恩として宮廷奉公人の地位を与えていた。恩恵に与ろうとする人物がすでに宮廷の官職に就いている場合においてさえも、報酬として官職が与えられることは多かった。この人員のインフレーションが二つの深刻な結果をもたらした。それは、財政上の問題と宮廷に対する評判の悪化であった。給料がきちんと払われなかったという事実が「王室内のひどい反乱」につながったとされている。つまり、高位官職を約束された大貴族は身分の低い同僚を見下したり、彼らと一緒に働くのを避ける口実を得たのである。

前述の『宮廷記』には、マティアス（位一六一二～一九）が宮廷奉公人の多くを追い払うことによって、こうした状況を終わらせたと書かれている。つまり先帝ルドルフの逝去後、新帝マティアスは一官職分以上の給料を受け取ることは今後許されないということを命じた。これは、一人が複数の官職を保有することを禁じたオルレアンでの全国三部会（一五六〇年）の決定を思い起こさせる方策で、おそらく効果はなかったと思われる(83)。確かに一六一五年初めに、マティアスは宮廷とその予算を改革しようと試みて、宮廷の名誉職に就くことができる人数の上限を定めていた。この過程で作られた『宮廷名簿』には、狩猟や鷹狩りに関わる人員（ルドルフの名簿では約二五人）や他のハプスブルク家の宮廷に属する人員を除いて、王室と各顧問会の集合体は七八五人を擁していたことが記録されている。『宮廷勘定簿』における一六一五年と一六一六年の支出を比較すると、給料と恩給のための支出が減少していることが分かる。そして、実際かなりまとまった額が一六一六年に借金を返済するために残されていた(84)。このことは、方策が部分的には成功したことを示しているのか、あるいは単に財政的な危機が続いていただけなのかもしれない。

シュタイアーマルクのフェルディナント（位一六一九〜三七）は、一六一七年から徐々にマティアスの責務を引き継ぎ始め、フェルディナントが権力の座に就くのと同時に、三十年戦争が始まった。断固としたカトリック信奉者であったフェルディナントは、ボヘミアやオーストリア世襲領におけるプロテスタントの抵抗をうち破り、君主権を強化する形で自らの領域の行政府を再編成した。フェルディナント二世の宮廷に属した人数は、宗派対立によってひどく弱体化してしまったハプスブルク家と大貴族の結束を作り直す過程から影響を受けたのであろうか。宮廷内の官職や人員の多くは、一六一五年の水準から大きく逸脱することはなかったと思われるが、宮廷の名誉職は再び拡大する傾向にあった。君主の食卓に関係する名誉職の数は、一六一五年に定められたレベルを超えており、フェルディナント二世、またはフェルディナント三世の時代をざっと見てみると、四人ではなく一九人の酒酌職、そして一二人ではなく二六人の内膳職がいた。フェルディナント三世の宮廷においては、治世の全期間を通じて酒酌職に七九人、肉切り職に一九人、内膳職に九四人の名前が挙げられている(85)。しかしながら、これらの食卓に関する名誉職は侍従によって徐々に脇に追いやられた。一六世紀においては三〜一〇人の侍従しかおらず、それよりわずかに少ない数の部屋付き従者がいた。ルドルフの時代では、侍従は一二～一三人、部屋付き従者は四～五人いた。しかしフェルディナント二世の時代では、これらの職にある者の増加が顕著であった。ローマ教皇大使カラファが一六二九年に報告したところによると、フェルディナントは即位後の最初の一〇年間で、戦場での忠勤に報いるために、もしくは単に人柄の良さから、数百の騎士を侍従の位にまで昇格させたという。しかしながら、カラファが報告をした時期には、侍従の鍵を得ることはより難しくなっていた。さらに、皇帝はドイツ人とイタリア人それぞれ六人の侍従を選び、宮廷における実際の職務を行わせていた。したがって、他の侍従は全くの称号にすぎなかった。数十年後、フェルディナント三世逝去の時までには、常勤と非常勤、もしくは実際に働いた者や名ばかりだった者を合計して一五〇人の侍従がいた(86)。一六世紀には数多くいた宮廷奉公人や食卓における名誉職の役割を、一七世紀の間に侍従が引き継いだ。確かに、オーストリア＝ハプスブルク宮廷における侍従職は、ルイ一三世の宮廷において急速に増加した名誉職（宮内侍従や給仕侍従）に最も近い官職であった(87)。フランスでは、四人の寝室部侍従が上層の家門のためだけの特権的な地位となっていたが、オーストリアにおいては、宮廷との関係を重視する貴族家門すべてが侍従職を得ようと躍起になっていた。

一七世紀の前半を通じて、六つの主要な部門（守衛と礼拝堂を含めた宮廷長官部、名誉侍従を除いた侍従部、式部、厩舎部、鷹匠部、狩猟部）の人員数は、顧問官や官房、他の二次的な宮廷の人員を含めなければ、おそらく八〇〇人以下のままだったであろう。史料が不足しているので、人員数の変動を詳細に追うことは難しく、また史料上の整合性も取れない。フェルディナント二世は、各地の猟場の人員を合わせると狩猟係と銃弾装塡係として一五〇人を召し抱えていた、と教皇大使カラファは記述している。しかしながら、後の名簿からは狩猟部の人員が約五五人であったことしか分からない(88)。レオポルトの宮廷は最初、数年間にわたって困難に直面していたので、フェルディナント三世期の終盤よりも少なかった可能性が高い。なぜなら、『宮廷勘定簿』は王室の経費がほとんどの部門において減少していたことを示しているからである。とはいえ、一六五〇年代と一六六〇年代には、信頼性が高くかつ完全な名簿がないので、宮廷の人員が減少していたということをこれ以上証明することはできない(89)。一六七〇年代は名簿が豊富にあるので、名誉職的な侍従や他の二次的な宮廷を除いて、レオポルトの宮廷の人員数は八〇〇～九〇〇人の間であったことが分かる。レオポルト治世の終わり頃には、宮廷は一〇〇〇人を超える水準まで増加して、カール六世期にはさらに増加した。最終的に、カール治世の終盤には、宮廷の中核をなす人員の数は一五〇〇人を超えていた。しかしながら、マリア＝テレジア期の初期は戦乱や一時的にヴィッテルスバッハ家に皇帝位を奪われたことによって、困難に直面していた。そのため、一七四〇年代のマリア＝テレジアの宮廷は一七三九年の父の宮廷と比べると決定的に小規模であった。しかし一七六〇年代になると、王室の人員や衛兵の数は一七四〇年以前の水準に近づいていく。一七六〇年の『職階表』には、侍従を除いて一三七四人が宮廷に雇われている人物として記載されており、一七六三年の名簿には一四七八人が記載された(90)。一七八〇年までに、六つの主要な部門と衛兵は二〇〇〇人を超えて一旦ピークに達した(91)。ヨーゼフ二世期には人員数が減少したが、それでもレオポルト期よりも高い水準を常に維持していた。しかし人員の内訳をより詳しく見てみると、宮廷のそれぞれの部門における人員の比率は変動している。

一六七〇年代には、宮廷長官部の人員はおよそ一八〇人であった。これは食卓、地下貯蔵室、照明に関わる人員と、礼拝堂やそこに属する四〇人余りの音楽家たちも含んだ人数である。初めのうち、宮廷長官部に含まれる聖職者たちは一〇～一五人であり、極めて少なかった。さらに説教師、礼拝堂付き司祭、施物分配吏は貴族ではなく、もちろん宮廷の高官たちと同格であるはずもなかった。加えて、護衛騎兵や護衛歩兵、合わせて約二二〇人がいた。最初に印刷された『職階表』は、レオポルト治世末期には宮廷長官部の人員は増加していて、レオポルトの逝去した年には三〇〇人以上の水準に達していたことを示している(92)。確かに、カール六世治下でも宮廷長官部は増加し、一七三九年には礼拝堂は一六〇人の人員を抱えており、その他の人員も約二一〇人にまで増えていた。しかし衛兵は二三四人で、ごくわずかに以前の水準を超えただけだった。一七六〇年代までにマリア＝テレジアの人員は一時的な後退から回復し、ほぼカール六世期のレベルに匹敵していた。宮廷長官は、今や新たに導入された宮廷副長官に支えられ、二五八人の人員を監督していた。宮廷長官はその他、七三人が属する礼拝堂やフランス式のスイス衛兵を含む衛兵二四三人の集団も監督していた。スイス衛兵はフランツ＝シュテファンの死後廃止されたが、王宮の中庭の一つであるスイス宮にその名を留めている。続く二〇年間で、衛兵は約三倍の七二七人に増えた。これは、マリア＝テレジアとヨーゼフの宮廷における特筆すべき革新であった。伝統的な護衛騎兵や護衛歩兵に加えて、一七八〇年代には近衛弓兵隊、ハンガリー王国貴族近衛兵隊、近衛歩兵隊、ミラノ分隊、王宮近衛兵隊があった。しかし、古い衛兵隊の将校が新しく創設された衛兵隊の将校を兼ねていたので、最終的に両組織は合併された。とはいえ、エリート衛兵隊の構造の刷新とそれに伴う人員の増加は、重要な変化を示している(93)。

侍従長に従う人員も同じく増加していったが、そのリズムは異なっていた。一七〇〇年前後の数十年間は六〇～七〇人の間で推移していたが、カール六世の治世が終わりに近づく頃には優に一〇〇人を超えていた。侍従部の人員数は宮廷全体とは異なり、マリア＝テレジア期初めの数年間で目立った減少はなく、一七八〇年までに二六三人に達した。ただし、これらの数字には名誉職的な侍従という不安定な集団は含まれておらず、彼らは一六七〇年代以降少なくとも三〇〇人を数えたが、実際にはもっと多いことがよくあった。これらの侍従の多くが正侍従と呼ばれ、彼らは実際に勤務することを求められ、勤務する義務を負わず名誉を保持する肩書だけの者とは一線を画していた。一六七九年の『名簿』を編纂した人物は、「正」侍従は「概して今日では五〇〇人近くいて、皇帝の世襲領において鍵を授かっていない貴族家門はほぼない」と冷静に述べている(94)。皇帝の部屋に入るために侍従に与えられた黄金の鍵は、宮廷内のヒエラルキーに入るための慣習的な鍵でもあった。鍵の所有者はこのヒエラルキーにおいて他の者に対して先任者であることを明示できた。したがって、宮廷における地位を守ることに腐心する人々にとって早く任命されることが必要であったが、名誉職の急増によって、差別化の道具としての鍵は有効性を失っていった。侍従の数は死と昇進のリズムに従っていた。新しい君主は先帝の侍従たちを採用することができたが、通例少人数で始め、結婚式、戴冠式、世襲忠誠誓約式といった君主国の主要な行事に際して独自の任命者を加えた(95)。それゆえ侍従の人数は変わりやすかったが、治世末期には大人数になっていた。『職階表』に彼らが記載されなかったのは、このためである。フェーゼはマリア＝テレジア治世末期で一五〇〇人という根拠のない数字を挙げているが、一八二〇年の『職階表』の数頁にわたるリストはその数字に近い。

キューヒェルベッカーによれば、一七二九年に四人の侍従が同時期に仕えており、二人一組で二週間の事前勤務と続く二週間の本勤務に就いていた。本勤務を終えた組の侍従は宮廷から退去することが認められた。代わりにもう一つの組が本勤務に就いて、事前勤務を新しい組に譲った。このように、侍従は四週間にわたって勤務していた。したがって、「正」侍従の長いリストの中で、一年間に少なくとも五二人が実際に勤務していたと想定される。しかし、この想定が実態を反映しているのか、この仕組みがどのように運用されていたのかは明言できない(96)。一七世紀の法令は、理論上二年、もしくは三年というより長い勤務期間を規定している。しかし同じ条文に、正当な理由で規定通りの期間勤務できない者に関する但し書きもある。そういった者たちを官職から遠ざけていたわけではないようである。より長い期間の勤務を希望する者には、年一回の暇乞いが許されていた。既婚の侍従には六週間、未婚の侍従には四週間の休暇が与えられていた(97)。一七八一年、ヨーゼフ二世は侍従の勤務に関する規定を変えて、三六人の勤務侍従を任命し、それぞれが年二回、一週間勤務することとした(98)。

一七世紀を通じて、宮廷式部長は二〇人足らずの部下とともに重要な職務を果たさなければならなかった。その部下には物資供給担当の少数の人員も含まれており、時には宮廷長官部の人員として名簿に記載されることもあった。宮廷式部長の組織も一八世紀に徐々に拡大され、一七二九年には約三五人に達したが、それでも四〇人を超えることはなかった(99)。宮廷厩舎部の人員は一七世紀末頃には約二七五人の人員を抱えていて、そこには一八〜二〇人の小姓が含まれていた。厩舎部の拡大は他の部門よりも急激であった。一七一一年の詳細な名簿には恩給受給者を含めて、合計五〇〇人近くが記載されている。これは例外的な状況、または普通ではない算定法によるかもしれないものの、キューヒェルベッカーの一七二九年のリストに記された合計人数は約五五〇人でずいぶん多く、この数字は一七三九年の『職階表』でも確認できる。レオポルトとカールの治世を通じて人員は着実に増えたが、この増加は多数の名誉職によって水増しされたものではなく、このことは宮廷長官部に属する音楽団、厨房、貯蔵室を除けば、例外的であった。一八世紀半ばを過ぎたところで厩舎部の人員は減少に転じた。逆に宮廷は拡大し続けていたために、厩舎部の割合の低下は一層急激だった。もともと多くはなかった小姓の人数でさえ一八人から一二人へと減少した。

一六七〇年代において、狩猟部は六〇人弱の人員で、鷹匠部は三〇人前後の人員であった。一八世紀前半では、これらの人数はそれぞれ一〇〇人、三五人へと増加し、この増加はカール六世治世下でも続いた。狩猟部の人員は、狩猟場となる森林の管理を担う人員を含めて一六一人に達し、鷹匠部と合せて狩りに関する組織は、一七三〇年代に二〇〇人以上の人員を抱えた(100)。マリア＝テレジア期初めにこの人員は急激に減少したが、その後一七八〇年代までに徐々に増加して、一七三〇年代の水準をわずかに上回る二三五人に達した。一七八〇年の『職階表』には、通常の狩猟部や鷹匠部に加えてもう一つの狩猟に関わる部局が含まれていた。狩猟に関わる人員数は二〇〇人を僅かに下回る程度で安定していたのだが、森林管理を担う役人が次第に増加して突出してくるのとは反対に、鷹匠は一七九〇年代に消滅した(101)。また、宮廷と関係するそれ以外の人員は増加し、一八世紀を通じて専門化していった。宮廷建築部は一七四八年の四二人から一七八〇年の一〇二人と、二倍以上増加した。しかし、このような人員はあくまでも伝統的な王室の周縁部で活動しており、前述の王室の人員数には含まれていない。

皇妃、大公、大公女の宮廷の人員数も含まれていない。新たに嫁いできた皇妃は、三〇〇～四〇〇人の側近たちとともにウィーンにやって来たと思われるが、その後すぐに側近たちは六〇～一〇〇人だけになった(102)。多かれ少なかれ、ルイ一四世以来のフランス王太子たちのように、皇妃は完全に独立した宮廷を持ってはいなかった。なぜならば、皇妃の宮廷は皇帝の宮廷にいる人員によって部分的に補われていたからである。興味深いのは、夫である皇帝に先立たれた皇妃の宮廷がずっと重要な存在であったことである。この宮廷は、現皇妃の宮廷よりも独立して機能し得た。そして恐らくは、このことが前皇帝の治世から残った人員に何らかの援助を与えなければならないという問題を解決するのに役立ったであろう。ゴンザーガ家出身の二人のエレオノーラは、夫である皇帝フェルディナント二世とフェルディナント三世よりも長く生きた。約二五〇人の人員を抱えて、豊富な資金と多くの称讃を受けたそれぞれの宮廷はウィーンでも目立った存在であった。レオポルトの寡婦エレオノーラ＝マクダレーナは、自らの宮廷に約三五〇人の人員を集めて、前皇妃エレオノーラ（二世）・ゴンザーガが一六六八年に設立した聖十字貴婦人団を後援した。ヨーゼフの寡婦アマーリア＝ヴィルヘルミーネは、一七二〇年のエレオノーラ＝マクダレーナの死から一七四二年自身の死まで同じような宮廷を持っていた。カールの皇妃エリーザベト＝クリスティーネも一七五〇年に死去するまで同じような宮廷を持っていたことだろう(103)。こうした女性たちの宮廷では、宮廷内での女性の割合が若干増加した。現皇妃の宮廷は、七〇～八〇人の人員の中で慣習的に男性よりも女性の方がわずかに多かった。しかし現皇妃よりも大きな皇太后の宮廷においては、女性の割合がフランス王妃の宮廷のように一〇％近くと非常に低かった。さらに、宮廷女官が宮廷に留まる期間はおそらく一年間で、この期間が延長されることはめったになかった。皇妃を取り巻くスペインやイタリアの女性たちは、自らの地位を保持する傾向にあったが、貴婦人の宮仕えは通例、人生の中でも比較的短い局面にすぎなかった。つまり、これは男性にとっての小姓や侍従の場合と同じく、宮廷社会へのお披露目を意味していたのである(104)。

皇帝の宮廷は圧倒的に男性が多く、洗濯婦三人や礼拝堂における女性楽士数人といった、一握りの女性しかいないのが普通であった(105)。皇帝以外のハプスブルク家の男性はウィーンに本格的な宮廷を持っていなかった。ウィーンに頻繁に存在していたのは、「若君」と呼ばれた大公や大公女の小規模な宮廷であった。若いヨーゼフは一六九〇年にローマ王に選出される少し前に、四九人からなる宮廷を持っていた。ヨーゼフの宮廷もフランス王太子の場合と同じく極めて男性優位の集団で、数人の突出した侍従を頂点とする集団であった。一六九〇年代に、ヨーゼフの宮廷はレオポルトの宮廷の小さな模造品と言えるまでに発展して、そこでは先任の侍従が主要な地位を占めていた。一六九四年末頃にはおよそ二〇〇人の人員となり、一七〇四年には彼の妃の宮廷にいる五八人とは別に四〇〇人以上の人員がいた(106)。ルドルフとマティアスが反目し合う険悪な日々が過ぎ去った後は、ウィーンにおいてハプスブルク家の弟たちが、パリの場合ほど目立つ存在になることはなかった。君主の弟たちは有力な高位聖職者、もしくはティロルやネーデルラントの総督の地位に収まり、通例彼らの宮廷がウィーンに置かれることはなかった。もし彼らがウィーンに居住することになったとしても、ガストン・ドルレアンのように厄介な存在になることはめったになかった。とはいえ、フェルディナント三世の弟レオポルト＝ヴィルヘルム（一六一四〜六二）は、スペイン領ネーデルラント総督を務めた後一六五六年にウィーンに戻り、二七〇人ほどの人員を抱えたかなり大きな宮廷を構え、有名な聖歌隊や人目を引く絵画コレクションも持っていた。さらに、一六五七年のフェルディナント三世の逝去後、レオポルト＝ヴィルヘルムがウィーンにいたことが、若いレオポルトの皇帝選出の機会をいくらか妨げることになったという(107)。同様に、後のカール六世は兄ヨーゼフ一世が早世しなかったら、あるいは生きていたとしても、カールがスペイン王位継承に失敗したなら、イタリアやオーストリア領ネーデルラントにそれなりに立派な領地をあてがわれた可能性もあるが、ウィーンに戻り、はた迷惑な人物となっていた可能性もあった。

このようなわけで、一六三七年から一七四二年にかけて、ハプスブルク家内において皇帝の宮廷以外に最も代表的な宮廷は、皇太后の宮廷であった。新皇帝が前皇帝の宮廷を引き継がなかった場合、皇太后の宮廷が部分的ながら亡き夫の廷臣を引き受け、同時に引退した廷臣も養うことで、新皇帝が新たな人物を廷臣にすることを可能にした。皇帝は身内の宮廷における廷臣の起用に関して、細部にまで関与していた。このことは、皇帝が主要な廷臣の選択に関心を示していたとも考えられるが、主に養うべき人々の数を制限するという観点から関与したのであった。アマーリア＝ヴィルヘルミーネの逝去後、ハプスブルク家の中でウィーンで独立した大きな宮廷を持った人物はいなかった。マリア＝テレジアとその夫で皇帝のフランツ＝シュテファンは、宮廷組織を共有していた。ただ、それぞれに一人ずつ宮廷長官がおり、マリア＝テレジアには宮廷女官長がいた。一七六五年にフランツ＝シュテファンが逝去した後、息子のヨーゼフとさらにマリア＝テレジアの宮廷は合併され、上位の官職では一時的な重複が起きていた。一七六六年には、第一宮廷長官の他に、第一宮廷長官代理、宮廷副長官、「神聖ローマ帝国皇后陛下の宮廷女官長」、二人の宮廷厩舎長がおり、これらは確かに宮廷の高官たちに配慮したその場しのぎの方策であった。この新たな単一の宮廷組織に加えて、若君のための人員もわずかながら残された(108)。

宮廷には、ハプスブルク家が治めるほとんどの領邦から人員が集められていたが、人材の登用はこれらの地域に留まらなかった。ルドルフの宮廷がコスモポリタン的な名声を得ていたのは、彼のスペインでの経験や宮廷に集められた芸術家たちの世界によってであるが、実際には宮廷の人員の七〇％がドイツ系の名前であった(109)。三十年戦争期の軍司令官たちは各地からの寄せ集めであり、彼らは功績によりボヘミアやオーストリア世襲領に領地を与えられた。こうして彼らは土地持ちエリートとなり、廷臣となったのである。宮廷で名誉ある職に就くためには、それぞれの領邦を「代表している」ということが一つの原則となっていた(110)。そのため、世襲領出身の有力家門が慣習的に含まれていた。オスマン帝国からハンガリーを取り戻す前には、ハンガリーの人々は少数派を代表しているにすぎず、だからといって一八世紀に彼らの数が急激に増えたわけでもなかった(111)。これに対して、ボヘミアの人々は多くの代表を送り出していて、中には高位の官職に就いた者もいた。神聖ローマ帝国の諸邦も、王室や行政的な組織における高位の官職へと絶えず代表を送り込んでおり、帝国の問題にも深く関与した。『名簿』において、宮廷内で下層に属する人々の名前は頻繁に省略されていたし、ドイツ系の名前は出身を知るのに必ずしも役に立つわけではない。イタリアやスペインの人々の存在は、一七世紀と一八世紀前半を通じて、特に礼拝堂における聖職者や音楽家、専門的な職人の間でよく知られていたが、その他の官職ではずいぶん珍しかった。一七世紀の皇妃の宮廷は、皇帝の宮廷よりもイタリアやスペインの人々が多かった。カール六世がスペイン王位継承を目指した試みと、結果として継承権と引き換えに手に入れたイタリアの領地が結びついて、カール治世の宮廷においてはスペインとイタリアの影響が強くなった。一八世紀後半の宮廷はその方向性を変え、ますますフランスの宮廷スタイルに近づいていった。しかし同時にハプスブルク宮廷は、地方エリートを宮廷の官職に引き入れることによって各領地とのつながりを強くするという伝統的な手法にもこだわっていた。

フェルディナント三世、レオポルト一世、カール六世、マリア＝テレジアの治世は、ハプスブルク宮廷が拡大していく長期的な局面と一致していた。この期間は一七世紀半ばと一八世紀半ばに厄介な継承問題によって中断を余儀なくされ、また本当に急拡大したのはことあるごとに増えていた名誉職だけだったとしても、一つの長い拡大期であったと言える。名誉職のあり方は変化していたが、一七世紀以降は、すべてが君主の思い通りになるわけではなかった。一七世紀後半の『名簿』には、名誉職の宮廷奉公人を見つけることはできない。一八世紀半ばで肉切り職や酒酌職が消え、内膳長はかろうじて一九世紀まで残された。マリア＝テレジアは内膳長の職や宮廷の食卓での高貴な仕事を復活させる策を講じなければならなかった。つまり、貴族たちは顧問官の称号を認められるためには内膳長の地位を志願しなければならないと定められたのである(112)。また、伝統的な領邦世襲官職のような、他の典型的な名誉職も同じく慎重に維持された。ハプスブルク君主国を構成する主要な領邦のそれぞれがそのような名誉職を持っていたので、マリア＝テレジアも新たに獲得したガリツィアに同じ名誉職を設ける方が良いと考えた(113)。理想としては君主国のすべての領邦から集められた侍従に加えて、マリア＝テレジア期の『職階表』には「ハンガリー王国の家門」も記載されており、ハンガリーのエリート層とハプスブルク家の絆が特に明示されていた(114)。新設されたハンガリー近衛兵隊やミラノ分隊も同じ役目を果たしていた。ヨーゼフ二世の改革や革命時の戦乱によって一時的に中断したが、この拡大の過程は一九世紀まで続いた。

一七世紀において、中央の行政組織は宮廷の拡大に遅れをとっていた。君主国の持つ複雑な構造によって、その行政組織をはっきりと識別することは難しい。オーストリア宮内官房は、旧来の帝国宮内官房と並んで独立して機能する組織として、一六二〇年フェルディナント二世によって設立された。このオーストリア官房と、他の一六世紀から存在する組織、財政を監督する宮内財務院と戦争に関連する事柄を担う宮内軍事顧問会は、中央の行政組織に含める必要がある。神聖ローマ帝国の組織であるはずの帝国宮内法院と帝国宮内官房は、君主国の中央行政組織と言えるだろうか。ハプスブルク宮廷にもたらされた皇帝位というものの大きな影響、そして帝国宮内法院が政治訴訟を担当したという理由で、帝国宮内法院と帝国宮内官房も中央の行政組織と言える。しかし重要なボヘミア官房と、それほどの重要性を持たなかったハンガリー官房は、確かに一六二〇年以来ウィーンに置かれていたが、それぞれの地域を管轄するだけだったので、ここでは触れないことにする。結局、『宮廷名簿』には慣習的に、ウィーンに置かれた下オーストリア諸邦の組織も含まれていたが、なぜ含まれていたのかということはここでは追及できない。

一六七〇年代後半の『宮廷名簿』には、枢密顧問院に属する顧問官として二〇～三〇人を挙げており、そのうち六～八人が枢密会議のメンバーであった。宮内官房には一五人の書記官、調査官、発送官、そして彼らを指揮する官房長がいた。また、官房長は枢密顧問官として二役を担っていた。これ以外に、独立した内オーストリア官房や上オーストリア官房の一八人も加えて良いだろう。これらの官房は一七二〇年まで管轄範囲内で活動していた(115)。宮内法院には約二五人がいて、三四人の書記部によって支えられていた。宮内財務院には一九人の顧問官がおり、彼らの業務は約四八人の人員（簿記係を含む）によって補佐されていた。同じように、宮内軍事顧問院では一〇人の顧問官が三一人の人員を従えていた。これら顧問官や書記官を合わせると約二三五人で、王室の人員数にはかなわなかった。顧問官や書記官、ハプスブルク宮廷周辺の中央行政府にいるその他の人員を合計した人数は、レオポルトの晩年には四〇〇人強まで増加した。一七〇五年までに、各顧問会が拡大したことは明らかであった。枢密顧問官の人数は一六四人にまで増え、宮内財務院顧問官も七三人になっていた。しかし、これらの顧問官職は多くが名誉職であり、実際の業務に貢献しないにもかかわらず金だけがかかっていた(116)。行政府において名誉職に就く者が増加したのは、顧問官、侍従ともに「正」や「名目だけの」という肩書きが王室で使われたためである。一七二九年に、キューヒェルベッカーはすべての顧問官たちを一覧表にすることをやめ、ただ枢密会議の審議、もしくは常設ではないものの同種の会議（六人以上の顧問官の参加は認められないもの）に参加することを求められると想定される四八人の名前だけ記載した。さらに、無給の「名目だけの者たち」は何らかの官職の予定者や候補者であり、これは王室よりも行政府で広く行き渡っているやり方である、とキューヒェルベッカーは強調した(117)。顧問官の増加を除いたとしても、様々な機関がゆっくりと拡大していたが、財政部門の拡大だけは他よりも多少速かった。一七〇二年には、宮内財務院の人員は五七人の顧問官を含めて一五九人に達した(118)。重要な変化は、スペイン継承戦争の最中から直後に起きた。一七一六年から、財政会議と政府銀行委員会が宮内財務院に加わった。この変化は貸方勘定を改善する必要性から生じたものである。また戦争の後に、スペイン（後のイタリア）顧問会とオーストリア領ネーデルラント顧問会も新たに設立された。カール治世期に、行政府の人員数は着実に増加したが、それでも王室の人員数には決して及ばなかった(119)。この関係が初めて変化したのは、一七四九年の大改革においてである。政府の地方機関の人員数、とりわけ徴税に関わる人員数はさらに目覚ましい数に達していたと思われる。キューヒェルベッカーは、四万人の御料地役人に言及しており、この推定数はフランスの徴税請負に関する人員数を上回るとしている(120)。

ハウクヴィッツの諸改革や、マリア＝テレジアとヨーゼフによる持続的な行政改革は、矢継ぎ早な立法に合わせて政府の有給役人の数を劇的に増加させた。平時の経常歳入はカール期にいくらか増加していたが、マリア＝テレジアの改革を経て急激に増加した。歳入が一七一七年の約二〇〇〇万グルデンから一七八二年の約五五〇〇万グルデンに増加したことは、改革が成功したことの証であった(121)。ただし一七四九年に新設され、その後再編された諸機関については、様々な研究で取り上げられてきたので、ここでは扱わないことにする(122)。一七六三年までに、これら中央行政府のより効率化され専門化された諸機関には九〇五人が配置された。一七八一年までにその人員数は一六二六人に達し、さらに一七八九年には一七二四人に、一七九六年には一八八八人にまで増加した。このように官僚組織が活発に成長していたのに対して、王室は一七四〇年以後の数十年間、明らかに下り坂にあった。しかし、一七七〇年代には両組織とも拡大しており、衛兵を含む王室がマリア＝テレジア期末まで優位を維持していた。ヨーゼフ二世の諸改革も予想されたほど激しく宮廷に打撃を与えることはなかった。衛兵を含む王室の人員数は一七八九年に約一六七六人で、一七九六年に一八八一人と再び増加に転じた(123)。この人員数は同年の中央行政府における人員数にほぼ匹敵する数であった。しかしながら、一七〇〇年頃、一七五〇年頃、一八〇〇年頃の人員数を比較すると、王室、行政府、軍隊の関係は一八世紀後半に根本的な変化を経験したということが明らかなのである。

ウィーン宮廷の費用

『宮廷勘定簿』に記録された軍事費以外の民政部門の支出項目において、ハプスブルク君主の王室に関わる人員を見つけるのは容易である。一七世紀では、厨房と地下貯蔵室のためにかかった経費は、王室費の平均二六％であった。同じく、馬や輸送のために必要な飼葉などの物資に二〇％、礼拝堂関連にほぼ一〇％がかかっていた。狩猟や鷹狩り、君主の私室の照明や家具調度品にかかる経費は、これらより少なく計上されていた。顧問官や書記官を含めた宮廷で働く人々の給料も、王室の支出の中で大きな割合を占めていた。彼らには給料に加えて、服、燃料、食料のための手当も支払われている。引退した高齢者や寡婦への支援金もここに含まれていた。さらに、先帝の宮廷から引き継いだものやハプスブルク家の他の宮廷を維持する費用も勘定簿の一項目となるのが常であった。支出全体に比べれば些細な額であったが、宮廷で働くすべての廷臣や奉公人に渡されたチップの金額まで、様々な見出しをつけられて記録されている。君主のごく私的な支出を月毎に記した明細では、多くが使途不明と記録された支払いであったが、廷臣への褒賞金や宮廷行事に際しての雑費もあった(124)。これら宮廷に関連する費用に加えて、民政部門の支出には外国に使節を派遣するための費用、郵便部門、税を徴収するのにかかる必要経費、債務返済金、避けられない臨時支出が含まれていた。簡略化されてはいるが、宮内財務院に対する指示書の中にも同じような項目が並んでいて、一六七〇年代の『名簿』にもしばしば書き加えられている(125)。一七世紀前半の間は、「給料」という項目の中に、王室の役人への支払いと同様に、顧問官や書記官への支払いも含まれていた。しかし一七世紀の後半になると、行政府の給料や経費は別に明記されるようになった。

これらの支出のうち、どれが宮廷に関連すると見なせるのかは、『宮廷勘定簿』に出てくる恩給や私的な出費を詳細に分析していかないと判断できない。マリア＝テレジアの諸改革まで、こうした支出が大きな部分を占めており、ヨーゼフ二世のもとでようやく、恩給の支払いが劇的に変更された(126)。臨時支出は、多くの場合宮廷での葬式、もしくはその他の宮廷に関連する経費であった。しかし、必ずしも民政とは限らないような雑多な支出も臨時支出には含まれていた(127)。しかも、『宮廷勘定簿』はすべての宮廷に関連する支出を記載しているわけではなかった。それゆえ、一六九四年以降については極めて有益なこの史料でも、拡大期にあったヨーゼフ一世の宮廷の費用についてはよく分からない。これまでの研究でも、ヨーゼフ一世の宮廷は考慮に入れられて来なかったように思われる。また、宮廷に関連する支出の項目は多岐にわたるので、詳しい状況なしで説明することは簡単ではない。忠誠誓約式や戴冠式などのためのハプスブルク諸邦や帝国諸都市への旅、選帝侯をはじめとする帝国諸侯の来訪、その他突発的に起こる出来事によって、多額の出費は避けられないものとなっていた。一六八五年に司厨長は、バイエルン選帝侯の来訪を挙げて、出費が大幅に増加した理由を説明した(128)。フランスの場合と同じく、支出が乱高下したり、経常支出と臨時支出が共存したことが状況を難しくした。戦争は、よく知られたトルコ税のような臨時課税を必要とした。しかし、皇帝の戴冠式や結婚式も同様に、贈与金や財産税などの臨時歳入で賄われた。レオポルトの皇帝戴冠式のために、諸身分は三〇万七〇〇〇グルデンを提供した。一六六六年に行われたレオポルトの最初の結婚式に際しても、諸身分は先に示した皇帝への敬愛を追加贈与金九三万九〇〇〇グルデンで補った(129)。宮廷オペラや豪華な宝石類のためというような、皇帝の欲望や嗜好による支出が、常に破綻の危機に瀕していた宮廷の予算に大損害を与えることも頻繁にあった(130)。スペインから来たレオポルト一世の最初の花嫁のためにしつらえさせた宝石にかかった金額は、宮廷にあるマリア柱の建設費の一〇倍に相当した。一七〇五年にヨーゼフ一世が二四万グルデンでダイヤを購入したことも、宮内財務院長グンダッカー＝トーマス・シュタルヘムベルクの悩みの種となっていた。というのも、この額は宮廷の厨房の年間予算よりも相当大きかったからである(131)。最後に、皇帝は忠実な廷臣に対して褒美を与えていたが、これはしばしば不払いとなっていた不十分な通常給の埋め合わせであり、予算の限度を超えた金額が分配された(132)。

多くの問題が依然として残されている。一六一五年から一六二一年までの間に厨房や地下貯蔵室の経費が三倍になっており、直後の一六二二年から一六二四年でさらに二・五倍になっている。一六一五から一六二一年までの貨幣価値の暴落と一六二〇年代初めに起きた急激なインフレによって、この現象の説明がつく部分もあるだろう(133)。なぜなら、飼葉担当の経費も高騰しているからである。しかし、飼葉の経費は一六二四年を頂点にすぐに下がり始めたのに対して、厨房や地下貯蔵室の経費はフェルディナント二世とフェルディナント三世の治世を通じて高いままであった。フェルディナント三世晩年の水準は、一八世紀前半においてのみ再び達することになる水準だった。この経費の高さは、フェルディナント二世の初期に起きた侍従の激増やフェルディナント三世期の人員の着実な増加に加えて、宮廷で行われた多くの歓待の結果かもしれない。宮廷の人員数や経費の増加は、度々戦争や継承問題によって妨げられた。『宮廷勘定簿』の数字はレオポルトの最初の数十年間に減少していたことを示しており、この減少は宮廷での歓待が減少し続けた三十年戦争期よりもはっきりしている(134)。しかし、宮廷の歓待がレオポルト期の最後の数十年間で拡大に転じ、カール治世下でも拡大し続けたことは、もっと特筆すべきことである。マリア＝テレジアの試みは王室を復興させ、伝統的な宮廷様式と行政力を構造的に変化させようとしていたにもかかわらず、衰退と復興という、これまでと同じ宮廷の力学が働いていた。

単位：グルデン，括弧内は年)*

1697～1714年		
平均	最大	最少
920,789	1,606,571 (1714)	620,068 (1704)
300,930	838,403 (1713)	28,322 (1710)
633,166	783,487 (1706)	352,303 (1704)
1,854,885	2,788,596 (1714)	1,004,385 (1704)

両宮廷費の比較

国家予算における宮廷支出の割合を算定することは、オーストリア＝ハプスブルクに関しては非常に難しい作業となる。そもそも国家予算と呼べるようなものがなかったとも言える。ディクソンは一八世紀の状況を詳細に調べ上げ、曖昧な

表5a　ハプスブルク宮廷における君主の宮廷と二次的な宮廷の平均・最大・最少支出（1610～1714年

	1610～1655年			1662～1693年		
	平均	最大	最少	平均	最大	最少
君主の宮廷費	458, 275	731, 734 (1653)	271, 097 (1610)	518, 025	670, 757 (1690)	353, 869 (1662)
二次的な宮廷費	35, 328	105, 020 (1640)	0	108, 884	206, 259 (1669)	62, 877 (1675)
恩　給	187, 390	531, 341 (1653)	19, 959 (1610)	489, 808	656, 025 (1675)	383, 473 (1693)
総支出	680, 993	1, 319, 651 (1653)	303, 372 (1610)	1, 116, 717	1, 291, 598 (1690)	898, 230 (1662)

表5b　ハプスブルク宮廷の総支出における君主の宮廷，二次的な宮廷，年金の割合（1610～1714年）

	1610～1655年	1662～1693年	1697～1714年
君主の宮廷費	67%	46%	50%
二次的な宮廷費	5%	10%	16%
恩　給	28%	44%	34%
合　計	100%	100%	100%

＊　史料に関しては，European State Finance Database（ESFDB）http://www.le.ac.uk/hi/bon/ESFDB/index.html を参照のこと

史料に基づいて安易に結論を出すことに警鐘を鳴らした(135)。彼の警告はまさに一八世紀以前にこそ当てはまるものである。民政部門の歳入と歳出の会計は、軍事部門の予算と分けられていた。民政部門の予算は宮廷勘定長によって管理され、軍事部門の予算は軍事勘定長によって管理されていた。財政に対する責任は、宮内財務院と宮内軍事顧問会に分けられていて、宮内軍事顧問会は軍事支出を賄うために各地の議会から集められた負担金を管理していた。財務会計はフランスの場合ほど秩序立ってはおらず、この問題は一七一四年に宮内財務院長シュタルヘムベルクによって提出された苦情書の中で、会計担当者の拡散をネッカーが問題視していたことからも分かる。ネッカーは、行政府が「ほとんどすべての役人を会計担当者」と見なしていることを嘆いた(136)。

　宮内財務院文書に収められた『宮廷勘定簿』には、民政部門の収入と支出が記載されているが、軍事勘定への支出、戦争に起因する債務返済、場合によっては武器や要塞建設のための支出も含まれるのが通例であった。民政予算における軍事関連支出を除くと、民政の支出の総額が分かる。宮廷は普通、民政予算の中でも大き

な部分を占める項目であった。その割合は一六一五年から一七一四年の間から抽出した二四年分を見てみると二六～八一％の間で変化しており、平均すると五三％であった(137)。一八世紀前半では、民政部門の収入は増加しており、それよりも増加が緩やかであった王室と年金の支出は、民政部門の支出の二五％から四七％の間で変動していた(138)。軍事支出に関する史料が乏しいため、仮に軍事費を合わせた総予算というものがあったとしても、その中における王室と恩給の割合を断定することはできない。しかし少なくとも、利用できる史料からは極端に変動していたことが見て取れる。宮廷と恩給の費用は、一七〇四年という戦時の三％以下から最大となる一六五一年の三一％まで変動していた。一六五一年は、三十年戦争後に給料をすべて支払った最初の年であり、宮廷の復興が大々的に始められたまさにその年であった。

一七世紀前半において、宮廷の支出と恩給を合わせた額は、ほとんどの年で五〇万グルデン以下であった。一六五一年と一六五三年の支出は、それぞれ一二〇万グルデン以上と一三〇万グルデン以上にまで増加した。しかし一六五五年までに、八〇万グルデン以下に落ち込んだ。一六一〇～一六五五年の間から選び出した年次の支出を平均すると、六八万九九三グルデンとなり、この額は民政部門と軍事部門を合わせた支出の約一九％に相当した。一六六二～一六九三年の宮廷費の平均は一一一万六七一七グルデンに増え、総支出の一三％であった。さらに一六九七～一七一四年の間で、宮廷費は年平均一八五万四八八五グルデンにまで増加し、一七一四年には二七八万八五九六グルデンでピークに達した。しかしながら、同時に軍事費も急激に増加していたので、総支出における宮廷費の割合は、逆に約八％に低下した。一六一〇～一七一四年の間で、軍事費について信頼できる情報がある年を平均すると、宮廷費の割合は一三％になる(139)。一八世紀において、この割合は一七二九年の一四・六％という大きいものから、ヨーゼフ二世の改革が進行中であった一七八四年の四・二％というあまり大きくないものまで変動していた。予算に占める宮廷費の割合は平均九・五％であり、いくらか減少していた。しかし、実際の宮廷費が減少していたわけではなかった。このずれは、行政に関わる人員の給料が増加したことや、一八世紀後半に王室に関わる支出が抑制されたことによって大部分は説明できる(140)。

皇帝の宮廷は常に、宮廷費全体において他の通常見られる項目よりも大きな割合を占めていた。フランスの場合と同様に、恩給はかなりの額であったが、二次的な宮廷にかかる費用は比較的低かった。ただし一七〇〇年以後の数年間にレオポルトとヨーゼフの逝去が続き、皇太后が増えた結果、その間だけフランスに匹敵する程の額となった。また、建築のための支出はここで選んだ年次に含まれていないかもしれないし、関連支出が他の史料に隠されているかもしれない。それでも、ハプスブルク家がヴェルサイユのような豪華な建物を建築することに精力を傾けてはいなかったことは明らかである。さらに、ハプスブルク家は宮廷近くに多くの兵を配置することもなかった。一八世紀において、宮廷費全体に占める二次的な宮廷の費用の割合と同様に、恩給の占める割合もウィーンではさらに減少していた(141)。ヴェルサイユとウィーンの宮廷における総支出を比較してはじめて、両宮廷の違いが明確になる。リーヴルとグルデンの信頼に足る換算比率を構築することは難しいが、一七世紀のリーヴルで示されたフランスの総額とグルデンで示されたハプスブルクの総額を銀含有量に換算して比較すると、ハプスブルクの総額をおよそ二倍にすればよいということが分かる。そのようにしてみると、顕著な相違が浮かび上がる。一七世紀において、ハプスブルク家の総予算はブルボン家の総予算の六分の一以下になると考えられる。ハプスブルク家の歳入と支出は一七四九年の改革後、著しく増加したが、それでもフランスの総予算には決して及ばなかった。例えば、一七七五年にハプスブルク家は四六七八万三七四グルデンを支出した。リーヴルとグルデンの換算を考慮すると、この金額はフランスの支出（四億一一四〇万リーヴル）の約三〇％に相当した。したがって、これまでのパーセンテージはこのことを念頭に置いて評価されるべきである。つまり、総予算に占める割合で表記したハプスブルク宮廷の費用は、フランスの予算の約一五％から約三〇％にゆっくりと増加したということになる(142)。

ここでの予算と宮廷費に関する実験的な議論は、このテーマ固有の多くの難問を避けているので、両宮廷の間にある大きな相違を示すという大ざっぱな試みとしてしか評価できない。しかし、宮廷自体に関連する結論は妥当なものであり、事実に基づいていると思われる。ここでの結論は、宮廷の人員数や費用に関する他の問題と合わせて、次章の結論部でもう一度考える。

第4章　地位と収入

宮廷で働く人々

宮廷の重職を担っていたのが貴族たちであったことは事実としても、宮廷を生活や仕事をともにする集団として見ると、それは決して貴族に限られたものではなかったし、また貴族が主要な役割を果たしたものでもなかった。それでは、宮廷の使用人や廷臣たちの間にあった職務における上下関係とはどのようなものだったのか。そして、それはどのように報酬に反映されていたのだろうか。職務上の上下関係については、一六世紀にも一七世紀にも一八世紀にもそれぞれの時代に宮廷では熱心に議論されていた。また、多くの人が宮廷における廷臣と使用人の地位を明確にしようとしてきた。上下関係をめぐる揉め事が最もよく現れるのは儀式の場であったが、これについては後の章で改めて論じることにする。この章では、宮廷の使用人や高官の中に存在する様々な上下関係と、彼らが自由に裁量を振るえる範囲について考察する。その上で、宮廷の仕事に対する報酬の形態を考察し、宮廷の人員が通常受け取っていた給料について見取り図を提示する。ただし宮廷の人員が受け取る通常の給料は、宮廷での奉仕に伴う様々な物的利益のほんの一部でしかない。

フランス宮廷のヒエラルキー

フランスでは、ジャン・デュ・ティエやシャルル・ロワゾーのような法学者らが、宮廷のどの職務が貴族によってのみ担われるべきで、どの役職に就けば世襲貴族と認められることになるのかを定義し、混沌とした状態に秩序を与えることに腐心した。彼らにとって、宮廷で最上層に位置する人々を分類するのはそれほど難しいことではなかった。まず一番にくるのが王国で最高位の人々、すなわち王冠の高官であった。アンリ三世は一五八二年、大法官、大元帥、元帥、フランス大侍従、フランス侍従長を、フランス大提督とともにまとめて王冠の高官とし、その地位を正式に承認した。一五八九年にはフランス主馬頭が同じくこの最高の地位を獲得し、一六〇一年には砲兵隊長が加えられた(1)。フランス宮廷司祭長は宮廷聖職者集団の長であったが、必ずしもいつも王冠の高官に加えられたわけではなかった。ただしこの役職が次に高位とされる宮廷役人のカテゴリー、一級国王陪食官に属するのは疑う余地がない(2)。

この一級国王陪食官とは、理論上は自由裁量権のある人員を率い、国王その人に忠誠を誓う貴族の官職保有者たち、例えば宮廷審問部長(3)やフランス主猟頭、もしくは比較的大きな裁量権を持つ人員がいる部門を率いる官職保有者たち、例えば門番頭や鷹匠頭および狼猟頭のことであった(4)。ただし、そこにはいくらかの流動性があった。例えば、アンリ三世は宿舎管理長をこの地位に引き上げ、一五八五年には新設の職であるフランス儀典総官を同様に昇格させた。一六六九年、ルイ一四世は衣裳部侍従長という高位職を創設したが、この職は初期のうちは二〜四人の官職保有者によって共有されていた(5)。しかしながら、この頃までに役職の名称は宮廷内での地位との関連性を喪失していた。すなわち、名称上王冠の高官のすぐ下に位置する集団が、国王から直接命令を拝受する高位の人々の責務を基本として担っていたのである。この上層集団は一般的に「高位の grand」という名称で示されていた。だが現実には、貴族で彼らの代役をする者や、日頃から身代わりをする者たちがおり、それぞれ「第一の premier」、「常任の ordinaire」という形容詞が付けられていた。この代行慣例が宮廷内のヒエラルキーを複雑にし、その基準も未だ解明されたとは言えないのである。

フランス大侍従が率いる人員の中では、酒酌長、パン焼き長、肉切り長が一級国王陪食官に含まれていた。しかし、彼らは実は大侍従の名誉職的な補佐官であり、彼ら自身が管理する部下は存在しなかった。他方では、第一給仕頭とその代理人である常任給仕頭が、大侍従の役目であるはずの仕事を頻繁に遂行しており、彼らを大侍従を頂点とするヒエラルキーに当てはめるのは容易ではない。しかも、彼らは食卓に関わる伝統的な役人である酒酌長・パン焼き長・肉切り長の権利さえ侵犯する傾向があった。また、フランス儀典総官は大侍従の部下であるが、彼の管轄下にある人員はわずかであった。その他の役人たちにも同様の複雑さが見られる。宮廷では新たに馬車が好んで使われるようになったため、一五八二年に大厩舎の側に小厩舎が創設された。ただその長である第一主馬が、「一級の職務」に属していないことは明らかであった。第一主馬はこの役職に伴う二つの立場の間で不安定な状態にあった。つまり、一つは第一給仕頭や宮廷第一司祭のような彼より高位の人々の代理人としての立場で、もう一つは彼自身の部下を仕切る頭としての立場である。また、まぎらわしいことに同名の「第一主馬」という別の役職も存在する。こちらは一七世紀の間に創設されたもので、大厩舎の方の指揮権を持っていたために厩舎部の上下関係はさらに混乱する(6)。加えて、小厩舎はいくつかの点で大侍従との結びつきがあり、第一主馬の忠誠はフランス主馬頭に向けられてはいなかった。第一主馬の管理する人員は、一部は宮内府の人員に含められ、一部は厩舎部のために別途作成された『名簿』に記載されていた。また、摂政時代「公爵殿 M. le Duc」コンデ公は大侍従を務めており、その後すぐにルイ一五世の宰相となるのだが、同時に小厩舎の経費に対する権限を有する唯一の存在でもあった(7)。続いて宮廷の寝室部に目を向けてみると、そこには驚くほど多くの高位の宮廷官職保有者がいることが分かる。フランス侍従長は、一六一八年以降四人となった寝室部第一侍従たちのみから補佐を受けたわけではなく、複数の平侍従が寝室部の役人としての誓いを立てていた。一方で、一六六九年以降は衣裳部侍従長と彼の管理下にある二人の侍従が衣裳部の半独立性を強めていた(8)。

これまで見てきた一級国王陪食官よりさらに大きな広がりを持っていたのが次のカテゴリー、二級国王陪食官であった。これは概して同時に多くの人々によって占められる貴族の官職のことであり、例えば宮内侍従、給仕侍従、国王の親衛隊、厩舎部主馬と厨房侍従、親衛隊射手、狩猟部侍従、常任侍従がこれにあたる。また、このカテゴリーに宮廷常任司祭を加えても良いと思われる。というのもこの宮廷常任司祭という役職自体は世俗のヒエラルキー上必ずしもこのカテゴリーに相応しい地位ではないが、この役職に就く人々がしばしば高貴な生まれで、大司教職の候補者であったからである。他方でこの広範なカテゴリーには、この他にも貴族以外でも就任できる多様な官職が含まれている。例としては寝室や衣裳部屋の付き人たち、訴願審査官、秘書官たち、案内係、外套持ちである。実際、ブロワ王令（一五七九）は貴族のために宮廷内の高い地位を確保しつつも、それらの二級職の多くが例によって「平民」にも得られるものであったことを暗に示している(9)。

こうした二級国王陪食官の職は、ほとんどが貴族によって占められていた。それに対して専門職の人々は、理論的にはその下位に位置していたが、実際には宮廷での影響力に関して貴族よりも大きなものがあった。その例としては、医者、薬剤師、外科医、楽器制作職人、数学者、アルコール蒸留業者、司書、歴史家、詩人、舞台技師、音楽家、宝石職人、金細工師、指物師などが挙げられる。彼らは特別な技能によってしばしば君主に近づき、宮廷で受け入れられている種々のヒエラルキーを突破することができた。またそれほど高い熟練を要しない職人たちも同じカテゴリーに含まれていた。台所の下働きの少年たち、使い走り、労働者・職人がこれに当り、合わせて三級国王陪食官というカテゴリーを形成していた。このカテゴリーに含まれる官職は数が多く、変化に富み、疑いようもなく非貴族の集団であるが、それでもなお、国王陪食官の特権を享受していたのである。いわゆる七部局の中では、料理長、厨房係、または酒番が自分たちの補佐役に命令し、帳簿を管理した。さらに補佐役は多数のロースト料理係、菜園係、台所下働きの少年たちに助けられていた。また、王室の至る所に従僕、扉番、従者がおり、商人、職人、手工業者の人数が、衣裳部屋や物置き場で増えていた。このヒエラルキーの第三層は、宮廷内の名誉職の人々の代わりに実務を行い、その他の二層とは比べものにならないほどの人数がいた。名誉職の人数が増えたことでこのバランスは一時的にせよ変わったかもしれないし、さらにルイ一四世による宮廷官職の再定義によってその変化は長期化したかもしれない。しかし、それでも数値上では、宮廷を貴族の集まりとして描くなどということは全くもってできないのである。

ロワゾーはまた、宮廷で奉仕する人々を区別する別の方法を提案した。それによれば、宮廷奉公人は簡単には剥奪できない諸権利を伴う職務を担うのであって、その他の人々は単に委任状を有しているだけで、それぞれの仕事を単なる雇われ人として遂行しているにすぎないというものであった。この上下関係観念は先ほどの国王陪食官の三階層には一致しない。また、どちらの区分を用いても宮廷の動態的変化を真に伝えることはできないだろう。実際にはどう分類しようとも、それぞれのカテゴリーの間には多くの移動があった。国王陪食官の諸特権は頻繁に取り上げられ、また与えられ、ということが繰り返されたし、その中身が変わることもあった(10)。「宮廷奉公人で構成される特権を与えられた上層と、それほど明確でなく特権も少ない使用人たち」という二項対立が、組織の形で確立していたのは唯一ルイ一四世の治世においてのみであった。一七〇〇年前後の一連の王令は付き人、案内係、国王の私室と衣裳部屋の召使いたちに「平侍従」の資格を与えた。他方で、その頃にはすでに厩舎の専門スタッフ、音楽や狩猟のために雇われた専門職員およびその他の下層の使用人たちは、改革に先立つ局面で宮廷奉公人としての特権を失っていった。彼らはそれ以降、委任状を基にそれぞれの仕事を行うことになるのである。特権を与えられた宮廷スタッフと委任状を与えられた使用人の間に境界線が引き直されたことで、国王陪食官という序列付けは表面的には意味を失った。ただ、新たに上層に生まれた宮廷奉公人と比べて、職務に伴う恩恵や国王陪食官としての特権もなしに宮廷に奉仕する下位の使用人の数や仕事や地位について、見取り図を描くことは難しい(11)。

　血統親王の宮廷を含む、国王以外の王族たちの二次的な宮廷も基本的に同じ三区分に従い、同じ発展過程をたどった。しかしながら二次的な宮廷に仕える男性役人は、国王の宮廷でそれに相当する地位の者が得られるほどの重要性を得ることはめったになかったし、そこには王冠の高官という格付けが明らかに欠けていた。つまりこの最高の地位は、国王の宮廷に限定され続けたのである。これに対して女性役人にとって、女性王族の宮廷が国王の宮廷では手の届かない特権的な職務やチャンスをつかむことができる場となっていた。王妃の宮廷では女官長と名誉騎士が同じくらいの地位にあり、それぞれ女性スタッフ、男性スタッフの長として活動していた(12)。これは、ウィーンの皇妃の宮廷における宮廷女官長と宮廷長官にあたる。国王その人に忠誠を誓う唯一の女性官職である「フランスの子ども」

図4　ルイ14世と宮廷の貴婦人たち（17世紀）

の養育係、女官長、そして王妃の宮廷に仕える名誉ある第一貴婦人と装身係が、女性にとって最高位の宮廷官職であった。王妃の侍女は、以前は貴婦人または名誉ある娘たちと呼ばれていたが、一六七四年に宮廷貴婦人と命名された。このあと一二人の貴婦人が王妃に仕えることになる(13)。こうした女性たち、特に王妃に仕える人々は高い地位を享受したが、それ以外の二次的な宮廷に仕える女性たちもまた同様にその地位は高かった。第一部屋付侍女はそれよりは劣るが重要な位置にあり、その他の部屋付侍女や洗濯女は明らかにこれよりも低い位置にあった。女官長の職は一七四一年のド・クレルモン婦人の死後廃止されたが、マリ＝アントワネットの友人であるランバル公爵夫人のために一七七五年復活した(14)。しかしこの空白期間の間に、以前の慣行はすっかりぬぐい去られてしまい、その職務を詳しく明記した指示書も存在しなかった。マリア＝テレジアのフランス駐在大使であったメルシは、例によって以下のように書いている。

この地位に関して行われた調査によれば、最近まで、女官長のお給料の割前にせよ、王妃の宮廷で行うことのできる職権の範囲にせよ、なに一つ決められておらず、また明らかでないということが判明いたしました。

広く王族に仕えているすべての官職保有者たちが、国王陪食官の特権を得ていた。それは、国王が留守にしている宮廷の管理をしているスタッフたちも、また宮廷と緩やかに結びついている御用達業者や職人たちの多くもまた同様であった。

フランスの宮廷奉公人たちにとって、フランス大侍従が最高位であることにはほぼ疑問の余地がなかった。彼らの間では、フランス侍従長とフランス主馬頭のみが通常それぞれ第二位、第三位として、フランス大侍従並みの王冠の高官としての地位を持っているということになっていた。宮廷聖職者集団に対して責任を負うフランス宮廷司祭長と、狩猟において最も特権が多いフランス主猟頭がこの次にくる。これら上位五役職に続き、鷹匠頭、狼猟頭、衣裳部侍従長、宮廷審問部長、宿舎管理長、第一侍従たちがいたが、その差はわずかであった。なお、この六つの役職の間での序列はあまり明らかでない。最高位である大侍従の諸権利は慎重に守られていたものの、その影響力が他のスタッフたちに及ぶことはなかった。それぞれの最高位役職者らは自分の管轄下にあるスタッフの任命権を有していた。礼拝堂・寝室・厩舎・猟場はその分野を担当する最高役職者の領域であり、彼らは例外なく国王その人に忠誠を誓った。国王への忠誠誓約は国王との直接的関係を象徴し、国王との距離が近いということが大きな自由裁量権を与えたのである。「国王の両手の中で」忠誠誓約をする権利を得た人々を列挙した小冊子をいくつか比較すると、最初は各領域におけるスタッフの最高役職者に忠誠を誓っている官職保有者のうち、何人かがのちに「国王の両手の中で」忠誠誓約をする権利を獲得していくことが分かる。このことは、門番頭、宿舎管理長、第一主馬の出世が、彼らの上役であるフランス大侍従やフランス主馬頭の地位を損なう可能性を孕んでいたことを示していた(15)。しかし逆に、こうした補佐官たちが彼ら自身の部下である上級補佐官たちに追い抜かれる可能性もあった。例えば、常任主馬や門番補佐官はフランス大侍従に直接忠誠誓約を行っていた。フランス侍従長は、四人の侍従たち、フランス大侍従、衣裳部侍従長といった国王に直接忠誠誓約を行う宮廷役人らに取り囲まれていた。こうした頭でっかちの人員配置が行われていたため、彼らの間での争いは避けがたいものであった。さらには第一侍従たちが寝室部のスタッフから忠誠誓約を受け、公職の証明書にサインをし、寝室・銀器・娯楽に関連する予算を定めていたため、フランス侍従長は誰もが認めはするけれども実体的権限のない上役になってしまっていたのである(16)。補佐役であるはずの役職者らがあまりに勝手に動いていると上役が感じた時、対立はのっぴきならないものになった。特に国王との関係が絡むと対立が先鋭化する傾向が見られた。そのため、ほんのわずかな曖昧さですら深刻なトラブルにつながる可能性もあり得た。例えば一六七一年、フランス主猟頭はフランス狼猟頭が自分の狩猟団を妨害したとして苦情を訴え、鹿狩りの最中はフランス狼猟頭のオオカミ狩りが禁止されるべきだと要求したが、実はこの対立の水面下でフランス主猟頭はフランス狼猟頭に対する優越を主張しようとしていたのである。また、ルイ一四世崩御に続く数年間においては、フランス主馬頭と小厩舎の長である第一主馬との関係に内在していた緊張関係がついに爆発して公然の対立となり、そこから延々と続く争いとなった。一七二八年には「フランス主馬頭殿」が自らの不満を印刷パンフレットにして発行するまでに至り、その中では「小厩舎はフランス主馬頭管轄人員の下部部門であり、第一主馬殿はフランス主馬頭の部下なのだ」と主張された(17)。

フランス大侍従は宮廷内で最も人数の多い組織を率いており、その中の役職を自分の支持者で埋めることができた。フランス大侍従であったギーズ公に対して出されたアンリ三世の一五七四年の指示は、全ての任命は国王の賛同次第であると強調している。これはより広範囲にわたる一五八五年の規則の中で、また後世他の支配者たちによって何度も繰り返される願望であった(18)。このように繰り返し規則が定められたということは、廷臣たちが自分の権力を強化する目的で、役職に伴う任免権を利用していたということを示している。アンリ三世が一五八二年に小厩舎を創設することを定め、また一五八五年には彼の忠実な支持者であるギヨーム・ポのためにフランス儀典総官の職を設ける決定を下したことは、こうした慣習に対するある種の反抗であると解釈でき、高位の公職に対するギーズ家の強力な支配を制限しようとする行為であった(19)。しかしながら、この新しい公職はどちらも明らかに国王自身にではなく、大侍従に忠誠誓約を行っていた。大侍従が持つ任免権は、その役職が最高の位であることの証であり、引き続き重要な役割を果していた。ただし大コンデ公が「大逆罪」に問われたために、一時的にせよ彼の有していた諸権利は剝奪された。さらにその後を継いだ大侍従もその権利を完全に回復するには至らなかった。その結果、三六人中二六人の給仕侍従と一二人中八人の給仕官は国王自身が任命することになった。さらに、国王から任命された職務は大侍従の任免権で与えられた職務よりも価値があると見なされるようになった(20)。この事態によって大侍従の立場は多少痛手を受けたかもしれないが、それでも大侍従の任免権は実はあまり変わらなかったのである。例えば、大侍従が宮廷の食卓を賄う七部局の職位付与の証明書にサインしていたのに対し、国王はゴブレット係と食卓世話係の職位付与にしか携わっていなかった(21)。一七世紀および一八世紀に大侍従の任命権下にあった公職の記録はいくつかあるが、合計四五九の「フランス大侍従の権限のもと」にある職務のうち、一七世紀途中まですでに七部局二五〇以上の職務が数えられる。さらに一七五二年には、大侍従は三二〇を超える公職就任者や使用人の任免権を持っていた。対して国王はその他九九の職務の任命を行っていたが、この九九の役職も大侍従の統制下にあった。同じ一七五二年のリストでは、一二〇人の公職就任者らが大侍従に対して忠誠誓約を行っていたと記されており、また大侍従は恩給や報奨を分配することができることも書かれていた(22)。さらに、宮廷奉仕の諸規則に関する一七三三～一七三四年のある編纂書は「国王の公職就任者らの規範、すなわち国王とフランス大侍従閣下の一般規則選集」というなんとも上手い表題がつけられていたのである(23)。

一五世紀には、宮廷に官職を持つ人々は原則として国王の死とともに解任されていた。一六世紀においてもなお、君主の死後早いうちに宮廷の顔ぶれは変化した。新しい国王が遅かれ早かれ自らの味方や支持者を高位の地位につけたからである。「国王の宮廷の役職者らは、先王が崩御するとすぐにその後継者の下に移される」というロワゾーの主張は、どちらかといえば一七世紀の慣例に近かった(24)。その一七世紀には、宮廷のあらゆるレベルの業務に驚くべき連続性が見られた。だが、その状態でもなお一六五三年の王令は、重要な宮廷官職は国王より与えられるものであるべしという点を強調していた(25)。つまり、これは国王が重臣を官職から追い出すことが可能であり、さらに官職の在任者が死ねば、その官職は国王の元に戻るということを意味していた。王冠の高官の中では、大法官だけが終身の任命であり、その他は国王の寵愛を失えば罷免される可能性があった(26)。例えばコンデ家は一六四三年よりフランス大侍従の職を握っていたが、フロンドの乱の間にこの最高職を失い、ピレネーの和約（一六五九）とともにこれを取り戻した。大コンデ公はこの襲職権を保有しており、フランス大侍従の職を息子であるアンリ＝ジュールに遺した。フランス侍従長を受け継ぐブイヨン家の長男トゥレンヌは、サン＝シモン公が示したように、自分の襲職権が危機に晒されていると考えていた。このトゥレンヌの叔父でフランス宮廷司祭長であるブイヨン枢機卿は一度ならず国王の怒りを買い、一六八五年一時的に追放され、最終的には一七〇〇年に職を失った(27)。このフランス宮廷司祭長の職は一七一三年にロアン家に渡り、一八世紀の長い期間保有されるが、首飾り事件によって同家より失われることとなる。ルイ一五世のメスでの大病の後、衣裳部侍従長であったラ・ロシュフーコーなる人物は婚外交渉に及んだことを謝罪し、事件の後追放されたが、彼の家族はその職に留まり続けた。一七〇〇年頃には、宮廷の最高職の数々が事実上親王家もしくは公爵家の世襲財産と言えるものになっていったのである。つまり、コンデ家はフランス大侍従、ブイヨン家はフランス侍従長、ロレーヌ＝ギーズ家は厩舎部の長、ロアン家はフランス宮廷司祭長（ただ、この職は明白な理由により完全な世襲たり得ないが）、ラ・ロシュフーコー家は衣裳部侍従長、ルイ一四世のトゥルーズでの私生児の子孫であるパンティエーヴル家はフランス主猟頭といった具合であった(28)。血統に基づくこの極度に排他的な仕組みは一級国王陪食官の分野で広まっており、この中に新たに入る人間は主に同輩公の中から選ばれていた。それよりも広い人々に開かれていたのはその次の階層、二級国王陪食官の分野であった。宮廷中の官職は世襲となる傾向を見せ、襲職権が一族の家産として、そしてまた投資の対象として見なされるようになった(29)ので、在職期間は通例長期間に及び、しばしば終身となった。その一方で官職保有者はしばしば他の職務や活躍の場を持ち、高位の役職者は特に陸軍や地方総督府における役職を兼務する場合が多かった(30)。また、公職は持ち主が変わることもあった。その原因は、男子後継者が不在であるか、あるいは他の役職を手に入れることにあった。ルイ一五世もルイ一六世も、このしっかりと根付いてしまっていた襲職権の習慣を好まなかったが、よほどの場合でない限り、この二人の国王がその習慣を無視することはなかった(31)。官職の活発な取引、特に国王の是認を必要とする高位官職の取引は、ダンジョによって入念に記録されている。彼が日々記録してくれたおかげで、各官職のいわゆる「市場価値」を一覧表化することができる。官職を抵当に入れた時の価値を表した留職特権状は、『名簿』の中に記載されており、また各種記録の中には特権状を概観したものも存在する(32)。

一七世紀の初頭に、ロワゾーは料理長が行っていた慣例を非難した。その慣例とは、料理長が彼らの監督している職務に空きが出るとそれを売りに出したり、職務の変化に伴って金銭を授受し利益を得たりすることであった。実際のところこの慣例は料理長だけの問題ではなく、宮廷のあらゆる部門でこの種のことが行われていたのである。ロワゾーの抱いた不満は一八世紀後半の人々によって、さらに激しい調子で繰り返された(33)。ダンジョは、金銭的利益の付随する任免権がどれだけあるかということが、宮廷官職の価値を評価する上で一つの重要な要素となる、と指摘している(34)。ルイ一四世は自分の廷臣に特権を確保してやる一方で、自分自身が恩恵の配分を監視するという意志を断固として表明しており、宮廷人員が闇雲に広がっていくことを厳しく禁じた。この流れから少々逸脱したのが一六七三年のことで、ルイ一四世は彼の衣裳部侍従長であるフランソワ・ド・ラ・ロシュフーコーに、彼の部下付きの職人や商人に宮廷奉公人の地位を自由裁量で与える権利を与えた。これによって報酬を得た人々の数は、一六八三年から一六八四年の時点で二三〇人へと増加していた。もっともなことだが、太陽王は一六八九年、この数を二六人に減らすのが賢明であると判断した(35)。しかし、宮廷人員の削減という制限を設け、なおかつ重要な官職の処置に関しては国王の承認が必要であると規定したにもかかわらず、ルイ一四世は管轄する部下と予算についての王冠の高官の権限を認めていた(36)。フランス主馬頭は、厩舎部と飼育場において二七五ほどの官職の人事権を握っており、その他の高位役人も同じように官職と予算を押さえていた。

一八世紀、王冠の高官が持っていた部下と予算への統制力に対しては、一七七〇年代と一七八〇年代の改革まで異議を唱えられることはほぼなかった。サン＝ジェルマン伯爵による陸軍予算の削減以降、法に触れない形で、あるいは非合法的に私腹を肥やす様々な方法が横行していたことへのいらだちから、宮廷費に関する不満が増幅され、広まっていったのである(37)。改革は不可避のことと思われた。しかし、既得権の侵害に対する宮廷の高官らの抵抗を乗り越えることは、周知のように困難だったのである。クレティアン＝ギョーム・ド・ラモワニョン・ド・マルゼルブは宮内卿を務めた短い間に、高官に就いている国王の友人から財務上の権限を取り上げ、それをもっと身分の低い、それゆえ容易に服従させることのできる役人に与える必要があることを、ルイ一六世に納得させようと努力した。これは改革に必要不可欠であるが、国王は「会計係として無能であるからといって、自らの友人から職務を取り上げ、その者を侮辱するようなことは絶対にしないだろう」(38)とマルゼルブは考えたからであった。その数年後に、ネッケルが高官から財務上の権限を取り上げる改革を導入することに成功したが、これに引き続いて一連の熱狂的な反対活動が宮廷で巻き起こった(39)。ネッケルの改革に対する一七八七年のある再評価は、宮廷のスタッフの支払命令官らの態度を表している。

彼らは、取り上げることに決して心から同意してはおらず、むしろ取り上げるのをやめる方がよいと思っている。この利得とは、かつての職権乱用を今も認めるという限りにおいてではあるが、大部分が臨時収入を得ることを意味している。その職権乱用というオプションがなければ、官職を売りに出す場合、官職の値打ちは下がるであろう。他の見方をすれば、恩寵とそうした官職の創設とを容易に一致させ、職務やそれに付随する役得を、彼ら自身や彼らの部下にたやすく手に入れさせることは、支出が漸次的に日々増加していることの一つの原因なのである(40)。

宮廷人の中ではいち早くフランス大侍従とフランス主馬頭が、今後国王より補助を得る目的で、臨時収入として得られる年収の表を提出した(41)。伝えられるところによれば、これは職務上の独立を減じられる代わりに彼らが要求した単なる補償というわけではなかった。改革の年であった一七八〇年、コンデ公は歩兵連隊司令官として国王に忠誠誓約を行っている。この職は元々一五八四年にパリ南西の町エペルノンのために創設されたもので、在職者の死去に伴い一六六一年に一旦廃止されていた。クロイは明らかにこの有名な任命をその直前の改革と結びつけて、宮廷では「一方からは取り去られるが、それは別のもう一方に置かれるためである……」という哲学的な言葉を残している(42)。

王冠の高官内での決められた序列は、常に小さな争いにかき乱されていた。しかし、実際に根本的かつ永続的な序列の変化をもたらしたのはその中でもたった一例のみである。つまり宮廷のあらゆる集団の中で最も顕著な、また最も物議を醸した地位上昇を遂げたのが、新たに現れた行財政関連職の集団であった。フランス大侍従のスタッフの中では、支出を管理し抑えることに努める、高給取りの監査役を抱える部局がより突出するようになっていた。しかし、この成功も宮廷、しかも錚々たる高官らの外部で活動した行政官らの成長の前ではかすんでしまう。財務総監は大法官よりもはるかに新しい職であるが、国王の歳出を監視していた。ジャン＝バティスト・コルベールによる油断のない監視の下、彼の財務総監職は真に大臣としての地位を獲得し、大法官の任務や権利の多くを奪っていった。また名誉職だった国王秘書官たちの広範な人たちの中からも、大臣に近い人物たちが台頭していた(43)。一五四七年、アンリ二世は四人の秘書官職を創設し、様々な地方に関する責務を負わせ、軍事や外交など特別な任務を課した。カトー・カンブレジの和平交渉（一五五九）の間に、「国務大臣」というより厳粛な名前がついていたスペイン側の使者とのバランスをとるために、フランス側のド・ロベスピヌは国務卿という肩書きを得て、彼の同僚もこの先例にならうことになった。一五七〇年以降、さらにこの国務卿のうちの一人が宮内府に対する責任を持つようになった。一五八八年にアンリ三世は、秘書官らが大法官にではなく国王その人に忠誠誓約を行うことを許可した。この四人の国務卿は大臣に等しい存在であり、彼ら自身の部局を統率し、国王本人と直接仕事を行った。しかし、国務卿になればすぐに国王の枢密会議のメンバーになったわけではないし、職務上もそれに相応しいわけではなかった。また、彼らは常に国務大臣と称されるわけでもなかった。ロワゾーは国務卿を王冠の高官に等しいものとした。さらに一六世紀の末には、宮廷における国務卿の地位は公家の地位とさほど変わらなくなり、国務卿の家門は公家と婚姻関係を結んでいった。つまり、国務卿の地位は宮廷や軍隊の高位職の一つとなったのである。ルヴォワの息子であるクルタンヴォは、一六八八年にスイス百人隊隊長職の襲職権を獲得した(44)。コルベール・ド・クロワシ家が門番頭の職を与えられた一七二三年以降は、ルヴォワとコルベール・ド・クロワシという一七世紀後半に大臣を輩出した二つの有力家門の子孫らが、宮廷における軍事職の中でも、名誉があって最も伝統のあるこれらの役職を、アンシアン・レジーム期の終わりまで保持することになった。ルイ一四世の時代には、事実上大臣たちが優越的立場を確保し、そしてそれは多くの場合宮廷内の職務と関係していた。例えば重要なメッセージを携えている時ならば、大臣らはたとえ国王の起床前であろうと、寝室部第一侍従に先んじて国王に直接近づくことができたことが分かっている。さらに上位の大臣らになれば、他の高位廷臣よりも多くの時間をプライベートな場所で国王と過ごしていた(45)。

監査官、大法官そして国務卿は王室役人としてほぼ同じ空間で活動していた。一六、一七世紀には、彼らは国務会議でともに働き、そして多くの日常業務を分担したにちがいない(46)。一六六〇年代に国務会議のメンバーが制限された時も、国務卿と廷臣との間の接触は間違いなく残った(47)。四人の国務卿は宮内府の秘書官として、習慣上なおも宮内府に含まれた。しかし印刷された位階表では、四人の国務卿はそれぞれの担当部局の長として統治機構を統括する役割がより大きく描かれていた。ヴェルサイユ宮廷に居を移した一六八二年以後になると、国務卿は大臣翼棟を占めるようになり、宮殿中心部とは分離されていたものの、その近くにいた。これは、彼らの宮廷とつかず離れずの立場をよく示している(48)。

国務卿が急速かつ着実に地位を上げていったことに対して、なかでも有力な法服貴族家門を中心に、一七世紀後半には多くの不満が寄せられた。一八世紀を通じて彼らの立場は十分に確立され、最高位の廷臣らと同等とは言えないものの、頂点に達していたようだ。明らかに、大臣たちは最高位の廷臣にとってさえ無視できない一大勢力であった。というのも廷臣の利益は、貴族として不可欠な陸軍のキャリアを支配する陸軍卿や、恩給の支払いに影響力を持つ財務総監に左右されたからである。その一方で、宮内府に対して責任を負う宮内卿に対しては、高位の廷臣らは挑戦的な態度を取ることもあった。マルゼルブは前に引用した『回想録』の中で、国務卿は王冠の高官たちに対して強い言葉で話をすることはできなかったと述べている。それは、王冠の高官は国王本人から直接命令を受けており、しばしば大臣をただの一介の行政官として扱っていたからであった。例えば、マルゼルブの秘書官が大厩舎にいる馬の頭数を確認しようとした時には、この罪のない行動に対して、耐え難いスパイ活動であるとの抗議と非難が沸き起こった(49)。ただし、自分自身の管轄領域と関係の薄い問題については、廷臣らは大臣たちの主導的役割を尊重せざるを得なかった。宮内卿はその職務としてパリも管轄していたが、これに関して誰かが異議を唱えることは不可能であった。さらに、宮廷の管理人としての宮内卿の地位は、ネッケルによる一七八〇年の諸改革でむしろ強化された。

大臣を輩出した家門は宮廷の官職を獲得していたが、ルイ一四世の時代に帯剣貴族に大臣の地位および評議会メンバーの資格が与えられることはめったになかった。ボーヴィリエ家、そして若干劣るがシェヴルーズ家はその大きな例外であった。オルレアン公フィリップによる摂政時代のポリシノディ（多元会議制）による例外的な実験は別として、軍事の存在が強まったことを受けて、一八世紀は明らかに帯剣貴族が国務卿として現れる頻度が増す。つまり国務卿の肩書きは重要な助言者としての地位を示し、その保持者が必ずしも国務卿としての職務を果たしたわけではなかった。一八世紀後半になると、限られた高位貴族が国務卿を務めることになったが、彼らが軍事と外交に対する責任を負う部門を担ったことは、彼らの立場をよく示している。要するに彼らはこうした望むだけの価値がある高位職に、自分の専門とする活動領域から接近していったのである。国務卿の役職は、宮廷貴族にありがちなキャリアとは明らかに異なり、いわゆる法服貴族の昇進コースの頂点に位置するものであった。訴願審査官や国務卿主席秘書官として仕えるということは、有力な軍人貴族家門の人々にとっては受け入れがたいものだった。しかし、彼らは大臣として仕えることについては、自分たちの軍事、外交、地方統治、宮廷でのキャリアの帰結として魅力的なものだと受け取っていた。したがって、宮廷で突出した貴族家門の中には、一七四三年から一七五六年に国務卿を務めたノアイユ、一七五九年から一七八七年まで国務卿を務めたスビーズ、一七五八年から一七七〇年まで様々な大臣職を得ていたショワズル、そして一七七一年から一七七四年まで国務卿を務めたデギヨンの名を見ることができる。こうした有名な家に加え、さらに他の家門の名も挙げられるだろう(50)。

ウィーン宮廷のヒエラルキー

オーストリア＝ハプスブルク宮廷では、四つの主要官職（宮廷長官、式部長、侍従長、厩舎長）が、一六世紀後半までに宮廷における優位を確固たるものとしていった。その中で、マクシミリアン一世の王室内ではおそらく上位に位置していたと思われる式部長は他に遅れをとっていた。式部長に連なる人員の数は少ないままであり、式部長自身も君主の側近くでの目立った役割を持っておらず、君主の食卓、私室、厩舎は他の三官職の担当であった。宮廷長官が四官職の中での優位性を高めていた一方で、式部長が宮廷長官に次ぐ二番目の地位を確保することは困難であった。宮廷長官が式部長に対するフェルディナント三世の一六三七年の指示によって、宮廷長官が病気や長期不在の場合は、式部長がその「官職と職務」を担うことが規定された(51)ものの、侍従長に忠誠を誓う名誉職的な侍従が急速に増加されたことに伴って、侍従長が式部長に匹敵する立場を手に入れていく。一七世紀末頃になると、『宮廷名簿』において必ずしも侍従長よりも前に式部長が記載されなくなる。さらに言えば、宿営官は通常式部長の下であるはずだが、名簿上では宮廷長官の下に含まれていることさえある(52)。宮廷の『職階表』が印刷されるようになると、式部長は侍従長の後に記載されるようになり、この並びは一七〇五年リンクによって、また一七二九年キューヒェルベッカーによっても明確に確認されている。一七四六年マリア＝テレジアが、当時侍従長であり、後に宮廷長官となったヨーハン＝ヨーゼフ・ケーフェンヒュラー＝メチェに、不在の宮廷長官に代わってその名誉的な職務を務めるよう求めたところ、ケーフェンヒュラーは慣例に従って（「古い作法に則って」）、式部長が宮廷長官の責務を担うべきであるとマリア＝テレジアを説得している。マリア＝テレジアもこの提言に従った。このように一八世紀を通じても、依然として式部長が宮廷長官の代理権を持っていたのである(53)。

厩舎長は、この式部長と侍従長とのバランスが揺れている様を、強い関心を持って見ていたことだろう。というのも侍従長の上昇を説明する二つの要因が、厩舎長の有利になるようにも働いたからである。つまり厩舎長は、式部長よりもはるかに多くの、そしてより明確に自律的な人員を抱えており、また職務上皇帝に接する機会がずっと多かった。署名はないが、おそらく一七世紀末頃に書かれたと思われる文書から、なぜ将来的には厩舎長が式部長を超えるはずであるのかを大まかに読み取ることができる。この文書の執筆者は、厩舎長が優位であったとされるブルゴーニュ宮廷の伝統を指摘している。つまりブルゴーニュ宮廷の伝統では、式部長には自身の部下は与えられておらず、式部長は宮廷長官の管轄内に置かれていた。また式部長の持つ司法的な権力は、厩舎長ほどには皇帝が手ずから与えたものではないため、それほど価値の高いものではなかった。それは、皇帝が館の外に出るときには厩舎長が親しくお供をしたことと比べれば、明瞭に分かることである。最終的に、厩舎長はまんまと式部長の主要な特権の一つ、帝国に関連する儀式における式部長の役割である剣持ちを損な役回りに変えてしまった。式部長は、帝国式部長であるザクセン選帝侯の代理で剣持ちを行っているにすぎないのではないのか。また、上位の帝国官職が存在しない宮内厩舎長は自身が長官であるが、しょせん代官にすぎない式部長が長官である宮廷厩舎長の上に立つことがあり得るだろうか(54)。このような疑問を投げかけることによって、厩舎長は式部長の地位を貶めることを狙っていたが、式部長は何とか自らの地位を維持することができたのである。

役人間の、もしくは部局内の長官と代官との間の対立は、フランスよりもハプスブルクの方がずっと少なかった。職務上の上下関係が問題になることは多くはなかったし、問題が生じてもそれが争いにいたることはめったになかった。枢密顧問官や侍従の間には任命時期に応じた序列が設けられており、さらに顧問官は常に侍従より上位とされていた(55)。これらの序列が概ね効果的であったため、対立は避けられるか、緩和されていたのである。宮廷長官が最上位の宮廷官職であったことは明らかで、宮廷長官と密接に結びついて式部長が宮廷内の秩序と公正に責任を負っていた。フランスの寝室部や厩舎部の場合と同様に、寝室部侍従たちや厩舎長は、相当な自律性を享受しており、直接皇帝に拝謁していた(56)。宮廷長官や式部長とともに、侍従長や厩舎長も皇帝個人に忠誠を誓っていた。これに対して、多くの上級役人たちの宣誓は自らの上官に行っていたと思われる。『ウィーン日報』は、枢密顧問官と長官だけが皇帝個人（もしくは皇妃個人）に対して宣誓しているが、侍従たちは侍従長に対して忠誠を誓っていたことを伝えている(57)。

四大官職に続くのが、狩猟長と鷹匠長であった。鷹匠長の方が伝統的に上位であったが、一八世紀中に鷹狩りが廃れるにつれて事実上格下げされた。後にマリア＝テレジアの近衛兵に取って代わられた護衛騎兵や護衛歩兵の隊長は最上級の階層に属してはいたが、聖歌隊と同様に宮廷長官下の人員として名簿に記載されていた。さらにこの隊長は宮廷長官に忠誠を誓約していたので、自らの裁量権を高めることはできなかった(58)。彼らは明らかに、フランスにおける近衛兵の地位にかなわなかった。フランスでは、こうした隊長職に就任する人々は国王個人に忠誠を誓い、しばしば国王の親友に数えられていた。フランスの一級国王陪食官と同様に、これら最上級の高官はそれぞれ自身の組織を率いていたのである。理論的には皇帝はすべての宮廷役人の任命を完全に支配していたはずであった。しかし現実には、四大官職に就く高官と、護衛や狩猟の長が、自分の身内や従者を宮廷の役人として雇用することによって、自らの利益を増進することができた。しかし、このようなやり方が公式の既得権になることはなく、四大官職やその直属の四つの官職が特定の家門に独占されることはなかった。

ラムベルク家、ハラッハ家、シュヴァルツェンベルク家、リヒテンシュタイン家、ディートリヒシュタイン家、トラウトゾン家、ジンツェンドルフ家、シュタルヘムベルク家、モラールト家、ヴァルトシュタイン家、マンスフェルト家などの名門グループが宮廷官職を独占していたが、彼らも慣習的な昇進コースには従わなければならなかった。彼らは一侍従として始まり、高位の官職にたどり着く前に、通例下位の官職に就き、外交使節の役割を果さなければならなかった(59)。また高位の官職がある一つの家門によって独占的に占められることは決してなかった。誰でも高位の官職に就くためには官職ヒエラルキーで出世していかなければならなかったし、結局は皇帝の恣意に任されなければならなかった。フランスの場合と決定的に違っていたのは、時の皇帝の宮廷は皇帝が逝去すると解任されたことである。ただし理論的には、帝国官房長であるマインツ選帝侯の代理人である帝国副官房長は唯一の例外であった(60)。皇帝が逝去すると、誰が元の職に留まるのか、つまり再任されるのか、あるいは誰が新しく拡大された皇太后の館に異動させられるのかを決めるための協議が長々と続けられた。その時に解任された者に対しては支度金や恩給が与えられた。仕えていた皇帝や皇妃の逝去後何十年もの間、そのお金が宮廷の支出に計上されているのが見受けられる。興味深いことに、上級の役人はすべて解任されていた。このことによって、新しい皇帝が一からスタートすることが可能となり、自分自身の宮廷の役人や友人を迎え入れることができたのである(61)。

皇帝が生きていたとしても、上級官職は必ずしも生涯にわたって保持され続けるとは限らなかった。宮廷の高官たちは辞任することができたし、それがかなわない場合でも少なくとも皇帝に辞任のお伺いを立てることは可能であった。高官たちが職を解かれたとしても、それが君主の不興、罷免、追放と関連して考えられることは、終身の任期が原則であったフランスの場合ほど多くはなかった。ハプスブルク宮廷の上級官職は、フランス的な意味での「官職」には決してならなかったし、上級官職が公式に売買されることもなかった。ただ官職叙任状というフランス流のシステムに向かう傾向は、ハプスブルク宮廷においても進行していた、とは言えるかもしれない。ザクセン公使であったヴァッカーバルト伯アウグスト＝クリストフが一七〇九年に報告するところによれば、侍従長であるトラウトゾン伯は、当時年配のザルム公が担っていた宮廷長官職に就く「保証」を得ていたという。またケーフェンヒュラー＝メチェは、ローゼンベルク伯フランツが年配のアウアースペルク侯ハインリヒの在任中に侍従長職の「保証書」を得たことについて言及している(62)。明確に世襲された官職は、君主国や帝国の様々な構成要素につながりがあった。しかし、これら世襲官職や領邦世襲官職は君主国の結合のために重要であるのと同時に、在職者にとって名誉あるものでもあったが、ハプスブルク家の王室自体とはあまり関係がなかった。もしかすると、封建的な伝統がハプスブルク宮廷の高位官職をある家門の家宝にしてしまうことを妨げたのかもしれない。というのも、忠誠の宣誓は厳密に皇帝個人に対するものとされ、帝国封を授与される者と同様に、宮廷における官職保有者も新しい皇帝が即位する時は新たに宣誓しなければならなかった。このことは、基本的にはフランスにも当てはまったのだろうが、ハプスブルク家の君主は必ず皇帝に選出されるとは限らない。それゆえ、ハプスブルク家が自分たちの宮廷を神聖ローマ帝国の宮廷と考えていたとしても、ハプスブルク家に仕える家門に永続的な官職保有権を与えることは難しかった。しかし形式的には、ウィーンの宮廷はまさに小宮廷と認識され、そして帝国諸侯たちは皇帝の大宮廷に仕えていたと考えることができる。しかしながら現実の宮廷では、そのような区別は妥当性を失い、皇帝の称号は時のハプスブルク君主を、彼の持つすべての地位を含めて漠然と指し示すために使われたのである。

四つの主要官職の代理職もまた、高位貴族のものであっただろう。例えば、宮廷長官の下に置かれた儀仗長、司厨長、銀器侍従長、第二銀器侍従長がそうであった。一七四〇年には、ここに宮廷副長官が加えられた。ただこの官職が、宮廷長官の優位や上級官職間のバランスを変えることはなかったと考えられる。このような新しい官職の創設は、単に皇帝や皇妃のそれぞれ独立した宮廷組織を廃止するという決定の結果だったのかもしれない(63)。王室内のすべての名誉職において決定的に重要であったのは、貴族であるということであった。酒酌職、肉切り職、内膳職、侍従(内膳職と侍従の二つの官職は一九世紀まで続いた)などがそうした名誉職にあたる。大官職の代理職に加えて、これら名誉職の人々も二級国王陪食官に等しい地位を保持していたと考えてもよいだろう(64)。フェルディナント三世は侍従たちへの指示の中で、自らの「長き伝統を持った氏素性」を誇れる、できれば称号と健康をも兼ね備えた人物だけが君主の鍵を持つことができると記している(65)。これら排他的とも言える高位貴族よりは下だが、非貴族の宮廷奉公人よりは上に位置していたのが、多方面で活躍していた専門家集団であった。彼らの存在によって、宮廷内の上層と下層を明快に分けることが難しくなっている。例えば、皇帝の部屋では、侍医、管財長、宝石工、石工、画家、聴罪司祭が、貴族の侍従と部屋付き従者や守衛兵の中間に位置していた。そして自らの技能によって、最終的には侍従たちが望める地位よりも高い地位を手に入れることもあった。またハプスブルク家の人々が音楽や演劇を常に好んだため、才能を高く評価された音楽家、劇作家、舞台技術者には好ましい環境が与えられていた。カール六世治下では、音楽に携わる人々のトップには貴族の宮廷高官が据えられた。その職は総監督あるいは音楽伯と呼ばれ、宮廷長官の代理人として、増大していく音楽部門を運営していた。宮廷長官職の管轄には、音楽堂だけではなく、教会の聖歌隊も含まれていた。そのメンバーは貴族ではなかったが、聖職者の資格を持つことで他とは明確に区分された。さらに図書館司書、建築家、秘書官、監査官（調理場やそれに付随する支出の管理人）、式部長管轄下の憲兵や宿営長、執事、教師、厩舎長管轄下の小姓のための教育係が高位貴族と非貴族の間の集団に加えられるだろう(66)。

ハプスブルク宮廷にもフランスの三級国王陪食官と同列に並べられるような、多種多様な下位の奉公人がいた。まず、従者、門番、筆記者、火夫、若衆、お手伝いといったありとあらゆる使用人がいる。これに加えて厩舎にいる膨大な数の従者、御者、馬丁といった人々、常勤衛兵、さらには小間使いや靴磨きのような、実に様々な人々が含まれていた。また皇妃などの女性の館においては、高位の貴族であった女官、部屋付き女官以下、部屋付き侍女、女中、雑役婦、女性使用人という独特な職階が見られるだろう(67)。これら下位の人員はその数において、上層の官職集団を圧倒していた。ただし例外的に、名誉職的な侍従は上層で人数も多かった。王室内の下位グループに見られる継続性は、上位と同様に顕著であり、それぞれの職務は長く同じ家門の手に委ねられ続けていた。つまり、王室が上位から下位に至るあらゆる社会階層に属する家門のネットワークの焦点であり続けたということである。王室に関わる家門の人々は、廷臣という枠で括ることができるすべての人々によって共有された権利と免除特権を大事にしていた。なぜならば、彼らと他のウィーン都市民の境界線となっていたのがこの権利と免除特権であったからである。この特権的地位は何世紀にもわたって変わらなかったが、しばしばウィーン市当局との間で問題を引き起こすことになった(68)。

宮廷長官は、確かに行政と王室の両分野を監督していたが、一方で行政と王室の分離もある程度見られた。すなわち、宮内官房と宮内法院の長や枢密顧問官たちは皇帝に直接忠誠を誓っていたのであって、宮廷における最高官職である宮廷長官に対してではなかった(69)。司法手続き、財政、軍事を管理する機関は、それぞれの分野の専門家によって運営されていた。とはいえ、前述の貴族家門と同じ家門から登用される場合も多かった。例えば高位の廷臣は枢密顧問官も兼ねていたし、これよりも下位の機関である宮内財務院の顧問官では貴族と専門家が混ざり合っていた。また書記官の数も常に増加していることが、『名簿』から見て取れる。書記官の多くは、単なる書記をはるかに超えた存在であり、王室に関わる事項はもちろん、その他の分野における決議書の草稿作りにも深く関与していた(70)。宮廷長官は長く枢密顧問会の議長を務めており、レオポルト一世後期の枢密会議、もしくは一七〇八年から続く常設会議にも通例参加していた。行政における責務は以前よりもはるかに小さくなったとはいえ、宮廷長官はマリア＝テレジアの治世に至るまで意志決定の過程に関わり続けていたのである(71)。

宮内官房長は、帝国全域を担当する帝国副官房長と比べるとその地位を高めており、一六二〇年代以降ハプスブルク諸邦を統治する原動力となっていた。宮内官房長は当初から、由緒あるフランス大法官と同じような地位を享受していたわけではなかった。しかしその地位を着実に向上させていき、ついにはフランスの国務卿の地位に匹敵するようになった。一七世紀における最初の二人の官房長、フェルダとプリケルマイアーは高貴な生まれではなかったが、職責を通じて貴族位を手に入れた。後の宮内官房長、ホーヒャー、シュトラトマン、ザイレルンも同様であった。プリケルマイアーの跡を継いだジンツェンドルフ伯や、シュトラトマンとザイレルンに挟まれたブッチェリーニ伯は在任期間中に伯位を手に入れ、素晴らしい結婚相手も見つけた。それ以降、宮内官房長職は貴族によって担われ、まもなくより広範囲な政治的役割を担うことで他の高位官職に肩を並べるようになった。興味深いことに、第一宮内官房長ザイレルンの後任者であり、前述の名門の一員であったジンツェンドルフ伯フィリップ＝ルートヴィヒは、一七二一年と一七二四年に宮廷長官になるためにあらゆる努力をした。この時もなお、第一宮内官房長から宮廷長官になることが明らかな昇進だと認識されていたのである(72)。一七二四年第一宮内官房長職は、同じくジンツェンドルフ家の、ジンツェンドルフ＝タンハウゼン伯ジークムント＝ルドルフに引き継がれたが、この例は伝統的な役職の上下関係が依然として強かったことを示している(73)。

ケーフェンヒュラー＝メチェの日記にもしばしば記されているように、宮廷長官と式部長、そして様々な統治機関との間にはそれぞれ緊張した関係があった。改革の進行によって、「部門」間、またこれらの長と宮廷高官間の権限と職責の差異はますます明確でなくなっていった。宮廷の高官たちは直接的な政治的影響力は幾分失ったものの、王室と政府に関わる公式の場での彼らの優位性は、マリア＝テレジアによって再確認された。高官たちが君主に忠誠を誓う任命式で宮廷長官が果たしていた公務から、宮廷長官の優位性も明白である(74)。宮廷の役職に就いている者からは不満がもれ聞こえてくるものの、宮廷役人の権力や職務がすぐに衰退していったわけではなかった。例えば、式部長の司法的な権利と義務は、一七四九年の改革で大幅に制限されたが、一七六三年には元に戻されている(75)。また一七七二年に長々と列挙された宮廷長官の権限は、皇帝陛下のすべての臣下の中で宮廷長官が持つ優位性を明白に示している(76)。夫フランツ＝シュテファンの逝去後すぐに、マリア＝テレジアは子どもたちに対して、彼らの将来の責務、特に宮廷について忠告するためにいくつかの小冊子を書き送った。その中で次のように述べている。「もしあなた方がよく仕えてもらいたいのならば、そして良い奉公人を持ちたいと望むならば、奉公人たちの長に力添えしてやることが必要です。何事も彼らを通じて行われるようになさい」(77)。王室と統治機関は徐々に分化していったが、両分野における高位在職者同士の密接なつながりによって、フランスにおける分化の過程で起きたような激しい争いは避けることができた(78)。とはいえ、最終的な結果は大きく変わらなかったかもしれないのだが。

廷臣の収入

宮廷での仕事に対して支払われる給料は、妥当なものだったと言える。通常支払われる給料は大抵の場合、一七世紀初頭に達した水準から大きく外れることはなく、実質的な価値は減少していく傾向を示していた。一七世紀を通じ、給料はフランスの予算の中では主要な支出項目ではなかった。平均して見ると、一六〇〇年から一六五六年の間、国王の宮廷の総支出に占める給料の割合は一五％であり、一六六二年から一六九五年は一二％であった。これは同じ期間で見た時に、それぞれ二五％、三六％を占めていた宮廷の食費に比べてかなり少ないものと言える。通常の給料は実際、予算の中で「ほとんど重要でない部分」であった。特に一七世紀のほとんどの時期を通じて、恩給と特別報酬を合わせると国王の宮廷の総支出とほぼ同じくらいになるという事実を考えればこれも納得がいく。しかもこうした傾向は一八世紀にさらにはっきりとするようになった(79)。ウィーンでは、フランスに比べると財政上の支払い能力が限られていたことと、通例下賜金が高くなかったことから、様々なスタッフへの給料は予算の主要項目であった。ただし給料が予算に占める割合は低下していった。廷臣たちは、期日通りに給料が支払われるということをほとんど期待できなかった。給料の支払いを延期したり削減したりすることで、皇帝は常に時間と金とを借りている状態であった。したがって、未払いの給料は皇帝の負債と見なすことができる。つまり給料の未払いとは、断るに断れず、償還もままならない皇帝への貸し付けであった。かくして、一六一五年の『宮廷勘定簿』は「貸付金として記載された未払いの給料」を一覧にしていたのである(80)。

ウィーンの宮内財務院文書にある支払い記録は、役人の給料一覧とはかなり異なっている。さらに、実際にどの程度給料が支払われたかは年ごとに異なっていた。一六世紀から一八世紀にかけて、給料の支払いはしばしば遅れていた。しかし、一六一五年の『全ブルゴーニュ宮廷記』に記された廷臣による「恐るべき反抗」のような大混乱が繰り返されることはなかった。しかし、ひとたび戦争が起これば、給料の支払いは滞った。したがって戦時の『宮廷勘定簿』では、給料が全く挙げられていないこともよくある。その後平和が訪れるとともに、給料の支払いも再開された。戦時にもかかわらず、一六五一年のみは前年の勤務に対して給料が支払われた。この年、帝国宮廷における儀礼と秩序の規範を改善するための一大改革計画が開始されていたのである(81)。フランスについても同じ事が言える。マリ・ド・メディシスの摂政時代に始まる規則書は、宮廷奉公人らの不満と、給料支払い要求が受け入れられなかったときの彼らの無礼さについて述べている(82)。世紀半ばの数々の危機において、そして一六八八年から一七一三年にかけて戦争が続いた時期の暗澹たる財政状況において、給料の支払いは延期された。この時には宮廷人らは彼らの持っている銀食器類を造幣局に供出することさえ求められた(83)。一七六四年の『収支報告』にも、「利息抜きの未払い金と債務」として挙げられている未払いの給料や恩給が存在することが見て取れる(84)。

こうした問題は別にするとしても、大抵の宮廷人にとって通常の給料が宮廷で働く第一の理由ではなかったことは明らかである。下位のスタッフたちにとって、賃金の低さは利益になる免除特権によって埋め合わせられるものであった。これらの免除特権は税金の支払いに関係するものばかりではなく、司法や商業規制にも関係しており、宮廷で働く者たちに一般規制を無視して簡単に金を稼ぐことを可能にしていた。宮廷で雇い入れられることにはさらに他の利益もあった。衣服、食物、燃料が現物で支給されるか、その代りにお金が支払われていた。君主の衣裳が交換される際、または儀礼の後には、余った物品は従者たちに与えられたが、それらの品は大抵高価で贅沢なものだった。この恩恵をフランスの高官らは恥ずべき事とは捉えていなかった(85)。未亡人、障害者、高齢の使用人たち、また王室の子どもが亡くなったために地位を失った人々には、何らかの支援が行われた。少々の恩給、もしくは宮廷内の簡単だが実入りのいい地位が与えられた。狩猟小屋の管理人などはこの例である(86)。また王国の上層の人々に近づくということは、全ての使用人が得られる特権ではないのだが、さらなる上昇と保護が期待できた。さらに、自分の配下の者たちのために取りなして、何らかの地位を見つけてやることもできた。

身分が高かろうが低かろうが、使用人にとって感謝の意とは付加的な収入を生み出すものであった。事実、こうした様々な形の謝意は特別報酬ではなく、一つの権利として考えられていた。一六八七年に印刷されたフランスの『名簿』からは国王その人に忠誠誓約を行う人々の概要が分かるが、これに加えて彼らが国王の寝室の従者たちにある決められた金額を支払わなければならないと書かれている。また、金額は明記されていないが、これとは別に寝室部第一侍従らも彼らの管轄スタッフに金を配らねばならなかったという(87)。一六九二年二月、一〇〇の新たな地方総督補佐官の職が創設された際、ルイ一四世は、この役職に新たに就く者は国王の寝室部第一従者らに「宣誓手当として」一五〇ピストル支払わなければならないと規定した(88)。ルイ・ド・ブルボン＝コンデがフランス大侍従職の襲職権宣誓を行った際には、彼は寝室部第一従者らに二〇〇〇ピストル、召使いらに四〇〇ピストルを与えた(89)。ウィーンでは、数ある行事の中でこうした支払いが通例として行われる唯一の行事が宣誓式であった。封授与式、謁見、そして新年参賀にも、使用人と廷臣に対するきちんとした支払い明細表が残っている。これらは主に、地位とその行事との関係の深さに基づいて支払いが決定されている。例えば、皇帝との謁見を終えた後、以下のように謁見者は支払いをしなければならなかった。

二人の控え室守衛に六、もしくは四帝国ターラーを、二人の騎士の間守衛に三、もしくは二帝国ターラーを、護衛騎兵は六、もしくは四帝国ターラーを、護衛歩兵に六、もしくは四帝国ターラーを、王室付き護衛兵に六、もしくは四帝国ターラーを、スイス人門番に一帝国ターラーを支払わなければならなかった(90)。

こうした心付けをもらうことは、古くからの既得権として擁護されていた。心付けは由緒あるブルゴーニュ宮廷のチップに由来するとも言われている。こうしたチップがあまり高くならないような試みもあった(91)。カール六世は即位にあたり、こうした慣例に由来する「恥ずべき悪習」が蔓延《はびこ》らないようにしようとした。しかし、彼の顧問官たちは、乏しい通常給を引き上げない限りこうした権利を撤廃することは不可能であるとして、新皇帝を納得させてしまった。正当に心付けを要求できる行事を減らす一方、召使いたちは品位と節度をもって自制しなければならないと規定することで、妥協点が模索された。こうした恩恵の値切り交渉とも言える行為が、カール六世が主導権を握る時期の前後に報告されている(92)。しかしながら、この妥協も慣習自体の必然性を損なうことはできなかったのである。

宮廷に奉仕する専門技術者たちの中でも中間層に位置する人々は、比較的高い通常の給与を受け取っていた。また、彼らの給料は功績、もしくは状況の変化に応じてすぐに上下するものであった。礼拝堂における名手、または何らかの分野の有能な芸術家は、しばしば臨時賞与によって報酬を得ていた。マリア＝テレジアまでのハプスブルク家は、礼拝堂付き楽団に大金を費やしてきた。下賜金の受益者の中には高名な音楽家たちも含まれていた。しかし他方で、

図5　ファヴォリタに作られた舞台（ブルナチーニによる図案）

音楽家やその他の芸術家が繰り返し昇給を求めていたことは、彼らが常に十分な報酬を得ていたわけではないということを示している。例えばルドヴィーコ・ブルナチーニは一六五二年以降父親の後を継いで劇場技術者になり、すぐに名声の面で父を追い越したが、繰り返し報酬の増額を求めなければならなかった(93)。また一七一〇年、皇帝はお雇い建築家であるJ・B・フィッシャー・フォン・エルラッハに四二四一グルデン四〇クローネの負債があった(94)。フランスでは、宮廷芸術家は比較的恵まれた地位にあった。ともあれ芸術家への恩給と報酬のネットワークははるかに広く関心が向けられていたのに対して、宮廷スタッフへの関心は限られていた(95)。

ウィーンの救貧院のスタッフに支払われた給料やパリの建築労働者の収入に関する史料と突き合わせることで、廷臣の収入を正しく判断することができる。ウィーンでは、救貧院の普通の召使いは一六九〇年からの一〇年間に労働の対価として年一六グルデン受け取っていた。また、パン焼き係が受け取っていたのが五二グルデン、書記が六〇グルデン、給仕係が七五グルデン、施設付司祭が一〇四グルデン、そして医者が二二〇グルデンである。これらの給料は一七一〇年代にかなり上昇し、召使いが二一グルデン、パン焼き係が七〇グルデン、書記が八〇グルデン、給仕係が一〇五グルデン、施設付司祭が二〇四グルデンとなる。この施設付司祭の給料は、同年の宮廷司祭の給料として記録されている二〇〇グルデンに驚くほど近い(96)。ここで挙げた給料に加え、衣服・食べ物・燃料のような現物支給にも目を向けなければならない。ただし、この点では宮廷の召使いたちの給料についても同じであった。パリに関しては、一六四五年頃に石屋と石工は年収約二九〇リーヴルにも届こうというものであった。特に勤勉な労働者なら四〇〇リーヴル稼ぐことも可能であった。こうした石屋を手伝う日雇い労働者の年収は一三〇リーヴルから二〇〇リーヴルの間で、平均約一七〇リーヴルであった(97)。一七一五年にかけて、平均年収は約二〇〇リーヴルに上昇したようだ。そして、大革命前の数年でこれが約二八〇リーヴルに達していた(98)。

宮廷の給料支払い係や監査官は歳入源の近くにおり、最も高給取りの奉公人のうちに数えられる。部局に勤める二人の財務総官はそれぞれ六か月ずつの任期となっているが、一六六三年の『名簿』では通常給が九〇〇リーヴルであると記録されていた。しかし彼らは、一六八七年までにはなんと一万五〇〇〇〜一万六〇〇〇リーヴルを受け取っていたのである(99)。一六二五年の宮廷勘定長は二四〇〇グルデンを受け取っており、これは宮廷長官の四〇〇〇グルデンを除けば、すべての上役の給料よりも高い金額であった(100)。一六七六年、第一侍医の給与は三〇〇〇リーヴルであったが、一方ハプスブルクの宮廷でも侍医はこれと同等の一〇〇〇グルデンを受け取っていた(101)。ハプスブルクの『宮廷名簿』で言及される三人の洗濯女、すなわち体拭・口洗女と食卓拭き女と小姓・役人洗濯女は八〇〇〜二〇〇〇グルデンを受け取っていた。このことが示すのは、彼らの責任は医者と同じくらい重いと考えられていたということである。

名誉職に就いた者の通常の給料は、宮廷での彼らの地位に釣り合っているとはとても言えなかった。例えばハプスブルク宮廷の侍従の給料は、一七世紀を通じて四八〇グルデンであった。一七〇五年にリンクは、「そんな給料を受け取ることを求める者は誰もいない」(102)と、まことしやかに述べている。侍従は侍従長に忠誠誓約を行った後、その地位を象徴する黄金の鍵を受け取る。「この鍵が、新たに侍従職に就いた者に金銀、またはお世辞といった栄誉をもたらす」。続けてリンクは、この鍵が通常唯一の得られる報酬であると述べている(103)。名誉職の急激な増加の影響を受けやすい部門では、役職者に対する給料の支払いは、その人数が安定した場合のみ可能であった。そして人数を安定させるという至難の業がうまくいったとしても、支払われる額は高が知れていた。フランス宮廷における給仕侍従と給仕官の数は一六六〇年代以後一定であったが、彼らの給料は低く、しかも減少傾向にあった。一六八七年の『名簿』では、侍従の給料が七〇〇リーヴルとなっているが、これに「彼らはその半分しか受け取らない」と付け加えられている(104)。厩舎部では、主馬の数がわずかに拡大傾向にあったが、実際に働いている少数の主馬だけが給料を支払われていたようである。そしてこれと同じことが狩猟部の侍従にも言える(105)。名誉職の役人とスタッフの長（頭grand や第一 premier が役職名につく役人）の間に、恒常的に奉仕業務を行う常任給仕頭や常任主馬がいた。彼らの地位は当初、こうした名誉職の奉公人らに比べて低かったかもしれないが、すぐに地位と収入の面で名誉職の役人をしのいだのである。一八世紀後半になると、常任給仕頭の給料は上役をも追い越すようになった。常任給仕頭の保証特権状は三五万リーヴルであったのに対し、その上役にあたる第一給仕頭の保証特権状は二五万リーヴルと評価されていた(106)。またウィーンとヴェルサイユの名誉職の役人たちは、その他にも各種の特権を持っていた。特に、彼らは宮廷で自分自身のテーブルについて食事を取る権利を持っていた。任期として定められた期間はフランスの給仕官と侍従が四半期、ハプスブルク宮廷の侍従が四週間であり、このことから給料が低かったことが考えられる(107)。彼らがその他にも名誉職から利益を得る手段を求め、時には実際にこうした手段を見つけていたのは間違いない。しかし、彼らの給料と定式化された役得に基づいて判断すると、彼らが実際に投資額以上の利得を手に入れたとしても、初期の投資はかなりの額になってしまったことだろう。

これと同じことが宮廷の最高位の役職にも言えるだろうか。この点については、本書が考察の対象にしている二つの宮廷を厳密に分けて考える必要がある。オーストリア＝ハプスブルク家の宮廷に職を求めるすべての貴族にとって、侍従に任命されることがまず必要なことだった。いつ侍従に任命されたかで宮廷内の地位が決まり、この職が名誉職出世コースの第一歩であった。いかなる家門の出身者であってもこのルールからは逃れられなかった。高位の役職は、延々と続く低い役職の任期の後に得られるようになっていた。国外への外交使節はこの主な例である。この職務はしばしば金がかかり、不快で、君主の愛顧にもあずかれない遠くに派遣されるものであった。宮内財務院と宮内軍事顧問会の顧問官、地方統治組織、また陸軍の職務もこうした役職の中に数えられる(108)。ここから枢密顧問官に任命されることが次のステップであった。この役職に就けば、侍従たちの上位に立つことができるのである。ついでながら述べると、この出世の頂点には金羊毛騎士団への加入が待っている。宮廷最高の役職は、通常キャリアの最後に位置するものであり、キャリアの最初にこうした役職に就くということはめったになかった。それは長年にわたる奉仕と高額な投資の結果与えられる報酬であり、その程度の出費では一進も三進もいかなくなるほどではなく、だからと言ってそれで大儲けするほどでもなかった。

ハプスブルク宮廷の四大官職は最高とまでは言えないもののかなりの額の給料を得ていた。一七世紀半ば以降のたいていのリストには、宮廷長官に六二〇〇グルデン、さらに彼が主催する食卓のために一万二〇〇〇グルデンが支払われると書かれている。興味深いことに、フェルディナント三世の宮廷では、宮廷長官が受け取る報酬の総額は六二〇〇グルデンであり、そのうち一二〇〇グルデンが彼の主催する食卓のために支給され、二〇〇〇グルデンが顧問官としての役割に対する報酬として、そして残る三〇〇〇グルデンが通常給として支給されていた(109)。また、リンクは侍従長の報酬が一万二七〇〇グルデンであるとしている。これに関しては史料によってまちまちであるが、それよりも低い四五〇〇グルデンほどであったようである(110)。三〇〇〇グルデンかそれ以下の給料の式部長、厩舎長、そして二〇〇〇グルデンを受け取る護衛騎兵隊長が宮廷長官、侍従長とその他の高位の廷臣たちとの間に位置していた(111)。大半の高位廷臣にとって、宮廷での給料は自らの膨大な土地収入に比べればほんの一部分にすぎなかった(112)。様々な顧問会議の議長であれば、宮廷長官より下の廷臣よりも高い報酬を受け取る傾向があった。しかし給料の支払いは、皇帝とその貴族の役人との間で行われた金銭取引のほんの一部でしかない。貴族たちは皇帝の主要な債権者の中に含まれており、特に廷臣は皇帝に莫大な金を融資していたのである。つまり、彼らからの貸し付けのおかげで財政危機は回避されたし、寄付者にとっては建造物や祝祭への寄付を行うことが高位職への着任を容易にしたのである(113)。役職に空きが出そうになると、候補となる人々が君主に資金を貸し付けて自らの野心の実現を図るということはそう珍しいことではなかった。例えば一六九四年、宮廷式部長の職が空いた際、最終的にはハインリヒ・マンスフェルトが就任したのだが、アントン・リヒテンシュタインが一〇万グルデンの貸し付け、ヨーゼフ・ラムベルクが五万グルデンの進呈を申し出た。行政府の財政部門においては、こうした官職保有者による貸し付けは通常の慣例であった。例えば宮内財務院長は国家財政が力強く発展するために、個人的に貸し付けを行うことを期待した(114)。これとは逆に、君主の下賜金や個人的な支出金には、不断に変化する宮廷人への支払金が含まれていた。こうした贈与がその廷臣の以前の貢献に対するものであったのか、それとも君主への奉仕に対する褒美であったのかはほとんど明らかになっていない。宮廷長官のヨーハン＝フェルディナント・ポルティアは一六六二年に五万グルデンを受け取っており、帝国宮内法院長のヨーハン＝アドルフ・シュヴァルツェンベルクは一六七五年に二万グルデンを受け取った。さらに、『宮廷勘定簿』の下賜金を一瞥するだけでも、彼らのような高位貴族への様々な心付けが見て取れる(115)。ヨーハン＝ミヒャエル・アルトハンの死後、皇帝カールは友人アルトハンの負債三〇万グルデンを肩代わりし、そのうえ寡婦となったピニャテッリに年七万二〇〇〇グルデンを支給し、ピニャテッリの一族に侯爵位まで与えた(116)。恩給は廷臣の給料を補塡するのに使われていたが、それは給与体系の構造から来るものだった。つまり一旦上げた通常給を下げるよりも、恩給のような臨時報酬を撤回する方が簡単だったからである。ヨーゼフ一世の治世には、宮内財務院長のシュタルヘムベルクが給料の増額に反対し、その替わりに副次的な、あるいは一時的な報酬で済ませることを提案した(117)。

こうした様々な特別報酬は、宮廷の全ての階層に関係したが、最高位の役職に対してはもっとも高い額が支払われ

表6　フランス宮廷の要職に就く役人の給料，副収入，特権状料（単位：リーヴル）[a]

官職	給料	副収入	特権状料
フランス宮廷司祭長	1,200	14,400	–
フランス大侍従	3,600	56,800	–
第一給仕頭	3,000	24,000	250,000–400,000
フランス侍従長	3,600	23,600	800,000
寝室部第一侍従[b]	3,500	10,500–30,000	365,000–500,000
寝室部第一従者	700	6,000	40,000–150,000
衣裳部侍従長	3,500	19,600	475,000
衣裳部侍従	3,400	18,000	450,000
フランス主馬頭[c]	1,200–3,600	30,000	600–800,000
第一主馬	3,000	12,125	400,000
宿舎管理長	3,000	22,300	300,000–340,000
宮廷審問部長[d]	10,750	19,750	300,000–390,000
フランス主猟頭	1,200	17,487	230,000–500,000
鷹匠頭	1,200	19,200	150,000–250,000
狼猟頭	1,200	9,700	160,000–200,000
国王護衛隊隊長[e]	–	14,000	400,000–500,000
門番兵長	3,000	14,500	200,000–300,000
スイス百人隊隊長	3,600	20,400	600,000

a　この表は様々な史料に基づいている。本章などで引用した『名簿 *états*』や総覧に通常給に関する情報が含まれているが，その他の形態で得られる収入に関する情報はほとんどない。1660年代から1749年までに印刷された『名簿』にも同じく通常給が記載されていることがよくあり，さらに制服代，その他の特権や特別手当なども記載されることもあった。表にある副収入は，長期間にわたって『名簿』の中に繰り返し現れる数字に従っているので，付随的な報酬や臨時報酬も含まれていない。『名簿』に特権状料の金額が記載されているのはごく稀である。18世紀の特権状料に関する概要はAN　O1711（主要な官職については fols.　1-18）やO1712にある。ダンジョ侯もさらに詳しい情報を残している（例えば *Journal*, II, pp. 71, 132；XV, p. 209）。文献においても比較できるデータが散見され，ここで挙げた数字とほぼ一致している

b　第一侍従に関しては，様々な史料によって通常給，手当，官職叙任状料が異なっている。1687年の『名簿』では，通常給3,500リーヴルと副収入10,500リーヴル（p. 100）となっており，1712年の『名簿』では，通常給1,200リーヴルと副収入7,480リーヴル（p. 190）であったことが示されている。AN O 1822, p. 3（1780）では，通常給3,500リーヴルを含めたおよそ33,142リーヴルの収入が，AN　O　1820,　no. 8，p. 4では30,000リーヴルの収入と500,000リーヴルの官職叙任状料が見られ，no. 9においてリシュリュの1年間の収入として33,770リーヴル18ソル6ドゥニエが示されている。またO　1711,　fols.　1-18によると，第一侍従の官職叙任状料は1774年に365,000リーヴルであったが，1751年には475,000リーヴルまで高騰していた

c　Griselle, *Ecurie, vénerie, fauconnerie et louveterie du roi Louis XIII*, pp. 1, 14（1631, 1641）は，1,200リーヴルという金額を挙げている。BN MS f 7859 'Grand Officiers', fols. 204-208では，通常給として3,600リーヴルを挙げており，この金額は刊行された『名簿』でも繰り返し登場する

d　不明瞭な数値であるが，*Etat de France*（1749), II, p. 100に次のように記述されている。「1万750リーヴルの裁判費用，6000リーヴルの特別給与，パリでの宿泊費として3000リーヴル。この役職者は自らの仕事以外のすべての職務に関して，任命することができた」

e　『名簿』の中に給料に関する記述はなく，ルイ14世が欠員を補充する権利を役人から奪い取った1664年9月以降，4,000リーヴル増額されたことのみ確認できる（*Etat*　1749, II, p. 270）。さらなる調査に際して，ガイ・ローランズ（ケンブリッジ大学）氏から手助けを受けた。彼は1749年の『名簿』に誤りがあると考え，1664年以降14,000リーヴルという数字を示してくれた。官職叙任状料に関して，Luynes, *Mémoires*, X, p. 293（11 July 1750）と比較せよ。そこでは，アルクールの死とリュクサンブール公の隊長任命が議論されており，給料に関する記述はないが，国王は主要な官職叙任状料を欠員時の100,000リーヴルに削減する方針であったことが記されている

た。一六二九年、カラファは式部長、宿営長、そしてその部下たちそれぞれが、より高い地位を求める人々や、それとは逆に高貴な家門が担うべき廷臣としての重荷から逃れようとする人々から多くの贈り物を受け取っていたと述べている(118)。ヨーゼフ一世の治世において、侍従長に対して忠誠誓約を行う新入りの侍従たちは、侍従長に忠誠の証となるような贈り物をすることはなかったものの、「金の刺繍を施した袋」に入れた二〇〇クレムニッツ・ドゥカーテン標準金貨を支払った。高官たちは帝国封授与の他に、帝国宮内官房の税務部から一二〇グルデン受け取っていた。こうした通常給、貸し付け、贈り物、臨時報酬の結果生じる全体像は、ある期間を取って、その間の取引状況を詳しく分析してはじめて理解できるものである。本書ではそこまで踏み込んだ分析は行わないが、見通しを述べると、このやりとりの中で莫大な利益を得るものがある一方で、永遠に負債を抱え、何度も失望を味わうものがあるという不平等な図式が提示されるはずである。最後に、皇帝の高官は外交官からの賄賂が期待できた。例えば一七二五年、リペルダー公爵ルイスは宮廷と顧問会議にいる皇帝の廷臣たちに一三二万二五五グルデンをばら撒き、スペインの立場を改善しようとしていた。この支出額の高さは例外的であるものの、こうした慣行自体は普通のことであった(119)。明らかに、数々の最高位の役職は大貴族の一族の「資本」を押し上げるものとして考えられていた。宮廷官職の獲得のためにはかなりの投資が必要とされたが、それによってかなりの利益を生む社会的・政治的な特権を獲得する道が開けたのである。

この点フランスでは、上位から下位に至るまで官職の性質によって、ハプスブルク宮廷とは異なる様相が見られる。王冠の高官職は王族と公爵家に与えられ、一七世紀後半以降はこのきらびやかな顔ぶれに本質的な変化は見られなかった。また、襲職権が官職保有者の地位を確実なものにし、第一に家族の人口学的変動で若い子弟が職を持つ年齢が決まった。息子が成人する前に父が亡くなった場合、規範上、実際の奉仕業務は一族の他の者が一時的に代行した。例えば、シャロレ伯は一七四〇年に「公爵殿」ことコンデ公が亡くなった後、ルイ＝ジョゼフ・ド・ブルボンが未成年の間はフランス大侍従を勤めた。また、ジュリ＝ルイーズ・コンスタンス・ド・ロアンは息子のランベスク公が成人するまでフランス主馬頭として振る舞っていた。さらに下層部における官職売買は、ハプスブルク宮廷の高官らにはない、かなりの規模の収入源を成していた。しかし、その他の点でこの二つの宮廷の状況はほぼ同じであった。通常給は低く、宮廷における王冠の高官の通常給は三〇〇〇〜三六〇〇リーヴルの間で推移していた。例外がフランス宮廷司祭長と狩猟に関係する高官たちで、驚いたことにたったの一二〇〇リーヴルしか受け取っていなかった。フランス宮廷司祭長の通常給は一四三四年の段階ですでに一二〇〇リーヴルであった。一二〇〇リーヴルという額は一六世紀初頭の最高位の官職保有者の基本給であり、これが一六世紀後半には三〇〇〇〜三六〇〇リーヴルの水準に上昇していたのである(120)。これらの通常給に加え、かなりの手当が支払われていた。宮廷で食事をしたりもてなしを受けたりする権利のための出費、制服代、個人秘書官を雇うための出費、チップ、自分の管轄下のスタッフのための種々雑多な出費に対する手当である。例えば衣裳部侍従長は「寝室部献立表に記載された、ボラ四分の一切れの食事代」(121)のために三六〇リーヴル支払っていた。このように支払われた金が実際にその目的で使いきられていたのか、それとも一部は料理長が着服していたのかは明らかでないが、このお金はもはや関係のなくなっている出費に対する返済に充てられたのかもしれない。さらに重要だったのは、個別の報酬であった。恩給、国務評定官報酬、国王が主宰する騎士団の騎士としての報酬、そして役職またはその役職を保有する一族につく様々な手数料と給料がこれにあたる。印刷された『名簿』からはこれらの様々なカテゴリーが分かり、また複数の手稿文書からもこれを確認することができる(122)。一七世紀末にかけて、一万リーヴルという額が高位の人々の最低収入となっていき、一方でフランス大侍従は六万リーヴル近くもの報酬を得ていた(123)。フランス大侍従であるコンデ公はこの収入に加えて臨時収入も得ることができた。しかし、これらの収入の合計がコンデ公の総収入のたった五〜一五%にしかならなかったことを忘れてはならない。コンデ公の総収入にはブルゴーニュの地方総督府からの収入やかなりの土地収入も含まれていたのである(124)。

これらの収入についての試算から、給料は低く抑えられていた一方で、ゆっくりとではあるが上昇傾向にあった他の収入と組み合わされていたということが示される。補助的な手当や特権状には様々な種類があり、官職そのものの格付けだけでなく、現職の官職保有者の地位とも結びついていた。例えば、寝室部第一従者は、ここでは下位役職の上層部に含まれるが、この官職の特権状は四万～一五万リーヴルの値が付いていた。全体として、特権状の変動には長期的に一定したパターンが見られない。偶発的に与えられる報酬はここでは挙げられていないが、これが何年か分の収入を軽く越えてしまうということもあった。国王護衛隊の隊長であったプラスランは一六〇九年に一二万六〇〇〇リーヴル、ベルガルドは一六一〇年に一五万三〇〇〇リーヴル、リュイネは一六一六年に一一万一六〇〇リーヴルを受け取った。さらに、彼らには翌年以降もその他かなりの額の支払いがなされていた。これらの衝撃的な数字は、この重要な何年間かにおいて、人件費の総支出が約四〇万リーヴルから六〇万リーヴルへと膨張したという背景の下で考えなければならない。下位のスタッフも同様にこの利益を享受したが、それぞれに分相応の程度でしかなかった(125)。ルイ一四世の記録の中では、しばしば高位官職に対するさほど高くない、だいたい五〇〇〇リーヴルから一万五〇〇〇リーヴルの報酬についての記述が見られる。しかし、特別のお気に入りに対しては、国王は物惜しみしなかった。彼は主猟頭にして衣裳部侍従長であるラ・ロシュフーコー公爵のために少なくとも六〇万リーヴルはする壮麗な犬舎を建造した。一六九三年の戦争の年に一五万リーヴルを与えたのも、こうした例の一つであった(126)。

恩給は一八世紀のほとんどの時期において相対的に高額で、削減の努力にもかかわらず膨張傾向にあった。フランス主馬頭ランベスク大公シャルル＝ユジェヌ・ド・ロレーヌ（一七五一～一八二五）の総収入が非常に高かった理由は、彼が偶発的かつ個人的に恩恵を受けていたと考えるほかない。彼は宮廷内に地位を得ていたことで、「宮廷からの」総収入が一三万七三〇〇リーヴルもあった。これは彼の土地収入の一七万六六二〇リーヴルとそう変わらない額である(127)。同様の例としては、王妃の宮廷で女官長を務めていたランバル公爵夫人は様々な奉仕に対して合計九五万リーヴルを受け取っていたのに対し、マリ＝アントワネットの大のお気に入りであったポリニャック伯爵夫妻は、これよりさらに多くの額を着服していたことが挙げられる(128)。もっともなことだが、ネッケルはこうして恐るべき額にまで上った偶発的報酬を削減することを要求し、一七八〇年の諸改革では各種恩給を標的にした。この時までに、様々な恩給は国務卿の部局に沿って分配されていた。一七八七年の『収支報告』からは、宮内府が四〇〇万リーヴルを受け取り、さらに戦争を司る閣僚が一六〇〇万リーヴルというはるかに巨額の金を獲得していたことが示される。王家の他のメンバーにもそれぞれ自分たちが恩恵を与える相手がいた。さらに、彼ら自身が宮廷で最も恩恵を受ける立場にあった。例えば、ルイ一六世は一七八三年に兄弟であるアルトワの借金一六〇万リーヴルを払ってやっていた(129)。

王冠の高官を持つ侯爵家や公爵家は、給料、恩給、そして臨時収入や部下の人事権から得られる多額の利益によって、儲かる上に名声ある立場にあった。彼らはこの立場を、仲介者として振る舞うことによってさらに強化した。つまり、国王に近い立場を利用することで、各種の官職任命を容易にしていたのである。寝室部第一侍従であったラ・トレモイユは一七三七年、ある徴税請負人が拝謁するにあたり、仲介料として一五万リーヴルを受け取った。リュイネは、国王が折々こうした役得を黙認しているというのに、いつも密かに行われていると、幾分苛立って述べた(130)。宮廷官職に付随する利益が家門の地位を強化するのに役立っていたのかどうか、そしてこれらの利益が地位と生活様式を維持するための出費を賄うのに十分であったのかどうかについては、個別の事例を検討していくしかない。確かに最高位の役人たちは、派手な消費を支えるだけの収入を得ていた。だが、気前よく振る舞うための支出に安定して持ちこたえることができる者でも、高官たちの中で流行に乗り続けることはできなかった。大臣たちも今や高位貴族に近い地位にあり、同じように大々的な大盤振舞を求められ、自身の富をひけらかすことを求められていた(131)。おそらく、富、メンタリティ、政治的影響力における境界線は、宮廷の上層にいた者たちの間にあったのではなく、下級貴族と宮廷で権勢を振るうエリートたちとの間に存在したのであろう。

膨張と縮小

ウィーンとヴェルサイユという、二つの宮廷がたどった盛衰の軌跡には重要な違いがある。その異なる二つの軌跡は、両宮廷それぞれに降りかかった宗教的・政治的な危機の周期を反映するものであり、またそれぞれ特有の情勢をも反映するものである。中世後期の宮廷の多くでは、人数や費用が問題となった。すなわち、様々な手続きを文書化し、これに併せて会計業務に従事する秘書官や監査官の数を増加させることによって、宮廷に関わる人数や費用を制限しようとしたのである。フランスでは、中世からすでに起こっていた膨張と非効率な削減との繰り返しが一五五九年〜一六五〇年代の一世紀の間に悪化していた。宮廷の膨張は君主その人が始めたことなのか、それとも支配者に仕える高位の廷臣が宮廷での追従者を増やし、自らの影響力と収入を得る目的で始めたことなのか、これについてはっきりとした言明はできない。そして確かに、どちらもあり得る。ルイ一四世は宮廷の名誉官職の削減によってこの流れを止め、さらに宮廷奉公人の地位を再定義した。ルイ一四世の宮廷が一八世紀の宮廷の標準となり、一七七〇年代後半と一七八〇年代の諸改革まで比較的安定を保った。宮廷自体は、アンヌ・ドートリッシュによる摂政期に極めた頂点をその後二度と経験することはなかった。ルイ一四世が行った改革の一部はうわべだけのものであった。つまり、実際に宮廷に仕える人数というよりは地位と税制上の特権を減らしただけだったのである。最終的には、この改革で宮廷スタッフの長が保有する官職の数に上限が設けられ、彼らによる宮廷の膨張が防止された。しかしながら、彼らが管轄スタッフと予算に対して有する権利が撤回されることはなかった。

オーストリア＝ハプスブルク家の宮廷では、一五五六年以降ようやく皇帝位を取り戻したが、その初期の宮廷はそれほど規模が大きくなく、人数の変動にはフランスで見られたような明らかな発展過程がほとんどなかった。ルドルフ治世最後の十数年間に起こった宮廷の拡大は、一系統に統一された廷臣を作りたいという彼の個人的な野望に帰するものであり、マティアスの一六一五年の改革によって終わりを告げた。フェルディナント二世およびフェルディナント三世の治世における名誉職の再定義と拡大は、ルイ一四世式の名誉官職の包括的な削減では阻止されなかった。

むしろ名誉職の更なる増大が見られ、これに伴ってスタッフの中でも使用人の数がゆっくりと膨張し、レオポルト治世最後の二〇年間にその膨張速度は増している。この増加は一七三〇年代まで続くが、マリア＝テレジア期最初の数十年間のうちに中断した。しかしながら、ここから一七八〇年にかけて、彼女の宮廷はカール六世のバロック最盛期の宮廷よりわずかに大きいとさえ言えるほどの規模になった。ただ、マリア＝テレジアの宮廷はカール六世の宮廷に比べ、より官僚的かつ軍事的な様相を見せており、一七世紀後半のフランス宮廷を思わせるものであった。ヨーロッパの他の主要宮廷が安定ないし衰退の傾向にある中、一八世紀に起きたハプスブルク宮廷の拡張は、帝国内の競争の激化に結びつけることができる。ミュンヘン、ベルリン、そしてドレスデンに宮廷を構える選帝侯たちは、皇帝カール六世の男子継承が怪しくなるにつれて、野心を増大させていった。その中でマリア＝テレジアによる改革がまさに成功したことにより、宮廷改造は可能になったのである。ハプスブルク君主国は数々の問題を切り抜け、これにより国内の統治構造のみならずヨーロッパにおける自らの立場も大幅に強化することができた。しかし、人目を引く宮廷という形での中心地が必要であるということに変わりはなかった。彼女の息子ヨーゼフ二世は、自らの資力と関心を宮廷とは別の方向に傾けたが、それでも宮廷は改革と戦争を乗り切り、次の世紀まで残っていくのである。

ある一つの点において、ウィーンとヴェルサイユの宮廷は非常に異なっている。フランスでは一六五〇年代以降、給仕官、給仕侍従、国務評定官の数は削減された。王国中で官職売買が最高潮に達した一七〇〇年前後の困難な時期でさえ、何の増加も起きなかった。官職売買はハプスブルクの宮廷では全く制度化されなかった。しかし、フェルディナント二世の治世から侍従の数は拡大し、一七世紀の終わりには枢密顧問官も同様に増加した。二つの宮廷において名誉職が果たした役割の違いが構造化されていったが、それぞれの宮廷を取り巻く状況とそれに対する戦略の違いがここに反映される。フランスの宮廷では、実務職と名誉職との境界が広がっていた。最高位の宮廷官職だけが終身保有になっており、また現職の役職者がその代理人にしばしば取って代わられていた。その他にも、半期または四半期単位の期間奉公が原則であった。したがって、「実務の」官職は一年のうち三、四、ないし六か月の間、さらに一部の官職は二〜三年のうちの一年間だけの勤務になっていた。一方ウィーンの宮廷では、身分の高低にかかわらず、大半の官職は一人の人物によって保有され、彼が永続的にその職務を遂行する。しかしながら、ウィーンの典型的な名誉職である侍従は、フランスの期間奉公以上に短い期間で職についていた。そして、ウィーンのその他の名誉職も同様であった。そこには一般的な宮廷奉公人、君主の食卓での奉仕に関係する三官職、のちの枢密顧問官が含まれる。ハプスブルク宮廷における名誉職の際立った役割は、マリア＝テレジアが困難な治世初期の後に注意深く復活させ、強化していったものであり、フランスにはこれに相当するものが見られない。このことに関してはさらに説明が必要である。

こうした問題に答えるためには、宮廷そのものの描写から離れて、宮廷が広い意味でのエリートとの間に維持していた様々なつながりを見なければならない。ウィーン宮廷の侍従は、常に宮廷にいる人々とは言えないが、侍従という名誉官職により、間違いなくその資格はあった。さらに、官職が彼らの家門の地位をも保証していた。確かに、アンリ三世やアンヌ・ドートリッシュを宮廷拡大に向かわせた圧力は、ウィーンでも見られる。しかし、宮廷官職の増大を受け入れつつ予算増大を制限する試みの中で、ハプスブルク家は様々な諸邦の貴族たちを宮廷に取り込んでいくのに好適な方法を発見した。爵位授与と騎士団に加えて、非常に包括的な形態の官職という道具を利用することで、皇帝は諸邦と宮廷との間に結束を作り出すのみならず、ウィーンの官職ヒエラルキーと国内の貴族ヒエラルキーをコミュニケーションの手段とすることができたのである。枢密顧問官からなる一級の廷臣たち、そして侍従からなる二級の廷臣たちは、それぞれの内部でまず年功序列に従って配列され、この序列が宮廷内の上下関係を支配し、否応なしにハプスブルク家の領土の構成要素すべての序列に影響を及ぼした。そしてハプスブルク家領内では名誉職が君主国を統合する役割を果たしていたので、君主国それ自体と同じくらい長く残ることになった(132)。

フランスでは宮廷奉公人の数は減少したが、その権利と利益は守られていた。より厳格な血統主義を採用するという傾向は、宮廷だけのことではなく、国王の騎士団にもこの傾向が見られた（国王系譜官の制度から明らかなように）。

例えば、サン・ミシェル騎士団は一六六一年から一六六四年の間に調査を受け、この結果不適格なメンバーは追放された。ただ、それでもこの騎士団が聖霊騎士団ほどの地位を獲得することはなかった(133)。免税特権者の数を減らそうとする試みの中で、特命委員会が家系を綿密に調査したことで、地方でも偽貴族が暴露されていった。ルイ一四世の諸改革は宮廷官職をこれまでよりも排他的なものとして制度化し、立派な一族だけがそこに名を連ねることのできる、奥まった私室としての宮廷を確立しようとした。また、お気に入りを引き入れることでこの目的を達成しようとした。宮廷自体も宮廷名誉職も縮小していた。しかし、厩舎や寝室に従者として入ることが許されるか、または君主にお目通りがかなうといった一部の人にのみ限られた権利は、ウィーンの名誉職といくらか似た機能を持ち、ヒエラルキーの中心ならびに指標としての国王の宮廷を作り上げていたと考えられる。国王への拝謁と、これに伴う「宮廷での栄誉」、特に狩りの前後に国王の馬車に入る権利の行使は、ルイ一五世の治世中には手順が決められていた。一七三二年以降、小厩舎は国王に拝謁した全ての男女の貴族を記録し、この手続きは一七五九年の規則書で正式なものとされた(134)。

ハプスブルクでもフランスでも、宮廷に使われた金額は、一族の他の宮廷、建物、恩給も含めて、支出の項目で三番目と一定していた。宮廷費は決して戦費や債務返済の支出を凌駕することはなかったが、その他のあらゆる民生の分野を凌いでいた。表7を見ると、宮廷費がハプスブルクでもフランスでも上昇していることが分かる。ただしそれは絶対額で見た時のトレンドであり、国家の歳出の増加の割合はもっと大きかったことやその間の物価の上昇も加味して考えなければならない。それでもなお注目すべきは、ハプスブルク宮廷の支出がフランス宮廷の支出に比べて非常に少ないという点である。表8は同じ史料を異なる角度から見たもので、総予算に占める宮廷費の割合は両国で大きく異なっているが、どちらもだいたい同じ範囲、五％以下から三〇％の間に収まっているということが分かる(135)。この場合低い数字になるのは、戦時の場合である。戦時にはどうしても国家予算の増大につながり、またそれと裏腹に宮廷費は減少する可能性があった。宮廷費の割合が高かったのは平時であり、特に儀礼行事や建築計画があった年

表7　ブルボン宮廷とハプスブルク宮廷の支出額（1600～1714年）
銀（グラム）に換算

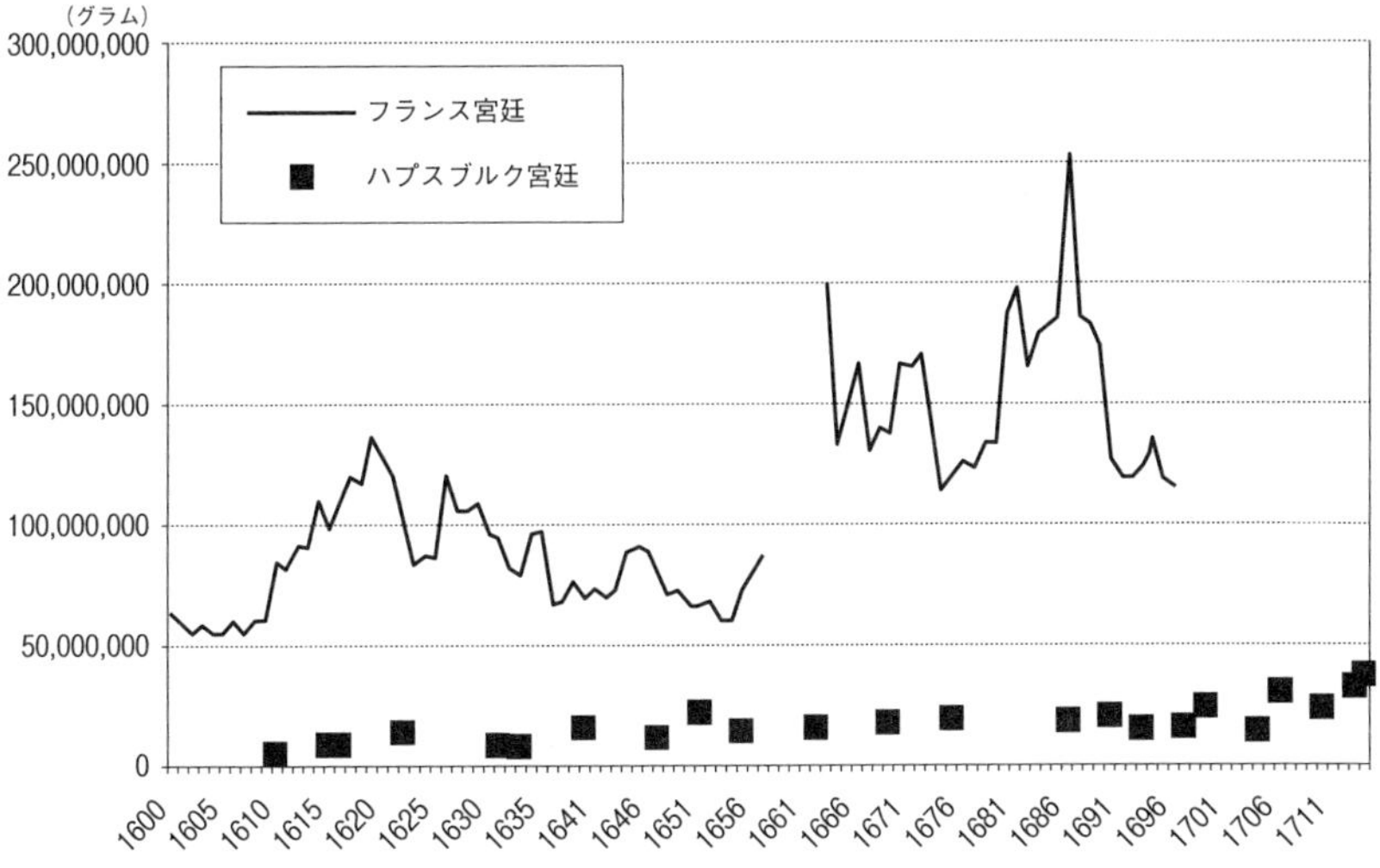

表8　総支出額に占めるブルボン宮廷とハプスブルク宮廷の支出額の割合（1600～1714年）

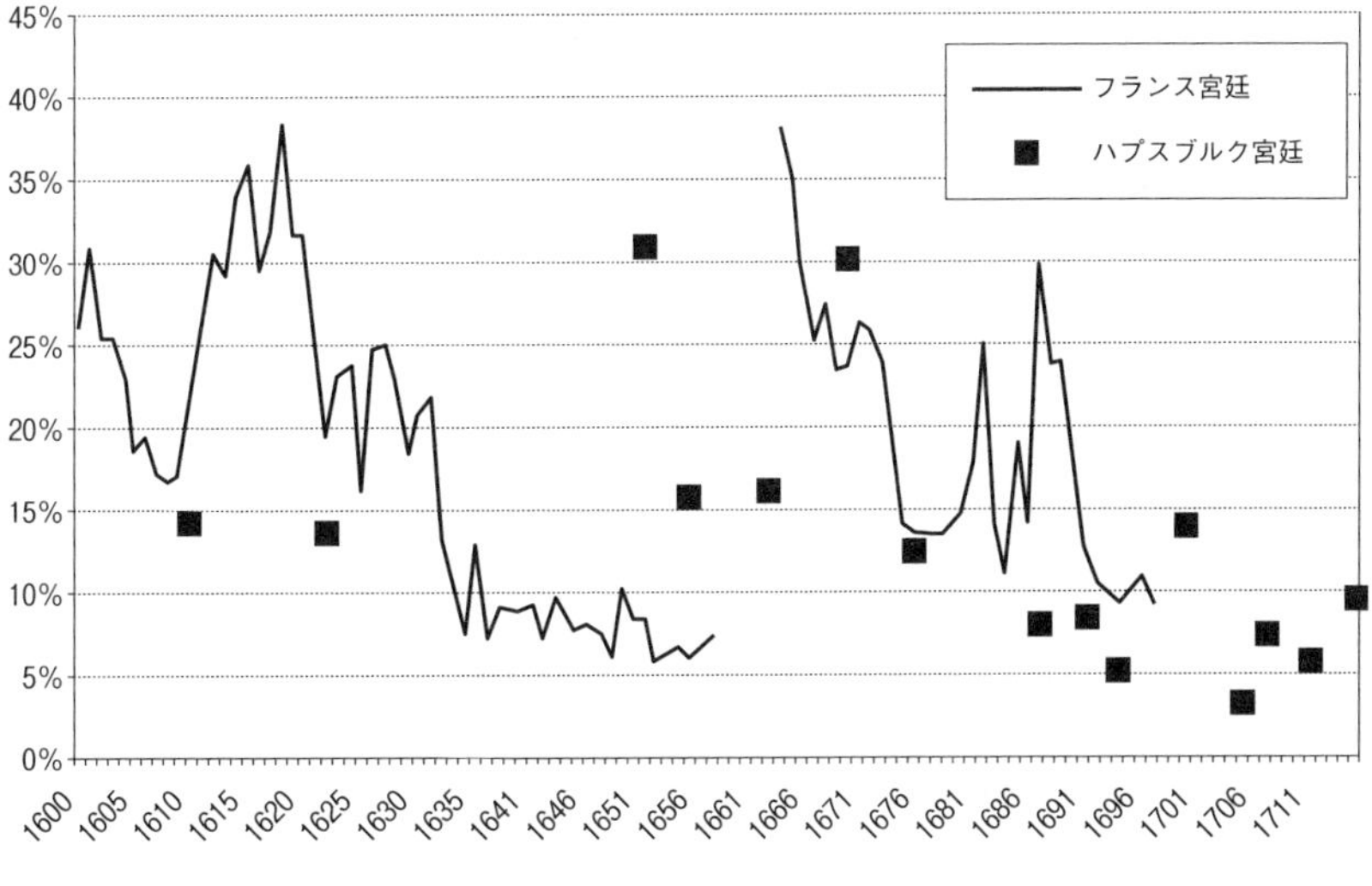

であった。平均して、一七世紀前半の両宮廷における宮廷費は総支出の一八％前後であった。フランスにおいては一七世紀の大半この水準が維持され、ハプスブルク領内では総支出に占める宮廷費の割合は総予算が増加するにつれ、ゆっくりと低下していった。

一八世紀になると、フランス宮廷はハプスブルク宮廷よりは総予算の中に占める宮廷費の割合が高かったと考えられる。総予算自体もフランスの方が多かった。フランスの歳出が多かった理由としては、軍隊に対する支出が多かったこと、国王以外の王族の宮廷費が嵩んだこと、恩給の支払いが多かったことが挙げられる。ウィーンでは一八世紀後半に宮廷の衛兵隊が増強されたが、恩給は宮廷費に迫るほどの額ではなく、一八世紀を通じて平時では宮廷費の三分の一ほどの割合だった。皇帝以外の宮廷も、決してフランスほど派手でも費用がかかるわけでもなかった。一八世紀を通じて、フランスでは国王の親族たちが金銭面での要求を高めていたが、ハプスブルクの歳出に占める皇帝の親族の出費は減少していった。予算におけるフランスの王族の存在感の大きさは、フランス君主制において王族が有していた顕著な立場と、時として示す反抗心に対応していた。そして、王族たちの宮廷を「改革」することは、国王の宮廷を改革するよりも難しかった。逆にハプスブルク家においては、一族が持つそれぞれの宮廷を合理的に統合することも可能であり、オーストリア大公たちの地位や国王への態度がそれぞれ異なっていたために、フランスのような複雑な事態は起こらなかった。一七世紀と同様、一八世紀でも戦争が平時の財政を混乱させ、常に歳出に占める宮廷費の割合を下げる結果につながり、宮廷費の絶対額が減少することさえあり得た。最終的には一七八〇年代において、支出の削減と改革がフランスとオーストリア両方の宮廷に影響を与えた。この結果、宮廷費は劇的に削減され、前で述べた平均額を下回ったのである。

宮廷の人員と費用を比較してみると、両者の間に齟齬があることに気づく。まず、急激に人数が増えた時期と給料、配給、または恩給による費用の増加が必ずしも一致するわけではなかった。危機は官職の急激な増加をもたらしたかもしれないが、同時に支払い不能を引き起こすことにもなった。君主は現実の物質的報酬ではなく、その期待だけを分け与えていたのかもしれない。また、免税特権は比較的与えやすいものであった。なぜなら、これがもたらす国家財政への負の影響は間接的であり、先延ばしされるものだったからである。同じことが官職に付属する特権の増加についても言える。アンヌ・ドートリッシュの摂政時代に起きた宮廷の拡大により、彼女の息子であるルイ一四世の宮廷には多数に与えられた特権や免税特権という重荷がのしかかっていた。したがってルイ一四世が宮廷人員の削減に取りかからねばならなかったのは火を見るよりも明らかだった。国王ルイ一四世が即位した直後の戦争の時期と、一七〇〇年前後の二〇年にわたる消耗を余儀なくされた戦争とに挟まれた合間の期間、歳出は大幅に増加したが、宮廷人員の数は増えなかった。宮廷の人員を扶養し、住まわせ、給料を支払うコストは多かれ少なかれ安定していた。支出が頂点に達するのは例外的な出費、つまり儀礼や祝祭、恩給、または建物の造営によるもので、これらはすべて財政の状態に合わせて調節しやすいものであった。ハプスブルクの宮廷では、フェルディナント二世の治世初期と次代皇帝の治世のほとんどの時期に、宮廷での歓待に莫大な費用が使われているのが見受けられる。それは宮廷人員の増加があったか、一七世紀後半にはもはや行われなくなる規模で接待が行われていたのか、そのどちらかに原因があった。また、一六五〇年代初頭の宮廷費の上昇は、長引いた戦争の終結とこれに伴う宮廷の復活によって説明できるだろう。ただし、短命に終わったローマ王フェルディナント四世の死後に見られる宮廷費の減少、そしてレオポルトの比較的つましい治世初期の宮廷費の減少についてはさらなる考察が必要である。こうした疑問の解明には今後の研究の進展が待たれるところである。

ウィーンとヴェルサイユ両宮廷を比較して目立つのは、両者の間に相違点よりも類似点が多く見られることである。どちらの宮廷でも少数の高位貴族からなる最上層がある。次に聖職者・貴族・平民から構成され、より多様で人数も多い第二の階層があり、ここには貴族身分の名誉職的奉公人も含まれる。最後に宮廷の日々の運営のために働く奉公人からなる幅広い層がある。こうした宮廷人員はそのほとんどが男性である。王家の女性たちの宮廷においてもこの傾向が見られ、皇妃の小規模な宮廷でさえ女性の比率はたった一〇％超にすぎなかった。最高位の官職集団に目を向けると、ハプスブルク宮廷では式部長の地位が侍従長や厩舎長に優先する点でフランス宮廷とは異なっていた。しかしウィーンで式部長の地位が徐々に弱まったことで、両宮廷で最高位に位置する役人には違いが少なくなっていった。また式部長が弱体化したということは、どちらの宮廷においても大侍従／宮廷長官と侍従長が優位に立ったことを明白に示していた。ハプスブルクの厩舎長は、その配下のスタッフが急速に増えていったにもかかわらず、正式に式部長の地位を越えることはなかった。したがって、ハプスブルクの厩舎長はフランスの主馬頭と並ぶ地位とはならなかったのである。

では、ウィーンの最高官職保有者はフランスの最高官職保有者よりも強力だったのだろうか。これまでの考察が示すのは、一時的にしか国務会議に出ないフランスの高官と、より継続して政治責任を負うハプスブルクの高官との対比も、中央ヨーロッパの大貴族家門がしばしば領邦において権力を振るい、自領では比類ない存在として統治していたという事実も、この疑問を解決することはできないということである。フランスの王冠の高官たちは部下に対してあからさまに儲かる任免権を持っていたし、その最高の官職を世襲にするように要求していた。そのようなことはハプスブルクの宮廷では見られない現象であった。また、こうした高官の一族の一部が一六世紀後半の宮廷で広く影響力を及ぼしたこと、強力な特権を握っていたこと、さらに反乱において繰り返し主導的な役割を演じたことも、ハプスブルクの宮廷では見られないことであった。どちらの国も一六世紀後半から一七世紀初頭にかけて、宗教上の争いと長きにわたる政治危機を経験した。しかし一六二〇年を分水嶺として、以後のハプスブルク家領では、宮廷にまで現出するような、統治者と大貴族の絆に挑戦する大きな動きは一切起こらなかった。したがって、フロンド以後にマザランとルイ一四世がとったような対応は全く起きなかった。ハプスブルク宮廷において、君主と大貴族が互いの結束をより強くしたことには、皇帝のライバルになりうる人物が宮廷の廷臣の中にではなく、帝国の領邦君主の中にいたという事実があった。確かに、フランスにおいて国王と血統親王ないし大貴族家門との緊張を高めたような対立はハプスブルク家の場合、神聖ローマ帝国内に存在する「国王のように振る舞う領邦君主たち」との間に存在した。ハプスブルク家に忠実な宮廷貴族は、帝国諸侯の地位へと昇進することで強化され、彼らが皇帝の政策を下支えしていた。これはちょうど、歴代のフランス国王が、支持者に同輩公の地位を与えることで国内のライバルに対する自らの立場を強化していたのと同じである。

フランスでは王弟たちの家門が傑出した存在であり続けたが、ハプスブルク家の領内においては「兄弟げんか」以降、そのような家門はほぼ存在していなかった。国内で皇帝を脅かすライバルは稀で、たとえいたとしても当たり障りのない存在に留ったことはまさに幸福な偶然であった。遠くに離れてはいるが、潜在的脅威となる諸侯たちが帝国内に存在することによって、皇帝と宮廷の高官たちのつながりは強化されたのである。しかし、皇帝とその協力者となった貴族たちとの間にあったヒエラルキー上の距離は、フランス国王とその高慢な廷臣たちとの間の距離よりもはるかに遠かった。実際、フランスの大侍従、侍従、主馬頭という官職は君主の世話をする諸侯の一族によって担われていたが、地位の上ではハプスブルク宮廷におけるこれらの官職と選帝侯が保有する帝国世襲官職との中間に位置していた。王家と血筋が近い一族による、結婚を通じた同盟や野心に満ちた計画の数々は、ヨーロッパ内で彼らが高い地位にあったことを如実に示している。宮廷儀礼で彼らが担う役割にも同様のことが言え、彼らより身分が低いウィーンの廷臣よりも活発で、自己主張が強かったのである。このことを念頭に置くと、ルイ一四世がその回想録で諸侯と国務会議についてしばしば引用した言葉が容易に理解できる。ただ、高圧的な諸侯による煽動は、現実には彼の治世には事実上存在しなかった。ルイ一四世の死後、諸侯の一族と庶子たちが再び前面に出てきた。そして、そのうちのいく人かは一八世紀後半に繰り返し起こる政治的混乱の中で積極的な役割を果たしたのである。しかし、彼らは一六世紀や一七世紀初頭の先祖よりも弱い立場を選んだ。最終的に、いくつかの諸侯の一族は宮廷における自らの地位を確立するのに成功した。ほとんどが公爵であった帯剣貴族の一族で構成される、さらに大きく、さらに多様性に富んだ集団もまた同様であった。ルイ一四世による宮廷再建はこうした高位官職を持つ一族の地位と富を強化し、彼らがフランス国家の中枢に驚くほど耐久力のある要塞を築くのを助けたのである。

第3部　宮廷生活

第5章　宮廷生活のカレンダー

宮廷生活のサイクル

宮廷に集った人々の活動とはどのようなものだったのか。君主とその側近は、一年、一週間、一日をどのように過ごしていたのか。近世という時代の中で、それまでの年中行事や日課には新しい形式が取り入れられたのか。宮廷生活を、その活動を含めて詳細に再現することは極めて難しい。それでも大雑把なタイム・テーブルや周期的に繰り返される活動を並べてみて、宮廷生活の輪郭を再構成することはできる。アンシアン・レジーム期における王政は、君主個人を中心として機能していた。例えば、君主の起床や食事、睡眠のリズムが、他のほとんどの業務に影響を与えたのである。では、宮廷生活はこのような君主個人の日課と完全に同じものと言えるのだろうか。「宮廷とは君主の住まうところを呼ぶ」とツェドラーは説明している(1)。しかし実際には、多くの人々が君主に仕えており、そういった人々からなる独立した集団を、私たちが定義する宮廷生活から除外すべきでない。とはいえ、宮廷におけるすべての人々の活動を再現する試みは、確かに興味深いものであるが、君主中心に史料が残されているので成果の上がりにくいものである。宮廷の人員の再構成を可能にするような宮廷生活に関する法令は、多くの場合君主のスケジュールや活動を示唆するものである。それゆえ、そういった法令は基本的に宮廷の高官による主要な業務を明らかにし、下層の従者については付随的にヒントを与えるにとどまっている。実際には、宮廷の人員や従者の組織は活発に機能し続けていたにもかかわらず、従者の奉仕が宮廷生活の一部として史料に残されたのは、君主が特定の奉仕を必要とした時だけであった。

印刷された祝祭の記録や旅行記、まさに当時発行され始めた定期刊行物、そしてその他の利用可能な出版物の記述では、宮殿等において公開された宮廷の様子に叙述の中心が置かれた。もちろん、外交書簡や日記、または廷臣の回想録の中では、君主と親族の内輪の世界を垣間見ることができるかもしれない。しかしそういった史料からは、君主が暇を持て余す姿はめったに見えてこないものである。宮廷そのものが作り出したスタイルは、他の宮廷との競争によって強調され、さらに印刷物を通して広く流布されたために、宮廷の儀礼的なイメージを強く根付かせることになった。ヨーロッパの宮廷の儀礼を記述した書物には、それを正当化したもの、または批判したものもあったが、様々な書物が一七世紀終わりから一八世紀初めにかけて多数出版され、それらが宮廷のイメージを際立たせることとなった(2)。同時に、回想録やパンフレットによっておびただしい数のスキャンダル話も広まったが、宮廷のイメージを覆すことはなかった。むしろ、宮廷が公に示す表層と人の興味をそそるような閉鎖的な内側とのコントラストを反映して、厳格と放蕩という二つの相反するイメージが生み出されることになった。この相反する二つの評価は宮廷の歴史と同じくらい古くからあるが、一七〇〇年頃のヨーロッパの宮廷が経験した最も輝かしい時代において極端に分かれていく。その後は、宮廷の放蕩のイメージが際立つようになった。しかしながら、このような誇張された両極端の間にこそ、人間の振舞の陰影を見出すことができるであろう。

宮廷のあらゆる活動領域において、一六〜一八世紀を通じて儀礼化が進展した(3)。刊行史料は儀礼化を強く示唆し、未刊行の法令もこのことを証明しているように思われる。この三世紀を通じた法令の中で、同じ言葉による繰り返しが頻繁に見られる。さらに、書き残された規則は次第に詳細になっていった。これらの史料を読むと、宮廷生活そのものが変化したように感じられる。しかし、その変化は実際に指示によって引き起こされたものか、または単に綿密に書き残されるようになっただけか、どちらの可能性もある。慣習的に同じ言葉が繰り返されることは、単に規則が無視されていたことを必ずしも示すわけではない。むしろ強く過去を嗜好する文化の中で慣習や形式を重んじるようになったという理由の方が、規則に表れる言葉の反復を説明できる。しかし、以下の二点を区別するべきである。

まず、指示書が書かれ、推敲され、最終的に印刷物として刊行される過程。そして、宮廷生活の中で書き残される規範と実態との関係性である。また、日記や暦に詳しく書かれるように、単調なリズムによって君主の生活が支配されていたとは考えられない。同時代の人々は、宮廷という至高の場は普遍的な秩序に従っているはずと無意識のうちに信じ込み、宮廷生活に関する決まり文句のほとんどをすんなり受け入れていた(4)。しかしながら、同時代の人々が抱いた宮廷に対するイメージの多くが、宮廷の現実とは食い違っていたのである。

数世紀にわたって、宮廷における活動には明らかな一貫性を見出すことができる。例えば、祈禱やミサ、公式謁見、または役人の宣誓、国家文書を読み、署名し、廷臣や書記官または高官と審議すること。祝宴と大舞踏会。カードやさいころの遊び、またはボール遊び。頻繁に変化する狩猟の慣行、祭典における馬上槍試合や公開馬術で示される武勇、射撃・乗馬の技術。おそらくこれらのものが、多くの君主がほとんどの時間を費やす主な活動であった(5)。君主や廷臣が出演者として参加することが多かった音楽会や演劇会も、先に示した活動と同じく、宮廷生活には不可欠なものであった。こういった活動の頻度や期間は君主の好み次第であり、宮廷が構造的に発展を遂げたことによって君主の個人的な気まぐれが抑制されたとは言いがたい。ルイ一五世はアンリ三世ほど、統治の責務に時間を費やすこともなく、狩猟に熱心なわけでもなかった。同じことが、フェルディナント一世との比較においてカール六世にも言える。宮廷生活の「儀式化」または構造的な変化は、長期的なタイム・スパンで宮廷の活動全体を調査することでしか立証できない。これを続く二つの章で試みたい。

残念なことに、史料は様々な所に分散している。先行する時代よりも一七世紀後半から一八世紀になると明らかに情報が詳細になる。また繰り返しになるが、フランス宮廷の史料はハプスブルク家のウィーン宮廷よりも豊富である。アンリ三世によって公布された王令は、宮廷の活動ついての詳細な概観を含んでおり、一週間の中の一日や、または一日の中の特定の時間を捉えることを可能にするものである。確かに、アンリ三世に続くブルボン家の後継者は包括的な王令を残していない。しかし、ルイ一四世治下に印刷された『名簿』によって、職務や宮廷内儀式の簡単な輪郭を確認することはできる。おそらく、こうした名簿が作成されるようになったことで、新たに包括的な王令を作る必要がなくなってしまったのだろう。またダンジョの『日誌』は、国王のスケジュールの詳細を明らかにするのに役立つ。ただしダンジョがこの中で、なぜ活動の時間を明確に書き残したのかは未だ明確ではない。その理由は、おそらく従来の慣習と異なっていたからだと推測される。したがって、国王が「いつものように」(6)活動を行ったとダンジョが書き加えるときは、めったに時間を示してはくれない。いくらダンジョが疲れ知らずの侯爵であっても、当時の宮廷において自明のことまで詳細に記述する必要はなかったのであろう。

ウィーンでは同様の問題がより切実である。高位の宮廷役人である侍従、宮廷女官、小姓への指示書には多くのヒントが含まれている。しかし、指示書には「いつもの時間」と慣習的に言及されているか、またはある活動が「正確な時間に」行われていたことが決まり文句のように記録されているかであり、これらの時間がそれ以上具体的に説明されることはめったにない(7)。つまり、宮廷における日々の活動をわざわざ記述し、説明する理由は当時の宮廷人にはなかったのである。確かに王侯貴族の来訪、謁見、祝典についての記述を見つけるのは簡単である(8)。しかし、これらの特別な行事と日々の活動が完全に一致することはないだろう。一八世紀になって、『職階表』や『宮廷暦』が印刷されるようになったが、やはり日々の活動について記述されることはなかった。一八世紀後半になってようやく、フランスの回想録に匹敵するほどの史料が現れるようになる。ヨーハン＝ヨーゼフ・ケーフェンヒュラー＝メッチュはマリア＝テレジアの宮廷式部長、宮廷侍従長、そして最終的に第一宮廷長官になった人物であるが、彼が日記を書き残したのである(9)。しかし、それまでにもウィーン宮廷の慣習は著しく変化していた。ハプスブルク家の伝統、フランスの流儀、一八世紀半ばの危機的な時代に続く諸改革によって生み出された国家的な志向が、そこには混ざり合っていた。ハプスブルク宮廷の大規模な行事に関する史料は豊富にあり、近世を通して繰り返される年間パターンの輪郭を描くのに十分な情報がある一方で、ありふれた一週間や一日の詳細を知ることはできない。ヴェルサイユでは確認できる多くのことは、ホーフブルクにおいては謎に包まれたままなのである。

フランス宮廷の典礼暦

あらゆる宮廷においてキリスト教の典礼暦が基本となり、宗教的な祝典や祝祭が毎年行われていた(10)。主要な祝典としては、万聖節から公現祭までのキリスト降誕のサイクル、灰の水曜日から聖霊降臨祭、三位一体祭、そして聖体祭へ至る復活祭のサイクル、さらに聖母マリアの祝日（二月二日聖燭祭、三月二五日聖母マリアへのお告げの祝日、八月一五日聖母マリアの被昇天の祝日、九月八日聖母マリアの誕生日）があった。これらに加えて、聖人たちに捧げられた比較的小規模な祝典や祝祭も、宮廷の行事の中に確認できる。信心深さとはかけ離れた謝肉祭は、典礼暦の中では曖昧な位置付けであったが、イエス公現の祝日と灰の水曜日の間の数週間をにぎやかなものにしていた。そのような中でも、宮廷の食卓は肉食日（灰の水曜日の前の三日間）と小斉日、四旬節の断食に従わなければならなかった。つまり、カトリックのしきたりがすべてのカトリックの宮廷に大きな影響を与えていたのである(11)。したがって、礼拝や祝典が一年の暦だけではなく、一日一日をも規定していた。対抗宗教改革の神学者がカトリック教義から贅沢な儀式を取り除こうとした一方で、様々な新しい祈禱のやり方が取り入れられ、新しい修道会が生み出され、新しい教会が建設された。宗教と統治の結びつきは強化され、ハプスブルク家の皇帝とフランス国王は多くの教会役人を任命し、莫大な聖職禄を分配することができた。宮廷は確実に行政官と軍人の中心であるのと同様に、聖職者の中核にもなったのである。

君主が神に服従するがごとく、臣下は君主に服従するべきという論理の拡大解釈が行われたように、聖俗のヒエラルキーが宮廷において絡み合っていた(12)。そして、君主も廷臣も典礼暦に基づく荘厳な儀式を通じて、公の場での礼拝に参加することになった(13)。行進や聖体行列はまさに、敬虔であるが高慢でもある人々のヒエラルキーを誇示するものであった。アンリ三世は、既存の宗教的な慣習に自ら発案したものを加えた。そして廷臣たちも、国王の宗教的な熱意によって決定された巡礼や聖体行列に参加することが求められた。しかし、それは廷臣たちの多くにとってはやりすぎであった。一五七四年一〇月に行われた聖体行列は、サント・シャペルの聖遺物を奉ってパリ中を練り歩いた。この聖体行列には、アンリ自身も「いわゆるロザリオの祈りの間中」参列していた。また、アンリは、「女性は信仰心を持っていない」(14)として、女性たちの参列を禁じた。一五七八年の排他的なサン・テスプリ騎士団の創立も、アンリの宗教的な熱意と密接に関わっていた。一月一日（割礼祭）、二月二日（主の封献の祝日）、聖霊降臨日といった騎士団の主要な祝典は宗教的な意味合いを残しており、国王は行列を伴って礼拝堂に向かったのである。

アンリ四世は、ヴァロワ家歴代の国王によるこれまでの変革を中断させたが、彼の治世においても敬虔な儀式が定期的に行われており、改宗者でもある国王は信仰心に基づく新しい騎士団を保護した(15)。典礼行事が宮廷の暦の中で重要な地位を保っており、国王や廷臣はきまって二月二日や枝の主日、聖体の祝日に参列していた(16)。一六三八年二月のある王宣において、ルイ一三世は八月一五日に聖母のための聖体行列を行った。おそらくこの聖体行列はアンヌ・ドートリッシュの予想外の懐妊を祝うためのものであった。一六七六年にルイ一四世はこの聖体行列を復活させ、同じことが一七〇〇年にも繰り返された(17)。したがって、この聖体行列に関する記述が頻繁に見られる。聖土曜日または聖霊降臨日の前夜、八月一五日（聖母マリアの被昇天の大祝日）や九月八日（御

図6　ヴェルサイユの礼拝堂「ダンジョ侯からモン・カルメル，サン・ラザール騎士団総長としての宣誓を受けるルイ14世を見守る廷臣たち」（1695年12月18日）

生誕の祝日）、そして一一月一日（万聖節）や降誕祭の日に、国王は聖体拝領を行い、病者に触ることになっていた(18)。この病者に触れるという慣習は、ハプスブルク家の皇帝には見られないことである。国王が病者を触るという行為は、他の日にも見られるものであり、病者の数は数十人から一〇〇〇人を超えるものまで様々であった(19)。聖体の祝日における聖体行列に加えて、ルイ一四世治世最後の数十年間には、ヴェルサイユの礼拝堂で週二回聖体が顕示されていた(20)。

国王が行う公の祈禱には、典型的な特性がはっきりと表れている。その例として、一六八五年のクリスマス・イヴに行われたルイ一四世の祈禱に関する記述が以下の通りである。

国王が聖体拝領を行う日、国王はマントを身にまとわれ、その上に騎士団の紐をつけている。二人の侍衛官は職杖を持って、国王の前を歩く。大侍従と儀典長は常に王の前に控え、先導しなければならない。正午に国王はミサにいらっしゃる。スイス百人隊の隊長が国王を先導し、そのすぐ後に国王近衛隊の隊長が続いた(21)。

教会では、宮廷司祭長、不在時には第一宮廷司祭が祈禱台にいる国王に福音書を差し出す(22)。そして、その聖なる書にキスした後、国王はホスチア（聖体、聖餐用のパン）を選ぶことを許される。その後、ホスチアは聖別され、祭壇の前の折りたたみ椅子に置かれる。国王は侍衛官や隊長、侍従に付き添われ、祭壇まで進む。ホスチアをのせた聖皿を運ぶ聖布を二人の施設付司祭が祭壇側で、二人の血統親王（または不在時には公爵の中から）が教会側で持っている。国王が聖体を拝領した後、司教は国王に聖杯を差し出し、そして最も地位の高い諸侯がナプキンを渡す。国王は祈禱台へ戻り、そこで残りの儀式に参列する。というのも、主要な祝祭日には多くの聖務日課がすぐ後に続くからである(23)。「フランスの子ども」が同席している場合は、第一宮廷司祭または彼の代理の者に付き添われて、彼らも同じ動作を繰り返した。一方で諸侯たちの付き添いは、施物分配吏の一人で間に合わせなければならなかった。ミサに続いて触手儀礼《ロイヤル・タッチ》が行われた。

続いて国王は病者に触れる。国王近衛隊長が患者の手を支え、第一侍医が頭に手を置いた。この侍医は、その他の侍医や外科侍医と同じ侍医用の衣服を着ていた。国王の後ろでは、国王が触れた全ての貧しい病者に、第一司祭が一五ソルの硬貨を与えた(24)。

多くの高位聖職者を宮廷に惹きつけるために、ルイ一四世は、このような儀式が行われた日の午後に聖職禄の賦与も行っていた。そして祝祭の多くは、例えば国王の正餐のように、次第に厳密な意味での典礼上の儀式を含まなくなっていったのである。

様々な困難により、国王が一時的に触手儀礼《ロイヤル・タッチ》を中断することもあった。国王が病弱であったことや伝染病の恐怖に加えて、さらに興味深い触手儀礼の中断の理由があった。その理由について、一八世紀の博識な『宗教史』では以下のように記述されている。

一六八〇年の復活祭で、［ルイ一四世は］触手儀礼の慣習を再開した。それまでの数年間国王はそれを控えており、聖体の秘蹟を冒瀆する罪よりも人々からの批難を受けることに甘んじていたのである。しかし聖体拝領を再開した後には、国王は少なくとも復活祭、聖霊降臨祭、万聖節、キリスト降誕祭の際にその慣習を行おうと決めたのである(25)。

もし若きルイ一四世が大きな祝祭において聖体拝領を完全に避けていたのなら、同時に病者に触るのも控えなければならなかった。そうしなければ、神への冒瀆はさらにひどいものになっていたであろう。このように、一七世紀を通してこういった儀式が慣習的に行われ、一八世紀末まで続くが、儀式の廃退はそれほど珍しいことではなかったと思われる(26)。

公現祭を祝うための陽気な宴会が開かれる御公現の祝日(27)から、灰の水曜日に至るまでの期間には、仮面舞踏会や愉快な祝祭が目立っていた。ある回想録の著者によると、一年の始まりの一、二か月とはそのような娯楽のために与えられた季節なのであるという。しかし聖週間の間は、宮廷はぎっしりと詰まった一連の宗教的な祝祭に従事しなければならなかった。最も注目すべきは洗足木曜日であり、この日には最後の晩餐や洗足が再現された。この慣習はカトリックの典礼を起源とし、教会や修道院で行われるものであったが、すべての主要な王家にとっての責務となっていた。国王は、貧しい男性や少年の中から注意深く選ばれていた一二人の足（もしくは一三人の足、両方の数が史料の中に繰り返し表れている）を洗った。王妃や王太子も同様に洗足を行うために貧者を選んだようである。身分の低い参加者は豪華な食事を与えられ、国王やその親族によって給仕された(28)。触手儀礼と同じように、儀式の後には、貧者は別の恩恵を受けることになっていた(29)。幼いルイ一三世の侍医であったジャン・エロアールが伝えるところでは、五歳の王太子が父親の名において、こういった儀礼を行うことを初めて求められたとき、王太子は免除されるように嘆願した。王太子は貧者の「足は臭い」と言い、さらに女の子の足だけを洗いたいとも言ったとされる(30)。しかし、どんな君主もこういった伝統的な儀式から容易に逃れることはできなかったのである。

一八世紀を通じて、宮廷における宗教的な行事に対する熱意やその頻度も変化した。ルイ一五世の一七三〇年代に始まった婚姻外の情事によって、病者へ触れる行為は滞った。それは、この儀式は事前の告解や聖体拝領を必要としたためである。また、一七三九年から一七四四年までルイ一五世は告解や聖体礼拝を差し控え、その後も、国王は触手儀礼を行わなかった。しかし、ルイ一六世は一七七五年に聖別式を行って以降、二四〇〇人以上の「瘰癧《るいれき》患者と証明された者たち」に触れた。宮廷の慣習に詳しいクロイは以下のように書き残している。

暑さのために、病者は悪臭を放ち、大変傷口の目立つ化膿を抱えていた。それゆえ、このすべての儀礼を遂行するために、国王には勇気と体の強靭さが不可欠であった。もし実際にこの光景を見なかったなら、どれほど辛く不快な行為であったか、俄かには信じ難かっただろう(31)。

ルイ一六世が祖父の治世で消滅した伝統を引き継ぎ、再び重要な祝祭の日に病者に触れていた可能性はある。しかし当時の定期刊行物や廷臣の回想録には、実際に行われていたことをはっきりと示す記述はない(32)。最後の晩餐や王立騎士団と関連した行列や、あるいは聖体の祝日の聖体行列のような勤行については、ルイ一五世とルイ一六世の治世を通じて当然のように記述されているにもかかわらず。

図７　シュテファン大聖堂周辺での聖体行列（1614年）

図８　グラーベンで行われた聖体行列（18世紀後半）

ウィーン宮廷の典礼暦

オーストリア＝ハプスブルク家の皇帝は、アンリ三世の宗教熱には敵わないまでも、一六世紀末に同じような祝祭や聖体行列を行っていた(33)。さらに言うならば、ハプスブルク家の一七世紀の君主たちは、ブルボン家のライバルたちよりもずっと顕著に、対抗宗教改革的な敬虔さに磨きをかけていた。フェルディナント二世やフェルディナント三世、レオポルト一世のもとで、一連の聖体行列や記念式典はますます増加した。毎年、ハプスブルク家の廷臣は枝の主日、テネブレ（暗闇の朝課）の週の水曜日には、ヘルナルスにある聖墳墓教会に向かう行列や精霊降臨日の行列に参列していた。一八世紀初めに、キューヒェルベッカーは聖霊降臨祭の週に行われる九つの聖体行列について記しており、そのほとんどの聖体行列に皇帝一家も参列していたという。三日間、六日間（あるいは四〇時間）、九日間の祈禱は繰り返し行われ、しばしば聖体の儀式、つまりホスチアの讃美のために捧げられた(34)。これは聖体の秘蹟の儀式と同等である。聖遺物を掲げて通りを練り歩き、聖遺物は讃えられた(35)。さらに、奇跡的な出来事も称讃をもって迎えられ、記念された。フェルディナント三世の寡婦であるゴンザーガ家出身のエレオノーラ（二世）が、大火災に見舞われたホーフブルクから大切な聖遺物箱を回収したところ、中にあった金の十字架は溶け、水晶の箱は砕けていたが、木製の十字架の破片だけはそのままだった。この奇跡を記念して、彼女は一六六八年に女性の星十字団を設立している。レオポルト自身も、一六九一年ラクセンブルク城の私室にある机に稲妻が落ちたにもかかわらず、無事だったという奇跡を体験して、年に一度の行列をもってその奇跡を讃えることにした(36)。その他に、一六八三年九月二日に対オスマン戦の勝利、一七〇六年五月一二日に対フランス戦の勝利、そして一六七九年一〇月二四日にペストの克服を祝って聖体行列が行われた(37)。三つめのペストの克服に感謝した聖体行列は、グラーベンにある三位一体像柱を中心にして行われた。ウィーンの聖体行列では、聖母マリアの像や顕彰碑が掲げられるのが普通であった。ブルゴーニュ公によって設立された金羊毛騎士団は、フランスのサン・テスプリ騎士団よりも由緒あるもので、一七一二年以降、この騎士団に由来する一連の祝祭や羊毛の日も宮廷暦に加えられた。最も名高いものとして、一一月三〇日の守護聖人なる聖アンドレの祝日に重大な祝典が行われた(38)。

一六八〇年代に、ヘッセン＝ダルムシュタットから派遣された使節ユストゥス＝エーベルハルト・パッサーは、ホーフブルクから聖ミヒャエル教会、ショッテン教会へ、そして最終的に聖シュテファン大聖堂へ向う聖体行列を目撃している。

第一に進むのが、侍従や大使、外交使節で、皇帝の従者、小姓、召使をそれぞれ二人ずつ連れていた。第二に皇帝の宮廷護衛兵、第三に皇帝の小姓頭が二人ずつ、第四に大多数の侍従、第五に皇帝の宮廷高官、第六にその両側に皇帝を護衛する騎兵や歩兵、その後、スペイン使節やヴェネツィア使節が続く。彼らの間には教皇大使がいる。その後に、黒い服を着て、帽子に黒い紐をつけている皇帝陛下が手にロザリオを持ちながら続いた。その後に、現在の皇后や第一皇女が、宮廷長官や宮廷侍従長に導かれた。その後に、皇帝の侍女、皇帝の馬車や守衛が続いた(39)。

また皇帝が人々の前に姿を現すのは、なにも聖体行列の時だけではなかった。教会においても、皇帝は意図的に姿を見せていた。一六八二年の聖アンドレの祝祭から二日後にあたる枝の主日についても、パッサーが皇帝の様子を記している。それによると、皇帝は「すべての廷臣と外交使節とともに、アウグスティヌス会の修道士が見守る中、教会の中を三巡した。そして、最後に、棕櫚の葉を両手で持ちながら、祭壇の前で立ち止まった」(40)という。同年、エドワード・ブラウンは聖シュテファンの日（一二月二六日）に行われた、聖シュテファン大聖堂への聖体行列を目にしている。聖シュテファン大聖堂では、皇帝が「祭壇へ上がって跪き、ホスチアをのせた皿に接吻した」(41)とブラウンは書き残している。教会では、皇帝は決まって「聖書側」、つまり祭壇の左側にある天蓋で覆われた祈禱室で参列していた。このような場合には、高位聖職者は天蓋の下に座ることも、立つことも許されなかった(42)。

謝肉祭の時には、様々な娯楽のための場が設けられた。特に顕著なものは、羊飼いの結婚式を模した仮装宴会であった。そこでは観客を楽しませるために、宮廷の上位の者に日常とは逆の役が割り当てられる(43)。このさかさまの儀礼は、既存のカレンダーの中で、すぐ後に続く厳粛な祈禱と同じくらいの日数があてられるようになった。また

図9　1699年の洗足式においてレオポルト1世が手を洗った杯

聖週間の間には、宗教的な行事が至る所で見られた。例えばフランスでも、一連の職務日課や聖体行列が洗足の儀とともに行われた。そしてウィーンでは、皇帝が洗足の儀を行う際には、とりわけ老人が選ばれた。現在の皇妃や皇太后が貧民を清める時にも、大抵の場合、老女が選ばれている。パッサーは洗足木曜日の儀式について、いくつか報告している。その報告の一つは、老人の何人かはご馳走や荘厳さに我を失ったために、護衛兵たちによって家に運ばれたことを伝えている。この儀式に選ばれた者は、フランスの場合と同様にウィーンでも食器を家に持ち帰ることを認められるなど、何らかの恩恵に与ることができた(44)。一六二九年に教皇大使カラファは、この儀式の後に年老いた者が金のかけらを授かり、その後もその贈与は毎月繰り返さたと記録している。一八世紀にはこの儀式に参加した人々のリストが出版されるようになっており、そこからは奇妙なことに身分の高い低いにかかわらず、様々な人々が交じり合っている様子が窺われる(45)。一七〇三年に刊行され始めた『ウィーン日報』は、廷臣による公の活動を正確に記録したもので、洗足の儀式に参加した老人の名前と年齢を印刷した付録が必ずつけられていた。それによると、一七六五年父フランツ＝シュテファンが逝去した直後は、ヨーゼフ二世は洗足木曜日の儀式を行うことを望まなかったが、母親であるマリア＝テレジアの説得により、息子であり共同統治者であるヨーゼフは多少の変更を加えて儀式の挙行を受け入れた。ヨーゼフ二世治世の最晩年になってようやく洗足の儀式は中止されたが、続くレオポルト二世は即位初年にこの儀式を復活させた(46)。

ブルボン家の敬虔さは、ハプスブルク家の敬虔さとは明らかに一致しなかった。ウィーン駐在のフランス使節は、

図10　伝統の存続「12人の貧しい老人の足を洗うフランツ＝ヨーゼフ」(1902年)

王室というよりも修道院を連想させるような生活に接して、衝撃を受けていた(47)。ヨーゼフ二世の治世になってようやく、際限なく拡大していた典礼暦が大幅に縮小された。ヨーゼフの治世では宗教的な儀式の回数は明らかに減少した。彼の父の治世に行われたおよそ六八回にも及ぶ年間の宗教行事は、一七六七年には三二回、一七七四年には二二回にまで減少した。そのうえ、服装や形式も簡素になった(48)。フランスとオーストリア＝ハプスブルク家のどちらにおいても、王家の最も重要な儀式は明らかに宗教的な儀式を取り込み、さらに、より世俗的な儀式でさえもカトリックの典礼を手本としていた。王家の偉業や戦勝はテ・デウムの挙行によって祝われて、その祝典は領域全土に及んだ(49)。しかしながら、このような行事はその時々に合わせて行われ、王家の祝い事や軍事活動による偶然のリズムに連動したのである。

宮廷の所在地

中世後期の君主とその臣下は戦場から館、地方から地方を動き回っており、その様はしばしば軍隊に例えられる。宮廷式部長や審問部長は規律を励行させ、不正を正さなければならなかった。また、三か月に一度廷臣の点呼が行われ、物資の横領や君主からの下賜金の不正使用は、頻繁な監査や収支報告によって防止され、不正発覚時の厳格な処罰によっても抑止されていた。この巡回する集団に必要物資を供給し続けることは、軍隊に物資を補給することと多くの点で一致していた。フランス王家の歴史に関する学識深い論説を展開したジャン・デュ・ティエは、「宮廷に仕える陽気な娘たち」が、宮廷審問部長の権限下にあったことを記している(50)。度重なる移動は、様々な要因によって引き起こされた。それは例えば、新たに即位した君主が領域内の人々との関係を確立するために各地を回らなければならず、頻発する戦争においては自ら軍隊を指揮する君主の姿が求められていたからである。軍事活動に比べると地理的には限られていたが、狩猟も移動の重要な要因であった。つまり、獲物が枯渇すれば、または対象となる獲物の季節ごとの動きによって、宮廷も場所を移動しなければならなかったのである。そのような状況で、威厳ある秩序を維持することは重圧のかかる仕事であった。そして、長距離の旅が次第に例外的なものになった、もしくは即位当初においてのみ必要とされるようになった時でさえ、宮廷は巡回していた時代の特徴の多くを残していたのである。

フェルディナント一世の一五二七年や一五三七年の法令から一六五〇年代の改革期にかけて、宮廷に関する規則が整備されていった。これらの規則はその後何度も繰り返され、もしくは具体的な決定や指示が付け加えられることで洗練されていった。一六一五年頃と一六五一年頃に宮廷の改革を目指して、かなりの数の条文が作成された。一六一五年の改革はほとんどが財政と結びつくもので、宮廷の人員や費用を削減することを目的とした。その一方で、一六五一年の改革では、長引いた戦争の後で再開された給料の支払いとともに、宮廷には以前にも増して壮大さ、威厳、秩序が求められるようになった(51)。改革のために作られた条文からは、改革者たちが何を是正しようとしたのかが分かる。一六一五年では特権の肥大化、浪費、腐敗を、一六五一年では「次第に増してきた無秩序や不適切」(52)によって失墜した宮廷の威厳を正そうとしていた。一六五一年の改革者は、古き良き宮廷規則が示す輝かしき宮廷像を重んじており、その数十年後に及んでもこうした態度は変化しなかった(53)。フランスにおいても同様に、アンリ三世による一五七八年と一五八五年の規則書が不変の核となり、その後部分的な追記や修正が施されて宮廷に関する法令が作られていった。これらの宮廷に関する主要な法令とは別に、一七世紀初めに編纂されたより限定的で専門化された数巻の指示書がある。そして、この中には宮廷の慣習を具体的に述べていると考えられる文章が含まれている。

宮廷に関する法令を見ると、嫌というほど何度も繰り返されている問題があることに気づかされる。その問題とは無秩序や混乱のことであり、こういった言葉は条文の中で最も数多く繰り返された。一五八五年の王令において、アンリ三世は「先王たちの時代に輝いていた唯一の特徴、すなわち誠実さ、威厳、壮大さといったものは、今ではほとんど認められないのである」(54)と述べている。さらに、次のフランス国王アンリ四世は、通常の裁判手続きから逸脱した宮廷を「自由の地」と主張したが、同時に、宮廷は暴力による決着を望む人々をも惹きつけていた(55)。アンリ四世はおそらくフランソワ一世やアンリ二世の時代を上回るほど無秩序となった現状を正しく理解していたと思われ、こうした彼の心情はほとんどの王令で繰り返し表れている。その王令の中でアンリは、大部分は想像上のものでしかなかったのだが、過去の秩序が減退していく様を嘆き、使い古された改善策を提示している。つまり、宮廷における秩序というものは重んじられるべきではあるが、捉えどころのない遺産のようなものだった。宮廷での宿泊に関する一六〇六年の規則書には、『名簿』に記載されている国王の従者たちの諸権利が、はっきりと定義のしようもない志願者と対比される形で事細かに記述されている。これを見ると、多く者が招かれてもいないのに国王の恩恵にあずかろうとやってきたことや、審査の際に宮廷に入る手続きを担う役人が手心を加えることで賄賂を得ていたであろうことが推測できる。この規則書が定めるところによると、国王の従者で年間三か月勤務のシステムに従わない者——勤務中であることを示す白い十字形の標示を取り外したり、その他いかなる弊害を及ぼす者——は、こぶし切りの刑に処され、冒瀆者は舌に穴をあける刑に処されるとされた。酒番は従者たちの酒の飲みすぎを防ぐため、毎日来賓の名前を宮廷審問部長に報告することが求められた(56)。ハプスブルク宮廷の法令は、とりわけ宮廷長官や宮廷式部長（ハプスブルク宮廷の宮廷式部長はフランス王家の宿舎管理長と宮廷審問部長を合わせた役職）のような高官に対して、より穏やかな方法ではあったがフランス宮廷と同様の精神を伝えており、規律と秩序の維持を強調している(57)。

一七、一八世紀になって、ようやく宮廷は居を定めるようになった。そして、このことは宮廷をより秩序あるものにするのに役立った。フェルディナント一世はそれほど移動する君主ではなく、ウィーンに住み始めた後、人生のほとんどをそこで過ごすことになった。一五二九年のオスマン軍によるウィーン包囲が失敗に終わった後に、フェルディナントはウィーンを難攻不落の要塞都市にすると決意したのである。そして一五三三年には、フェルディナントはウィーンを宮廷所在地と定めたが、これによってより魅力的なプラハを統治の中心地として選ぶという、ボヘミアの人々との約束を反故にすることになってしまった(58)。マクシミリアン二世の治世下でも、ウィーンとプラハの関係は曖昧なままだった。結局マクシミリアンはウィーンに居住していたが、ボヘミアの首都を無視することもできなかった。しかし、ルドルフ二世はそれまでの皇帝とは異なって、プラハの環境の良さやオスマンの脅威から離れているという位置、さらにボヘミアの人々から提供される財政的な支援にも惹かれて、一五八二年に宮廷をプラハへ移し、ウィーンには行政の一部のみを残した。一六一二年にマティアスが即位したことにより、ウィーンは再び宮廷の中心地としての地位を取り戻す。フェルディナント二世は、対抗宗教改革に成功したシュタイアーマルクの統治者であったが、皇帝即位後ウィーンに移住した。確かに、グラーツはハプスブルク分家の自立した宮廷都市ではなくなったものの、グラーツの重要な役割は維持されたままであった。ハプスブルク家のティロル系断絶とともに、インスブルックもグラーツと同じ運命をたどった。以来、ハプスブルク君主国の終焉までウィーンの優位性は深刻な問題にならなかった。しかしながら、ハプスブルク家の領域が散在していることによって、帝国議会や皇帝選挙、戴冠式に加えて、ボヘミアやハンガリーの王冠と結びついた儀式と同様に、ハプスブルク家のすべての君主は何度も旅をすることが運命づけられていた(59)。プラハ、プレスブルク、ブダ、グラーツ、インスブルック、レーゲンスブルク、アウクスブルク、フランクフルトといった多くの都市は、ハプスブルク家の皇帝、国王、大公の巡回地として地位を維持した。

ウィーンと比べると、パリは非常に巨大な都市であり、フランス宮廷にとって長らく欠くことのできない中心であった。リヨンがパリの騒がしい住み家からアンリ四世を招こうとしたこともあったが、当然のことながら他の都市

図11　王太子にフォンテーヌブローの宮廷を見せるルイ14世

図12　1720年頃のラクセンブルク　皇帝が春に滞在する「狩猟の館」で，サギ猟で有名

はそういった幻想を抱くことはできなかった。宮廷がパリに固定された時、宮廷は都市の主要な機関となり、パリという都市の中に一つの街を形成した。さらに、パリは常に高等法院や会計院、その他の統治と関わる機関を内包していた。しかし、フランス国王は常に移動した。その移動は、ルーヴル、テュイルリ、パレ・ロワイヤルといったパリの居住地に始まり、シャンボールやその他のお気に入りのロワールの城へ、またはサン＝ジェルマン＝アン＝レー、フォンテーヌブロー、コンピエーニュといったイル・ド・フランスの城への旅である。最後のコンピエーニュに関しては、好都合にもパリと国王の聖別式が行われるランスの中間に位置した。ルイ一四世は、治世の初期にはサン＝ジェルマンに滞在することが多く、そこは一六六六年まで中心的な居住地として好まれた。そのためヴェルサイユに移住する直前まで、サン＝ジェルマンにある城は改築され拡大したのである(60)。ついに、一六八二年五月ルイ一四世の壮大なプランに基づいた宮殿が、彼の父の簡素な狩猟館があったヴェルサイユに実現した。この宮殿は、一七一五～一七二二年のオルレアン公の摂政期には中断されるものの、一七八九年まで類を見ない傑出した地位を誇ったのである。一方ウィーンでは、シェーンブルンの宮殿が住居として拡張された一七四六年になってようやく、このマリア＝テレジアの離宮がホーフブルクと同等の地位となった。しかしその時でさえ、シェーンブルンが宮廷となるのはだいたい夏の間だけで、冬の住居として由緒あるホーフブルクと宮廷所在地という地位を共有することになった。

宮廷の巡歴

宮廷の主要な所在地がかなり明確に定まり、絶え間ない移動がいくらか縮小される中でも、君主は季節の変化に伴う移動の慣習を取りやめることはなかった。冬の住居の建設とともに、副次的な屋敷や狩猟館などが発展し、季節ごとの魅力的な滞在施設となった。それは、ヴィレル＝コトレ、シャンボール、フォンテーヌブロー、増築前のヴェルサイユ、コンピエーニュなどであり、またウィーンでは比較的質素なものだが、ノイゲボイデ、ラクセンブルク、ファヴォリタ、エーベルスドルフがそれにあたる。このような離宮は、必ずと言っていいほど狩猟と結びついていた。

図13　プラーターで行われたイノシシ猟　レオポルト1世結婚の祝賀行事（1666年12月）

図14　ムードン近くで狩猟を行うルイ14世と随行者たち

つまり、季節ごとに狩猟形態が変わることが、移動する宮廷という性格を存続させたのである。

一七〇〇年前後の数十年間には、ウィーンのホーフブルクはおよそ一一月から四月までの住居だった。その期間は、降誕祭や謝肉祭、四旬節、そして、聖週間という典礼暦の主要な祝祭が行われる期間と一致している。こうした冬の期間には、ウィーンでは馬車ぞりが最も人目を引く野外の娯楽であった。それ以外の春・夏・秋では、確かに煩わしい文書の処理や仰々しい儀式を避けることはできなかったが、狩猟が宮廷の予定表の中で重要な位置を占めていた。三月には、皇帝はプラーターでのキツネ狩りで狩猟シーズンの幕開けをした。キツネはいっせいに追われ、強くぴんと張った敷布の上に捕らえられ、空中に投げ出され、最終的に殴り殺される。スウェーデンの在ウィーン使節エサイアス・プーフェンドルフは一六七二年三月に行われたキツネ狩りの様子を観察し、日記に書き残している。

驚いたことに、キツネ狩りが行われるとき、皇帝陛下自ら棒でキツネを殴り、その後に投げた。その際、皇帝は従者として小人や道化を同行させていたが、皇帝の威厳とは異質なもののように、私には思えた(61)。

四月に宮廷は大幅に縮小され、皇帝とともにラクセンブルクへと赴いた。これは、鷹狩りの一種であるサギ狩りのためであり、その際にサギが主要な標的となり、カラス、カモ、ウサギも獲物となった。キュッヘルベッカーはこの楽しき「動物と鳥の死闘」は夏の初めまで、日々の生活における気晴らしとなると記している(62)。六月に宮廷はヴィーデンのファヴォリタへ移動したが、そこでは銃猟が娯楽の一つであった。七月二二日ごろのマグダラのマリアの祝祭において、鹿狩りが慣習として催されていた。多くの鹿やノロジカ、場合によっては野生のイノシシが、幕で囲われた狭い場所に追い立てられ、狙いやすいよう幕の後ろに待機していた皇帝やその親族によって獲物として撃ちとられた。八月の終わりに、こういった囲い込み猟のシーズンは水上猟という独特な狩りで終わりを迎える。水上猟では、ドナウ川の中に動物を追い立てた後、銃殺する。広々とした狩猟場で猟犬を使って獲物である鹿を追いかけるやり方は「フランス式」とされ、追走猟に分類される。これは、狩猟愛好家であったカール六世のもとで大人気となった。この流行は、フランス嗜好の次帝フランツ＝シュテファンによって継承された(63)。秋の初めには、宮廷は滞在する狩猟館を次々と変えていた。その中にエーベルスドルフ、ハルプトゥルン（ハンガリー語ではフェルトロニー、現在のブルゲンラント州ハルプトゥルン）、ファヴォリタが含まれていた。この時期には、囲い込み猟に代わってイノシシ狩りが行われていた。さらに一年を通じて、ウィーンを取り囲む村々の近くで催される小狩猟会が宮廷の娯楽となっていた。このような娯楽には、ハプスブルク家の人々に加え、様々な方法で選ばれた招待客が参加しており、男性と同様に女性も熱心に参加していた(64)。もっと長い旅、例えば一六八〇年前後に行われたレオポルト一世の巡歴、一七二三年と一七三二年のカール六世のプラハ訪問、または一七二八年に行われたカールの世襲領における世襲忠誠誓約などが、その他の狩猟地を吟味する機会となった(65)。なかでもプラハ近くのブラニー城が有名である。

ルイ一四世が宮廷と統治機関の中心にヴェルサイユを選ぶと決定したことによって、宮廷が旅を止めることはなかった。王族の屋敷への度々の訪問、マルリーやヴェルサイユに隣接したトリアノンへの頻繁な外出に加えて、秋の約六週間に及ぶ「フォンテーヌブローへの旅」は、一六八〇年代から次第に減少していく宮廷の巡歴のスケジュールの中でも、定番のものであった。そして、この六週間の狩猟は高官や宮廷人らにとってもお気に入りの気晴らしであった(66)。フランスにおいても、ハプスブルク宮廷で行われたような鷹狩り、鹿狩り、イノシシ狩りが確認され、その他の形態の狩猟もあった。しかし、季節による狩猟の順序はあまり明らかでない。ダンジョの記録では、年始の数か月間では鷹狩りが何よりも好まれたようである。しかし、一八世紀末に鷹狩りの流行は廃れた。国王の狩猟、つまり鹿狩りでは、鹿（時には野ウサギやノロジカ）を追いかけるのは猟犬だった。しかしフランスでは、一般的な囲い込み猟のように、獲物が木製の柵に囲まれた「射撃場」に追われることはなかった。幕、つまり狩猟用の布は野生のイノシシ狩りの時に使われた(67)。王太子ルイ・ド・フランスは狼猟を好んだが、この狩猟にかける情熱は祖父であるルイ一三世ゆずりのものとされた。王太子の狩猟官は父ルイ一四世の狩猟官をも凌ぎ、その優雅な衣裳は見事なものであったという(68)。実際に、王太子は考えられるあらゆる種類の動物を獲物にしており、宮廷人は王太子をコケモモとかブルーベリーと呼んで、森に対する王太子の愛好を称讃した(69)。ヴェルサイユ宮殿を中心とした宮廷の敷地は次第に拡大していき、そこにトリアノンやマルリーを含めることで、一年を通じて廷臣たちに野外の娯楽を十分提供できるようになった。それによって狩猟のための場所が確保され、他の狩猟地を探す必要性が無くなっていた。銃猟は徐々に伝統的な狩猟のやり方に取って代わった。フランスでは追跡猟が一般的なやり方であり続けたが、一八世紀のドイツ諸領邦では銃猟の方が人気であり、ウィーンでは追跡猟と銃猟が人気を分け合っていた(70)。ルイ一四世時代の末期には、長期滞在型の宮殿としてはフォンテーヌブローが最も好まれた。一八世紀においても、コンピエーニュに加えて、フォンテーヌブローへの秋の旅は慣習として続けられ、以前より短期間ではあったが、様々な狩猟館に滞在することも多かった(71)。

もちろん、宮廷の巡歴は単に狩猟のみに関わっているわけではなかった。ルイ一四世治世の初期には、多くの地方への長期的な訪問が必要とされたが、一六六〇年代にこの頻度は急速に減少した(72)。しかしながら、一六九三年まででは国王は頻繁に軍隊を招集し、その活動を視察するため、春か初夏に主に北東部の境界の近くの軍事基地を訪れていた(73)。当時は気候や食糧供給のため、冬期には戦争を一時的に中断することが普通だった。兵站学の革新によって休止の必然性がいくらか弱まったが、依然として戦争の休止は続いた。レオポルト一世は熱烈な狩猟愛好家であったが、ブルボン家のライバル達ほど軍事や戦争に熱心ではなかった。彼の最も目を引く軍事的な行動は、一六八三年に見苦しくもウィーンから逃亡したことであった。レオポルトはオスマン軍が迫る中、宿舎の扉も開け放ったまま、混乱の最中ウィーンからあわてて逃げ出した。逃げ出すレオポルトの周りでは、「皇帝陛下はここに踏み留まられる、皇帝陛下は我々を見捨てはしない」(74)と呼びかける声がむなしく響き渡っていた。もちろん、皇帝は所領を構成する様々な地や主要な儀式のために帝国の中枢となる地へ出かけていた。ペストのために宮廷は何度かウィーンから離れることを余儀なくされたし、オスマン帝国の存在も宮廷の移動の原因となった。しかしながら、そういった出来事を毎年繰り返されるカレンダーの一部と見なすことはできない。したがって、ヴェルサイユのようにウィーンでも、以下のように結論を下すことができるであろう。要するに冬が宮廷生活の「ハイシーズン」であり、おそらくその他の季節よりも多くの訪問者を引き寄せ、キリスト公現祭に続く陽気な娯楽とともに、儀式や統治のための主要な時間となっていたのである。

フランス宮廷の日課

イングランド宮廷においては、ヘンリ七世の日課を管理するという目的で、一五世紀半ばに機械式の時計が取り付けられるようになった(75)。この装置は拡大していく宮廷の活動を調整するのに役立つものであった。一五世紀後半以降の史料には、一日の中の時間について書かれた比較的多くの記述を確認することができる。そのため、月ごとのパターンに加えて、こうした時間ごとの情報によって宮廷での生活をより詳しく知ることができるのである。

一五七四年の王位継承の際、アンリ三世は自分自身と宮廷との間に隔たりを設けようとしたが、これは高官たちを遠ざけてしまいかねない試みであった。アンリは希望通りにすべてを実行できたわけではなかったが、彼の努力はいくつかの条文に表れている。そこには、ヴァロワ朝最後の国王の活動に対する考え方が極めて詳細に示されている。アンリが当初構想していた通りではなかったかもしれないが、一五七八年と一五八五年の王令（規則集）は国王のスケジュールを具体的に提供してくれる(76)。ジャクリーヌ・ブシェは、一五八五年の王令を「宮廷の日課」という表にまとめている(77)。

朝五時にルーヴル宮殿の門は開かれ、国王は起床儀礼を行う。六時に私的なミサ、そして、九時に公開の大ミサに出席する。火曜日と木曜日と土曜日には、財務会議がその二つのミサの間に行われる。一〇時前後に食事をし、自分の館に戻り、一四時まで過ごす(78)。この自由時間の間に、国王は様々な野外での娯楽に興じたり、音楽でにぎわう王妃や母の館で軽食をとったりしていたが、国務会議や諮問会議に出席し、会議を取り仕切ることもあった。月曜日と水曜日には謁見を行い、土曜日の午後には請願を聞く。一六時には晩課の礼拝に出席し、一八時に晩餐をとる。その後、国王は「宮廷の人々」と一緒に散歩、または音楽の演奏、舞踏会や集まりを楽しむ。そして、二〇時に就寝前

表9　アンリ3世の宮廷における日課

	月曜日	火曜日	水曜日	木曜日	金曜日	土曜日	日曜日
朝	5時にルーヴル宮開門，国王起床，6時から私的なミサ，9時から全体ミサ						
6：00-9：30		財務会議		財務会議		財務会議	
正餐後	国王は午後2時まで執務室に在室⟹						
	狩り	騎馬行進	散歩	ペルメル＊	散歩	散歩	ペルメル
	母の館でヴァイオリンを聞きながら軽食					母の館でヴァイオリンを聞きながら軽食	
13：00-16：00	国務会議	国務会議	諮問会議	国務会議	諮問会議	国務会議	
	謁見		謁見		国王に対する請願の提示		
16：00	晩課⟹						
18：00	国王の晩餐⟹						
	音楽	音楽	音楽	舞踏会	集まり	集まり	舞踏会
20：00以降	就寝の儀⟹						

＊槌で木の球を打つ遊戯
Boucher, *Cour de Henri III*, p. 52.

の謁見を行う。

とはいえアンリ三世は、王令で定めた日課を毎日繰り返すことはできなかったようだ。これに対して、ブルボン家最初の二人の国王は一連の活動を実行していたが、おそらくそれが通常であったとは言い難いであろう。エロアールの『日誌』は、後の国王がアンリ三世によって定められた日課にそれほど縛られていなかったことを伝えている。そこには、王太子であるルイ一三世が九時から一〇時といったかなり遅くに父王アンリ四世の起床儀礼に立ち会うこともあれば、父が早朝に息子を訪ねることもあったと書かれている[79]。のちにルイ一三世についても、精神的に不安定な夜を過ごしたり、夜に王妃を訪問したり、そして早朝に歩き回ったりしていたことがこまめに報告されている。概して、若かりし日の正義王ルイ一三世の一日は、アンリ三世よりも遅くに始まるが、通常七時頃までにはいつも活動を始めた。エロアールの伝えるところでは、若き王は七時半または八時頃馬車にいて、その馬車の中で八時半まで様々な活動に思いを馳せることができた[80]。多くの場合は、九時頃にミサに出席し、一一時から一三時のどこかで正餐をとる。そし

図15　ルイ15世の「起床の儀」（18世紀）

て、一八時から一九時の間に晩餐をとり、二一時までに就寝する。より厳密に言えばその就寝の時間は、リュートの柔らかく美しい音楽に促されながら、少なくとも眠ろうとする時間であった(81)。会議や謁見の時間はエロアールの記録からは見えてこない。そこには、政治的な日課についてよりも、狩猟、礼拝、食事、夜の娯楽についての記録がより多く残されている(82)。夜の娯楽には、イタリアの喜劇やフランスの喜劇、バレエが含まれていた。これらの組み合わせはルイ一四世の治世でもよく知られているものである。狩猟の気晴らしやバレエ、様々な祝い事は、これまで提示してきた日課を頻繁に変更させた。時には国王自身がバレエのダンサーとして出演することもあったが、真夜中から五時まで、国王は通常館に戻っていたと思われる。また、その他の時には早くから起きて、狩猟の騒ぎに興じていた(83)。

ルイ一四世の一日は、遅めに始まって遅めに終わっていたようである。ルイ一四世の活動に関して、特にヴェルサイユでの最初の数十年間には多くの史料が残されている。そしてこの期間のことが、彼の治世全体を代表する一部として理解されている(84)。一六八〇年代、ルイ一四世は八時から九時に起床していた。ブゾンニュは一六八七年の『名簿』の中で、

表10　ヴェルサイユでのルイ14世の日課（1680年代）

8：00−9：00	10：00−12：30	12：30過ぎ	14：00頃	正餐後	19：00−21：00	22：00	24：00−0：30
起床儀礼（誓約と謁見を含む）	各会議	ミ　サ	小　宴	各会議，1人の執務，気晴らし	館にてバレエやゲーム	大　宴	就寝の儀の終わり

表11　ヴェルサイユにおけるルイ14世の1週間の執務

月曜日	火曜日	水曜日	木曜日	金曜日	土曜日	日曜日
国務会議 週ごとに緊急会議と交代（緊急会議は国王不参加）	財務会議	国務会議	国務会議	信仰会議	財務会議	国務会議
夜の娯楽：フランス喜劇，イタリア喜劇，アパルトマンでの楽しみを交互に行う						

普段の起床時間を八時四五分と記している。しかし、ダンジョは起床時間がもっと多様であったことを示唆している。忙しい起床儀礼、着付け、二日に一度のひげそり、祈り、簡素な朝食の後に、国王の過密な一日が控えていた。謁見や忠誠の誓いは大抵寝室で済ませて、その後執務室へ向かった。そこではその日の命令を発し、側近の一人とその日行われる長い会議の準備をした。一四時までの間にミサを行う許可を教皇から得ていたので、当時国王は一二時半頃にミサに出席していた(85)。一三時から一四時の間に、家族での正餐が、親族だけの小宴として行われ、その場所は王母や王妃または王太子妃の館（アパルトマン）だった。正餐後には、野外での娯楽に興じるか、側近や高官とともに仕事を続けるか、もしくはその両方をこなすこともあったようである。狩猟や球技、または散策や射的は正餐後の娯楽としてよくあるものだった。しかし、とりわけマルリーやフォンテーヌブローに宮

図16　アパルトマンでビリヤードを楽しむルイ14世（17世紀後半のヴェルサイユ）

図17　ポルティークと呼ばれる遊び（17世紀後半のヴェルサイユ）

廷が置かれたときは、これらの娯楽が午前中にも行われることがあった(86)。

午後も終わりに近づくと、フランス喜劇、もしくはイタリア喜劇を上演する部屋が設えられた。そこは、音楽、様々なカードゲーム、ビリヤードなどを楽しみながら軽い食事をする場でもあった。これらはおよそ一九時から二〇時頃に始められたようである(87)。一六八七年一二月四日のマルリーでの出来事について、ダンジョは、「夕方六時に貴族によるバレエの喜劇が始まった。それは、いつもよりも早く晩餐を行い、そしてすべての使用人が真夜中よりも前に心行くまで食事をするためであった」と記している(88)。賭け事やカードゲームが宮廷で大人気だったことは周知の通りで、特にマルリーでは、午後から夜にかけての楽しみであった(89)。二一時か二二時に、大宴として公開された晩餐が、国王の控えの間か王家の女性の館で厳かに行われた(90)。そして、「国王の就寝前の最後の謁見が普段は深夜一二時半、遅くとも一時には終わった」とダンジョは付け加えている(91)。就寝前のわずかな時間に、国王は部屋付きの音楽家による演奏に耳を傾けたり、愛犬に餌をあげて可愛がったりした。一七〇三年にはスルシュが、二三時に仮面舞踏会が始まり朝まで続いた、と書き残している。この時、国王は真夜中を少し過ぎた頃には退室し、幾分か普段と異なる就寝の儀を執り行った。つまり寝室部と衣裳部の従者が仮装で仕えたという(92)。このような特別の場合には、夜遅くの食事である深夜の宴会が用意された(93)。

サン＝シモンが時計と暦を駆使することで、どんな時でもルイ一四世の居場所や活動を予想することができると指摘しているのは、ルイ一四世の治世最後の数十年間についてである。年をとるにつれて、国王の習慣が変化していったのは間違いない。若き日のルイ一四世は、旅行、不規則な日課、盛大な野外での祝祭、情事といった多忙な日々を過ごしていたが、晩年になって次第に落ち着きを見せ、敬虔な生活スタイルが中心となった。こうした変化はよくあることで、ほとんどの国王の長い治世を見れば、当然のことだと言えるだろう。晩年の太陽王の日常は、サン＝シモンの指摘ほど厳格に決められているものではなかったが、変化の幅は小さくなっていた。ただ、周辺の館で行われる野外での娯楽や賭け事に力を入れたり、典礼上の祝祭の前後にも熱心に祈禱したり、危機の時代には高官と審議したりすることが、それまで以上に多くなっただけのことである。ルイ一四世の日常は、先代の二人のブルボン家の国王よりもはるかに安定した活動パターンであったということは間違いない。さらに言えば、ヴェルサイユ宮殿での初めの二〇年間は、ヴァロワ家最後の国王が定めようとして失敗したことを実践してみたとも言えるかもしれない。

言うまでもなく、国王が病に伏せている時にはいつも通りの活動を続けることはできなかった。当時の多くの君主と同様に、ルイ一四世も痛風で苦しんでいた。彼は何度か長期にわたり、病気を患った。そのため、医者に止められることも度々あった(94)。しかしほとんどの場合において、ルイ一四世はヴェルサイユの礼拝堂の高座にてミサに参列した。ブリュシュによれば、ルイ一四世は五五年に及ぶ治世の中でミサを休んだことは一度もなかったとされている(95)。ルイ一四世は公開されていた正午過ぎの大ミサに加えて、起床儀礼から就寝前の謁見の間にも日々、個人的な祈りを捧げていた。宗教的な祝典の前夜には、普段よりも早い時間にミサや晩課、聖体降福式、その他の夕方の聖務日課が行われていたことが確認できる(96)。このような日は宗教儀礼が日頃の夜の娯楽よりも優先された。また、喪の期間も夜の娯楽は控えられた。そんな中で一日中いつでも、高官は知らせをもって国王を訪れることができた。そのほとんどが、戦争の勝利を知らせるものであった。重要な伝達がもたらされた際には、寝室部第一侍従や侍従長が寝室に入る前でも、高官は入室を許されていた(97)。

ルイ一四世はヴェルサイユで過ごした治世後半において、それほど喜劇に参加しようとはしなかった。国王がたまに姿を見せても、一時間そこらの間ビリヤードをしただけであった(98)。晩年のルイ一四世は、王族の死が続く中で、生活パターンを変えていき、遅めに起きるようになり、以前よりも早く九時から一〇時の間にミサに参列するようになった。そして、マントノン夫人の部屋で過ごす時間が次第に長くなっていった(99)。若い王太子妃の死後、この貴賤結婚による妻は宮廷での中心人物としての地位を確立し、年上の王家の女性、つまりそれほど有力ではないライバルであるモンテスパン夫人から最も嫌われていたのは間違いない。リュイネの回想録によれば、前述のような日課は一八世紀においてもなお、宮廷生活の一つの指標にはなるが、変化する余地は残されていた。しかし、ここではその変化について論じることはしない(100)。ところでパリは、ヴェルサイユ初期の輝かしき数十年に行われた娯楽に匹敵するほど、宮廷人にとって必要不可欠な場所であった。ダンジョは宮廷人がパリへの小旅行から帰って来た事を頻繁に記している。しかしながら、一七〇〇年頃のパリは宮廷生活の中心ではなく、社会的な生活の中心としての地位を再び取り戻しつつあった(101)。一八世紀において、パリの周りを飾る王家の宮殿はかつてのように輝いていたが、都市の中心部ほどの輝きではなくなっていた。

ウィーン宮廷の日課

フランス国王の活動のおおよそは、ヨーロッパの他の王家、もちろんウィーンのハプスブルク家にもよく知られていた。初期のハプスブルク君主は、いかなるリズムで日々を送っていたのか。これについて散見される史料の多くが顧問会議の時間に限られ、それはアンリ三世の時間と一致する(102)。初期の新聞、そして往復書簡やその他の私的な史料から、宮廷の日課についての詳細な情報を集めることは十分可能ではあるが、ウィーン宮廷で出された法令や指示書はアンリの規則書ほど詳細ではなく、さらにダンジョの記述や印刷された『名簿』のような、宮廷の概要を確認できる史料も存在しない(103)。教皇使節のカラファが書き残しているところでは、フェルディナント二世は朝早く四時に起床し、「ドイツの習慣に従って」二二時頃に就寝していたとされる。フェルディナントの一日は祈禱で始まる。早朝の二つのミサと典礼暦上の特別な日にはさらに多くのミサが行われた。顧問会議はミサ後の午前中に行われることになっていたが、午後にまで伸びることも頻繁にあった。会議のない日は狩猟に出掛け、皇帝が夕暮れ過ぎになってようやく戻ってくることも少なくなかった。顧問会のある日には、皇帝は謁見し、様々な書類に目を通し、署名して、日常の仕事を終えた(104)。ただ、フェルディナントが特別早起きだったのかもしれない。その後祈禱、会議、狩猟という日課は変わらないものの、一日の始まりが少し遅くなった。小姓規定では、小姓は六時に起き、七時には自分たちの控室で祈りを捧げることが奨励されている。彼らは二〇時には再び集合し祈りを捧げ、その後すぐに床についた。つまり二一時には就寝することを求められ、以後明かりをつけることも許されなかった(105)。小姓はホーフブルクの礼拝堂や教会、もしくはホーフブルクに隣接する別の教会で、皇帝のために毎朝八時に行われるミサに参列した(106)。また日中に行われるその他の公的な行事において、小姓は皇帝に給仕することが求められた。このようにして、小姓たちのスケジュールが皇帝の習慣を示唆している。したがって、歴代の皇帝はやはり早起きであったと推測できる。朝、皇帝が着替える際に世話をするのは寝室付きの役人や従者だけだったが、彼らへの指示書には時間に関する記述はない。レオポルトの治世では、皇帝の着替えは道化師やお決まりの部屋付き小人によってにぎやかなものであったようだ(107)。八時半には会議や謁見が行われたことが確認できるが、それに関する記述には、早めに行われたという一言が加えられている(108)。

　フランスと同様に、皇帝の日課として謁見、顧問会議、協議がミサと昼食の間に詰め込まれていた。しかし、ウィーン宮廷における顧問会議はフランス宮廷ほど定時的に、そして日常的に行われていたわけではなく、皇帝が常に出席するわけでもなかった。一六七〇～一六七三年の間、つまり宮廷長官ロブコヴィッツが実権を失う前の数年間、レオポルトは枢密顧問会議に出席していなかったが、枢密顧問議会の票決を検討した上で、自身の決定を表明していた。一六七三年以降、皇帝は再び枢密顧問会議に出席するようになったが、一六八八年からはテーマごとにグループ分けされた特別委員会で多くのことが審議されるようになり、枢密顧問院は主に儀礼的な行事の場となった。このようにして、レオポルトは離れたところで枢密顧問会議の提案をもう一度熟考したうえで、決定を枢密顧問会議に伝えるようになった(109)。正餐の時間に関しては、一一時から一三時の範囲で記述のばらつきがあるものの、正餐は一二時半頃に始まり、一四時頃まで続き、また格式高い行事の際にはもう少し長くなることもあった(110)。レオポルトとスペイン出身の花嫁マルガレーテ＝テレジアとの結婚直後、彼女のスペイン人従者が正餐を一三時から一四時まで待つことを求め、宮廷の慣習を変えようとしていることにレオポルトは不満を漏らしている。ペッティンク伯との書簡で、レオポルトはスペイン人たちの試みを容認するつもりはないと断言している(111)。慣習として、正餐は皇帝の館でとられた。そこでは、もてなしの仕方に関して「皇妃側」でとられる夕食よりも規制があった。午後には、フランス宮廷と同じく様々な行事があった。つまり、それは狩猟、音楽、ゲーム、政治のことである。レオポルトと図書館長ランベックとの往復書簡からは、多方面に及ぶ皇帝の生き生きとした関心が窺われる。とりわけ皇帝は、一人でいる時でも、家族や廷臣たちと一緒の時でも音楽や作曲を楽しんでいたようである。狩猟館では、娯楽は午前の時間でも行われた(112)。史料からはありとあらゆる時間に謁見が行われていたことが確認できるのだが、午後遅く、もしくは夕方早くに皇帝と皇妃は謁見に応じていた。

晩餐は、フランス宮廷よりもわずかに早い時間に行われていたようである。格式高い晩餐に招待された賓客は一九時もしくは二〇時には着席しており、大抵二一時に終わる。しかし場合によっては同時刻に始まり、二三時まで続いたことも確認できる。皇妃の館で晩餐の給仕をしていた宮廷女官への指示書によると、季節によっては一八時から一九時の間に給仕をして、その報告をしなければならなかった。また、レオポルドの二番目の妃であるクラウディア＝フェリーツィタスはその時間を一九時から二〇時に変更していたようだ。特別な賓客を招待していない日の晩餐はいつも二〇時頃に始められたと考えられる。そして、皇帝は原則として食後の活動には参加しなかった。ちなみに、レオポルトは二二時に就寝したと自身で書き残している(113)。喜劇やイタリア・オペラは室内パーティーという形でごく内輪で催されるか、もしくはもう少し公的なものとして催されていたが、いずれにせよヴェルサイユほど頻繁ではなかった。しかし舞踏会やその他の祝典を加えると、あらゆる月にこのような行事が行われており、とりわけ年初めの月に集中して開催されていた。また、レオポルトの廷臣たちはゴンザーガ家のエレオノーラ二世による人目を引くような文化的活動や、イエズス会によって組織された活動にも参加していたようだ(114)。宮廷が祝典に酔いしれているときは、スペイン語の **merendar, merienda** に由来する「深夜の宴会 Merende」が催された。これはフランス語 **medianoche** に相当するものである。そのような大舞踏会や夜食は特に謝肉祭において有名である。宮廷女官や小姓への指示書は、廷臣たちの私室における深夜の宴会のようなあまり公的でない活動を戒めており、廷臣たちに晩餐の後一時間以内に就寝するように促していた(115)。

カール六世の慣習は『ウィーン日報』にあるように、おおまかには以前と似たものであったが、おそらくいくらか厳密に規定されるようになったようだ。朝の顧問会議や午後の謁見といった既定の日課が、祝祭や狩猟への参加によって度々中断された。キューヒェルベッカーは、枢密顧問会議は週に数回開かれ、皇帝自身が議長を務めていたと記している。他の顧問会議も決められた日に集まっていたが、皇帝が議長となることはなかった(116)。ヨーハン＝ヨーゼフ・ケーフェンヒュラー＝メッチュの日記（一七四二〜七六年）では、マリア＝テレジアがそれまでウィーンにはなかった一連の娯楽を導入した時、宮廷の日課に明らかな変化があったことが示されている。

宮廷での晩餐会は日曜日以外の毎日催された。日曜日には、皇帝は皇妃と夕食をとっていた。これに加えて、皇妃の提案に従って次のことが導入された。皇妃は毎夜楽しく過ごすために、劇場でのコンサートが開かれない日、つまり月曜日、水曜日、金曜日、土曜日の四日に、いつもの男友達とビリヤードをしていた(117)。

このような娯楽が定期的なスケジュールに加えられたことで、わずかに夜遅くなったが、前述の大枠に変わりはなかった。一七六五年にマリア＝テレジアは子どもたちに、宮廷生活の伝統を守ることと同時に、宮廷で拡大してゆく集団のために社交の場を増やすよう助言している(118)。

ウィーンでも、タイムスケジュールについてはフランスと同様の傾向をたどった。つまり、数世紀を通じてゆっくりと遅くなっていったのである。初期の指示書が時間について記述している場合でも、アンリ三世の王令に見られる季節ごとの違いを確認することができる(119)。そこでは、夏の間は比較的長い一日となっている。気候や伝統のため、ハプスブルク宮廷での就寝時間は大抵が比較的早めである。これは「ドイツ」の習慣に近いと教皇大使カラファは報告している。また、フランスは地中海地域の傾向により近いものであった。一六世紀初めから一八世紀後半にかけて、起床と就寝の時間は次第に遅くなっていった。確かに、こういった長時間にわたる活動は「明かり」の存在によって成り立ち、暗い夜の時間でも宮廷の娯楽が可能となった。ヨーロッパの主要都市でもすぐに取り入れられた「明かり」に関しては、宮廷がパイオニアであった。「本来の」明るい時間と暗い時間があまり意味をなさなくなった結果、夏冬という季節の違いもそれほど重要ではなくなった。君主の毎日の活動は次第に固定されるようになったと推測されるが、それを証明することは難しい。君主個人の生活の変化と同様に、君主それぞれの個性の違いを考慮すれば、安易に結論を出すことはできない。

親しみやすさから権力の誇示へ

ここまで宮廷での多くの活動を一年や一日という大ざっぱな枠組みで言及してきたが、こういった活動はかなり単純なものだったのか、それとも非常に手の込んだものだったのか、また人目につかないように行われていたのか、それとも公開されていたのか、いずれの可能性もあるだろう。実際、私的な時間はレオポルトよりもルイ一四世の方がわずかに少なかった。その一方で、いずれの宮廷においても私的なものと捉えられがちな行事でさえ、君主に仕える人々を詳細にランク付けしながら、君主権を誇示するよう作りこまれていた。

家族、友人、宮廷の高官や信頼できる従者という中核的な小集団は、人々の視線が遮断されている時でも君主の近くにいることが望まれていた。そして宮廷生活の現実的な必要性と君主権を演出する使命から、この集団を広げていかなければならなくなる。大勢の人々が宮廷に立ち入ること、逆に宮廷が度々移動することは、当時の人々の大きな関心事であった。宮殿の空間的な配置とともに君主のタイム・テーブルを利用して、君主に接近できる身分や職務が法令によって定められていた。こうして空間と時間の敷居を設けることによって、外来者の侵入を防ぐことが可能となった。例えば、護衛や門衛は道をふさぎ、見知らぬ訪問者を通す前に、その身分を確認した。理論上、王国内のヒエラルキーと君主に接近できる度合いとの間の厳密な対応関係は、宮殿内、教会、その他の施設、行列、公開の場、いずれの場合であろうと宮廷で築かれたものに従った。このため、規範となった近世の法令や指示書には広範囲に及ぶ試みが含まれている。君主が親しい人々に囲まれて隔離された状況から、人々と距離を置き、権力を誇示しようとする中で、宮廷は確かに君主を中心点とした一連の同心円として描くことができると思われる。こういった両極端の間を常に揺れ動いたことが、すべての近世の宮廷における特徴である。

ほとんどのフランス国王は公開の伝統に従い、その宮廷は騒がしく、活気あふれる環境であった(120)。フランス国王が食事をし、寝て、用を足すところを他者に観察されていた時、国王はそもそも本当に「私的」でいられたのだろうか。君主がいつも人目にさらされていたことを強調しすぎたり、現代の感覚と他の時代の感覚を混同したりしなくても、どんな君主もそのような環境を快く思うわけがないことは容易に想像がつく。とりわけ君主が最も身近な友人に対してさえも疑いの眼差しを向ける理由があった時には、なおさらである。アンリ三世の規則書はそれとなく、しかし雄弁に、国王がそのような絶え間ない接近に対して異を唱えており、開かれた王権を重荷と感じていたことを伝えている。一五七八年の規則書は、宮廷人が招待なく国王の部屋に入ることを厳しく禁止している。部屋のドアは従者によって監視され、就寝の儀の後は国王の部屋に鍵が掛けられた。国王の食事の間は、廷臣は「少し離れて」待機しなければならず、護衛隊長のみが国王の背後に立つこととされた(121)。一五八五年の規則書では、より明確にその要点が示されている。

国王陛下は服を着たり脱いだりする時、食事をする時、正餐や夜の軽食の時、帽子を取る時やマントを脱ぐ時、また靴を履いたり、脱いだりする時に、そのような機会を利用して入り込む者から身を守るために、以下の者たちが御身に触れることを禁じた。年に三か月の勤務期間でなく、また実際に仕えてもおらず、陛下の館で召使として寝泊まりしていない者。血統親王や枢機卿、その他の大諸侯、ジョワユーズ公とエペルノン公、王冠の高官、陛下の身の回りの世話をする者を除いて、陛下によって個別に命じられていない者は、御身に触れることができない(122)。

アンリは次に、入室に関する詳細なルール作りに取り掛かった。そのルールとは起床儀礼の間に国王の館へ近づくことを制限するものであり、地位に応じた時間的・空間的な敷居を設けることであった。特別に招かれた場合を除いて、いついかなる場所でもみな、「近づきすぎることのないように、王から少し離れて」立ちながら国王と話をしなければならないこと。正餐や晩餐の間、話をするために招かれた人々ははっきりと聞こえるように話さなければならず、その話題も「知的なことと美徳に関すること」を厳守しなければならないこと。ただし、国王の食事に参加する人々と国王の護衛や従者のみが、食卓を取り囲む柵の奥に進むことが許された。夜に国王が退去する手順は、朝のやり方を逆さにしたものであった。距離と敬意が地位に従って整理され、あらゆる考えうる状況に対して規定された。身体的であれ言葉であれ、予期せぬ接触に対する強い嫌悪が、すべての条文に貫かれていた(123)。

確かに、アンリの規定の多くは無駄に終わったが、後世の国王にとって模範となる力を持ち続けた。もちろん、受け止められ方はアンリの感性と必ずしも一致していなかったかもしれないし、後世の国王たちの環境はより秩序立っていたかもしれない。ルイ一四世は、ヴァロワ家の国王によって権威付けられた規則を繰り返し、開かれた王権という伝統を進んで引き継いだ。むしろアンリの規定で明らかに矛盾していた近づきやすさと威厳という二つの側面を融合させたのが、ルイ一四世の治世であった。つまり、アンリの場合において不快な状況から逃れるための一時的な手段だったものが、ルイの手によって宮廷により大きな関心を引き寄せる秘訣となったのである。多くの人々に宮廷生活の威厳に満ちた壮観を目撃させることは、最も効果的なプロパガンダの一つであった。ルイ一四世は、宮廷の荘厳さがいかにエリートたちを喜ばせ、同時に臣民をも魅了するかを説明している。

この楽しき社交の場は、余に対する心からの親しみを宮廷の人々に与え、言葉で言い表す以上に彼らを感動させ、魅了する。一方で、臣民はスペクタルを好んでいる……それによって、余は臣民の魂と心を掴み、もしかすると、時には褒美や恩恵を与える以上に影響力を与えうる。また、外国人の目には、国家が他のところより栄えているようにも、よく統治されているようにも見える。余計なことのために費やしている出費のようであるが、これが外国人に壮麗さや強さ、豊かさや偉大さなど非常に好ましい印象を与えているのである(124)。

ルイ一四世が長い治世の初期には権威的で、晩年には開放的であったということは、これまで言われてきたほどではなく、その権威的であったことと開放的であったこととの差異は限られていた。全体としては、国王は地位や威厳に極めて敏感であり、公的な役割に献身していたことが分かる。つまり国王は、取り巻きから個人的な生活を守ろうとはしていなかったのである。ルイ一四世の治世初期の寝室部従者の一人マリ・デュ・ボワは、就寝前の最後の謁見に臨席する選ばれた人々の前で――このような場は国王に意見を聞いてもらう絶好の機会でもあった――、当然のように国王は穴のあいた腰掛椅子、つまり便座に座っていたことに言及している。その少し後に、プリミ・ヴィスコンティも同様の慣習について言及したのであるが、ルイ一四世の名声のためになんとか嫌悪感を包み隠しながら、国王はほとんどの場合「単に儀礼として」このような慣習を行っているだけだと書き加えている(125)。国王は寝室における儀礼をさらに厳密にしたが、公的な寝室以外に私的な寝室を持たなかったので、国王のプライバシーは極めて限定された(126)。しかしながら治世の終焉に向かうにつれて、太陽王は多くの時間を家族やマントノン夫人とともに過ごすようになった。ヴェルサイユの公的な館の中にある私的な空間は、厳密にはルイ一五世の発明ではない。つまり、それはルイ一五世が曾祖父の晩年の好みを受け継ぐことに、ことさら積極的だったという証拠なのである(127)。

ウィーンにおける状況は、少なくとも一つの点で根本的に異なっていた。それはフランス王室の日課では焦点の一つとなっていた寝室であり、ウィーン宮廷の寝室は原則として立ち入り禁止であった。フェルディナント一世の一五二七年の法令には、はっきりと「皇帝の寝室には通常、誰も立ち入ることはできない」と記されている。さらに詳細な一五六二年の指示書でもこの原則が何度も繰り返されており、高位の宮廷役人や勤務中の侍従、寝室付き従者に加えて、確実に招待された者だけが皇帝の寝室に入ることが許されると書き足されている(128)。皇帝の館への立ち入り、またはそれぞれの部屋への入室は、地位や役職と厳密に結びついていた。縦列に配置された部屋には、騎士の間、控えの間、顧問会の間、そしてほとんど近づくことが許されない執務室に加えて、第二の控えの間も含まれていた。フランスにおいて、構想はアンリ三世によって作られたが、これが実際に機能するようになったのは一六八〇年以降である。現実問題として、こういった入室制限を管理することは困難であったかもしれないが、ウィーンではフランスの入室システムよりも君主が保護されており、君主の館の中心部へ立ち入ることは規制されていた(129)。

君主に接近できる度合いは宮廷ごとに様々であったが、君主は過酷な公務からある程度逃れることができた。君主は、ヒエラルキーを争うことのない親しい人たちだけに囲まれた時、より気心の知れた仲間同士の空間ができあがった。オーストリア＝ハプスブルク宮廷では、こういった機会はフランスよりも多かったが、フランス宮廷でもすべてが公開というわけではなかった。プリミ・ヴィスコンティは、ルイ一四世が多様な環境にどう適応すればよいのかを十分承知していたことを書き留めており、「公の場において陛下は非常に厳粛であり、陛下が私的な場にいるときと全く異なっていた」と記している(130)。続いてヴィスコンティは、門衛が見知らぬ人々に面会を許しドアを開けた時、国王はすぐに立ち居振舞を変えたという例を挙げている。閉じられた空間になればなるほど、国王は廷臣たちに囲まれていっそう気ままに振る舞うことができた。立ち入りに関する厳密な規則を見てみると、控えの間や執務室、さらに国王の館や親密な者しか参加できない野外娯楽や室内の気晴らしにおいても、特に小さな宮殿では国王に安らぎを与えるよう配慮されていた。逆説的だが、そのような私的な場所への立ち入りやそこで行われる活動への参加は、明らかに君主の特別な寵愛を得ようとする宮廷人たちを強く引き付けるものでもあった。単に隠れ家を求める君主はこのような状況に困惑する一方で、新しい寵愛を無限に生み出すことができた。安らかなる地を確保しようとしたことが、結果的に宮廷人を引き寄せる方法として利用されたことで、初めの自衛的な行為から非常に効果的な戦略へと変化した。この傾向は、人々と距離を置きがちなハプスブルク君主よりも、開かれた王権と常に存在する群衆という伝統を持つフランス宮廷にとって重要であった。ハプスブルク家では、館内でプライバシーを快適に保つために、新たな手立てを講じる必要はなかったのである。

では、どれほどの頻度で宮廷へ多くの観衆が入ってきたのか。また、そのような外部者はどのような条件で入って来ることが許されたのか。これに関しては、オーストリア＝ハプスブルク家とブルボン家との間にかなりの違いがあるように思われる。キューヒェルベッカーは、カール六世のウィーン宮廷について興味深い記述を残している。

宮廷では、とても多くの祝宴や祝祭が執り行われるが、そこで起きることは、午前中に華やかな衣裳や装飾品を身にまとった人々が宮廷に集まり、皇帝の食卓では比類なき音楽が流れる。午後になれば、宮廷はいつもの静けさを取り戻し、せいぜい皇帝家の人々、当代の皇帝や皇太后が互いを訪問し、それで数時間が経過するぐらいのものである(131)。

もし、このことが祝祭期間中の状況を述べているのなら、平凡な宮廷生活はどのようなものと想像できるだろうか。一六八四年から一七〇四年までヴェルサイユの教区司祭を務めたフランソワ・エベールがそれとなく伝えているところによると、退屈な宮廷生活はあり得そうもない。エベールによると、一六八六年一〇月から一二月にかけてルイ一四世が深刻な病気を患い、手術を受けた頃の宮廷人たちの様子は、以下のようであった。

……あるものは自分の仕事に専念し、他の者は、正確に言えば気晴らしを楽しんでいた。後者は散歩にでかけ、前者は広間や館の控え室に留まった。それは、まるで国王がともにいる時の宮廷と変わらないようであった(132)。

一七〇〇年、ライデンの織物業者であるピーテル・ド・ラ・クールが、ヴェルサイユを訪れた。彼は、「非常に多くの宮廷人やその他の人々」が大回廊で国王のミサが終わるまで待っていた、と記している(133)。確かに、ほとんどの訪問者がこうした途絶えることのない喧噪を伝えており、その状況は比較的静かなウィーン宮廷とは異なるものであった。

国王が「ともにある」時でもそのような喧噪は続き、そこに『名簿』に載せられていない人物も含まれていたことは確かである。宮廷は絶え間ない出会いの場であり、人々は娯楽、仲間、会話を求めて宮廷にやってきた。そして同時に、国王と会い、国王の目に留まり、可能であれば国王と言葉を交わす機会を求め、もしくは昇進や後ろ盾を得るために高位の廷臣による仲介を求めることも多かった。「宮廷に居合わせる」ことは必ずしも「宮廷で拝謁を賜る」ことを意味するわけではなかった。拝謁を賜る名誉は、君主への奉仕、家門または才能、もちろんすべてを備えていることが望ましいのであるが、いずれかの理由で国王の気を引くに値すると判断された人々に与えられた。一八世紀半ば、拝謁は家門を基盤とする貴族のために整然と組織化された(134)。ヴェルサイユのフランス宮廷は、常にエリートのための娯楽を提供していた。宮殿には、国王の家族、主要な宮廷役人、地位の低い召使やお気に入りの者たちのために、大変な数の住居が含まれていた。大膳部、厩舎、犬小屋といった附属の建物に住居が備えられ、近隣に住む者の数を増大させた。この寄宿者の数は必然的に限られており、おそらく三〇〇〇人を超えることはなかったと思われるが、彼らが宮廷生活に恒常的なにぎわいをもたらしていた(135)。

フランス宮廷における公開の限界を見極めることは難しい(136)。一五三〇年フランソワ一世はある王令の中で、「余の館で連日おしゃべりをする大勢の人々」について、国王の礼拝堂や寝室から盗みを働いた者を死刑に処すると命じている。一六七七年ルイ一四世は、国王の館での窃盗に対するフランソワの王令を引合いに出し、「余の宮廷にあらゆる所から近づいてくる怠け者やならず者の類い」にもう一度言及している。一六八二年末にかけて、この王令がヴェルサイユで繰り返し出された(137)。また、馬車でルーヴル宮殿の中庭に入場するのは地位と密接に関わっていて、規則によれば、諸侯や公爵、フランス元帥に限定されており、椅子に座ったまま入れるかどうかも権利によって異なっていた。しかし、この入場規則がさらに何度も発せられたことからも、実際にはこの空間が外の世界に対して閉じられていたとは考えられない(138)。ルーヴル宮殿の回廊には、王室御用達の職人たちが住み込み、その腕を振るっていた(139)。すでに引用したオランダ人旅行者ド・ラ・クールは、テュイルリ庭園と生まれ故郷ライデンのにぎやかな運河を比較している。使用人たちは中に入ることを許されておらず、また「辻馬車」が混雑のため路地に沿って進むこともできなかった。テュイルリとルーヴル間には「何千もの人」が歩いており、「途切れることのない長い列をなした馬車」が宮殿に入っていった。

ド・ラ・クールはパリやその他あらゆる場所の宮殿を訪れ、これがいつものことであったという印象を与えている。ヴェルサイユはあらゆる訪問者にとって価値ある旅行先であった。ルイ一四世が一六八五年から一七〇四年の間に繰り返し命じたものの、庭園が閉鎖された様子はない。旅行者たちは当然のごとく、庭園や宮殿を訪れたことを書き残している(140)。彼らは宮殿に入ることを望めたし、公的な館内の部屋にまでも立ち入ることができた。ド・ラ・クールは、国王の私的な夕食の時、国王が食事をすると思われる部屋のみ、立ち入りが禁止されていることに気付いた。彼は自由に庭園や中庭を歩き回り、室内の装飾や、多くの部屋と回廊の荘厳さに感動し、何度か公開の食事に参列した。またド・ラ・クールは、ルイ一四世の孫の公式晩餐に若いスペイン人訪問者が参列していて、その「並の身分の者」とアンジュー公が話し込んでいたことも伝えている。その後に、彼はブルゴーニュ公妃との公式晩餐で国王が食事をする姿や、サン＝ジェルマンにおける追放されたイングランド王家の晩餐も目にしている。小斎日にジェームズが卵を食べたとき、不注意にもかつらに黄身をつけてしまったが、当惑した群衆の中で「あえて知らせる」者はいなかったという(141)。結論めいたことを言えば、フランスにおける王家の宮殿は比較的開かれており、壮大なヴェルサイユ宮殿は、フランスの人々だけでなく外国からの旅行者の関心を否応なく惹きつけていた。

ウィーンでも同様に様々な訪問者や幸運を求める者が、廷臣の数を超えて、宮廷の周辺に存在していたと考えてよいだろう。しかし、ハプスブルク家の君主たちは原則としてエリートのための娯楽を提供したりせずに、ホーフブルクは常に部外者が集う場所ではなかった。では、どれぐらいの人々がホーフブルク内に居住していたのであろうか。確かに、廷臣のごく限られた一部はホーフブルク内に居住することができた。しかし、多くの廷臣や従者は、式部の役人を通じてウィーン市内の住居をあてがわれるか、または自分自身で住む場所を確保しなければならなかった(142)。つまり、重要な役人でも常に宮廷に住んでいるわけではなかった。仕事の必要がないときは、勤務期間中の宮廷女官や侍従でもホーフブルクを離れていたか、もしくは自らの住居に引っ込んでいたとも思われる。さらに宮廷に関する史料には、「騎士 **cavaglieri, cavaglirs, cavallieri**」という言葉が頻繁に表れる。一般的な場合には、「騎士」は公式な外出に際して皇帝に付き従う従者とされており、宮廷女官との接触や皇帝の館における立場に関しては厳密に制限されている。しかし、こういった者は廷臣の名簿に記載される侍従などの役人なのか、それとも高貴な訪問者なのか、グランド・ツアーの一行なのかははっきりしない。おそらく騎士という言葉は単に、宮廷に参内していたすべての貴族を多岐にわたる集合体として指し示すものであり、彼らは明白に限定された使命を持っていようがいまいが、ある時に何らかの理由で宮廷に参内していた(143)。全体として、それぞれ役割を持って一日を過ごす集団という宮廷の一面を私たちは見落としているように思う。皇帝自身が同席しようがしまいが、日々の業務をこなしている人々や名誉職的な役人に加えて、様々な人々による活動を含めて宮廷というものを考えなければならない。一八世紀の間に、ウィーン宮廷はフランス流の住居を備えたり、フランスで発布された規則集とほぼ同じように、宮廷にいることを認められた住居持ち貴族を定義した。その時でさえ、「宮廷貴族」とは頻繁に宮廷に参内する非常に限られた集団ではなく、何よりもまず参内する資格を与えられた人すべてを定義するカテゴリーであった。

絵画には、ルドルフ治世下のプラハ城にある大広間に集まった多くの人々の生き生きとした姿が描かれており、さらに大広間に隣接したいずれかの部屋に入る許しを待つ人々や、売り物を並べた行商人の姿も描かれている(144)。これは例外的なことだろうか。パリのようにウィーンでも、ホーフブルクやその他の宮殿の中庭へ入る馬車や馬が激増するのを防ぐために、規則が定められた。その規則では、馬車を引く馬の数と同様に、そのような場所に馬車で入ることのできる権利と地位とが結びつけられていた。例えば侍従の急増は、馬車で中庭へ入る特権を奪う危険性があった。なぜなら、中庭が混み合いすぎて混乱に陥ってしまう危険があったからである(145)。では、ウィーン市民はホーフブルクの中庭を散歩していたのであろうか。彼らがこういった場所を歩くことに対する厳密な禁止令を見つけることはできない。ただ一七一一年夏、伝染病の脅威がウィーンに迫った時だけは、ホーフブルクの門は厳重に管理され、宮廷役人に印をつけるシステムが導入されたため、身元不明者は締め出された(146)。逆に言えば、こうした警戒は普段は見られなかったことを示唆している。では、フランス同様に訪問者は宮殿そのものの中へ入っていたのだろうか。旅行者は決まって、礼拝堂や宝物部屋やその他の娯楽施設を話題にしていた。御用達業者や職人は自らの仕事を行うために宮殿内へ立ち入ることが許されていたが、彼らの存在は明らかに日常的な風景の一部とは言えない。小姓や宮廷女官は、市民とたやすく関わってはいけないと厳しく忠告されている(147)が、この忠告は接触することで生じうる恋愛や喧嘩の原因といった弊害を妨げるために出されていたのであるから、市民との接触を日常的な行動として捉えるべきではない。

君主の公的な活動を目撃する集団は、その時々によって様々であった。とはいえ、パリでもウィーンでもそのような活動は、多くの人々が参列してこそ意味のあるものになった。忠誠の宣誓に関する詳細を記述した一節には、帝国封を授与される人々が行う儀式の概要が描かれている。

> （使者たちは）皇帝陛下に拝謁すると同時に、跪拝をし、そのあと両膝をついて跪く。そして数歩進み、およそ半分ほど間を詰める。そこで再び先程と同じく跪拝をし、再び跪く。今度は上座の最下段まで行き、再び跪拝をし、そこに跪く。最も高貴な使者が口上を述べ、それには帝国副宰相閣下が返答する。それを受けて使者は誓約を読み上げ、誓いを済ませた後、皇帝陛下は彼に剣の柄頭に接吻をするよう促す。そこから今度は再び使者たちは引き下がることになり、もう一度上座で跪いている一方で、そして（使者が一人ではないときは）別の使者が歩み出て、謝辞を述べる。この後、再びお辞儀をして歩き、再び跪いたまま戻って行った。しかし、その際、顔は陛下の方へ向けたままであった[148]。

この儀式の記述は非常に丁寧な謁見の作法を描いているが、より興味深いのは書記によって書き足された注意書きである。封土所有者またはその使者が、上座に到着し、膝を曲げてお辞儀をして、続いて跪いたらすぐに、部屋付き守衛はできる限り多くの者に中に入ることを認め、スピーチの間に「大混乱」だけは起こさないようにと忠告する。皇帝は自らこのことを命じており、次のような理由を述べている。

> 中へと入ることを望み、中へ入ることができる全ての者たちを通すことができるのは、皇帝の権威である。その結果、全世界が、皇帝の前に跪き封土を受け取らなければならないということを目の当たりにするのである[149]。

このような儀式と公開性との間にある相互関係は明白である。しかし論理的に一貫して、公開性の高さや接近できるレベルと、儀礼の格式とは関連するのであろうか。儀式は人々に注目される時に限定されていたのであろうか。これは難問である。たとえ多くの宮廷人や外部者の目に触れることはなくても、法令から内部の人員を配置するための規則があったことは窺われる。しかし、その規則は地位を守ること、忠誠を誓うこと、分別をわきまえることに力点を置いていたにもかかわらず、王家や国家の盛大な儀式において、演出や地位に応じた衣裳をまとう者はほとんどいなかった。同じような指示書はより具体的な場面を挙げて、宮廷役人に対し公開される活動では君主に付き従うことを勧めている。例えば、それは公開の晩餐、聖務日課や聖体行列、また、宮殿の外で馬に乗ったり、行進したりする場面である。これらはまさに君主が公の前に姿を現す瞬間であり、君主の卓越性を示すためには輝かしい随行者が必要であるとされていたからである[150]。

一七一九、一七二〇年には儀式に関する概要を三巻にまとめた書物が刊行されており、その序文の中で、ヨーハン＝クリスティアン・リューニヒは、儀式に簡潔な規則を与えることは難しいと論じている。つまり、「儀式に際して、宮廷の時間や場所は時には多くのことを、時にはわずかなことを要求し、その限度を進んで決めさせようとする君主はいないだろう」と言うのである。ヨーロッパの様々な宮廷が有する伝統は、行事の特質にも、君主の好みにも対応する余地を残している。確かに、ほとんどの日々の活動の大半は大枠しか決められていなかった。したがって、その詳細が決められるのは、王家や国家にとって特別で重要な公開行事の、まさしくその瞬間であった。君主への近づきやすさを確かめるには、宮廷における儀式と日常生活の関係を調査し、また異なる宮廷、もしくは同じ宮廷の異なる時代における様々な儀礼のレベルを検討することが必要である。

あらゆる宮廷で焦点となっていた食事に関する問題を、ここでは最適な例として挙げることができるだろう。初期に出された食卓に関する法令は、座席の配置や、第一食卓の残り物を身分の低い廷臣のために与えるといった食事の「交替」に関する規則を含んでいた[151]。その出発点とも言える宮廷の食卓における慣習は、一七世紀や一八世紀の宮廷でもかなりの意味を持ち続けていた。全般的な傾向としては、食費を報酬として受け取っていたものの、ヴェルサイユの多くの役人はなお、国王の財布で、すなわち宮廷で食事をする権利を有していた。この権利は個人的に国王に奉仕するような役人や施物分配使、懺悔聴聞司祭、説教師にも拡大された。大侍従は宮廷の食卓に責任を持ち、出席する者の地位や人数を管理しなければならなかった。現金による支給は、宮廷の食卓につけない明白な理由がある者だけに与えられた。不当な欠席を重ねると、役人から宮廷で食事する権利を剝奪された。大侍従と寝室部侍従長による二つの名誉ある食卓が、国王の食卓と下級役人の食卓の中間に位置付けられた。そこでは、大侍従や寝室部の侍従が自らの食卓で訪問者をもてなすことで、王権の歓待を盛り上げた(152)。この際、食膳係によって食事が提供されたが、この食膳係は一六六四年に設立され、一七八〇年の改革による最初の犠牲者の一人となった。大侍従は、常任宮廷侍従、数名の宮廷貴族、高位の賓客と同席し、「自分が良いと思うように」招待する権利を持っていた。そして大侍従の食卓では普段、一二組の食器が昼食や夕食のために揃えられており、国王の食卓とほぼ同時刻に食事が提供されていた。それは家令自身が参加しようがしまいが変わらなかった。寝室部侍従長の食卓では、三〇人ほどの客が同席し、一部の客は大侍従の食卓とも重なり合っており、しばしば大使も含まれていた。この二つの名誉ある食卓は、国王の不在時や比較的小規模な狩猟館での滞在の際には用意されなかった。

さらに、ここに五つの食卓を加えることができる。大侍従の「第二食卓」は侍従のために四二から四四組の食器が用意され、国王付き司祭の食卓には一一から一二組の食器が、食膳係の食卓には給仕侍従のための一六から一八組の食器、寝室部や衣裳部の従者のための食卓には二〇から二六組の食器が用意された。護衛隊の士官、監督官、常任侍従、また門衛長、書記、礼拝堂付き司祭もこれらの食卓で食事をした。大使は寝室部の食卓、もしくは一八から二〇組の食器を有する自らの名誉ある食卓で食事をした。その他、懺悔聴聞司祭や説教師、また七部局の役人のために、それぞれ個別の食卓が用意されたことに言及している史料もある。全体を通して、一〇〇から一二〇の役職者には、これらの食卓で食事をする権利が与えられていた。一七八〇年の会計簿は、一〇六人が実際に宮廷で食事をしていたことを示し、その他の二八人は現金で食費を受け取っていたとしている(153)。さらに犬小屋や厩舎では、最高位の者が部下や賓客をもてなしていた。そして、王妃も自らの大膳部や調理部に約一八〇人の人員を抱え、自らの廷臣たちのために食卓を設けていた。また、他の王族も同様に自分の食卓を持っていた。国王の食卓で食事する権利を持たない陪食官は、他の生活用品と同様に食料を配給されていた。さらに公式宴会の残り物は、身分の低い特定の役人に分配されており、同じようなことが他の食卓でも行われた。この残り物は冷たく、必ずしも美味しいものではなかったので、徐々に国王に直接仕える人々からは敬遠されるようになった。そのため残り物が市場に出回るようになり、大膳部の物菜を売る店が繁盛していたと伝えられている(154)。

ハプスブルク宮廷では、皇帝や宮廷長官の食卓に加えて、侍従、内膳長、宮廷司祭、法学者や書記、小姓、部屋付き従者、そして一般的な役人のために食卓が設けられていた。『名簿』は、食卓についた人々を記載することで、これらの食卓について間接的に言及している。また宮廷長官に対する手当てを含めた支給明細から、宮廷の歓待に宮廷長官自身が一役買っていたことが分かる。内膳長はその地位が侍従に引き継がれたため、主宰する食卓を失うことになった。また、皇妃や大公妃といった女性たちの宮廷にも、さらに多くの食卓が存在したにちがいない。例えば一七五四年六月に宮廷で食事をした人々の内訳には、部屋付き侍女や部屋付き女中などの女性の従者たちが含まれている。また、このような歓待は高位の訪問者にも提供され、ごく少数の選ばれた人々が皇帝夫妻の食卓に、それ以外の人々は宮廷長官の食卓で歓待された。では、これらの食卓はどこにあったのか。そして、日常的に宮廷で夕食や夜食をとっていた廷臣や訪問者はどのくらいの数にのぼったのだろうか。これらに関する詳細を名簿や人件費の記録から集めることはできないし、祝宴の様子を記述したもので確かめることもできない。宮廷での食卓、残り物や食費に関する一七五四年の総覧によれば、まず六六人で構成される第一食卓があり、そこには皇帝一家や最高位の役人が含まれる。また宮廷司祭のために用意された一四人からなる第二食卓があり、その他四つの食卓が六〇人以上のために用意されていた。そして、一五人の小姓の食卓を加えると、最終的に一五五を超す人々が宮廷で食事していたことになる。これらよりも多くの人々が残り物をもらう権利を持ち、その他の人々には手当てが支給されていた(155)。しかしこのような断片的な姿は、危機に瀕して宮廷生活が中断された後や、長期的な変化が起きる前のことなので、あるいは例外的なのかもしれない(156)。

宮廷における食事の場は、公開性という意味で中間的なレベルに位置している。食卓には、高貴な賓客とともに廷臣や従者の注目すべきグループが集まっていたが、食卓は本当の意味での公の場ではなかった。そうはいっても、君主の食事時間が多くの人々に統治者を見る機会を提供していたことは確かであろう。寝室が部外者にとって近づくことのできない場所であったとすれば、実際の多くの宮廷では食事と教会での礼拝が、人々の好奇の目を集める最も日常的な場面であった。ルイ一四世のヴェルサイユでは、控えの間における公開の公式宴会は少なくとも週に一度は実施されており、比較的頻繁に行われる日課といえる(157)。公式宴会はルイ一五世の晩年にはかなり例外的なものになっていたが、ルイ一三世、ルイ一五世、ルイ一六世はおよそ週に二回公開の場で食事をしていたと思われる(158)。つまりそれは、ハプスブルク家の皇帝には、ホーフブルクの騎士の間で公開の食事をする機会が少なくとも年四回あった。つまりそれは、皇帝が金羊毛騎士団と食事をする一一月三〇日の聖アンドリューの祝祭、キリスト生誕祭、復活祭、聖霊降臨祭の時である(159)。また、王家の人々の誕生日や祝祭、その他様々な偶発的な機会を加えると、人々が近づくことができる豪華な食事はかなりの頻度であった(160)。これに対して、マリア＝テレジアは公開での食事をあまり好まなかったと思われる。一七五四年の総覧の余白には、皇妃は一人執務室で食事をしていたという注釈が書き加えられている。また、ケーフェンヒュラーの記録によれば、マリア＝テレジアは君主として登場する場面を夫に委ねることが多かったというが、公開の食事に関しては多く言及している。一七四七年一〇月の冬季規則で、マリア＝テレジアは自らの公的な義務を的確にまとめている。

……今冬の毎週日曜日に公開の食事をすること、教会前で謁見を許すこと、そして火曜日と金曜日に自らの館で食事をすること、しかし例外的に毎週日曜日、水曜日、土曜日には宮廷長官の部屋で食事をし、参観することができるようにすること。

君主の館では常に高貴な賓客との食事が続く。ケーフェンヒュラーはそのような機会ごとに、約四〇組の食器を揃えた二つの食卓が用意されていたと記述している(161)。

公開の食事、とりわけ大規模な祝祭における宴会は、特別な場面や名誉ある高位の賓客を称えるためにしつらえられていて、まさに宮廷で最も際立った公開の活動の一つであった。教会で行う場合と同様に、洗礼盤と布で清める儀礼的な行為は君主の優越性を強調し、君主に仕える者たちのヒエラルキーを表していた。およそ同じような儀礼の多くがヨーロッパの大宮廷で行われていた。一七世紀のフランスでは、ナプキン、胡椒や塩、肉切りナイフは大帆船という意味の「ネフ」、つまり舟型の入れ物に入れられて運ばれた(162)。大膳部の役人たちが厨房から、普段国王が食事をする控えの間へと行進する時も、この舟型の容器は国王権力のシンボルとして、丁重に扱わなければならなかった。ネフは用意された食卓に置かれ、そこで担当の給仕侍従がそれぞれの品を毒見のために国王主水長に差し出した。国王主水長は料理に軽く触れたパンのかけらを味見をし、毒見のために食べ物とナイフやフォークを検めた。両宮廷において、出席する役人は場面に応じて変わった。確かに、宮廷長官や大侍従がいつも出席していたわけではなく、身分の高い諸侯や貴族がいつも出席していたわけでもなかった。この二つの最高官の代理人である、フランスの第一宮内侍従やオーストリアの宮廷儀仗長は出席することが求められ、儀杖を持って料理を先導した。さらに、そこには下位の名誉職役人が数名いた。後のルイ一三世の洗礼に際して催された晩餐の描写からは、その威厳や荘厳さが十分に伝わってくる。

ソワソン伯は大侍従の職務を行い、肉料理に付き添っていた。トランペット演奏者が先導し、国王の食卓の前に到着した者は地面に跪いた。国王や王妃、ロレーヌ公の侍従二〇人が続いて歩いた。その他の諸侯がそこにいれば、その列に加わった。その際、地位に関わりなく全員が儀仗を下げ、三人ずつ進み、さらにそれぞれの第一侍従がやはり儀仗を下げて行進した。

続いて、大侍従は儀仗を掲げ、国王の側まで行き、料理を献上した。すべての膳も同様に給仕され、大侍従は行ったり来たりした。肉料理は諸侯や貴族によって運ばれた(163)。

この特別な晩餐は、よくある口論で中断した。大侍従とその兄であるコンティ公が、二人ともナプキンを差し出す権利を要求したのである。この行為は大侍従に認められるべきなのか、それとも高位の諸侯なのか。前者を支持するためにアンリ三世時代のことが引き合いに出され、後代の慣習は後者を支持していた(164)。このような場面では、有力な諸侯たちが主殺職、酒酌職、肉切り職として仕えた。また威厳という点でいくらか劣る場面では、この名誉ある職に就いていた者の中でもあまり身分の高くない者たちが自ら給仕していたかもしれない。しかし彼らもまた、代理人として勤務する給仕侍従と交代することが非常に多かった。給仕する人数の多さが、必ずしも食卓を威厳のあるものにするわけではなかった。ルイ一三世は、国王の食卓で給仕する従者の数や交替制を定めようとしていたが、「時代の移り変わりや治世の交代が混乱をもたらした」と嘆いた。さらに、何度決定を下しても「効果はなく、予想通りの秩序ももたらしてはくれない」と語っている。ルイ一三世は続けて、役人たちが几帳面に規則に従った時でさえ、人数の多さが否応なく混乱を引き起こしているという考えに至った。それゆえ、国王は職務の長に対し新たに人員を増やすことを禁止し、後にルイ一四世がさらに強固に再建しようとすることになる規範を幾度となく繰り返した。その規範とは、三人の宮内侍従と九人の従者を年内三か月ごとに分けて給仕させる方法であった(165)。

ヴェルサイユでは、公開の公式宴会が国王の控えの間で催されるか、代わりに王妃や王太子の控えの間で催されることもあった。これらの宴会は一六六五年、一六八一年、一七二六年の規則書で作り上げられた威厳のある規則に従っていた。しばしば国王は一人で食事をし、見物人たちは脱帽して、立ったままで、その食事の様子を眺めなければならなかった。国王の親族だけがそこに同席することができ、男性よりも女性の親族が国王と同席することが多かった。そして、公爵夫人だけが国王の前の腰掛に座ることが許されていた。王妃は自らの大膳部と調理部を持っていたが、国王と同席するときは、国王の大膳部の役人に給仕させた(166)。国王の日課についてサン＝シモンが語るように、国王は控えめに一人で公開の食事を行ったのであろうか(167)。『名簿』とダンジョの日記は共通して、国王が家族とともに食事をするのは決して特別ではなかったことを示している。以下は、ブゾンニュが一六七八年の『名簿』に記した一節である。

図18　ルイ14世の回復を祝してパリ市庁舎で催された祝宴（1687年）

普段、国王は王太子妃の館で食事をする。王太子や王太子妃、そして国王の弟、王妃は、食卓で陛下とともにいる。私は王太子に狩猟でない限り、なるべく同席するように言った。

ブゾンニュは、一覧表に載せられた人々の子どもたちは等しく歓迎されたと付け加えている。さらに晩餐についても、同じ規則が適応されていたとも書き加えている(168)。ダンジョも、一六八四年の総覧において基本的に同じようなことを書き残しており、そこで王太子妃の控えの間での正餐について次のように記述している。

侍従が給仕を行う。王太子殿下と王太子妃、王弟殿下とその妃、ギーズ公の娘や夫人が、国王とともに、しばしば血統親王妃とともに食事をする。

国王一人での食事は必ずしも、王族が同席する宴会よりも威厳のあるものではなかった。しかし国王の食卓を大げさに表現することは、ヴェルサイユ宮廷のあらゆる風景から、変わることのない国王の圧倒的な優越性を引き出そうとする全般的な傾向と合致している(169)。

一方、ウィーンでは内膳長、肉切り頭、そして酒酌長は、様々な人々によって担われており、フランス宮廷の穀物職、肉切り職、酒酌職と同じような職務を行っていた。祝宴のための配膳はヒエラルキーを正確に反映しており、膨大な量に及ぶ。その中で、肉切りやその他の給仕は有力貴族によって執り行われた。皇帝が自らの館で夕食をとる際には、侍従がお酌や肉の切り分けを行うことが普通であった。同じく、皇妃が自らの館で夕食をとる際には、女官が給仕していた。内膳長、肉切り頭、酒酌長、小姓が公開の食事やホーフブルクの外でする食事の給仕を担っていた(170)。あらゆる役人が参列したのは、君主の食事が多くの人々の目に触れるような大行事となる時だけだった。このような食事には、外交使節団や多くの訪問者、そして宮廷人が参列することが望まれた。皇帝や皇妃、そして賓客に対して、宮廷儀仗長を筆頭に、銀器侍従長、内膳長、侍従、宮廷女官、肉切り頭、酒酌長、小姓と続く宮廷役人の面々は跪いて給仕した(171)。一九世紀の学識者フェーゼは、あらゆる料理が皇帝のもとに届くまでに、二四人の手を経ると算出している(172)。大使をはじめとする出席した全ての部外者は、目の届く所に立ち続けなくてはならず、「皇帝陛下が最初に飲み物を飲まれたすぐ後に」退出を許された(173)。また皇帝の食卓には、ヨーロッパの全君主の紋章が描かれていた。皇帝のテーブルは高段の上にあり、皇帝の椅子は堂々たる天蓋に覆われていた。食事の間中、皇帝は帽子を被ったままで、祈りの時と皇妃が皇帝の健康を祈念して乾杯をした時だけ脱帽した。また日曜日や祝祭の日には食事は公開され、宮廷音楽家の演奏で活気に満ちたものとなった。

場所に空きがある限りにおいて、「場と祝宴に相応しい服装をした者」は公開の食事を参観することが認められていた(174)。訪問者は公開された食事の様子を詳細に記録する中で、参観することについては特に問題がなかったことを示唆している。ブラウンは、クリスマスの公開の食事の時に「三人の注目すべき背の低い小人がいた」と書き残している(175)。ペルニッツは、皇帝と皇后がともに食事をする場に居合わせ、料理数をあわせて四八皿と数えており、皇帝と皇妃に対してはそれぞれの厨房からそれぞれの廷臣が給仕していたという。皇帝が皇妃または皇母の館で食事をする時には、宮廷女官が侍従や従者の役目をしていた。しかし、皇母しか十分な人員や設備を持っていなかった時には、皇帝の人員が皇妃に対して食事の準備や運搬を行う必要があった。食事の場が皇妃側であるか、皇帝側である

図19　フェルディナント4世の世襲忠誠誓約式時の祝宴が催されたウィーン宮廷大広間（1651年）

図20　世襲忠誠誓約式に際して騎士の間に用意された皇帝の食卓（1705年）

かは儀式の格に応じて異なり、賓客を歓待する場合は皇帝側で開かれることがほとんどであった。一七四六年一一月、マリア＝テレジアは祝祭日に公開される食事の場所を、自らの館から広い皇帝の控えの間へと変更した。それは、彼女が多くの見物人が比較的狭い部屋に入ることを懸念したためであった。しかしながら、皇帝の控えの間は、皇妃側（マリア＝テレジア）の食事の形式に合うように入念に手を加えられた。宮廷女官が男性の給仕役人に代わって給仕し、そして天蓋付きのテーブルがのせられた高段は取り払われた。皇帝側では大使たちが立ったまま参観することが想定されていて、誰も食事に参加できなかったので、混乱を避けるためにこのような大変な作業が行われたのである(176)。しかしマリア＝テレジアはすぐに、公開に関するそれまでの制限を取り払った。一七六五年一月、皇后はより多くの人々に宴会用の大広間で公開の食事を参観することを許可したが、立ち入りを制限することは困難であった。結局、観客がどっと押し寄せ、大変な混乱ぶりだったので、皇帝夫妻は身を守るために退去せざるを得なかった(177)。

ウィーンとヴェルサイユ、どちらの宮廷でも、食事は高度に儀式化された公的なものから、それほどの儀式ばらない私的なものにまで及んでいた。盛大な公式宴会、控えの間で定期的に催される公開の食事、さらに会議室での私的な食事、そして執務室、または路上や「農村での」急な食事はすべてひとつながりのものであった。しかし、君主が会議室で食事をしたり、自身の執務室で仕事をしたりしながら「ナプキンの上で」食事をする場合、儀式ばったものとして評価すべきでない。夜食は、いつもは小宴でほとんど誇示することなく私的に行われるものであるが、病気、服喪期間、小斎日以外のほとんど毎日、豪華な公開の正餐が行われていた(178)。小宴は、離れた大膳部よりも便利な食膳部で準備され、大膳部は、公式宴会や陪食官の食事を用意するために使用されたのである(179)。小宴は、国王の食卓係や寝室部の人員によってひっそりと給仕された。国王が旅行する時や、軍隊の駐屯地を訪ねる時には、廷臣や軍の高官が国王と同席するために食事に招かれた(180)。フランス国王よりも頻繁に旅をしていたハプスブルク家の皇帝は、儀式用の道具や標章を持ち歩いていたが、人々の視線が限られている場合には、皇帝は進んでより質素なやり方で食事をした。ケーフェンヒュラーはこのようなあまり儀式的でない食事を示すために、「まさしく小宴で」というフランス語を使用している(181)。

祈禱、狩猟、宮廷劇場、舞踏会、宴会などの多くの宮廷の行事の中で、簡素なものから高度に儀礼的なもの、そして締め出されるものから公開のものに至るまで、ある種の一貫性が見えてくる。自らの館という比較的隔離された場所での一人の祈りは、数百人に施す触手儀礼や大衆によって見物される行列と比べて、全く違った雰囲気を醸し出した(182)。スルシュは、ヴェルサイユの歴史の中でも群を抜いて「公開」されていた初期の一〇年間に、「小規模だが、特別な祝祭」が太陽王の館で行われていたことを指摘している(183)。館（アパルトマン）には二つの種類があった。それは、威厳あると見なされた宮廷人からなる小アパルトマンと、勤務中の守衛が認めたすべての人が入ることのできる大アパルトマンであった(184)。一七四七年のアパルトマンについて、ケーフェンヒュラーは部外者の一時的な滞在が親しい間柄どうしの振舞を変化させていたと記している。それは、「よそからの見知らぬものが居合わせている」限りにおいて、宮廷人はゲーム遊びをすることができないといったことである(185)。同じようなこととして、仲間内で結成された狩猟会は、一八世紀のドイツ諸宮廷においてきめ細かく組織された公開祝宴としての狩猟大会とは、明らかにかけ離れていた(186)。ドイツ諸宮廷では、狩猟が君主の野外劇場と一体化していた。フランス宮廷は同様の発展に止まらず、ルイ一五世の狩猟好きが高じて小夕食会が儀式化されたが、それは国王の友人関係に基づいていたというよりも、意図的に「私的な場」が利用された結果と考えられる。バレエや喜劇は、特権階級の限られた宮廷人によって演じられ、観劇された。しかし素人の宮廷人に代わって、プロ集団によって上演され、より広い層の観客によって見物されることもあった。一七五二年頃、ケーフェンヒュラーは、ハプスブルク家一族の誕生日の祝賀において様々な層の人々を宮廷に招き入れることで生じた混乱を嘆き、とりわけ本来は高貴で排他的な室内パーティーとして行われるべきオペラ（騎士の芝居）が、貴族によって人々の前で披露されていたことを非難している。彼が言うには、貴族はこのような特別な行事の名誉を失墜させかねないという良識ある感覚を持つべきであり、そうすれば、二つの異なった階層の好ましくない混合を避けることができたはずであった。一七七〇年代にかけて、宮廷の祝祭に参加する層は拡大していった。そして驚くべきことには、一七七〇年にベルヴェデーレ宮殿で開かれた大宴会には五〇〇〇人の客が招かれた。一七七三年、騎士の劇場が市民劇場という開かれた形で開催された時、もはやケーフェンヒュラーが不平を述べることはなかった(187)。

宮廷生活の公開性

結論として、一七世紀後半から一八世紀初めにおいて、ホーフブルクの中庭、大広間や控えの間は、ヴェルサイユほど混雑してはいなかったと考えられる。さらにホーフブルクは、皇帝一家と欠くことのできない側近たちによる小さな集団しか収容できなかった。その一方で、フランス宮廷で社交の場に参加できる特権を持つ層は、ヴェルサイユに宿泊することも許されていた。一八世紀後半まで、ウィーンのハプスブルク宮廷は特別に公開される瞬間と結びついていた。つまり、ハプスブルク宮廷は頻繁に姿を見せるが、常置されていたとは言い難い。都市の住居に関しては、太陽王がそこから遠くはない田舎の宮殿に留まる一方で、皇帝は長期にわたって離れることができた。それゆえウィーン宮廷における「宮廷生活」や「宮廷人」の観念は、ヴェルサイユとは異なった意味を内包した。二つの宮廷が親しみやすさと権力の誇示との間で絶え間なく揺れ動きながら、異なるやり方で組織化していたように、日々の日課は幾分異なる傾向によって定まった。ハプスブルク家の宮廷では、多くのことがフランス王家ほど派手でなく公開されてもいなかった。そして、このことはスペイン宮廷と関連付けられることが常だった。しかし、質素な服装、際立った宗教的な立場、また宮廷組織における表面的な類似点は、ハプスブルクの両宮廷を比較するための基準としては十分ではない。つまり、両家の類似性はスペインの親族、スペインへの旅、スペインの影響力によって安易に説明されすぎてきたのである。十分に組織化され、浮世離れした威厳のある宮廷の姿を求める傾向は、独自の宮廷作法を越えて他の宮廷にも確かに存在していた。

一八世紀において、生活の快適さ、私生活、そして家庭生活の理想は、二つの大国で重視されるようになった。こういった傾向は枝分かれの結果を生み、ハプスブルク家の領域における改革の精神は、さらに状況を変化させた。フランスでは、ルイ一五世が個人の活動範囲を拡大し、彼の曾祖父のように権力を誇示することに対して忠実に耐え忍ぶことはできなかった。ルイ一六世はヴェルサイユで生活し、そこでは多くの館が数多くの王族によって取り仕切られていたが、国王は深刻な財政危機にある宮廷を統轄し、先代の国王たちの中間の道を選んだ。ウィーンでは、フランスから影響を受けたサロンのような宮廷生活が、コンサート、演劇、そして館での娯楽といった一連のサイクルを伴いながら、帝国の他のところと同様に発展した(188)。ウィーン宮廷は人々に扉を開き始めていたが、それは以前には認められていなかったことである。そして、この二つの宮廷が到達した結果は明らかである。マリ＝アントワネットとルイ一六世の結婚による同盟は、このプロセスに相応しくも逆説的な形で終止符を打った。マリ＝アントワネットは、王家の女性がいる時には、男性の客を呼ぶことができないというフランスの規則を廃止した。そして彼女は、王家の男女が客と一緒に食事をするという家族的なスタイルの夕食を導入した。しかし他方で、マリ＝アントワネットは、フランス王妃として果たすべき公的な責務から逃れようとし、私的な部屋への逃避を求めていた。フランスの慣習に対する彼女の「攻撃」に人々は眉をひそめ、引きこもりがちであったとされる疑惑が、後に彼女を中傷する人々のレトリックの中で重要な役割を果たしていくことになる(189)。

親しみやすさと権力の誇示との間の繊細で不安定なバランスが、王室の日課に影響を与え続けた。またそのバランスによって、宮廷の人員は人知を超えて膨れ上がったり、ヒエラルキーというカーテンの後ろにかくまわれたりした。この親しみやすさと権力の誇示という二つの目的を達成するのに役立ったのが、儀式であった。

第6章　宮廷における儀式と地位

儀式とは

儀式とは何か。儀式がどのようにして宮廷生活を形作るのか。この問題は前章で取り扱ったので、この章では体系化して論じていく。世俗的であろうと宗教的であろうと、権力を広く誇示する儀式は、繰り返されるうちに詳細なしきたりに従って行われるようになった。そのようなしきたりの中身は、次の三点に絞られる。それは、君主の栄光をたたえること、儀式に参列している人々の序列を細かく区分すること、国家と君主のつながりを再確認することである。「君主権を誇示すること」は儀式の中の核心部分であったが、他の二つの要素と関連していた。すなわち儀式を通じて、君主は高官や諸侯、地域における諸団体の代表者といった人々との関係を定義し、はっきりと目に見えるようにしていたからである。もちろん、儀式は宮廷に限られたものではなく、必ずしも王家の権力を表すためだけのものでもなかった。そもそも社会というものは、地域、都市、各種団体、王権、教会によって偶発的に形作られていったので、それぞれが長い対話の中で集団としての固有の形態を保持していくことになった。祝祭的であり礼儀作法を大事にする儀式こそが、そのように潜在的には反発し合う可能性を秘めた集団間の絆を繰り返し示したのである。つまり、祝祭であっても威厳のあるやり方で、儀式は社会としての一体性を実演し、各集団の相互関係を詳細に可視化し、明確にした。教会はもちろんのこと、ギルド、軍隊、裁判においても、宮廷と同様に儀式が取り入れられていた。

ヨーロッパの各宮廷では、長期にわたって形の定まった儀式が行われており、そのことによって儀式がいくつかの共通する要素を持つようになったのかもしれない。王室の公的な活動については、宮廷生活を概観した前章でも再三指摘しているように、それは宮廷の儀式と呼ぶことのできるものである。これらの宮廷儀礼は、どのような王室でもよく行われている日課の延長線上にあるもので、このような日課はその都度外から見えるものであった。法令の中には、宮廷内の寝室、食卓、厩舎、礼拝堂の儀式に関する規則が含まれている。しかし一般的には、戴冠式での振舞方や、重要な会合における参列者の序列や立ち位置について、法令や指示書が言及することはない(1)。王家や国家に関わる重要な儀式は、他の儀式よりもかなり多くの人々が参観するもので、必ずしも宮廷で行われるとは限らなかった。これらは「人の生死に関わる」王家の儀式（洗礼式、結婚式、葬式）から、新しい君主が国家との結束を示す儀式（聖別式や戴冠式）、そして国王と、国家を代表する様々な団体との関係を再確認するような儀式（国王選挙、身分制議会、入市式、世襲忠誠誓約式や封土授与式、親裁座など）に至るものである。王家の人々と、国家あるいは国家を形作っている団体を代表する人々が、このような儀式すべてに参列していた。入市式の行列は君主の偉大さばかりでなく、都市の長い歴史や偉大な功績をも誇示していた。また戴冠式や聖別式は、新しい君主がお披露目される場であるだけでなく、君主が自らの義務を改めて表明する場でもあった。主要な身分制議会、君主の下で開かれる裁判、国内の様々な下位団体に関わる儀式も同じような二面性を持っていた。帝国議会や国王選挙から封土授与式に至る帝国の儀式も、この形に従っている。このような儀式については、小冊子や学術的な論文が豊富に残された。ここではあらゆる儀式の縮図として、王家もしくは王権の国家儀礼を取り上げる(2)。

家門および王権の儀式が、いずれも宗教的な色彩を強く帯びていたことは驚くべきことではないが、すでに論じたような、年間を通じて行われる典礼と結びついた儀式は一つのカテゴリーと言ってもよい。王権と密接につながっている騎士団の儀式も、宗教儀礼ほどではないが、どこでも見られるものであった。サン・テスプリ騎士団と金羊毛騎士団は最も誉れ高き例で、それらは徐々に拡大していった。君主間、もしくは彼らの代理人たちとの間の会談や謁見では、人々は対面、挨拶、エスコートのやり方に関して慣例を踏襲することに神経をすり減らし、ヨーロッパ規模でヒエラルキーや地位に関する問題を解決しようと、言葉や行動で議論を戦わせ続けた。また、一六世紀から一七世紀

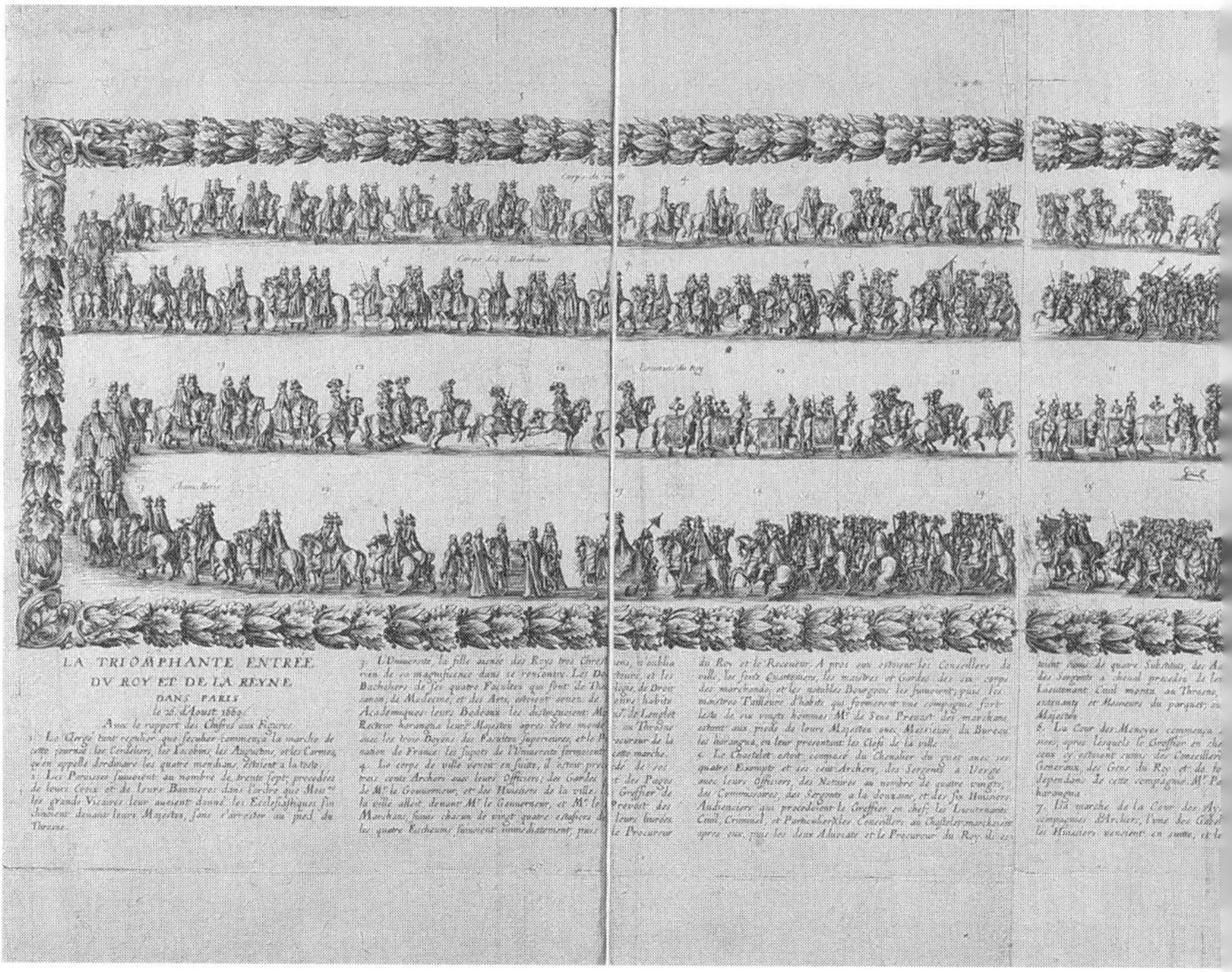

図21　歴史的な伝統に則った行列を描いた典型的なＳ字形式の描写「ルイ14世とマリ＝テレーズのパリ入市」(1660年)

図22　下オーストリア諸身分によるカール６世の世襲忠誠誓約式　グラーベンからシュテファン大聖堂への

にかけて常駐するようになった使節による外交の確立が、「外交上の儀式」に更なる重要性をもたらした。それゆえ同時代の人々だけではなく、後世の歴史家たちにとっても、ヴェストファーレン会議が外交のみならず、宮廷で日々行われる儀式においても新しい段階をもたらしたと広く受けとめられた(3)。それは、宮廷が外交的な会合の場となるのが通例だったからである。最終的に、君主同士や同行する従者たちのために式次第が書かれるようになり、儀式官房で定められた。

地位の誇示

あらゆる形の儀式が、君主の威厳と最高の地位を表現するために用いられた。宮廷やそれ以外の場所において、王族の人々や古来の大貴族家門の末裔たちが恭しく参列している姿によって、君主の卓越性が理念的に視覚化された。碩学テオドール・ゴドフロワは一七世紀前半に『フランス儀典書』を編纂し、儀式の本質を明らかにするような六四点を一覧にした(4)。その中には、いささか現代風に言えば、「特殊効果」と呼ぶべきもの、すなわち色彩・服装・音(喪を表す音)や、君主を象徴するような工芸品（尺・宝珠・指輪・王冠など）が列挙されており、これらは聖別式すなわち戴冠式で非常に特徴的に用いられた(5)。君主だけでなくそれ以外の人々にとっても、服装・装飾・宝石といったものの色、豪華さ、質は地位と釣り合ったものでなければならなかった。これは奢侈禁止令の中で繰り返し言われた理想でもあった。フランスでは大厩舎部、ウィーンでは宮廷厩舎長下の人員が演奏するトランペットやドラムは、比較的大規模な儀式の伴奏には欠かせないものであり、行列は決まって、華麗な装飾を施した矛槍などの武器を持ったエリート護衛兵の列の間を通過した。こうした護衛兵は民衆に対して君主の権力を示し、群衆から君主を守っていた。カトリックの儀式と同様に世俗的な儀式は、人々の感覚に訴える強い力を持っており、君主権や神授王権に関する学説を受け入れたがらない、もしくは受け入れられない人々にも権力の本質を見せつけた(6)。これらの華やかで荘厳なスペクタクルに付随して、多くの見物人たちは余興、食べ物や飲み物、施し物を期待することができた。パッ

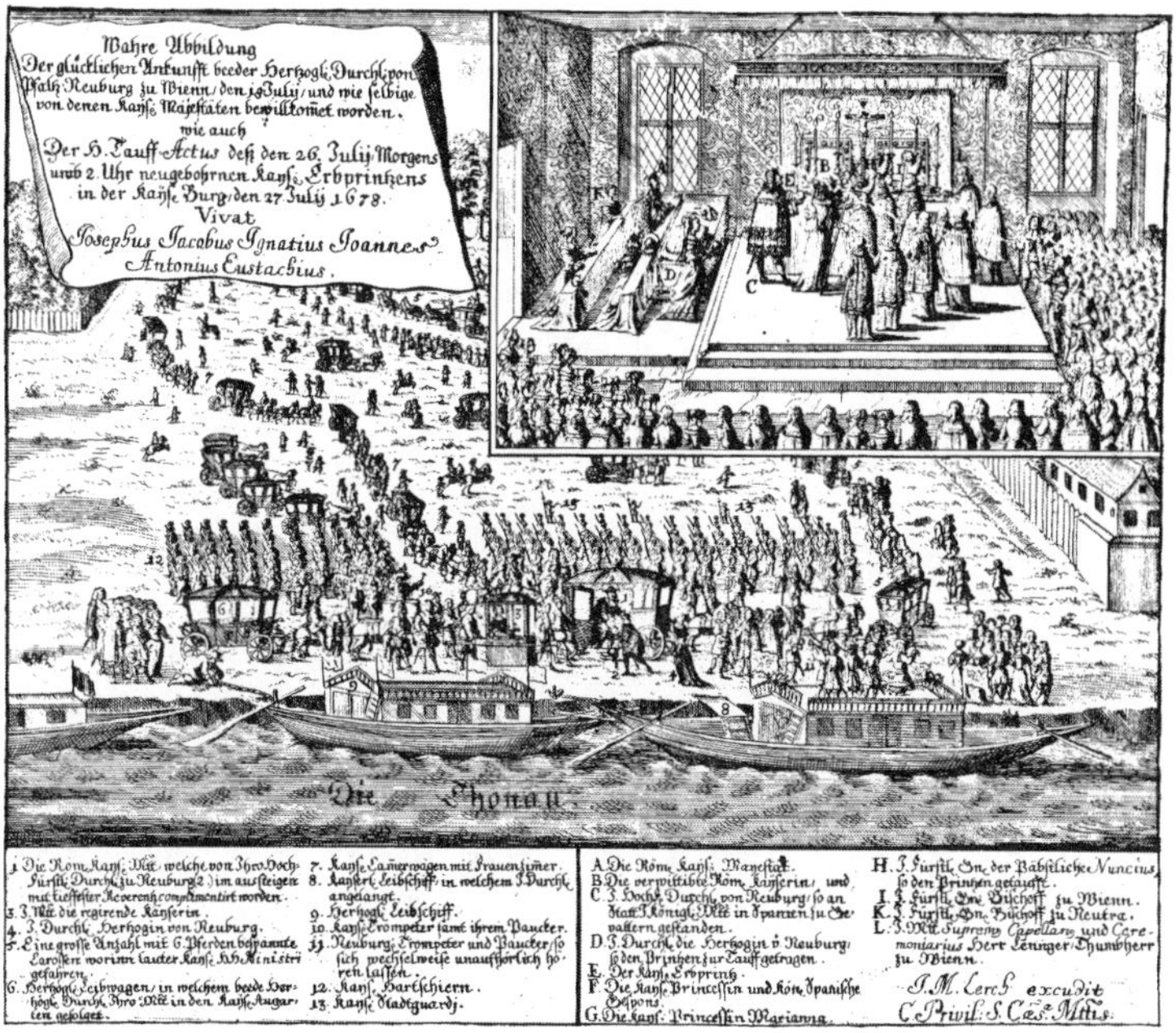

図23　1678年のヨーゼフ１世の洗礼とプファルツ＝ノイブルク公の到着

サーは、レオポルトの三番目の妻エレオノーラ・フォン・プファルツ＝ノイブルクがハンガリー王妃となったことを祝う祝祭の様子を書き残し、ハプスブルク家の祝祭がフランスよりも質素だったことに驚き、次のように伝えている。「一枚の金貨も投げられず、一本のワインの栓も開けられず、一頭の牛もステーキにされなかった」と。一方、ゴドフロワは一六〇六年のフランス王太子の洗礼式について「王太子は壇上から教会の内外に向かって金貨や銀貨を投げて施しをした」と書き残しており、他にも多くの同じような場面を記述している(7)。このような余興によって、権力の誇示という荘厳さに人々のにぎわいが加えられた。その結果、さらに多くの観衆を惹きつけることができたと思われる。

　ヒエラルキーの上層に位置する人々は、神意によって定められた序列をすべての参観者にはっきりと見せようとしていた。フランスの同輩公や神聖ローマ帝国の選帝侯以下、儀式に参列するすべての高官は、より広い全体の中で自らの地位を守ることに気を使っていた。官職保有者の権利は微妙なバランスの上に成り立っており、彼らは儀式での変化を自らの地位に対する攻撃だと考えたので、些細な変化でさえ大混乱を引き起こす可能性があった。要するに次のように解釈しても必ずしも間違ってはいないだろう。君主の存在が争いの元ではなかった。むしろ、ヒエラルキー上の地位が近い者たちの間で、上席権を決めなければならない礼拝堂、会議室、食卓など、考えられうるすべての状況で、争いが引き起こされる可能性があった。ひとたび騒ぎが起きれば、儀式で誇らしげに示される序列を貶めかねないので、主要な儀式における荘厳さが、間違いなく人々に礼儀作法を守らせていた。しかしながら観衆が多くなれば、参列者間の緊張が高まっていくことは避けられなかった。したがって、宮廷を秩序あるものにするためには、すべての参列者が自らの身分に相応しいと納得できる地位や席次を与えられ、位階表が広く受け入れられる必要があったのである。しかし、このような調和のとれた理想的な状況が実現されることはほとんどなかったようだ。家柄に基づくヒエラルキーが、変化のないシステムに固定化するということは決してなかった。というのも、ヒエラルキーの中に外国人や寵臣、社会的に成り上がってきた者を割り込ませることもしばしばで、宮廷内での立場が認められている高官たちの態度でさえ、大家門間の力関係に左右されていたからである。さらに、宮廷にいる外交使節も自らの君主の威厳を守り高めるために、職務として儀式の場における外交工作に専心していた(8)。

儀式自体は事細かに規定されていたが、それでも争いを防ぐことはできなかった。ゴドフロワの儀式目録によると、状況によっては行列の最前列と最後列、どちらも名誉ある位置となることがあり、また列の右左についても、どちらがより高位の者に与えられるかはその時々であった(9)。ちなみに習慣の違いによって、問題が容易に解決されることもあった。例えばオスマン帝国の人々の場合、左側が習慣的に好まれた一方で、ほとんどのヨーロッパ諸国の場合、右側が好まれていた。とはいうものの、どちらにも価値が存在するというだけで、論争が過熱していくこともよくあることだった(10)。教会における状況は、二つの視点が考えられるので複雑であった。つまり、神という最高位の視点と高貴ではない参観者の視点があった。ミサには、君主は大抵「福音の側」、つまり参観者から見て左側、祭壇から見て右側で参列する。では、他の高位の者たちは神と君主という、二つのヒエラルキーの中心のどちらを重視すべきなのか。一六三七年にノートルダム大聖堂で行われたサヴォワ公の葬儀に際して儀典官が述べているように、様々な解決法が見受けられる。

大使たちの長椅子の上座に教皇大使、ヴェネツィア大使、そして私（儀典官）が着席していた。それに向かい合うように高位聖職者の席があった。入口から見て左手であったため、教皇大使は自らの位置に難色を示した。それに対し私は、イタリアで最も名誉ある位置は福音の側です、と教皇大使に言った(11)。

状況に応じた儀式のルール作りには、様々な事情が深く考慮された。宮廷生活のほとんどすべての場面で、些細なことでも果てしない議論を引き起こす可能性があった。寝る・座る・立つ、椅子の形・座席の配列、ドアを両開きするのかあるいは片開きなのか、ドア・テーブル・窓・衝立・炉床の配置、入場や話し出すタイミングと脱帽の有無、挨拶の形式と、敬礼のやり方や回数、賓客を出迎える場所あるいは近づく歩数、そして見送り時の同様の問題、訪問や再訪問の順番や回数、その他数え切れない事例が激しく議論された。これらに加えて、さらに多くの問題が現れてきた。すなわち、上席権は単に宮廷における官職の地位だけで決定されるのか、それとも官職保有者の家柄にも左右されるのか(12)。また同じ階層に属する役人の間では、職務の年功が家柄より優先されるのか。さらに、退職した人たちは現職の高官たちと同じ地位を共有しているのか。このような問題が完全には解決されることはなく、非常に取り扱いづらい火種となっていた。それは、地位をめぐる争いが根強い階層観や儀式そのものに内在していたからである。君主たちは、地位の基準を再定義して明確なものにしたが、必ずしもそれを実践することはできなかった。一五〇四年に教皇ユリウス二世が作成した暫定的なヨーロッパ「君主位階表」から、一八世紀の北・中央・東ヨーロッパにおいて国内の位階が成文化されるまで、このような論争の暴発を最小限に食い止めるために、君主たちは絶え間ない努力を強いられ、時には対立を自らの利益になるよう利用した。ある特定の時点では、宮廷の儀式に関する対立に関わったことがはっきりしているグループや個人を確認することができる。当時、人々は儀式の変動を通じて国際関係を理解していたので、儀式に関する国家間の論争が国際関係を再構築するための一つのバロメーターとして役立ち、また同時に、宮廷での儀式は様々な変化の軌跡を捉えるのに役立つのである(13)。

テオドール・ゴドフロワ後のおよそ一世紀を描いた儀式学者ゴットフリート・シュティーフェは、儀式に関する記述の結びとして日々の社会的な規範、すなわち礼儀作法に関連する側面を記している。

以下のようなことが、広く一般的に知られていた。まず、姿勢について、例えば、敬礼し、跪くこと。二つ目に、服装については、喪服や、ブルゴーニュ風の衣裳。三つ目に、立ち居振舞。例えば、右側や左側の問題。同様に、前や後ろについても。こういったことは、馴染んでいるようでも、強制されているようでもあった(14)。

一八世紀には、儀式と上流社会の慣習とがいっそう密接に結びつくようになり、儀式は「威厳ある」ものと考えられるようになった。大規模な儀式を準備することも大変だったかもしれないが、日々の立ち居振舞まで詳細な規則で縛ることは明らかに不可能であっただろう。一七世紀の史料からは、大規模な儀式を記述すること、宮廷などにおける日常的な振舞方に関する規則を定めることの間には非常に大きな隔たりが見られる。しかし、上席権という概念は具体的な事例で繰り返し吟味され、儀式と日常生活のどちらにも適用された。

儀式が大げさになっていくことは、新しい傾向ではない。ブルゴーニュ公家の理想とするイメージ――敬意を表して互いに価値を高め合い、他の人を持ち上げることによって自らの地位を誇示する――はよく知られている。最高位にある人々が、下位の人々に分相応以上のものを下賜することは、この上ない権威を示すことになったのである。逆に「下位の人々」は、自らの敬意を芝居がかった仰々しさで表現した。友好的な関係の時よりも身の危うい時はなおさらのことだった。ところで君主同士の場合、互いの上席権を遊び半分で認めることによって、自分たちの友好関係を強調するというやり方もあった。例えば太陽王は、イングランド王が追放されてフランス宮廷に来た時や、彼の孫フィリップ・ダンジューがスペイン王になった時に、このような方法を選択した(15)。そうやって、追放されたことや若輩者であるという彼らの不利な立場を埋め合わせていた。また廷臣のお世辞には、遊び心にあふれた慣習があった。あさましいごますりも確かに珍しくはなかったが、ごく内輪の中だけなのでそれらを説明することはできない。近世に見られる振舞方、話し方、書き方は、「忠誠を表す言葉」を特徴としている。この忠誠を表す言葉によって、最も有利な取引を行おうとする実利的な真意を覆い隠すことができた。

とはいえ君主が親しみを武器にする術策、あるいは臣下が敬意を表すといった行為は、宮廷において似かよった地位の人々の間では容易には行われなかった。彼らは、自分たちの関係をゼロサムゲームと捉えがちであった。つまり、一人が得をすれば、他の誰かが損をするということである。上位の帯剣貴族たちは、トントン拍子で出世していく寵臣や高官に対して反感を持っており、彼らを一時的な共通の敵として団結心を高めた。しかしほとぼりが冷めると、帯剣貴族たちは再び元々のライバルへ目を向けた。こうして、上席権が問題となる事例が途切れることはなかったのである。史料からは、宮廷の行事を欠席することを選ぶ廷臣や大使が度々いたことが分かる。彼らはその行事で上席権をめぐる争いが起こることを予見し、そこで自分が負けると思ったか、あるいは単に騒動を嫌っただけか、どちらかの理由で欠席した。そのような場合、彼らは他の機会に宮廷を訪問するか、あるいは個別の儀式の規則を廃止するか、いずれかの方法がよくとられた。

宮廷における日常の振舞方は、地位と直接結びつく争いを引き起こす可能性があったが、それは大規模な儀式においては別問題で、また儀式化された宮廷の日課とさえあまり関わりがなかった。しかし宮廷生活において、このような圧力から全く自由な領域は一つとしてなかった。宮廷における儀式と日常の生活を混同してはならないが、地位と名誉を守るという永遠の問題がこの二つの領域を分かち難くしていた。すなわち、儀式の種類（戴冠式、行列、公式晩餐会）、そのような儀式の様式や規則（君主権の標章などの特殊効果から、その場の細かなしきたりに合せた盛装まで）、最後に位階表（貴族と官吏のどちらも含む序列）という三つの変動する領域が相互に作用する場として理解されるのが最もよいと思われる。宮廷における日常生活と儀式は、一つの連続体の中の両極に位置していた。どちらも地位と立ち居振舞を第一に考えるという点は共有していたが、それにもかかわらずかなり異なっていた。三つの領域はすべて変動したが、三つ目の位階表は他の二つである儀式の種類と様式より変わりやすかった。

ハプスブルク宮廷では、一七世紀に明確な基準が作られた。顧問官は侍従より上位に位置し、各グループ中での序列は在職期間によると決められた。また、最高位の宮廷役人はおしなべて枢密顧問官であったが、彼らだけは年長者が上位とされた。フランス宮廷における地位はハプスブルク宮廷よりも複雑で、事実上宮廷官職だけで決められることはなかった。フランス王家自体が、重層的な階層構造をなしていた。国王と王妃、王太子と王太子妃、現国王の娘と息子（「フランスの子ども」）、現国王の兄弟姉妹の息子と娘（「フランスの孫」）が上位を占め、その下に血統親王が続く。王家の姻戚となった辺境諸侯や国王の庶子は、血統親王と同輩公の間に居心地悪く位置していた。公爵、辺境諸侯、庶子の間の衝突はしばしば起こり、悪評高いものだった。公爵は、自分よりも上位である王族と対等であろうとしている庶子たちに対して憤慨していた。

次の三つの疑問に対してまだ答えられていない。一つ目は、君主が儀式の規則に宮廷を結びつけようとした方法や手段に関して、二つ目は一七世紀末から一八世紀にかけての宮廷生活における儀式の普及と、君主による儀式のための組織の「取り扱い」についてである。最後の三つ目は表象の諸形態であるが、これについては第8章で議論する。

儀式のための組織

動機はどうあれ、君主たちが宮廷での秩序を保とうと努力していたことは明らかである。特に、自らの支配に根拠を与える公的で大規模な儀式の際にはなおさらである。一六、一七世紀に、フランスの聖別式における演出はますます成文化されるようになった。また、全国三部会や、国王自身が出席し、自らの意志に従わせる親裁座についても同じことが言える。帝国でも、様々な儀式について記述する小冊子には、儀式のための入念な手筈と継続の重要性が示されている。さらに一六世紀あるいは一七世紀の宮廷では、新しい官職である儀典長が登場した。儀典長は、文書として保存されるようになった儀式の綿密な手法を守り、上席権に関する争いを防ごうとした。ローマ教皇は儀典長を置いて久しいが、この官職はもともと聖職者の日課に関することに従事するものであった。したがって、このような官職が世俗君主たちに浸透していくのは遅かったのであるが、一八世紀までには大宮廷のほとんどでこの官職が取り入れられた(16)。中世後期には伝令官が厩舎や戦争と結びつけられ、騎士制度と儀式に関する職務に従事していた。一六三五年においてもなお、フランスの伝令官は公式に宣戦を布告する役目を担っており、多くの儀式でも目立つ場所を占めていた。しかし、王国の法令を発布し公表する方法が変わるにつれて、この官職は廃れていった(17)。

フランソワ一世の宮廷では、シュモの領主ジャン・ポが儀典長を務めていた。のちに儀典長の職は、彼の子孫一二人によって代々引き継がれていくことになる(18)。アンリ二世は、父フランソワが模索した儀式の形式化をより熱心に推し進め、他の大規模な儀式についても綿密に形式を作り上げ、参列者の序列を明確にしようとした。一五四八年に、アンリ二世はパリ高等法院の上級書記官ジャン・デュ・ティエに、諸侯と官職保有者の間における「地位と席次」をまとめて、厳粛な大集会に関する書を編纂するよう求めた。確かに、一五七七年にデュ・ティエは『フランス王権に関する集成』を取りまとめたが、フランス王家のルーツに関するこの難解で博学の書は、儀式の諸々を知るための手引きとしてはあまり役に立たない(19)。一五八三年三月、すべての社団を集めた国王会議がサン＝ジェルマン＝アン＝レーで行われた際に、アンリ三世は地位と序列を規定する「正式な記録簿」を作るという父の希望を繰り返し述べた。さらに「将来にわたって遵守されるために」と慎重に言い添えた(20)。この会議で、アンリ三世は儀典長に新しい記録簿の編纂をさせるよう求めた。二年後、アンリ三世が宮廷に関する非常に手の込んだ規則総覧を導入したとき、ギヨーム・ポ・ド・ロードを儀典総官に昇進させた。また、ポ・ド・ロードは国王騎士団の儀典総官としても仕え、サン・テスプリ騎士団の儀式を監督した。ただし彼の後継者たちが、必ず騎士団の儀典総官を兼務していたわけではなかった(21)。同じ一五八五年に、アンリ三世は一五七〇年代から収税官であったジェローム・ド・ゴンディを、外国大使の先導官に昇進させた。のちに、その官職は二人の役人が半年ごとに交代で引き受け、一人の書記によって補助されるようになった(22)。

一七世紀初め、シャルル・ロワゾーによって著された『身分論』は、デュ・ティエの著書よりも多少分かりやすくフランス王国の高位官職保有者の序列を明らかにした。しかし、それが宮廷における基準として実際に適用されることはなかった。すでに引用した学識者テオドール・ゴドフロワは、中世後期から彼の時代までを網羅したフランス儀典集を一六一九年に編纂し、大規模な儀式の形式を確立するのに一役買った。国王史料編纂官の職を受け継いだ彼の息子のドゥニは、父の仕事を引き継ぎ、詳細な二巻本を一六四九年に刊行した(23)。ただしこれらの二巻本では、王家の公的な儀式に重点が置かれており、宮廷生活の日常の様相は全体を通してほとんど排除されている。外交儀礼については、特にドゥニの下巻に多く記述された。そして教会での儀式については、両巻にわたって重要な行事のほとんどが記述されている。このゴドフロワ父子によって集められた資料に加えて、儀式に関わる多くの役人たちがメモや資料を個人的に残している。ロード家は、一五八五年から一六八五年まで儀典総官として仕え、彼らの多くは資料を集め、職務の助けとなるメモを残している(24)。外国大使の先導官も同様であった。このようにして、儀式の慣行を書き残した史料は一七世紀前半に増加し始めた。

アンリ三世期には小人数だった儀式役人に、儀典長代理が加わったのは一七世紀前半であった。それ以後、儀式に関わる人員は儀典総官（時には国王騎士団の儀典長も兼務）、儀典長、儀典長代理、二人の先導官と彼らの補佐官からなり、この人員構成は基本的には変わらなかった(25)。一六六〇年代後半、ルイ一四世は宗教儀典官を追加した。一六七〇年代初めの『名簿』では、ニコラ・ル・マドルがこの職に記載されており、主に礼拝堂での儀式に責務を負った。一六この新しい官職の導入は儀典長の怒りを買い、彼らが宗教儀礼で果たしている重要な役割を脅かすものと受け取られた。この官職が公式に創設されたのは一六六九年だったが、太陽王は既設の儀典長からの圧力に屈して、宗教儀典官は一六八〇年代から空位となった(26)。ロード家最後の儀典総官は、宮廷の高貴な身分であったド・トネール嬢に腹黒く付きまとい、リュクサンブール元帥を含む彼女の男性親族たちと対立したあげく、一六八五年にその職を売り払ってしまった(27)。そして偉大なコルベールの末息子、ブランヴィル侯爵ジュール＝アルマン・コルベールが、当時王家の海軍卿であった兄セニュレの斡旋で儀典総官の職を手に入れたのである(28)。つまり、彼は儀典総官と軍事的な職務とを結びつけて考えていたのであろう。ただし、一五八五年に主要な官職として新設された儀式に関するこの高位官職が、他の最上位官職と肩を並べることは決してなかった。儀典総官は国王ではなく、フランス大侍従に忠誠を誓わなくてはならず、要するに国王は、真に独立した儀式に関する組織を持っていなかったのである。儀典総官は他の高官と同程度の三〇〇〇リーヴルという給料を受け取っていたが、特別手当に関しては大きな差があった。つまり、他の高官の特別手当は着実に増え、そのため総収入は一万五〇〇〇リーヴルから六万リーヴルに上るのに対し、儀典総官の特別手当は結婚式、洗礼式、テ・デウムなどに際して支払われるもので、総収入は約二倍にしかならなかった。セニュレ侯が弟の収入を改善するために努力した結果、ブランヴィル侯は一〇〇〇リーヴルというそこそこの昇給を勝ち取ったが、それでも総収入は他の高官と比較にならないほど低かった。一七〇一年、ブランヴィル侯は儀典総官の職をトマ・ド・ドル（ブレゼ侯）に売った。ドルはシャミアールの娘の一人と結婚したので、儀典総官と高位官職を持つ家門とのつながりは保たれた。リュイヌは、一七五四年ドルの息子が死んだ時、儀典総官が「ほとんど価値のない」官職となったと言い、同時にブレゼ侯が就いていたサン・テスプリ騎士団総長という儲かる職と儀典総官を比較している。ドル＝ブレゼ家はのちに騎士団総長の職を失ったが、アンシアン・レジームの終わりまで儀典総官として仕え、ブランヴィル侯の事例のように軍司令官を兼務することが多かった(29)。

同僚である廷臣たちの多くがそうしたように、フランスの儀典総官たちは積極的に軍事職に従事したために、儀典総官は多くの場合儀式を欠席していた。そのため、代役である儀典長がその職責を担うこともしばしばであった。サンクト家は一六三五年から一六九一年まで儀典長として、そして一六九一年から一七五二年まで外国大使の先導官として儀式に関する記録の保存に大きく貢献した。ニコラ・ド・サンクトはまず儀典長代理として父を補佐し、次に一六九一年まで太陽王の儀典長、その後外国大使の先導官の一人になった。その間、彼は驚くほど多くの日記や回想録、メモを残しており、パリの図書館や古文書館の至る所で彼の筆跡を見つけることができる(30)。それらは体系的ではないものの、テーマ別あるいは年代別でまとめられ、数巻に及ぶものである。残された史料はかなり多く、その記述は時に細部にまで至っているが、この史料自体は完全なものではなく、きちんと整理されたものでもない。つまり、太陽王の宮廷で行われた儀式に関する体系的な文書は残っていないのである。サンクトの精力的な監督の下、儀典長が相対的に重要な職となり、儀典総官はそれほどでもなくなった(31)。儀典長は当初せいぜい一五〇〇リーヴルの給料を受け取るにすぎなかったが、後の『名簿』によれば二〇〇〇リーヴルの給料となっている。一六八七年に刊行された『名簿』は、一二〇〇リーヴルの特別手当と二〇〇〇リーヴルの住居費がサンクト個人に与えられていたことを記載している。ミシェル＝アンセル・デランジュはかつて第一書記として、海軍卿セニュレ侯の後継者であるポンシャルトランの下で働いていたが(32)、一六九一年八月にサンクトの職を引き継いだ。ミシェル＝アンセル・デランジュはまずは前任者サンクトの日誌を写すことが賢明であると考え、後に自身で書いた数巻を付け加えた。一七二三年に書かれた彼の巻の緒言には、自ら用いた資料が列挙されており、それによりこの書物をまとめるにあたっての進め方を知ることができる。すなわちそれは、ゴドフロワの二巻本、『メルキュール・フランソワ』、『ガゼット』、儀式に関する三七選集(33)、サンクトによって完成された数巻の書物、一六九一年以降デランジュ自身が書き加えていった数巻である。デランジュの息子は期待通りに父の職を引き継ぎ、一七八九年までこの職はデランジュ家で受け継がれた(34)。

一六九一年サンクトが儀典長の職を売り、シャブナ・ド・ボンヌイルが持っていた外国大使の先導官の職を半期分獲得した時に、彼の地位は大きく上昇した。先導官の地位は儀典長よりも本当の意味で高貴な職で、様々な場面で儀典長よりも利点が多かった。先導官の半期分の給料は六〇〇リーヴルという驚くほど低い額であり、儀典長代理と同じくらい低いものだった。しかし、先導官には九〇〇〇リーヴルの追加手当が支払われており、外国大使と国王の両方から特別手当を受け取ることもよくあった。デュフォール・ド・シュヴェルニーの見積もりによれば、一七五〇年代における先導官の総収入は年間およそ二万五〇〇〇リーヴルであったという(35)。一六九九年に、単なる助手であった先導官補佐は大使先導部書記官へと昇格し、その総収入は三倍になった(36)。儀典長が儀典総官よりも重要になった原因は、主として儀典総官の不在、サンクトの長期にわたる在職、そしてサンクトが独自のやり方で職務の専門性を高めたことにあったかもしれないが、「外交儀礼」に携わる役人たちの地位が上がったことは、外交という分野の重要性が増していった結果と捉えられるだろう。地位の変化を認識できるのは儀式の席上であったので、外交官の受け入れには厄介な問題が付きまとった。したがって、その変化についての議論が多くなされ、記録が残された。実際に一八世紀前半の儀式に関する書物のほとんどが、外交官の歓迎会や謁見を取り扱っており、多数出版されたが、外国大使の先導官たちにとってそのような記録を丹念に拾い集めることは骨の折れる仕事であった(37)。

一六世紀には、ウィーンもしくはプラハ宮廷に専門の儀典官はいなかった。一七世紀の『宮廷名簿』において、宮廷施物分配官が儀典官と呼ばれるようになった。つまり「儀典官にして施物分配官である礼拝堂付司祭長」という表現が頻繁に見られる。儀典官は高位ではなく、給料は宮廷の高官たちよりも低い二〇〇グルデンしかなかった。彼は宗教的な儀式に責任を持ち、フランスや他の宮廷で儀典官と呼ばれている官職よりも、ローマ教皇の役人や長続きしなかったフランスの教会儀典官に近い存在であったようである。帝国に関係している大規模な儀式の記述は、印刷されて回覧されるようになったが、頻繁に催される行事についての資料や議論が出版され始めるのは、フランスよりも随分遅かった。ドイツ諸邦では、礼儀作法や名声に気をとられるようなことはイタリアやフランスから輸入された望ましくない考えと思われて久しかった。こうした影響はカスティリオーネやマキアヴェッリの世界に留めておく方が良いと考えられていた。ドイツ諸邦の宗教的・哲学的立場は、新ストア主義、「国家理性」という思想、対抗宗教改革のカトリシズムに対する防波堤となった。一七世紀後半になってやっと、ドイツの著述家たちも儀式に関心を寄せるようになり、およそ一六七〇～一七五〇年までの二、三世代の間に儀式が学術書の題材となった。しかし当時でさえ、儀式が壮大なページェントであることは当然だと考えられていた。というのも、愚鈍で感化されやすい大衆を納得させる唯一の手段が、壮大な儀式や豪華な宮廷だと信じられていたからである。帝国の南部は一六世紀後半以降、急速にカトリックへの復帰が進み、ルター派やカルヴァン派である北部ほど「ロマンス語世界」に無関心ではなかった。それでも、イタリアやフランスで広まった考え方とはかなり異なっていた。

スペインとイタリアどちらにもつながりを持つウィーン宮廷において、独自の文化を守ることが現実に重んじられたかどうかは別にして、出版物の上で儀式に関する議論が体系的に行われていなかったことは事実である。一七世紀半ばには、フランスでは儀式を専門とする役人が宮廷で活躍しており、儀式の概要を記した数巻に及ぶ学術書が参照されていた。しかし同時期に、このような専門書がオーストリア＝ハプスブルクで新たに導入されることはなかった。とはいえフランスと同じくハプスブルク宮廷でも、人々が地位に固執し、儀式においてその序列を広く知らしめようとしていたことは儀式の記録から明らかである。一六世紀から一八世紀にかけて、様々な儀式に関して記録が残されるようになり、こうした儀式が周到に準備されていたことが分かる。そこからは、儀式の形式や雰囲気においてしばしば強い連続性が見て取れる。そのうえ高官に対する指示書には、儀礼的な要素の濃い規則が含まれていた。フランス宮廷ではアンリ三世が大侍従に強い権限を与えることに危惧を感じていたこともあって、儀式に関する職務が大侍従から切り離されていたが、ハプスブルク宮廷では宮廷長官が儀式を統括し続けることになった。

しかし、何の変化もなく続いていたわけでもない。フェルディナント三世は一六五一年の初めに、宮廷における様々な混乱を改善する策を練るために、専門の顧問会議を招集する必要があると判断した。一六五一年という年が深刻な戦争が終わった後で、給料がほぼ定期的に支払われるようになった最初の年であったということはおそらく偶然の一致ではない。つまり、この時こそ宮廷の秩序を取り戻し、宮廷を改善する絶好の機会であったのである。顧問会議は意見書のまえがきで、他の大宮廷で行われていることに合わせて、威厳に満ちた真の皇帝の宮廷を作り出すだけでなく、「徐々に忍び込んできた無秩序」を取り除くことも重要な目的であることを掲げている。宮廷は、従来からの基準に応じながらもその時々の必要性を考慮して、最新の体制を敷かなければならなかった(38)。改革案の中では、外国大使からの不満について度々言及されている。ザクセン選帝侯のある駐在官が、程なくその改革を確認している。

皇帝の宮廷において、控えの間や騎士の間に関する法令が新たに公布された。これまで、ほとんどすべての者が素知らぬ顔で控えの間に立ち入っていたが、今では立ち入りを許された者は全員名簿に記載されるようになった。また、何人たりとも拍車つきのブーツを履いて立ち入ることは禁じられている。私はこの法令を手に入れ、そちらに送付するべく、努力するつもりです(39)。

同じような改革の努力がそれまでにもなされてきたが、フェルディナント三世による一六五一年の改革は重要な意味を持つものであった。顧問会議は新しい王室規定を提案するだけでなく、主要な指示書をすべて洗い直し、儀式に関する詳細な総覧を作成することを提言した。そして宮廷での序列を明確にし、諸侯やその代理人たちの受け入れに関する規則を提示した。また主な行事を記録するよう指示をして、宮廷長官付き書記官の一人を儀式に割り当てたことは、儀式の文書化における大きな一歩となった(40)。しかし実際には、儀式に関する手引書の存在を示す証拠は見つかっていない。もしそのようなものが作成されていたのなら、複写が文書館に残されてしかるべきである。また当時の人々は、ハプスブルク宮廷の儀式と序列を総覧した印刷物について何も述べておらず、一七九三年のルセによる編纂書もこのような書物の存在を否定している。とはいえ、顧問会議によって提案された構想が、宮廷や大規模な儀式における上席権に基づく位階表を作成するよう求めたアンリ二世やアンリ三世の考えと似ていたことは興味深い。

顧問会議の報告を受けて、一六五二年以降儀典局が宮廷長官の管轄下で活動するようになり、その書記官が儀式記録集を継続的に作成し、すべての重要な儀式を年代順に整理した。この手法を続けることで、書記官はこれまでの儀式の際に書き残した覚書を用いて、新しい儀式の準備をすることが可能となった。記録集にある記述を見比べることで、書記官は難事を解決するためのよすがとなる慣例集を作ることができた。儀式に関する文書を集めた儀式関連文書の中には、儀式記録集からの抜粋がかなり見られ、記録集にある類似の先行事例を系統立ててまとめたうえで、儀礼上の慣行を検討している。より複雑な問題に関しては、儀礼上の問題を詳しく考察した報告書が書かれた。そのような冗長とも思われる余談のような内容が、皇帝に解決策を提案するために特別に設けられた顧問会議の結果であった。儀式記録集や他の文書の多くは頁の半分に書かれ、残りの半分は皇帝が批評を記すために余白として残されていた。

儀典局は廷臣の名簿に明記されている役人によってではなく、宮廷長官の管轄下に置かれており、長官付きの書記官が儀式記録集の書き手だったと考えられる(41)。史料自体は、フランスの儀典長によって収集され作成されたものにかなり近い。しかしウィーンの儀式記録集は、一貫性や連続性といった点ではフランスに及ばなかった。主な行事についてであれば、私たちは儀式記録集を参照することができ、さらに儀式関連文書の中からより関連した史料を見つけることができるだろう(42)。このような手順は、アンシアン・レジーム期の書記官が日々行っていた仕事と似ていなくもない。また、儀式記録集が儀式をより整然としたものにしていたと考えられる。つまり儀式の規模が大きくなれば、定式化していくことが不可能ではなかったのは確かである。ハプスブルク宮廷において儀式に関する組織が限られていたことは、一八世紀を通じて基本的に変わりなかったが、君主と大衆双方の態度は変化しつつあった。事実、儀式記録の余白に書かれた注釈書きを読むと、レオポルト一世時代とは異なり儀式に対する注目の低下が分かる。「すべてそれでよい」とは、カール六世のいつもの口癖であった。マリア＝テレジアはより一層冷淡な態度をとっていた一方で、子どもたちには儀式を重んじるよう説いていた(43)。ヨーゼフ二世は儀式を好ましく思っていなかったが、上席権が及ぼす影響には特に気を遣っていた。そして、ヨーゼフ自身、ケーフェンヒュラーの意見を退けるために儀式記録集を参照したようである(44)。一九世紀初めになってようやく、ウィーン宮廷はフランスからの輸入品と言える儀典長職を導入した。そして一八三〇年においてもなお、儀式に関する手引書が手書きされている(45)。

王冠を戴いた君主や外国の大使を先導するための専門官は置かれることはなかった。古参の貴族たちが一定の距離を保ちながら出迎え、ウィーンまで彼らを案内した。これは、元帥がこのような役目を担っていたフランスのやり方に近いものであった。外交官や他の外国からの賓客はウィーンに到着すると、伝統的に宮廷式部長の担当の下に置かれる。式部長は宮廷への参内に際して彼らをエスコートし、公式な謁見の場へと導いた。ケーフェンヒュラーは、はっきりと式部長をフランスの外国大使先導官になぞらえている。外国の大使や使節は、皇帝との謁見を果たし、皇帝に信任状を差し出すために、宮廷侍従長（あるいは皇太后の宮廷長官）と交渉しなければならなかった。通例侍従の一人が、個々の大使ごとに謁見担当官として臨時に任命されることがあった。謁見担当官は、謁見用の馬車で大使を宿舎からホーフブルクまで同行し、最初に宮廷式部長、次に宮廷長官、最後に宮廷侍従長との謁見へと大使をエスコートした。したがって、宮廷にいる様々な高官との橋渡し役を担っていた謁見担当官は、式部長以上にフランスの先導官に近いように思われる。このような担当官がいつも任命されていたのか、あるいは特別な場合のみなのかは、はっきりしない。というのも、この職務が一つの官職となったという証拠が存在していないからである。ウィーンでは銀器侍従を含む様々な高官たちが、高位の賓客を出迎え、彼らをエスコートしていた(46)。フランスと同じく、大使を迎えるための規則はますます細かく定められるようになったが、完全に成文化されることはなかった。なぜなら、ヨーロッパの諸宮廷で外交官は頻繁に上席権の問題に直面し、しきたりに合わせる必要があったからである。こうして、ハプスブルクの外交官がフランスでどのように迎えられたかということが、フランスの外交官がウィーンで得られる名声に直接影響したのである。

宮廷における儀礼

ウィーン宮廷は、ヨーロッパ近世において最も儀礼的な宮廷の一つと評されるが、そこでは儀式専任の高位役人は置かれず、儀式に関する規則をまとめたものも印刷されなかった。フランスの『名簿』のように、『宮廷暦』や『職階表』の中に職務や儀式についての説明が記されたわけでもない。しかしながらウィーンでも、儀式を行うに当たって書記官がどのような手順を踏んだのかということを評価したり、再現したりすることができる未刊行史料は残されている。こうした書記官の仕事のやり方やその分量から、宮廷で催された儀式の意味や重要性を窺い知ることはできる。しかしながら一七世紀のウィーン宮廷には、ヒエラルキー上厚遇されたフランスの儀式役人が残したほど膨大でなおかつ雑多な記述は存在しない。

フランスとウィーンの制度や組織はかなり異なっていたが、史料を通じて見えてくる儀式役人たちの関心事や儀式の形式も異なっていたのであろうか。確かに両者には組織上の違いがあったものの、彼らが取り組んだ課題はとても似通っていた。つまり、ウィーン宮廷の儀式記録集、フランス宮廷に関するサンクトの記録、そして両宮廷のその他の記述を見れば、基本的に同じような儀式が列挙されていることが分かる(47)。そこには、王家や国家に関わるあらゆる形式の儀式が記述されている。フランスとウィーンどちらの史料でも、王家の私的なライフサイクルと政治的なサイクルが大きな部分を占めている。馴染み深い宗教儀式や騎士団の儀式も常に一定程度含まれているが、それほど多くはない。フランスにおいては、一八世紀には宗教的な日課が優先されることはなくなっていたように思われるが、ハプスブルク君主国でそのような変化が起きたのは一七六五年以降であった(48)。君主やその代理人の歓待は、ますます重要な位置を占めるようになった。フランスの刊行あるいは未刊行の著作、そしてウィーンの手稿史料を見ると、外交儀礼がヴェストファーレン条約以降の数十年間で急速に広まっていった感がある(49)。テオドール・ゴドフロワの一六一九年の巻において、君主同士の対面に関する記述は付随的でしかなく、より頻繁に議論されているのは「国内の」有力諸侯の序列と席次であった。しかし、ドゥニ・ゴドフロワによって印刷された一六四九年の巻では、外交儀礼に言及される頻度が増している。ドイツの儀典書から一七三九年に書かれたルセとデュ・モンの総合的な書物に至るまで、後年に書かれたほとんどの儀典集では、ありとあらゆる種類の外交的な場面に紙幅の多くが割かれている。ルセとデュ・モンが表題に「外交儀礼」を選んだのは典型的と言えよう。もっと簡潔な儀典集、特にヨーロッパの君主の一人として認められようと躍起になっているドイツの諸侯たち向けに出版された儀典集は、各宮廷のヒエラルキーを他と一致させるために、地位の一覧を分かりやすく提示している(50)。確かに、ドイツ諸侯たちが外国の君主たちと肩を並べることはできなかったが、実際には領邦の君主として振舞、彼らの統治権が帝国法によって制約されることはあまりなかった。とりわけ、選帝侯たちは王権と同等であると認められ、王権の名誉を与えられるよう最善を尽くしていた。そのため、ウィーンでは「王家」と「外交」の儀式が帝国の儀式の中で融合し、君主然とした帝国諸侯たちは、宮廷で行われる帝国の儀式と外交上の儀式のどちらでも主要な人物となったのである。しかしそのようなウィーン宮廷でも、外交官たちがより目立つ存在となりつつあった。一六五一年の改革は、宮廷の無秩序に対する大使たちの不満によって促された面もあった。つまり、宮廷をより秩序あるものにしようとする取り組みは、外交官を迎え、案内する際の問題にも対処せざるを得ず、宮廷内での外交官たちの地位を決めることとなったのである(51)。

儀式はヨーロッパの諸侯たちの交流に利用されていたのか。国内の半ば独立した諸侯たちは、近世初期には儀礼上の対立を通じて存在感を示していたが、実際に国家にまんまと取り込まれたのか(52)。史料からはわずかではあるが確かな変化が分かるものの、どちらの宮廷でも君主の親族や高官たちが儀式における主要な登場人物であったということには変わりがない(53)。国王がそうしてきたように、諸侯や王族たちも起床儀礼、就寝前の謁見、公開の正餐といった日課に従っていた。フランスと同じくウィーンでも、外交官や偶然の訪問者たちは君主のもとを訪れた後、「宮廷複合体」全体を訪問し、謁見して回った。王族たちが国際的な軋轢の中でフランス王国の尊厳を忠実に支えている限り、フランス国王は彼らが主張する主権に反対するばかりではなかった。したがって、フランス貴族の最上層をなす血統親王と同輩公は、おおよそ統合された国家内のエリート集団へと発展しつつあったが、特に血統親王たちは主権の一部を保持し続けた。そのうえ外交官同士や諸侯同士など、同じような地位にいる人々同士の間で起きた儀礼上の争いははっきりと残った。フランスでは、一八世紀後半にかなり多くいた王族たちは、他の場面と同様に儀式においても自らの地位を主張したが、だからといって必ずしも国王を支持していたわけでもなかった。

権力の均衡や基準が常に変化する外交が、宮廷生活の新しい要素となることはほとんどなかった。しかし一七世紀後半以降、外交が影響力を持つようになり、より厳格な規範を守るよう宮廷を動かす要素の一つとなった。つまり、

図24　オランダ大使ヤコブ・ホープによる若きルイ15世との公式謁見（1719年）

外国君主の代理人たちも宮廷の威厳や体面を重視しており、訪れた宮廷内の序列に組み込まれなければならなかったのである。外交を通じて、ヨーロッパの主要な宮廷における序列が相互に関連し合っていたので、一つの宮廷におけるヒエラルキー上の争いが他の宮廷のヒエラルキーを崩壊させる可能性があった。したがって、高位の人々の処遇をすべての宮廷にわたって一致させることが必要とされたのである。外交官にとって、「フランスの子ども」はウィーンの大公や大公女と同じような地位であるかどうかが長々と議論されており、そのような問題が両宮廷にとって重要であったことは明らかである(54)。確かに、国内で最高位に属する人々は依然として儀礼上の争いに深く関与していたが、宮廷における序列や上席権をめぐる闘いは、いまや外交上の些細な問題や、外交官と国内の高官との間の交流がその引き金となることが多くなっていた。公的であれ私的であれ、謁見や参内式といった外交儀礼の本質的な部分には、王家の国家儀礼と同じく強い継続性が見受けられ、基本的にはヨーロッパ的な考え方が貫かれていた。つまり私的な謁見における作法はローマ教皇に謁見する際の作法を反映しており、進み出る際に三回跪拝をし、退く際にも常に正対しながら三回跪拝をしていた。君主は、高座の上に置かれ、天蓋で覆われたテーブルに寄りかかりながら外交官と面会した。公式の謁見は、普段は謁見の間や、時には玉座の間で大演説、贈り物、讃辞を伴って行われたが、どこでもおおよそ似たやり方だった。例えば、馬車は二頭立てか、四頭立てか、あるいは六頭立てなのかというように、出迎えやエスコート時の詳細は状況に応じて変えることができた。外交官が宮廷の食卓で食事をし、演劇会や演奏会に出席し、あるいは狩猟や祝宴に参加した時、彼らの存在が複雑な事態を引き起こすことがあった。なぜなら、彼らは成文化されていない状況で廷臣や外交官仲間と自らの地位をかけて張り合っていたからである。

広く行われている国王儀礼や外交儀礼、そして教会や騎士団に関連した儀式に加えて、記録の中には宮廷の日課も見受けられる。しかし、食卓や寝室に関する記録を詳しく見ると、それらの大半は王室または外交上の大規模な行事に関連して、あるいは上席権をめぐる争いのために記録された。皇妃が出産後宮廷に戻ってきたり、王族の結婚が整ったというような、より私的な王室内の決め事は、王家のライフサイクルの中で議論された。食卓や寝室における日課に関する記録は、明らかに欠落している。実際、カール六世が館における秩序を回復すべく一七一五年に設置した委員会は、これまでの議論を確認するために儀式記録集を詳しく調べてみたが、肝心の宮廷内の日課をまとめた資料を見つけ出すことができなかった(55)。日々の食事に関する規則も同じように調べられたが、あまり成果は挙がらなかったという。フランスの儀典長によって書き残された様々な記録も同じような傾向にある。やはり、荘厳な儀式に関する記述は多いが、宮廷内のしきたりに関しては手掛かりさえつかめない(56)。一七一二年の『名簿』に記されている儀典長の仕事に関する短い記述を見ると、このことを確認できる。

儀典長が立ち会う行事は、国王の洗礼式、成人式、聖別式、結婚式、現国王の子どもと孫たちの洗礼式、全国三部会の開幕、聖木曜日の最後の晩餐式、特任大使の最初と最後の謁見、王妃と王太子妃の宮廷案内、国王・王妃・王太子・王太子妃の葬儀である。その際に、儀典長は儀式に関するすべてのことを指揮し、各人が有する地位や上席権に配慮した(57)。

儀式役人の権限や責務が大規模な公的行事に限られていることは、明らかに儀式に関する史料の偏りである。フランスと同様にウィーンでも、食卓や寝室はこの部門に責任を持つ伝統的な宮廷役人が管理していた。一方、サンクトや彼の同僚たちは、国王の起床、就寝、食事に干渉してはならないことになっていた。というのも、関連する職務を行う大貴族たちがそのような干渉を許してこなかったからである。礼拝堂や厩舎は少し異なっていた。なぜなら、ここでの君主の活動は構造的により開かれたものであり、多くの場合儀式に関する専門知識を必要としたからである。厩舎の小姓や音楽家たちは、護衛隊と同じように儀式では目立つ存在であった。祈禱の時間は、君主が人々の前に姿を見せる重要な場面であり、儀典総官とその部下は宮廷司祭長に交じり、職務をこなしていた。儀典総官たちは主要な儀式においてのみ、大貴族の列に割って入ることができた。しかし、宮廷における彼らの日常的な影響力を強調するべきではないし、彼らより高貴な宮廷役人が君主の日常の活動を本当の意味で監督していたことを忘れるべきでない。ウィーンではこの状況はもっとはっきりとしていた。なぜなら、宮廷長官の管轄下に置かれた小規模な儀典局は、貴族の宮廷役人が統率することすらなかったからである。そして儀典官の職務も、教会の領域に限られていた。

こうした儀典官の台頭は、主に大規模化した国王儀礼と関係があった。それらの儀式のほとんどは、中世後期を通じて定義し直され、定式化され、飾り立てられた結果、一六世紀にはひときわ目立つ存在となった。そしてこれらは、帝国やハプスブルク家治下の諸領邦において一七四〇年代まであまり変わることなく続いた。一六六三年から一八〇六年まで帝国議会はレーゲンスブルクで開かれ続け、ハプスブルク家と「オーストリア君主国 monarchia austriaca」を構成する諸邦に対する統治権とを結びつける儀式も変わることなく続いた。しかし、一八世紀半ばの危機が帝国とウィーン宮廷、さらにウィーン宮廷と君主国諸邦のつながりを変えた。プロイセンとバイエルンがハプスブルク家の権力に挑戦する前からすでに、選帝侯たちは封土授与式のためにウィーンに行くことを躊躇するようになっていたが、一八世紀半ばの戦争以来数年間、彼らがウィーンに姿を見せることはなかった。一七六六年には宮廷長官ウルフェルトが、すべての封土授与行為は重大な危機に瀕していると書き残している(58)。イギリス王でもあるブラウンシュヴァイク゠リューネブルク選帝侯を新しい世襲官職で誘引することにより封土授与を復活させようとしたが、実現には至らなかった(59)。もはや帝国内の国王たちは皇帝の前で跪き、忠誠を誓おうとはせず、中小諸侯やその代理人たちが忠誠を宣誓するためにウィーンへと馳せ参じるのみであった。同様に一八世紀半ばの危機以降、世襲忠誠誓約式の性質も変化した。その変化は領邦諸身分の権力低下とウィーンの中央組織の強化を反映したものであった(60)。

フランスでは、このような王家による国家儀礼が一六世紀において増加し発展したのに対して、一七世紀における衰退は非常に対照的である。全国三部会は一六一〇年から一六一四年にかけて開かれた後、召集されることはなかった。ルイ一三世とその息子の時には、洗礼、戴冠、結婚、埋葬といった儀式は行われたが、ルイ一四世自身は一六六〇年のパリでの荘厳な結婚式の後、入市式には参列することなく、親裁座も一六七三年以降四〇年間行われることはなかった。太陽王の親政は、そのような不定期ながら繰り返されてきた政治エリートと王家との接点を不要なものとしたのか。そして新たに統合された王室と政府は、そのような交流の必要性を完全に満たすことができたのであろうか。この分野における専門家の多くは、太陽王の宮廷を儀式の発展における新たな一段階として捉えている。つまり彼らの議論によれば、宮廷内の日課を演出する「脚本」が、前世紀まで非常に顕著であった君主と王国の絆を再現する荘厳な舞台に取って代わったのである(61)。

ここでいくつか疑問が生じてくる。重要な儀式の政治的な意義とその頻度において、両世紀の間に大きな隔たりがあることは十分に証明されていると思われるが、そのような断絶がすべての大規模な公開儀礼に影響したのであろうか。一六一〇～一六一四年に開かれて以来召集されなくなった全国三部会については、この断絶は明らかである。親裁座は太陽王の治世末期に再び行われるようになり、一八世紀の法文化および政治文化の特徴として残ることになる。国王は即位後数年にわたって入市式を行うのが普通であったが、ルイ一四世は一六七四年のブザンソン、一六八一年のストラスブールのように、一六六〇年以降も入市式を行った。そのうえ、フランス王家に嫁いできた外国の花婿や花嫁は国境を越えた後、都市の一つで入市式を行うことが慣習となっていた。ルイの孫アンジュー公フィリップがス

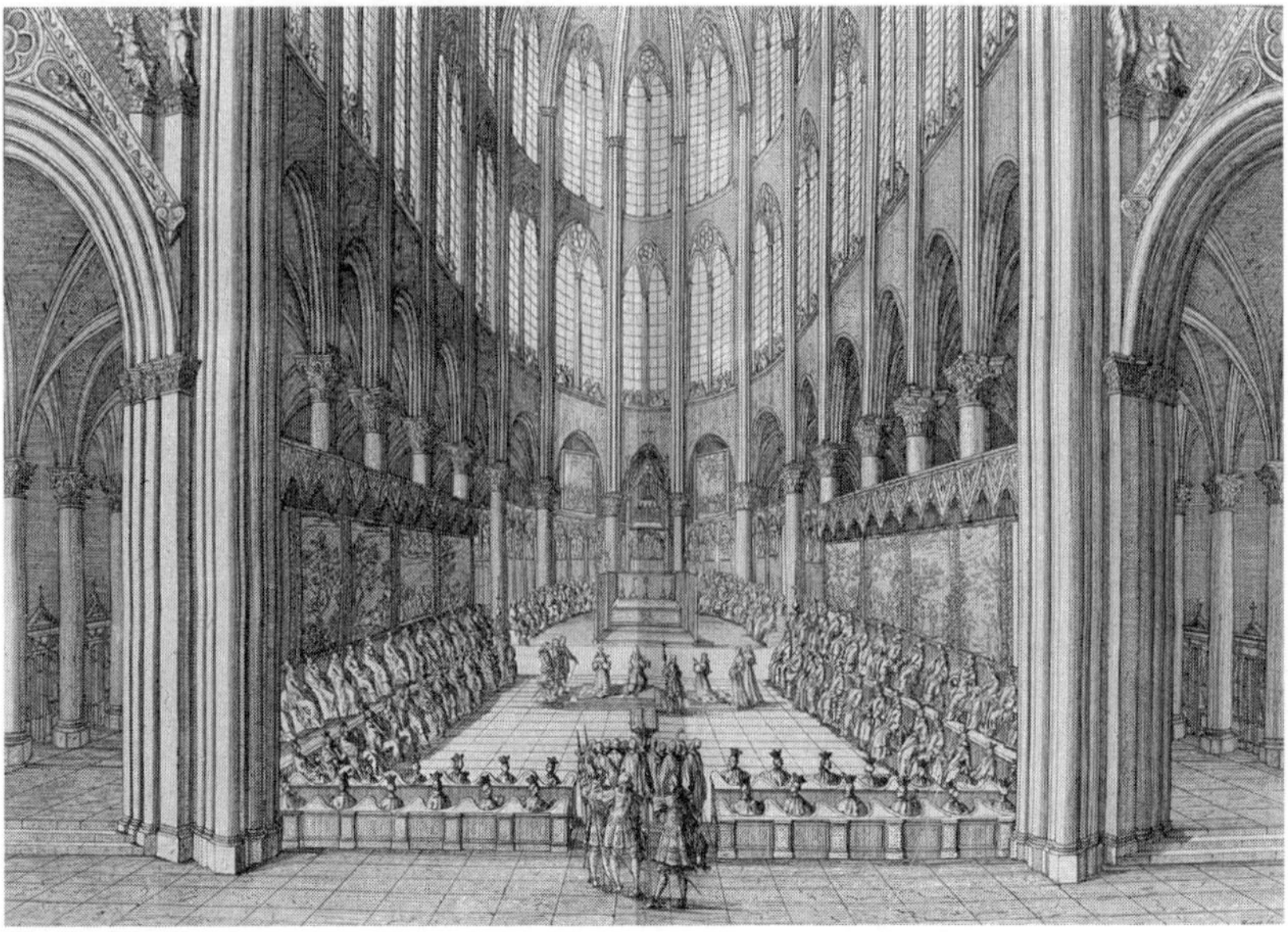

図25　ルイ14世とマリ＝テレーズのパリ入市の際にノートルダムで行われたテ・デウム（1660年８月26日）

ペイン王位に就く際、彼の兄弟ブルゴーニュ公とベリー公が付き添い、ともにいくつかの都市で入市式を行った。ブルボン家最後の国王たちはこの慣習を尊重していた(62)が、時代を経るにつれて、入市式の形式は根本的に変わっていった。分担金を取り立てながら歩き回る一団の入市式から、君主の義務と権利を簡潔に伝える典型的で陽気な入市式へ、そして君主権の讃美を形式化した入市式へと変化したが、入市式自体がなくなることはなかったのである。最終的に、騎士団の儀式や王族のライフサイクルに関わる儀式と同様に、太陽王の治世において典礼暦と結びついた公的な儀式も大きな中断なく続いた。そして太陽王の後継者たちも、批判的な態度が次第に目につくようになったものの、廃止するには至らなかった。戦勝式典はテ・デウムの形で行われ、そのいくつかは国王の仲間うちで行っていたが、一七世紀にはますます目立つようになった(63)。このように、すべてが途絶えたわけではなく、明らかな断絶の多くは単にルイ一四世の治世の長さに起因しているのである。

ヴェルサイユでもウィーンでも、宮廷生活のための「脚本」、すなわち君主の日課を形作る一連の慣行は確かに存在していた。それは前の世代の模倣品であったのか、それとも君主や彼の助言者によって考え出された新しいものであったのか。ウィーンに関しては、マリア＝テレジアの登場まで伝統は争われることなく続き、ヨーゼフ二世時代まで細心の注意を払って扱われてきたので、この問題は考えるまでもないだろう。しかしながら、太陽王の王室内の儀式は革新的なもの、あるいは伝統を意図的に改変したものとしてしばしば提示されてきた。しかし起床や就寝の儀礼は、儀式化された食事と同様に古く由緒あるものであった。アンリ三世が食卓と寝室の儀式を成文化したとき、新しいものを作り出すことはしなかったが、長く受け入れられてきたやり方に整然とした手順を付け加え、明確な敷居を設けた。アンリ三世は秩序や敬虔を求め、とりわけ招かれざる高官、嘆願者、助言者による絶え間ない喧噪から逃れることを欲して、開かれた王権という性質を改革した。加えて、アンリ三世の王令には、入室者の選別や、ナプキンあるいはスモックの授与というような、太陽王の宮廷にも通じることの多い様々な細則が含まれていた。狩猟後に行われた「国王のブーツ脱がし」（次頁図27参照）というあまり知られていない習わしでさえ、地位によって国王との距離を定める共通の基準に沿っ

図26　ヨーゼフ１世の世襲忠誠誓約式の際にホーフブルクの礼拝堂で行われたテ・デウム（1705年）

図27　ルイ15世の狩猟中に行われた「国王のブーツ脱がし」(1735年)

て体系化され、ヴァロワ家最後の国王によって制度化された(64)。ナプキンとスモックの授与は、エロアールの『日記』の中に繰り返し登場する(65)。このことは、儀式にあまり熱心でなかったブルボン家初期の二人の国王が、ヴァロワ朝以前の伝統を尊重していたことを示唆している。貴族が君主の食卓で給仕役を務める中世後期の慣行は、ブルゴーニュ宮廷で一時的な最高潮に達しており、厳かな正餐が一七世紀に特有なものとは言えない。ルイ一四世の宮廷は、全体として近世の宮廷生活を代表する慣習に従っているのであるが、その慣習には高位貴族による奉仕、毒味、手洗い用のボールとナプキンの授与が含まれていた。濡れナプキンという先例の融合物だけはルイ一四世によって加えられたそうだが、これは威厳の問題というよりも実用に供する発明であった(66)。ウィーンでも、公開の食事はヴェルサイユに匹敵する形式で行われ、館への立ち入りはより厳密に地位に従うことが理想とされていた。フランス宮廷の寝室儀礼だけは、立ち入りやすさと複雑さという点でほとんどの宮廷とは著しく異なる形に発展した。それ以外に関しては、フランスの作法は一七世紀後半から他の宮廷でも真似されるようになった。公爵夫人たちが求めてやまない丸椅子は最も顕著な例であるが、巧みな座席の配列は、宮廷生活に内在する緊張関係の一つの表出として見ることができる。ある形式が目新しいものだったとしても、その原理は必ずしもそうではないということである。寝室部従者と衣装部従者との間に引かれた職務上の詳細な境界線についても同じことが言える。つまり、寝室部従者が寝室の右側を担当し、名誉の点でわずかに劣る左側は衣裳部従者に任せられた。そのうえ、そのような場合に詳しく書き残されるようになったことが新しいのか、その慣行自体が新しいのかは明らかではない。また、紙上に存在している厳かな日課が必ず行われたかどうかもはっきりとはしない。

王室で行われたほとんどの儀式の形式が新しいものでなかったとするなら、そのような儀式は伝統に則って厳密に執り行われたのであろうか。膨大で詳細な儀式の記録からは、細部によって支配された世界という印象を受け、その世界において儀式役人たちは厳密に儀式化された修道会の高位聖職者のごとく振る舞っていた(67)。儀式役人たちによって集められ、書き残された史料から、どのような結論を導き出すことができるのか。儀式の文書化がもたらした結果をどのように評価することができるのか。儀式に関する専門的な知識が最も厳しく求められたのは、争いの恐れがある時であった。すなわち、儀式に関する記録には数えきれない先例が事細かに記されているが、問題となっていない事例や規則はさておき、どの先例に従うべきかは儀礼上の争いを防ぎ、解決することを第一に考えて決定された。儀式が滞りなく行われ、王家に大きな事件が起こらなければ、儀式役人たちにとって記録を残す必然性はなかった。そのため、史料に長い空白期間があったり、記述に濃淡がある。これは法令や付則についても当てはまる。つまり、法令などは日々の慣行を記述しようとしたのではなく、宮廷の無秩序に対処することを目的としていたのである。うんざりした口調で繰り返される法令が、あちこちから不満が噴出する混沌とした宮廷という印象を強くする一方で、このような儀式の規定に関する記述が現実の宮廷生活とかけ離れているとする理由も全くない。これらの手稿史料は限られているが、刊行物に見られる理想化された叙述よりも宮廷の現実に近いものである。そもそも刊行物というものは理想的な宮廷像を誇示するための装置と言えるもので、穏やかならざる細部には無関心であった。一七世紀初めにフランスで書き残された手稿史料は、儀式に関して議論する中で、不確定な部分がまだ残されていることを強調しているが、これは驚くべきことではない。

他の国ではフランスとは異なるやり方で序列が表され、定められており、どのように進むべきなのか、どこに身を置くべきなのか、分かりようもない。イングランドはこうしたことに関しては手本となるべき存在であり、各々が自らの地位を把握している。しかし、フランスではそれぞれがよく分からないままにその地位についており、国王の考えによって説得させられたり、国務会議によって変更させられたり、はたまた何も分かっていない人々や、好き嫌いで勝手に判断する人々によって変えられたりした。そういうわけで、フランスではいつも論争が絶えなかったのである(68)。

次の世代のドゥニ・ゴドフロワが父親の仕事を引き継いだときには、儀式などでの上席権を定める規則を作ろうとしたこれまでの試みがあまり成果を挙げていないことを、十分に把握していたようである。彼が一六四九年に記した書物の目的は、読者への緒言の中に、「上席権の問題に関して、毎日のように起こる多くの争いを鎮め、そして終わらせるために編纂された」と書かれている(69)。イギリスや他の国々が上席権問題の解決に成功していたとは考えられないが、上席権をめぐる争いがフランス宮廷に蔓延《はびこ》っていたことは事実である。ドゥニ・ゴドフロワは第三巻の執筆に向けて大量の資料をすでに集めていたが、一六四九年の『儀典書』一・二巻で示した「地位と上席権」に不満を持った人々からの激しい抗議によって、彼は仕事を続けられなくなった(70)。

ルイ一四世の即位後も、儀礼上の争いが収まることはなかった。同時代のほとんどすべての人々が記述するところによると、太陽王の廷臣たちは自らの国王に対して忠実であり、敬意を示していたと言い、廷臣たちが傲慢な態度をとり、公然と反抗していたルイ一三世治世や母アンヌの摂政期間という危機的な時期とは明らかに異なっていた。高位の廷臣たちが不行跡を働いたときには、自らの地位が脅かされることがあり、追放はかつてなかったほど多かった。宮廷役人の人員削減にようやく成功したのが、ルイ一四世の親政期であったこととも一致する。したがって宮廷生活の全般が、より恭しく整然と進められるようになったと考えるのには十分な根拠がある。しかし、上席権をめぐる争いは、宮廷のすべての階層でいっこうに減らなかった。国王の従者たちが曖昧な仕事の分担をめぐって争うこともしばしばだった。例えば一六六七年に国王主水官は、ワイン調達係が庭園での軽食時に給仕したことに対して文句をつけた。というのも、ワイン調達係が国王に給仕できるのは宮廷の敷地外だけだったからである。そのうえ、国王がより本格的な野外の食事を望んだ時には、ワイン調達係は旅行用の御者に職務を譲らなければならなかった。また、寝室における夜食の小宴で給仕する際には、大膳部と寝室部の権利が衝突する可能性があった(71)。

儀典長の中でも、ニコラ・ド・サンクトは傑出した人物である。このルイ一四世の儀典長の記録が、私たちが抱く宮廷像のほとんどを決定づけている刊行物に繰り返し用いられている。ニコラの疲れを知らぬ仕事ぶりが宮廷の状況を改善したのであろうか。サン＝シモン公はサンクトを、偉大なフランス貴族と付き合う資格のない媚びへつらう成り上がり者と見なし、「彼の記述は誤っているうえに、事実を歪めた結果できあがったものであり、明らかにずるいやり方である」(72)と指摘して、ニコラの活動を嘲笑した。実のところこの小公爵のはるかに万人受けする文学的な回想録は、ニコラ・ド・サンクトの書物と同様にとてもきちょうめんで論争好きな精神を示している。サン＝シモン公は自らの野心を地位の向上に向けた一方で、サンクトは自らの昇進のために職務を利用した。サンクトは、彼自身が宮廷で他の高官と起こした人目を引くような口論を書き残し、その中には近衛隊の「指揮官代理」、儀典総官、サンクトと同僚の先導官、さらに大使が含まれている(73)。このような議論は例外なく、いつも同じようなものであった。すなわち、儀典長と儀典総官の間、儀式役人と先導官との間、先導官同士の間での権限と権利の境界がしばしばトラブルのもとになり、その都度新しい規則が生みだされた(74)。しかし、サンクトの強硬な態度は、この全体の状況の中でも際立っていた。彼はこういった態度を自らの優越性をさらに高めるための名誉ある一歩とした。サンクトが自らの官職を売ることになった一因に、一六九〇年の上官ブランヴィル侯との口論があると、サン＝シモンは主張しているが(75)、おそらくこれは正しいだろう。

ブランヴィル侯は、儀典総官と儀典長の職務の間にはヒエラルキー上の違いがあることをあえて強く主張した。彼が提案したところによると、儀典総官のみが国王から直接命令を受け、儀典長と儀典長代理は儀典総官の命令を待ち、儀典長は儀典総官の代理としてのみ職責を果たし、服装や儀式での立ち位置、職務において地位の差が外見で区別できるようにしなければならず、報酬はこのはっきりと区別した地位に相応するべきであるとされた。しかし、サンクトが以前の儀式に関する著作から多くの引用や記述を示しながら長々と行った答えは、このブランヴィル侯の主張に勝っていた(76)。つまり国王は儀典総官にある程度の職務領域を与える一方、基本的には儀典長にも依存しているという中間的な立場を取っていたと言うのである。したがって、トラブイエは一七一二年の『名簿』で以下のように述べている。

あらゆる儀式に参加している儀典総官と儀典長はすべての職務を共同で行い、同じ列に座り、並んで歩く。ただし、儀典長は儀典総官の左側につく(77)。

サンクトの訴えに関する史料からは、問題となっている宮廷儀礼の規模は判然としないが、儀式に関わる役人たちが自らの意図を持っていて、上官の主張をいつも支持していたわけではないことが分かる。

史料が分かりにくいのは、儀式役人自身の告白があまりにも唐突だからである。ブルトゥイユ男爵ルイ＝ニコラ・ル・トヌリエはサンクトとともに大使の先導官の職に就いていたが、フランス宮廷は「ヨーロッパ全体の宮廷であるにもかかわらず、儀式に対する関心は低く、王家の役人たちはそれを知ろうともしない」ことに不満を持っていた。「私は手探りで職務を行っている。そして私のとるべき最も確実な方法が何であるかを私はあまりにも知らない」(78)と言うように、ブルトゥイユ男爵の先導官としての職務は決して簡単なものではなかったらしい。当然のごとく、サンクトは新しく同僚となったブルトゥイユ男爵にこれまでの経験を教えたがらず、むしろブルトゥイユ男爵が犯すであろう間違いに付け込むチャンスを窺っていたのかもしれない。ブルトゥイユ男爵は困難な職務を務めるために、正確な活動記録を取り続けることにした。彼のやり方は他の儀式役人たちにも繰り返されている。一八世紀中頃、先導官ヴェルヌイユは同じ戦略を用いた。ヴェルヌイユは『日誌』の献辞において、自らの活動を順序立てて整理することは賢明なやり方だと考える理由を次のように説明している。

これらの覚書がその成果なのであるが、私が職務に関する見解を得ることができたのは、これまで手探りで仕事をしてきたその困難な経験のおかげである。前任者たちの覚書からはほとんど何も明らかにされなかったので、父は大使の先導官を務めるにあたって幾度も難航することになった。私は大使に関する儀礼について正確に学んだが、しかしそれでも規則として規定するには自分に十分な能力があるとまでは思えないのである(79)。

このような多くの覚書を頼りに進む専門官でさえ、儀式のしきたりという深い森の中で正しい道を見つけることはできなかった。そして隙間を埋めようと、歴代の儀式役人によって個人的なメモが書き足されていったが、後任者の戸惑いは増すばかりであっただろう。従来、儀式に関する記録が急増したことは、宮廷が儀式化されたことの証しとして捉えられてきたが、長引く混迷の一つの表れとして理解されるほうがよい。つまり、ますます手の込んだ儀式が行われるようになり、宮廷生活の極めて細かい部分にまで配慮しなければならなくなった結果、儀式役人たちが当惑することになったのではないだろうか。ダンジョやスルシュの一世代後に書かれたリュイネの日誌を読むと、日常的な細部がより重要になったという印象を受ける。しかし、この変化は人々の幅広い合意や一貫性を必要とはしなかった。極めて伝統的であり、そして著しく儀式化された行為である国王への福音書の提示に関する議論の中で、リュイネは依然として「人々は日々過ぎていく事柄を書きとめることに何らかの関心を持っている。しかし、前年に過ぎてしまった事柄はしばしば忘れてしまう。ましてや昔の事柄については無視してしまう」(80)という意見を述べた。リュイネの日誌には、国王の席の後ろに控える高官たちの配列や礼拝堂での参列場所をめぐる争いが、似たような事例として記述されている(81)。このような日常的な場面でも、争いが何度も繰り返されていたのであろうか。一七五四年八月にリュイネは、国王や王妃の席の後ろでどのように並ぶか、高官たちが新たに言い争いを始めたことをうんざりした思いで報告している。そのうえ、彼らは儀式の記録をろくに調べもしないで、自らの主張を支えるためにリュイネの日誌に頼ろうとした(82)。一八世紀中頃、シャロレ伯――ルイ一五世の摂政ブルボン公の弟であり、ブルボン公の息子が未成年時には大侍従として一〇年以上職務を代行していた――は、儀典長デランジュに痛烈な批判の書簡を書き送った。シャロレ伯の批判は、儀典長が血統親王の参列位置を間違えたことに対してで、この話題は少なくとも一六世紀以来激しく取り沙汰されてきた。その後のやりとりから判断すると、この問題はしばらく続いていたようである(83)。儀式化の進展に関しては、儀典総官の記録の中には、「血統親王の古いしきたり」がこのシャロレ伯によって定められたと余白に書き添えられており、更なる確証はないがルイ一四世によって命じられていたと記されている(84)。

当たり前のことだが、上官でさえ実行しがたいと考える規則を、その部下たちがいつも厳格に遵守できたり、遵守しようとするとは限らない。第一侍従の記録には、門衛が三か月ごとに交代するたびに、見知らぬ者を国王の寝室に入れてはならないと申し伝えなければならないことが繰り返し強調されている。一六八七年のブゾンニュの『名簿』には、入室に関する規則を正当化する注記が添えられている。

知らない人々に名前と肩書きを尋ねるのは門衛の役目である。彼がその役目を実行する時、たとえ誰であっても、それに異議を唱えるべきではない。なぜなら、入室させるすべての人々を知っているのが彼の任務だからである。

門衛たちは傲慢な廷臣に押しのけられることもあった(85)。そのうえ、入室を認めてもらおうとする人々の圧力に直面していたのは、なにも門衛たちだけではなかった。一七〇〇年一月にヴェルサイユで行われた仮面舞踏会の準備記録からは、好ましくない参加者からこの祝宴を守ることに大変苦心していたことが分かる。というのも、宮殿の使用人たちが通用門から人々を招き入れてしまうことがあったからである。第一侍従の記録の中で、夜食の際に国王の席の後ろに見知らぬ者が立つことがないよう、門衛に注意を促しているのは注目すべきことであり、さらに寝室部の人員は国王に請願書を出すべきではないと指摘されている。このような実現しそうもない願望のすべては、初期に出された一連の王令でもよく見られるものであった。したがって、このような問題がなかなか解決されなかったと分かるのである(86)。

ウィーンにおいては、儀式はそれほど厄介な仕事ではなかったのか。オーストリア＝ハプスブルクにおける儀式は簡素であったことが知られている。宮殿、部屋、装飾、服装も、ブルボン家の宮廷ほど華々しくはなかったかもしれないが、訪れた者は威厳のある、超然とした儀式に感銘を受けた。一六五一～一六五二年の改革、特に儀式やその記録のための部局が設置されたことによって、儀式のための体制がウィーン宮廷で確立された。顧問官と侍従という職務上の序列と、任命の日付によって決まる同僚内の序列が、宮廷での儀式に対する比較的安定した基盤となっていた。

しかし、新諸侯たちが同僚の侍従や顧問官の年功を覆し、儀式における上席権を認めさせようとしたとき、儀式の秩序が乱される可能性が出てきた。いくつかの諸侯家門の子孫はカール六世逝去後、侍従の地位におさまることを拒否した。彼らの一時的な不満は、諸侯位を持つ侍従に先任の同僚に対する上席権を認めることで一七四五年に解消された(87)。全体的に見ると、そのような論争はフランスの場合ほど長引くことはなく、外交官や外国の君主、特に帝国諸邦からやってきた者たちが論争の対象となることが多かった(88)。とはいえ、儀式関連文書に含まれる驚くほど多くの報告書や抜粋の中で、同じテーマが何度も繰り返し議論されており、フランスの儀式役人が懸念していた不安定な状況とさほど変わらなかったことが分かる。

儀礼上の規範がどの程度実践されていたかについて明記している史料を見てみると、その記述は、指示書に繰り返し見られる疲労感で満ちている。カール六世の即位後、公的な館にある部屋への入室に関する規則は、長く複雑な過程を経て修正された。その中には、二つの主要な問題があった。序列のシステムは明確な基準となり得ず、広く受け入れられることも決してなかったので、あらゆる解決策に対して異議が申し立てられてきた。また、最終的に提案される規則がどのようなものであろうと、規則の実践は日々の日課の中に埋没してしまう恐れがあった。門衛たちは、いかにして人物を認識できたのであろうか。実際にはフランスの入室システムと同じように、門衛は、見知らぬ人物ならば行く手を遮り、その人物の名前を聞き、侍従の決定を待つことになっていた。しかし門衛たちは大胆にも、このような方法で傲慢な貴族たちと対峙していたのであろうか。また、ヒエラルキーの境界を乗り越えようとして、高位の人々との会話や関係を利用したり、あるいは一つの入り口から次の入り口を覆っている間仕切りまで素早く進み、気づかれないようにこっそりすり抜けようとする人々を、門衛はいかにして押しとどめることができたのであろうか。職員用の廊下や出入り口の存在といった、館内の複雑な構造がより多くの問題をもたらしていた。しかしながら最も厄介だったのは、厳格なものであれ融通のきくものであれ、いかなる規則も日々行われていく中で徐々に乱れていくという、人々のやる気を削ぐ経験であった。改革を提言する委員会は皇帝に「新しい規則を極めて厳格に定めるおつもりか、あるいはもう少し寛大で鷹揚に定めるおつもりなのか」をわざわざ尋ねている。ほとんどの場合において、厳格さは心構えであり、現実には寛大であることは避けがたいものであり、無秩序となるのはその結果であったと思われる(89)。このようにして、更なる改革への第一歩が試みられるようになったのであろう。

三〇年後、ケーフェンヒュラーは一度ならず、儀式と宮廷の形が完全に衰退したことを嘆いている。オーストリア継承戦争の混乱によって、マリア＝テレジアは儀式に関心を払わなくなった。無関心でいることが「無秩序と乱用」につながるのは避けがたく、そしてそれは容易には元に戻せないものであった。また、皇帝位の一時的な喪失が、カール六世の宮廷からマリア＝テレジアの宮廷への転換をさらに複雑なものにした。マリア＝テレジアの始まって間もない宮廷は、前帝の堅苦しい形式を多く引きずるようなことはなかった(90)。慣習的な規制が全くなおざりにされていたので、ケーフェンヒュラーは苛立ちながら、執務室への立ち入りを制限する方針を一七四五年に公表した。一七四五年九月には、フランツ＝シュテファンが皇帝に選出され、帝国の威厳は回復されたが、宮廷における礼儀作法の嘆かわしい状態は、宮廷の高官たちによるたゆまぬ努力にもかかわらずほとんど改善されなかったと、一七四六年七月にケーフェンヒュラーは述べている。戦争や改革によって、宮廷の様相はなお一層変化した。初期の王室規定では認められていたが、あまり重視されていなかった宮廷における軍隊の存在は、ますます目立つようになった。一七五一年には軍服が宮廷で受け入れられるようになり、続いて軍隊内の位階が侍従と顧問官の序列に組み込まれた(91)。

ヨーゼフ二世が一七六五年に皇帝となり、より大きな責任を担うようになった時、ケーフェンヒュラーは新皇帝が「すべての古い慣行を価値のない先例にすぎないと思っている」ことを常々不満に思っていた。一七六六年、ヨーゼフは慣習となっていた式服を着用しないで洗足木曜日に聖体を拝領し、翌年には一二人の貧しい人々の足を洗うことを拒否した(92)。そのため、彼らに二ドゥカーテンを渡して追い返さなければならなかった。しかし、マリア＝テレジアがヨーゼフにそのようなやり方を改めるよう説得した結果、一七八七年、一七八八年、一七八九年という明らかな例外があるものの、ヨーゼフ治世のほとんどで洗足式を行っていたことが記録されている。ケーフェンヒュラーは一七七四年に、ヨーゼフの廷臣たちが聖体行列に欠席したことについて多くの批評を加え、宮廷儀礼が堕落する前兆であるとしている(93)。とはいえ、当初儀式の必要性を訴えることが難しかったように、儀式のあり方を根底から覆すこともかなり困難であったと思われる(94)。ヨーゼフの時代に宮廷の衣装は変化し、宗教儀礼の占める割合も減少し、祝祭も年始以外は廃止された。しかし他のハプスブルク家の人々がヨーゼフの役割を引き受け、外交上の配慮から、基本的な儀式は維持された。実際、儀式記録集を見れば、内容はあまり変わっていない(95)。また廷臣たちは、服装や立ち居振舞に新しいものを加えることによって差別化を図るようになった。侍従は勤務の印として黄金の鍵を上着に付けることを認められた。後に、内膳長にも新しく印が考案され、二本の職杖で勤務を示す権利が与えられた(96)。一七八七年末頃になってようやく、ヨーゼフは「スペインの」影響と見なされた様々な慣行を廃止することによって、儀式の枷を断ち切ろうという意志をより鮮明にした。ヨーゼフは、手の甲にキスする、膝をついて挨拶する、館内で式服を着用するといった多くの慣行を廃した(97)が、これらのほとんどはヨーゼフ時代後に復活することになる。

終わりなき追求

王室の日課は儀式役人の職分ではなく、主に関連する宮廷高官の管轄下にあった。このような日課は、古典的なイメージ通り、人々を操るための精巧な道具として描かれ得るのであろうか。国王はあらゆる場面でちょっとした恩寵を分け与えることができた。よく知られた言葉にあるように、ルイ一四世は地位に応じて恩寵に差をつける方策をはっきりと採用していた。

余の意に適うことをした時に、それ自体では何の価値もないものに無限の価値を与えることは、余の権力を最も目に見える形にする効果の一つである。優れた人々は、近年、こうしたことが充分に行われてこなかったことを非難したのである。それは、余の祖先が始めたことを引き続き利用するだけでなく、新しく作り出すことさえいとわない。ただし、お分かりのように、余が努めて事例を示してきた通り、そこには正しき判断と威厳とを伴わなければならないのである(98)。

王室の儀式がこのような戦略の場となり得た。国王は、寝室への入室権や、ナプキン、ろうそく立て、スモックの授与を手際よく使いこなしていたのだろうか。国王のごく近い親族を除くと、国王の寝室の最も私的な場所に立ち入ることができたのは、寝室部の役人、侍従、第一侍従、衣装部侍従だけであった。血統親王は、ルイ一四世の死後に導入された親族入室権によって立ち入る権利を与えられた。王太子ルイ・ド・フランスも、コンデ公親子やコンティ公をトリアノンやマルリに招くのに、父である国王に願い出なければならなかった(99)。このように食卓に関連した儀式以外では、大侍従長であるコンデ公でさえ国王の恩寵がなければ、国王の私的な場所に立ち入ることは許されなかった。ルイ一四世治世の大半で高位官職に就いていなかったコンティ公については言うまでもない(100)。マルリやルイ一五世時代の小夕食会への招待、着用許可が必要な丈長コートのような衣装による区別は、必ずしも地位に基づいているわけではなかった。しかしながら、小夕食会に出席する資格を得るためには、まず国王に拝謁しなければならず、これは国王系譜官に貴族であることを証明できる人々に与えられる栄誉であった。

あまり人目に触れることのない宮廷の日常と同じく、大半の儀式においても地位が最も根本的な基準であった。背もたれのない椅子に座る権利は侯・公爵位の特権であり、その位を有する者に認めないわけにはいかなかったし、国王もめったなことでその特権を恩寵として与えることはできなかった。もし、ある女性が国王の個人的な好意によってこの権利を受けたなら、彼女は以後公爵位を持つことになった。一七五二年以後のポンパドゥール夫人はその例であるが、彼女はいつも侯爵夫人を自称していた。就寝前の謁見や起床儀礼時のスモック、または食事の時のナプキンの授受は、そこに居合わせた中で最も高位の人物と定められていた。また暗い時間帯に行われる就寝や起床の儀礼において、手燭をかざす役目だけは、はっきりと国王の裁量で決められた。

廷臣の間にありがちな争いが、国王にとって廷臣たちの序列に口を挟む絶好の機会だったと考えることは間違いではないが、それは限定的であった。ダンジョが一六八八年三月に書き残したところによると、「衣裳部第一侍従と侍従長が国王にマントを手渡す権利をめぐって争ったとき、国王には決める意志はなく、どちらの手からマントを受け取りたいという希望もなかった」という(101)。しばしば起こるこのような争いは厄介なもので、国王が思い描くように操る好機となることはほとんどなかった。そのうえ、国王の判断がいつも優先されるとは限らなかった。第一侍従リヴリが、リシュリューの特別な命令に反し、その場に居合わせた寝室部第一侍従や国王の制止を振り切って、国王の執務室に立ち入るということが起きた。この出来事を記述したリュイネは、ルイ一五世が以前の決定を取り消し、リヴリの罪を罰しなかったことで、国王の権威を損なったことを遺憾に思った(102)。ルイ一六世とマリ＝アントワネットは子どもたちを取り巻く儀式を簡素化したかったが、「フランスの子どもたち」の養育係マダム・ド・ゲムネの反対に遭い、二人の計画は妨げられ、結局は何も変えられなかった(103)。このように廷臣たちが儀式に関してそれぞれの思惑を抱いていたことは明らかである。

とはいえ、太陽王が恩寵を巧みに操っていたというサン＝シモンの評価を一概に捨て去ることはできない。恩寵を与える権利を留保しておくことは、フランス国王であれ、ヨーロッパの他の君主であれ極めて重要な問題であった。レオポルトはこの才能には恵まれていなかったが、仮装宴会、ソリすべり、私的な狩猟、室内パーティーに招くことの効果を認識しており、金羊毛騎士団の魅力も十分に理解していた。しかしこのような場面においてさえ、君主は既存の序列を考慮に入れる必要があり、しかもこのような配慮がすべての人々を納得させるとは限らなかった。ケーフェンヒュラーが一七四八年一月に書き残したことによると、シーズン初めのソリすべりへの招待状を慌てて送ったことで、諸侯や顧問官、寡婦の間で反発を招いてしまった後、そのような高官たちや寡婦を招待する際には細心の注意を払うようになったという。この出来事は、より大きな問題につながった。なぜなら、未亡人たちの多くは夫婦揃っての行事への招待を、夫を失った自分に対する辱めと受け止めたからである(104)。室内パーティーや金羊毛騎士団の祝祭が排他的であることによって、これらの行事の権威は保たれていたが、ソリすべりや仮装宴会は、必ずしも限られた人々だけで行われるわけではなかった。例えばカール六世は、仮装宴会である「農民の結婚式」を行うにあたり、足りない役を演じさせようと何人かの侍従に参加することを命じた。つまり、宮廷の高官や金羊毛騎士団員はより排他的な儀式だけに興味を持ち、侍従たちは自らの立場を確立するために、必要以上にえり好みすることは許されなかったのである(105)。

君主に近づく権利は、君主が分け与えることができる恩寵の中でも特別なものであった。なぜなら、このこと自体が君主の好意や地位を意味しており、近づくことができればさらに恩恵を受けやすくなることも意味していたからである。しかし、君主たちの関心はもっぱら宮廷において威厳が保たれ、秩序が乱されないことに向けられており、彼らは儀礼的な世界の中心としての自らの名声に傷をつけかねない方策を安易に行おうとはしなかった。宮廷の外にいた同時代の人々や後年の人々は君主を黒幕だと見なしていたが、それほど君主たちはいつでも如才なく、そして超然としていることができたのであろうか。サン゠シモンが言うように、序列と固く結びついた様々な慣習が生み出されていく背後に常に君主の策略があったと解釈してはならないだろう。王室という舞台でたまたま仕組まれた策略を、日常的な出来事として描くことも問題である。それは君主もまた、外部から遮断された、気心の知れた友人たちと過ごす快適な宮廷生活のひと時を必要とした事実を忘れてはならないからである。実際、最高位の従者に与えられた君主に近づく権利は最高の役得であった。つまり、それは名誉の源泉に最も近い側近集団に属している利点であり、成功が約束されていたわけではないが、君主や高官たちとの親密な関係や友情を構築するのに理想的な道であったとも言える。同時代の人々は儀式を行う第一の根拠として、他の伝達方法ではほとんど感化されない民衆に対して、集団でヒエラルキーを知らしめることを挙げている。したがって、彼らは宮廷貴族を参観者としてではなく、もちろん儀式の犠牲者としてでもなく、儀式の参列者として描く傾向にある。参観者は儀式によって異なっていたので、こうした描き方はあまりにも単純すぎるが、儀式が君主によって巧みに操作されているとするありきたりな見方よりはもっともらしい。しかしながら、儀式で分け与えられる恩寵はヒエラルキーを強化し、再定義するのに用いられたと思われる。もし宮廷が国内の高位者たちが集う出会いの場であったなら、宮廷は地位をめぐって争う主戦場となってしまい、そこでは君主が調停者や裁定者としての役割を果たすことになる。しかし、国王や皇帝の権力がどのようなものであろうと、すでに広く受け入れられているヒエラルキーを無視して裁定を下すことなど決してできなかった。ルイとレオポルトは忠実な従者に恩賞を与えていたが、その地位に見合った権利と付け加えた恩寵を注意深く区別していた。彼らが儀礼上の争いを調停しようとする時には、ほとんどの場合、儀式役人にそれと近い事例を記録の中から探し出すよう命じ、前例と同じ理論に従うようにしていた(106)。

フランス国王の寝室はウィーンよりも公開されていたという事実から、フランス宮廷の儀礼は国王側の策謀に左右されやすかった。なぜなら見物人なしでは、そのような策謀は意味をなさなかったからである。しかしこうした策謀は例外的で、参内式が行われたのには、もっと重要な理由があった。ルイ一四世は比較的開かれた、多くの人でにぎわっている宮殿に居住していたので、儀式の主要な参列者たちの序列を、あまり身分の高くない見物人にはっきりと示そうとした。そして、参内式はこのような目的には最適であった。他方、訪問中の王侯貴族たち、特に他国の国王やその代理人たちは、フランスの宮廷儀礼において自らの立場に相応しい参列場所を要求し、通常はフランスよりも閉鎖的な自らの宮廷での慣行とおおよそ一致させようとした。このような訪問者たちにとって、表敬訪問時の区別のない乱雑な並びは承服しがたいものであった。しかし、より高位の人々と自由に交流することが許された場合だけは、参内式は人がうらやむような機会となった。外交官たちは指示された必要最低限の任務にこだわることなく、宮廷生活の日常の一部となっており、そのような外交官の存在が増していくにつれて、宮廷生活の様子が常時書きとめられるようになったのは間違いない。さらに宮廷の日課に関する書物が刊行され、世に出回るようになり、旅行者たちの間でも評判になったことで、ある程度従わなければならない表現パターンが生み出された。ルイは自らの名声を高める、あるいは貶める可能性があることに敏感に反応していたので、このような評判の広まり方を注視していた。

国王への接近を規定する宮廷儀礼は、ルイ一五世の治世においてさらに細かく区分され、洗練された。参内式や小夕食会、さらに国王の化粧に立ち会う権利のような細かい事柄に関してリュイネが冗長に書き綴った内容の方が、ルイ一四世時代の史料に見られる簡潔な記述よりもヴェルサイユの黄金時代として語られるイメージにより近いように思われる。国王の四輪馬車に同席する権利を含む、謁見に関連した「宮廷の栄誉」に関して書かれたものについても同じことが言える(107)。さらに晩餐会や舞踏会など、宮廷生活における娯楽や洗練された文化が話題に上ることもよくあった。一八世紀の記述では、社交的で、半ば公開されている宮廷生活の場面がそれ以前よりも大きな部分を占めるようになる。逆に、伝統的な王室の国家儀礼や宗教的な祝宴に関する記述は少なくなった。それどころか、これら儀式の伝統的な形式はますます批判や嘲笑にさらされるようになった。人目に触れないものから広く公開されるものまで、一連の儀式の中で中間的な形式をとる儀式が増え、それによって儀式の焦点や定義は変化し、洗練された社交の習慣や華麗な様式が重視されるようになった。ルイ一五世の時代に、宮廷の状況はより洗練され、人々はより近くで見物できるようになった。しかしその時までに、国王と宮廷貴族の関係は再び大きく変化しており、宮廷貴族は国王によって抑制される存在であったと同時に、国王を抑制する存在にもなっていた。したがってルイ一五世は、彼らに対する防衛策として儀式を利用したのかもしれない。しかし、リュイネのようなその時代の証言者たちのほとんどが、ルイ一五世が「政治」だけでなく儀式に関する問題においてもどっちつかずの態度を取ることや、自らの決断を押し通す力強さに欠けていることをよく嘆いている。しかし、そもそも太陽王の宮廷に対する従来のイメージというのは、ルイ一五世の治世に形作られたものである。振り返ってみれば、太陽王の宮廷に対するイメージは様々な時代の要素が渾然一体となって作り出された一つの寄せ集めであり、それは現実には決して存在しない舞台装置を作り上げることになったのである。

ここまで儀式の輪郭を描いてきたが、史料の中で多くを占めていた行き当たりばったりの古い記述の分析に取り組むつもりはない。ある時点で、近世の宮廷で行われていた儀式を研究する者は誰もが、アンシアン・レジーム期に儀式の場を警護していた兵たちを越えて入室しようとするのと大して違わない挑戦をもって、立ち向かわなければならなくなるだろう。それを乗り越えて、すべてとは言わないまでも、研究で生じる問題の大半を解決に導くような、儀式全般に通用する原則を確立することは可能なのか。そのような試みは再三再四、思いもよらない複雑に絡み合った細部や少しずつ変わっていく序列という壁にぶつかってきた。当時の儀式役人の多くも、儀式に関わる問題を包括的に解決しようとする不確実なやり方を避けて、蓄積された事例から厳格な規則を定めようとしたために、以前にも増して多くの前例を引合いに出すようになった。しかし前例がどんなに増えたところで、後任者たちの負担が軽くなることはなかった。

時代を越えてフランス宮廷とオーストリア＝ハプスブルク宮廷を比較すると、どちらの宮廷生活も秩序あるものになっていったようである。その証拠に、一七世紀までに大規模な儀式は高度に成文化されていた。ウィーンの宮殿は比較的閉ざされていたが、宮廷の人々は頻繁に外出し、必然的にそこで都市民たちと交流していた。ウィーンよりも開かれた宮殿であるヴェルサイユは、訪問者たちや廷臣たちという多くの人々に宿泊場所を提供し、都市という檻から逃れた。とはいえ、パリの都市民や旅行者はヴェルサイユを身近なものと感じていた。これら二つの宮廷が最も多くの人々の目に触れる瞬間は、宮廷生活の中で最も儀式化された場面であった。フランス宮廷はかなり以前から、エリートたちに様々な娯楽や交流を提供しており、ハプスブルク宮廷も祝宴、夜の演劇、晩餐会の場を提供し、一七四〇年以降徐々に開放されていった。確かに、宮廷全体が儀式化されたわけではなかった。しかし、常駐する外交官が大きな影響を及ぼしたこと、王室内の決まりごとがまとめられて刊行され、それが多くの人々に利用されるようになったこと、半ば公的な宮廷生活というスタイルが徐々に普及したこと。これらによって、多くの見物人を集めるものから内々で行われるものまで、様々な行事において儀礼的な側面が強くなった(108)。とはいえ儀式はいつも、儀式役人によって書かれた期待や要求に遠く及ばず、揺り戻しにさらされ、君主、高官、従者の個人的な意向の変化に左右された。儀式を行う王権の神殿に仕えていたのはロボットではなく、生身の人間なのである。したがって、儀式において不可侵な君主という堂々としたイメージも、実際には錯綜する人々の気質や野望にたやすく屈してしまうことがあった。

理想と現実

宮廷における日常と、王室と密接に結びついた荘厳な儀式を考察していくと、宮廷生活について回る優雅さに驚くかもしれない。このことは、宮廷人が書いたものであれ、宮廷を批判する言説であれ、いずれの記述も対立する要素がありながらも、共通する内容があり、それらから想起されるイメージと一致しているが、法令や命令から知ることのできる君主の宮廷生活の現実からは、もう一つ別の世界が垣間見える。その世界は、不満が多く、マイナスイメージで語られており、理想的なイメージが示唆するほど洗練されておらず、なにより非常に人間臭く、移り気で、生き生きとしていた。君主たちは自らの名声に関心を寄せ、廷臣たちにゆるぎない忠誠と尊厳を求めることで名声を高めようと努めていた。本書で用いた史料からは、君主たちが成功していたとはとても言えない状況が見えてくる。しかし、言説の中のイメージは宮廷と固く結びつき、廷臣やもっと広く貴族層全般を教育していく原動力の一つとなっていたことは間違いない。とはいえ言説と現実、プロパガンダと日常生活という興味深い相互作用の中で、文学的な言説から生み出されるイメージよりもまずは具体的な事実から出発すべきである。

この本の最終章で簡潔に述べるように、儀礼的な行為は君主による「でっちあげ」の中核部分——それは全体から見ればささやかなもので、以前からずっと続いてきたことなのだが——でしかなかった。宮廷とその儀式は洗練され、装飾を施されて参観者に向けて発信され、人々はそれらが完全に実物でないことに気付くことはなかった。さらに、最も重要な刷新は見せ方の変化であり、遠く離れたところでしか儀式を参観できず、また見ることさえできなかった人々にも届くようになった。まさしく参列者である宮廷貴族、部外者だが社会的地位は宮廷貴族に近い見物人である外交官、見世物によって引き寄せられ、そこで施し物や食べ物、飲み物をあてがわれた群衆、誰もが宮廷の儀式や祝宴の参観者であり、儀式は今や広範な、地理的にも分散している集団に知らされ、感銘を与えることができた。宮廷が旅をすることは少なくなったかもしれないが、言葉やイメージで作り上げられた表象はそのことを補って余りあるものだった。長期的に見れば、ウィーン宮廷も同じ形式を踏襲してきたが、他の多くの点と同様に儀式の変革に大きな弾みがついたのは、ようやくマリア＝テレジアの治世になってからであった。儀式は必ずしも宮殿の建設ほど費用がかかるものではなかった。通常一つの儀式に法外な費用がかけられる場合――祝祭を伴う大規模な国家儀式がこれにあたるのだが――、常に特定の競争相手や野心、参観者の存在を指摘することができる。このような豪華な儀式や祝祭が催された理由は、ヨーロッパの様々な君主たちが張り合ったからであり、また地理的にはもっと限定されるが、競争が激しい帝国におけるドイツ諸侯たちにとっても同様であった。

はっきりしているのは、儀式が取りやめられることはなかったということである。たとえ宮廷での宗教儀礼や壮麗さに対して批判が噴出しようとも、フランス革命や王政復古の時代になろうとも続けられた。新しい考え方への適応は、ウィーンではマリア＝テレジアやヨーゼフ二世の治世に集中して行われ、フランスでは一八世紀後半の長期間にわたり、徐々に進められた。しかしこのことよりもむしろ、両宮廷において儀式の形式が変わらず受け継がれたことの方が驚きである。人目を引くような豪華さは不経済だとしてますます批判されるようになる一方、宮廷の儀式や上席権をめぐる果てなき混乱は別問題と見なされていた(109)。マルゼルブはルイ一六世に宮廷の豪華さを抑えるよう、「フランス国王が尊敬されるのは、華美や贅沢によってではない」と述べ、宮廷とその儀式の豪華さを抑えることでのみ、「国王は臣民や外国人からの尊敬の念を増やすことができる」と助言した(110)。同じような意識はマリア＝テレジアの治世においても見られていたが、主流となったのは夫フランツ＝シュテファンが逝去してからであった。

典礼暦と結びつき、初期においては宮廷の基盤となっていた儀式は、宗教心の変化に伴い、時代遅れで今や厄介なものにすら思われた。マリア＝テレジアにとっては大変遺憾なことであったが、他と同様にオーストリア諸邦でもイエズス会が廃止された。このことは、伝統的に神の加護と正当性を引合いに出してきた君主たちにとって、重要な考え方の変化を裏付ける確かな証拠である(111)。同様に、君主と君主が治める地域とのつながりを成立させる儀式、すなわち世襲忠誠誓約式や入市式も変化し、周縁地域の権利よりも中央の権威が強調されるようになった。君主は旅に出るのをやめ、度々地域の代表者が忠誠を誓いに中央にやって来ることを求めるか、もしくは代官を派遣し、自らの代わりをさせた。君主権は様々な変化に適応し、両国のエリートたちの構成も変化に適応した。そして、国家や公共に関して新しく登場してきた語彙は、儀式の中で徐々に馴染んでいき、宗教と宮廷が結びついた伝統的な慣行と混ざり合っていくのである。フランス革命や帝国の騒乱が終息した後と同じように。

第4部　権　力

第7章　宮廷における権力のあり方

宮廷における意志決定

宮廷で働く人々は、君主の個人的な要求に応じていた。評定官や大臣たちは君主の館かその近くに集められ、君主が領地を治めるのを助け、君主の野心を実現するための資金調達に奔走した。行政府の役人たちは忠誠を誓い、命令を受けるために宮廷を訪れた。地方の諸団体は代表を宮廷に派遣するか、地元に宮廷を招くことによって王家との結びつきを新たにしていた。外交官は宮廷において自らの君主を代表し、宮廷内の派閥に交じりながら、また公式な発言や要請を通じて、主君により多くの利益をもたらそうと努めていた。また官職を求める人々、宮廷・行政府・教会・軍隊のヒエラルキーにおいて出世しようとする人々が、君主のパトロネジに引き寄せられていた。それ以外にも、自らの言い分を主張するため、訴訟への支持を取りつけるため、財政的な援助を求めるため、ただ君主の姿を一目見るため、多くの人々が宮廷に押し寄せた。こうした人々の流れの合流点が、権力の表舞台となることはほとんど必然的である。フランス王国とハプスブルク家領において、高位官職を得ようと目論む者たちの視線の先には宮廷があった。そしてその宮廷にたどり着いた途端、彼らは同じ野心を追い求める者たちと競い合っていることに気付くのである。本章では、宮廷における権力をめぐる競争にどのようなレベルがあったのか、そしてそれはどのような形態をなしていたのかという問題に焦点を当てることにする。さらに次章では、宮廷を国内における権力の中心と位置付け、その宮廷が持つ求心力を構成する要素を論じていく。

意志決定がなされる中心的な舞台として宮廷を再構成する際には、いくつかの一般的な前提とは決別すべきである。

中世後期から近世にかけて、文書による行政の強化と専門化された行政官の登場は、宮廷のこれまでのやり方を明らかに変えた。さらに、これまで裁判や戦争で重要な責務を果たしてきた君主に、新たな課題と職務が加わった。これらのほとんどは戦争、外交、宮廷の豪華さをめぐる競争など、ヨーロッパ各王家間での接触や競争が増してきたことに関係していた。高騰する戦費を賄うには、王領地からの収入だけでは全く不十分だったので、新税の導入や臨時税の徴収が際限なく繰り返された。戦争は近世を通じて蔓延し、国の財政を圧迫し続けた。多くの場合、改革は戦費によって引き起こされた財政的な危機の結果であった。裁判と宗教の領域に加えて、戦争、外交問題、財政という相互に関連する三つの問題が、高官とその部下たちにとって最優先の関心事であった。

ヨーロッパ宮廷の「黄金」時代は、行政の文書化が進展して、行政府の高官や書記官が台頭してきた時期と重なっている。しかし人員、社会的地位、メンタリティなどに関して、王室と行政府のすみわけが完全になされることは決してなかった。したがって宮廷の人員であっても、新たに登場してきた官僚たちと同じ「行政官としての精神」と書類仕事から逃れることはできなかった。これまでの章で示してきたように、宮廷役人たちは王室の出費に関わる規定を定め、規律ある振舞に関する法令を確立しようと努力していた。また宮廷の人員に対する指示書では、節約、忠誠、勤勉さに重点が置かれた。太陽王の食卓に関する一六六五年、一六八一年、一七二六年の指示書では、国王に対する威厳ある給仕方法よりも、食料供給や節約の方法、横領や食器類の損失を防ぐ手段に関して多くの紙幅が割かれている。

行政府の高官や書記官たちは必ずしも謙虚で、勤勉で、清廉潔白であったわけではなく、逆に横暴で無能な浪費家ばかりでもなかった。大臣職は一七世紀を通じて特定の家門によって特権や財産として保有されたので、その家門の子孫たちは宮廷の高位官職に就き、国王の騎士団団員となり、フランス貴族の有力者たちと婚姻関係を結ぶことができた。コルベール、ル・テリエ、フェリポーは大貴族家門を気取り、まさに帯剣貴族のように振る舞った。一八世紀になると、このような大臣職に就いた者たちが大貴族になることは少なくなり、排他的な大貴族層に新たに加わることができた者はわずかであった。同様に、皇帝の高官たちも貴族に列せられたが、フランスの高官たちの華々しい成功とは比較にならない。しかしオーストリア諸邦でも、多くの貴族家門が行政や財政における働きぶりで名を上げている。彼らは自らの経歴を通じて、名誉職的な宮廷官職をその他の様々な分野における地位の向上に結びつけた。そして、高位の宮廷官職は宮廷外における君主への奉仕に対する褒美として与えられ、高位の貴族身分も授けられた。フランスにおいて、貴族家門は段階を踏んだ昇進コースに従おうとはせず、多くの場合襲職権によって官職を確保していたので、必ずしも国王の認可を得る必要はなかった。このようにして、フランスの宮廷官職は軍司令官、地方行政府、外交官と伝統的に結びついていたが、下級の行政官職という典型的な法服貴族の世界とは交わらなかったのである。つまり帯剣貴族家門にとって、行政府のトップに立つ大臣職だけが魅力的なポストであった。

他方で、名誉官職や「儀礼上の」争いは王室だけではなく、行政府にも広がっていた。フランスにおける官職売買やオーストリア＝ハプスブルクにおける名誉官職の激増は、王室と行政府において蔓延し、地位、特権、権限をめぐる争いも同様で、それは外の世界にも影響していた。「行政的君主制」としてモンテスキューが批判した名誉を基盤とする君主制は、同じ現象の二つの側面でしかない。衰えつつある名誉に基づく封建的な王室と、拡大しつつある能力や勤勉を旨とする「近代的な」官僚機構との間に境界線を引くことはできないし、前者から後者へと転換した時期を正確に示すことも簡単ではない。確かに、フランスではフロンドの乱後の王権の復活が変化をもたらし、それまで王室に属する人々にも開かれ、認められていた政治的な役割と、国務会議に出席する血統親王の権利が制限された。ハプスブルク君主国において、一七四九年のハウクヴィッツの改革やそれを引き継いだ一八世紀中の改革者たちは、王室と行政府のバランスを根本的に変えた。しかし、名誉を重んじる精神と近代的な行政を目指す精神は、それぞれの時代、そして多様な集団や個人の間で割合を変え、この二つの精神が入り混じっていることこそ、近世の君主制全体をよく表す特徴であった。

一七世紀前半のドイツ諸邦に対する再封建化テーゼと、一八世紀のフランスにおける「貴族の反動」という見方は、変化を突発的で決定的であると誇張して問題を作り上げた結果だと思われる(1)。教科書や学術研究において、絶対王政というスローガンは国家形成の第一段階の終点として、あるいは後に革命によって砕け散った威圧的な体制の完成形として都合がよい。一八世紀における貴族権力の復活と大貴族による抵抗は、大抵の場合体制の崩壊と結びつけられるが、ルイ一四世が貴族の地位と権力を慎重に定義し直し、強固なものにしたことと関連付けて論じられることはめったにない。宮廷史の中でも、とりわけ一六六〇年から一七一五年までという分水嶺を乗り越えられないままである。極めて有益な『宮廷研究』シリーズは、一七世紀前半よりも後の時代に進んでいないし、宮廷史に関して近年開催された二つの大きな研究集会の報告集も、ルイ一四世親政期より前の時代に集中している(2)。一八世紀の君主たちが直面した問題は、以前の君主たちが直面した問題と根本的に異なっていたのか。一八世紀の君主たちは、宮廷内の党派争いを御したのだろうか。また、寵臣も仲介者も伴わず、そのようなことが可能であったのであろうか。そして君主たちは妃、愛妾、王室の高官、下級役人から全く孤立して、統治していたのか。王家は宮廷や行政府などで自らの野心や利益を求める無数の家門によって取り囲まれていたが、その伝統的な宮廷政治の終焉によって、フランスにおけるアンシアン・レジームの終わりが予期され、また宣告されたのであろうか。もし、これらの問いを肯定できないのであれば、行政府の日常的な業務における、徐々にではあるが決定的な変化を否定することなく、宮廷生活の根本的な連続性に目を向けなければならない。

単に歴史研究における欠落を指摘することは、その欠落を詳細な研究で埋めることよりも容易である。「宮廷の政治史」はまだ描かれていない。確かに、最も中央行政的な組織は研究書の中でよく取り扱われてきたが、宮廷における意志決定のプロセスはより分かりにくく、ほとんど記録が残されていない。これを再構築できるのは、ありきたりな内容ばかりの公文書を補足し、修正してくれる書簡や回想録が豊富に残されている場合のみである。このような幅広い知識と根気を必要とする作業は本書の手に余るもので、数世紀に及ぶ事件史を事細かく追いかけることもできない。したがって、ここでは宮廷における意志決定のパターンとその変化を探り、そこで繰り返される緊張関係とそれぞれの立場を明らかにする。そして、この目的に適う限りにおいて、それぞれの君主、大臣、廷臣の経歴を参照することにしたい。

沈黙する君主

君主は度々物言わぬ人物として捉えられてきた。同時代の記述の中では、君主は寡黙で捉えどころのない人物として描かれることが多い。この君主の姿は、決断力のなさとして批判的に解釈されるか、あるいは上に立つものの狡猾さとして、尊敬の念を持って解釈されてきた。事後にはいかようにも判断できるだろうが、どちらで表現されるかは、主にその君主の治世が全体としてどのようなものであったと理解されるかによる。つまり、成功した君主の沈黙は巧みであると褒め称えられ、失敗した君主の沈黙は単なる優柔不断と誇られた。歴史家や当時の人々によるこのような判断は、多くの国王と皇帝に共通する基本的な特徴を覆い隠してしまう。

沈黙は、君主の最も目立つ特徴の一つであった。すばやい行動が必要な場合でも、沈黙と消極的な姿勢を貫くルイ一五世の「強さの欠如」が、度々リュイネを苛立たせた(3)。アルジャンソンは、国王の内気さを謎めいたふりをしたがる性格によるものだと考えた。多くの観察者は、国王の聡明さと、その聡明さが功を奏したという目立つ記録の少なさとの対比を強調している(4)。ヴェリはルイ一六世を「不器用な人」と呼び、寡黙さにかけてはルイ一五世にも引けをとらないと考えた。

ルイ一六世は、人々に攻め立てられる時には沈黙を守る。また、どんな苦境においても、ルイ一五世がいつも貫くその冷淡な沈黙は、大臣を混惑させ、事件の真相をあやふやにしてしまうのである(5)。

困難な決定を下さなければならない時だけではなく、不愉快な状況においても、張り詰めた沈黙が国王にとって唯一の逃避手段であった。モールパは、人前に出る時は威厳を保つことに細心の注意を払うよう、内気な国王に助言している。他方クロイは、ブーツを脱がしてもらう間押し黙ったままのルイ一六世を必要以上に堅苦しく、「そういう対面の保ち方はもはや過去のものとなっており」、時代遅れであると考えていた(6)。

ルイ一四世は、状況に合わせてどのような態度をとれば良いのかをよく心得ていた。彼は穏やかでもあったし、堂々としてもいたが、多弁な人物としては知られていなかった。サン＝シモン公は、「よきにはからえ」という言葉が求めに応じる国王のいつもの返答であったことを記している。太陽王は丁寧で、当たり障りのない言葉を好んで使い続けた一方、息子にはいつも人の話をよく聞き、多弁を控えるようはっきりと助言している(7)。さらに、「最も近くで国王に接し、国王の弱点を知っている人々は、同時にその弱点に付け込もうとする人々でもある」と戒めている。最後に、ルイ一三世の沈黙も同様に知られており、どもりがちな話し方はもちろんのこと、書くことに関しても控えめで、曖昧であった(8)。ウィーンでも同じことが言える。レオポルトは請願者に対して、いつも「ありきたりの言葉」でしか答えず、やはり「よきにはからえ」というフレーズを好んで用いたと伝えられている(9)。レオポルトとカールは、不自然な人物として頻繁に描かれた。あまり好意的でない証言によれば、カール六世は語学に精通していたにもかかわらず、理路整然とした受け答えはせずに、不明瞭な話し方であったという(10)。マリア＝テレジアは、宮廷にある自らの館にいる間は、カードやダイスゲームに参加するよう、子どもたちに助言を与えた。これは決してゲームが好きだからという理由ではなく、マリア＝テレジアが言うには「あなたたちの粗を探そうとする一〇〇人ほどの人々に囲まれている時には、ゲーム中ならずっと話すことも、長時間その場に立ち続けることも大変難しい」(11)からである。

このような助言は、君主は宮廷において極めて重要な立場にあり、そのことが負担でもあり、強みでもあったということを示している。先祖の輝かしき立派な手本を吹き込まれた君主の多くは、沈黙と消極性からくる否定的な評価よりも、軽率な判断や衝動的な行為から生じる危険に対して恐怖心を抱いた。宮廷の公的な行事で示されるように、君主の中心的な立場は、ヒエラルキーの頂点にいること以上の意味があった。意志決定と名誉分配の中枢へ人々を引き寄せることは、政治的に成功を収めた宮廷の重要な特徴であったが、それは事あるごとに重荷となった。また、名誉の分配は国家の命綱であった。中央と地方の間でのやりとりは、財政的な制約とヒエラルキーの範囲内で忠誠心と期待とを抱かせながら、理論上君主は適当と思えば味方になったり、恩恵を施したり、冷遇したりすることができた。このやりとりを保つことは絶え間ない労力を必要とし、多くの場合君主一人の個性や能力を超えるものであった。バランスを欠いた名誉の分配が恨みを買い、また親しい取り巻きたちと負担を共有すればライバルの嫉妬や不信を招き、事態はこじれるばかりであった。しかし責任から逃れて、このやりとりの可能性を否定することは、宮廷の潜在的な求心力を無にしてしまうことにもなりかねなかった。

身の回りの世話をする従者に請願の取り次ぎを禁じる指示が繰り返し出されたのは、一人でいたいという国王や皇帝の願望の表れである。一七八一年、ヨーゼフ二世は現職の侍従たちの地位を大幅に刷新したにもかかわらず、部屋付き従者に関しては一六五一年の規定を基本的に踏襲した。一七八一年と一六五一年に共通しているのは、秘密を守ることの必要性を強調している点であり、どちらも盗み聞きや詮索を禁じていた。最も重要なこととして、部屋付の役人が自身のものであれ、仲介者として取り次ぐ場合であれ、請願を持って皇帝に近づくべきではないとされた(12)。ヨーゼフの訓戒のおよそ三〇〇年前にも、インスブルックの指示によれば、侍従、内膳長、部屋付き従者、門衛、その他すべての廷臣は「皇帝陛下の臣下として何人も請願を受け取るべきではない」(13)と定められた。カペー朝においては、一三一八年のブールジュの王令が同様に請願を制限しようとし、アンリ三世は一五七八年と一五八五年の王令において、細心の注意を払って同じ試みを繰り返した。後年、『名簿』に請願を手渡す手順が記載された。ショワジによれば、ルイ一四世のお気に入りであった寝室部第一従者アレクサンドル・ボンタンは、国王に頼みごとをしなかったという理由で、国王の信頼を得ていたという(14)。一八世紀の寝室部第一侍従の記録では、彼らの許可なく請願が国王に手渡されることはなかったことが強調されている(15)。同じ第一侍従の記録に残された、一七〇〇年仮面舞踏会後の祝宴に関する指示には、国王の姿を見知らぬ人々の目に触れないようにすることが望ましいとした興味深い注釈――「注記・国王と顔を合わせる舞台においては、国王の見知らぬ顔が並ばないようにする」(16)――が含まれていた。

文書による行政が国王や皇帝をさらに苦しめることになった。彼らは書類仕事に埋没せず、君主として儀式や交流を疎かにすることなく、いかにして大臣たちをコントロールし得たのであろうか。また会議の場で示される選択肢の中から、いかにして全般的な政策方針を決定できたのであろうか。君主よりも博識な役人たちが会議の場に潜り込み、自らの提案や調停案をみごとに披露して、君主の意見を覆そうとするのをどうやって退けていたのか。最後に、君主はどのようにして助言者たちを信用したのであろうか。国家や王家の利益のために優れた知識を役立てるのではなく、自分が属する宮廷内の党派の利益を守ろうとする恐れのある助言者たちを、どうすれば信用できるのか。ルイ一四世は王権の本質と見なしていた名誉の分配について議論する中で、国務会議に出席する最も賢明な人物でさえ、「当然のこととして信用することはできない。なぜなら要職に就いている者ほど、自らの息がかかった人物を連れてこようとするからである」(17)と述べている。無条件で大臣を信用するにしろ、十分に信用しないにしろ、君主は過ちを犯してしまうことがあった。正しき計らい、あるいは理想的な助言者集団というのは非常に稀であり、決して当たり前のことではなかった。

国王や皇帝は国務会議や顧問会議の助言を受けて統治を行っており、行政府が会議の決議を執行していた。このような会議は拡大し、多様化する傾向にあった。会議の出席者が多くなってくると、その中でも中核的な助言者たちが「枢密評議会」や「枢密顧問院」として仕えるようになった。オーストリア＝ハプスブルク宮廷において、顧問会議の拡大と再定義が繰り返される中で、「枢密顧問院」、のちの枢密顧問会議が真の助言機関として機能し、多くの者が出席する顧問会議は最終的には儀式的な場となった。その他、財務、戦争、帝国に関する諸問題に対応するために、専門化された顧問会議が以前から存在していたが、原則として皇帝がこれらの顧問会議に加わることはなく、必要な場合には各顧問会議の長が枢密顧問会議に召喚された。すべての案件が、皇帝に助言をする顧問会議の場で決定されるわけではなかった。皇帝は顧問官たちに個々の意見や彼らの総意を書かせ、別の場所でその意見書を検討し、余白にコメントを付して自らの決定を提示することもできた(18)。顧問官による会議と皇帝一人での検討という両者の中間に位置するのが、皇帝の個人的な顧問官や非公式な助言者との話し合いという選択肢であった。

フランスでは、国務卿と彼らの部局が早くから発達しており、国務会議の基本原理が大きく変化することはなかった。国務会議は拡大し、扱いにくくなってしまったので、小規模な側近集団という公式あるいは非公式な組織が作られたのは必然であった。そして、必ずしも国王が出席しない専門化された国務会議が増加した(19)。国務会議のメンバー数が激増したアンヌ・ドートリシュの摂政期後に、ルイ一四世は国務会議を再編成し、制限した。国王に招かれた者だけが最高国務会議に出席できると規定することによって、国王の傍らで助言権を有してきた諸侯の権限を廃止したのである。ルイ一四世によって生み出された状況は、ハプスブルク宮廷と共通したものであった。フランス国王も、一人自室にこもって国務会議の準備をし、はじめ「審議事項の束」として、後に「国王の仕事」として知られる事前の審議会合に大臣たちを招聘した。もし、ある上級大臣が「国王の仕事」に出席したのなら、彼は国王と大臣または宰相との間の仲介者として特別な責務を獲得できた。王室の領域や恩寵の分配にまで影響力を広げることで、彼は大臣にも寵臣にもなった。そして、彼のせいで国王との接触を断たれた人々を苛立たせることにもなった。

ルイ一四世は自らの回想録の中で、一人の寵臣によって支配されていると思われてしまうことは、たとえ事実無根であったとしても国王の名声を大きく貶めると指摘している(20)。しかしながら、国王が宰相を置かずに政策を決定することによって、国政を分析し、討議するための多大な時間が費やされた。さらに財務卿フーケが公金横領で逮捕された後、財務総監職を廃止したことによって、事態は悪化した。ルイ一四世は、息子に対してこのような問題を解決する方策をいくつも提案している。ルイ一四世は熱心に取り組むことによって、大臣たちの政策の概要を理解することができ、「審議事項の束」の詳細を抜き打ち検査することによって、大臣たちの勤勉さや忠誠を試すことができた。またルイ一四世は、一人の大臣だけを信頼することは決してなく、常に他の者にも意見を求めており、このように大臣たちを競わせることは、彼らの野心を抑制することにもつながったと力説している(21)。しかし彼は、良き助言者を見つける際に重要なのは、その人物の洞察力よりも運であることを認めている(22)。陸軍卿ルヴォワ侯が死去した後の数十年間、ルイ一四世は長引く危機にも運を持った大臣がいないことでストレスを感じ、マントノン夫人の積極的な支援にますます頼るようになった。彼女は宰相、信頼のおける仲介人、国王の忠実な理解者という役割を非公式に果たし、さらに王族に不幸が続いたことで、彼女への依存はますます強くなった(23)。

レオポルトは、即位当初宮廷長官ポルティアを頼りにしていたが、ポルティアの死後はルイ一四世と同じ考えを持つようになった。

> 余は宰相や寵臣を持たずに、余自らが第一の人物となることを決意した。ただ、様々な理由から数人の顧問官とはほぼすべての案件について相談することとする。余はまだ若く、存分に働くことができる。余自身が主であり、すべてのことが臣下の一人に左右されていると思われることをよしとはせず、余自らがすべてにおいて責任を負うことの方が望ましい。すべてが余自らによるものとしなければならない(24)。

図28　皇妃マリア＝アンナと回復を祈念して「黒い肩衣」を授かる幼いレオポルト

ルイ一四世と同様に、レオポルト一世も単に寵臣を持たないだけでは十分ではなく、誰であっても自分が君主との唯一の仲介者であり、すべてが自分にかかっているとほのめかして、寵臣を気取るようなことは許されないと強調している。レオポルトは自らの決定に忠実であったが、ポルティアを失った悲しみを打ち明けたり、分かち合う相手がいないことに失望した。

> 余はまさに混乱している。誰もこのことに

ついて話し合うことができないし、皆がこのことに関心を持っているので、さらに混乱は増すばかりだ。いずれにせよ、神が求めることは余自身を信じることである(25)。

その一方でレオポルトは、収賄や背信の嫌疑をかけられた大臣を擁護した。こうした大臣たちは、多くの場合スペイン人によって告発され、フランス人によってそそのかされていると疑われた。しかし、レオポルトによる擁護は容易にはいかず、レオポルトは友人であるスペイン大使のペッティンク伯に、「余が恐れていることは、必ずしも正義が行われるとは限らないことである」(26)とこぼしている。レオポルトは大臣を擁護しなければならないだけではなかった。というのも告発は、買収された大臣によって、そして間接的にフランス全権大使グルモンヴィルによって、レオポルト自身が操られていることを意味していたからである。したがって、レオポルトはすべての大臣の意見に耳を傾けるが、彼らのうちの誰かに依存してはいないと答えた(27)。レオポルトは何度も同じような進言を聞かされることに苛立ち、のちに次のように断言した。「余が正しいと思うことをする。そして誰にも尋ねはしない。ある一人の大臣が悪意を持っていると余が確信したら、その者は即座にひれ伏すことになろう」(28)。ヨーハン゠ヴァイカールト・アウアースペルクの失脚と追放は、それから数か月も経たないうちに行われた。調整役や仲介役であった人物を失い、「孤独な」統治を行うこととなったレオポルトは多忙を極めた。ある時、レオポルトはすでに五時間も机に向かい仕事をしているので、わずか数行しか書くことができなかったと、ペッティンク伯に手紙を送っている(29)。他にも、レオポルトは野外での休養のためにラクセンブルクを近々訪れたいという願いに続けて、「本当に休養が必要なのである。しかし仕事が山積しており、それこそが余の義務であり、余の本分である。そのために神は余を遣わした」(30)と書き送っている。確かに、君主たちが狩猟に熱中した背景には、統治の重責による心労やストレスがあったのかもしれない。典型的な例として、一七八七年の名士会議が失敗に終わった後、ルイ一六世はそれまで以上に狩猟に興じ、暴食に走り、王妃の部屋で日々泣いていた(31)。

大臣たちを信用することは必要であったが、限界もあった。君主にとって、もっと信用しやすい者はいたのであろうか。外国の王家出身の妃は、自らの宮廷と家臣を持っており、そもそも王家間の同盟関係を代表しているのであって、必ずしも君主と親密な人物というわけではなかった。レオポルト一世は愛妻家であったが、皇妃マルガレーテ＝テレジアに付き従ってきたスペイン人家臣たちの態度に対する懸念を、マルガレーテ＝テレジア本人に話すのではなく、駐スペイン大使を通じてスペイン宮廷に伝えた(32)。互いに敬意を払い、遠慮がちな夫婦関係は、確執の多いルイ一三世とアンヌ・ドートリッシュや、仲睦まじいマリア＝テレジアとフランツ＝シュテファンよりもよくあることであった。さらに、王妃や皇妃の助けを借りることは、君主の弱さを象徴するものとして受け止められる恐れがあった。なぜなら、妃は公然と統治に参加することや、宗教的な儀式における慣習的な役割以上のことは求められていなかったからである。母親もいつも信用されるとは限らない。一時的にフランスを統治した三人の王太后は、ためらいながら息子に権力を譲り、若き国王の治世初期には無視できない勢力の一つであった。ウィーンにおいて、寡婦となった皇太后は皇妃よりも立派な宮廷を持ち、大きな存在となりがちであった。したがって、皇太后と皇妃との関係が穏やかなことは稀であった。パッサーによれば、フェルディナント三世の寡婦エレオノーラ＝ゴンザーガは、義理の息子レオポルトの三番目の妃エレオノーラ＝マグダレーネが一六八一年ハンガリー王妃となる姿を見ようとはしなかったという(33)。このような状況によって、若き君主は愛情をめぐる葛藤に苛まれることもあった。つまり、君主は母親か妻のどちらかの側に立つか、あるいは両者から距離を置くことを余儀なくされたのである。

男系の兄弟や叔父は父系社会において潜在的なライバルであり、近世を通じて反乱の首謀者として現れた。フランスではフロンドの乱以降、意志決定における彼らの伝統的な役割がはっきりと衰退していったわけでもないし、国王との関係から潜在的な対立が消え去ったわけでもなかった。こうした男系親族の場合と同様に、王家との近さや継承権が君主と直系子孫との間の緊張関係も高めた。とりわけ治世が長くなると、その傾向は顕著であった。年老いた国王や皇帝が予想以上に長寿となった場合でも、短気を起こさせることなく、どうやって後継者を徐々に政治の世界へと導くことができたのであろうか。その緊張関係は、皇太子を国務会議や顧問会議、軍隊指揮から締め出すことに

図29　ルイ14世の死「臨終の寝室」(1715年9月1日)

よって緩和されることはなかった。ハプスブルク家は、長子がローマ王に選出されることによって、選挙制に基づいて皇帝位を独占することができ、そのローマ王を宮廷生活における主要な登場人物としてお披露目することになった。若くして逝去したフェルディナント四世のローマ王在位は短かったが、ヨーゼフ一世は一五年間続いた。レオポルト一世の晩年には、ヨーゼフ一世の廷臣や助言者が皇帝とは異なる方針を示すようになっていた。同じ時期のフランスでも、ルイ一四世の孫であるブルゴーニュ公を取り巻く集団がだいたい同じような役割を果たしていた。ヨーゼフ二世は父フランツ＝シュテファンの死後、母マリア＝テレジアとの共同統治が長期にわたっていることに対する不安をもらしている。また、長子以外の子どもたちにもそれ相応のものを与えなければならなかった。君主は、多くの貴族家門と同じようなジレンマを抱えていた。すなわち、多くの子どもを産むことで後継者を確保しようとする一方で、子どもの数を制限して、一族の財産が分散したり、互いに争うことを防ごうとした。フランスでは、国王の庶子の存在が対立関係をさらに複雑にした。というのも、国王は庶子のためにそれなりの地位を設けたが、そのことは必然的に嫡子や廷臣の怒りを招いたからである。

どんな社会や集団においても、紛争と縁の切れない親族たちが宮廷における緊張関係の温床となった。そして王族の子孫たちはしばしば、反対派の大物と関係を持ったり、方針転換を主張する人々の象徴に祭り上げられたり、新たな君主の恩寵から得られる利益をただ待つだけであったりした。それにもかかわらず血のつながりは強く、王族のネットワークは宮廷生活の核であった。君主は自らの親族を信頼しようがしまいが、その親族の地位や血縁の近さに配慮しなければならなかった。ただし君主が親族を信頼し、彼らの助言を聞き入れることは、自然なことであるのと同時に、危険なことでもあったのである。

君主というものは、人生の始めと終わりにおいて特に危うい存在であった。君主の重責に初めて向き合うというのは容易なことではなかった。一六四八年、九歳のルイ一四世がパリ高等法院で演説をした時、暗記していたのに間違えてしまい、泣きだしてしまったという。レオポルトはより守られた環境の中で成長した。彼が初めて公の場で演説したのはおそらく一六六三年のことであり、もうすぐ二三歳になろうかという時で、五年以上の統治を経験した後であった(34)。特徴的なこととして、ルイ一四世とレオポルト一世は最初の助言者を失って初めて、宰相を置かずに統治を行うと決意した。そして、二人とも晩年の一〇年間は妃に強く依存するようになり、廷臣たちは新しい治世を見越して準備を始めていたと伝えられている(35)。このような経緯は、一八世紀の二人のフランス国王の時も繰り返された。ルイ一五世とルイ一六世はそれぞれ、初めフルリーとモールパに、そして晩年にはポンパドゥールとマリ＝アントワネットに頼っていた。ハプスブルク家では、ヨーゼフ一世の治世は短すぎたし、カール六世やマリア＝テレジアの依存関係は、このようなイメージにあまり合わない。マリア＝テレジアは即位当初の危機的な局面を切り抜けた後、自らの治世初期を振り返って、自分は経験不足で、臆病で、不安な気持ちでいっぱいであったと吐露している。そして、彼女はいく人かの献身的な臣下たちに対する恩義を強調した。

バルテンシュタインとハウクヴィッツは、国家のためや君主国を維持するために為すべきことを私に教えてくれた。タルーカとコッホは、私に慰めや助言を与え、様々な情報をもたらすために、そして私の知識を広げ、誤りを正すために仕えてくれた。私は長く生きてきたので、彼ら自身、彼らの子ども、さらにその子どもの子どもまでもよく知っている。だから、彼らも私や国家のために尽くしてくれるのである(36)。

最愛の夫を亡くして二年後の一七六七年、マリア＝テレジアは側近の一人への手紙において、「若く軽率であった時にも、年を取り衰えた時にも、シルヴァ・タルーカが必要であった」(37)と語った。五年後、ケーフェンヒュラーは嬉しそうに、マリア・テレジアの「心境の告白」を伝えている。ポーランド分割やヨーゼフとカウニッツの政策を憂慮して、マリア＝テレジアは精神的にかなりまいっていた。そのため、ケーフェンヒュラーが恐れていたように、彼女は極端に走り、「嫌悪と絶望により王位を完全に放棄すること」(38)さえも考えていたかもしれない。一七七三年、マリア＝テレジアは疲れ果てて、ハッツフェルトに以下のような手紙を書き送った。

私の置かれた状況は、もはや耐えがたいものとなっていることを告白します。私に付き従う何人かの者たちや大臣だけが、私をなおも引き留めるのです。あなたもそうであってくれることが、私の大いなる助けとなるでしょう(39)。

君主の幼年期や晩年においては、君主が誰かに強く依存すること、側近が並外れた権力を握ってしまう可能性があること、権力闘争が宮廷中に蔓延してしまうこと――それらは、どんなに賢明な君主であっても避けがたいことなのである。

君主との親密さと寵愛

君主を中心とする宮廷内の結びつきを表現するに際しては、ちょうど車輪がスポークによって仕切られているように、いくつかの区画に分けられた円が、君主という中心点を共有しているイメージがよく用いられてきた(40)。王室と行政府の人員には、普段から君主と接触する人々が含まれていた。そこには、地位と職務のヒエラルキーにおける最上位にいる人々だけではなく、君主に日々仕え、君主と親密な関係を築き得た下位の人々もいた。組織ごとに区切られた「車輪」というイメージに、第5章で論じた宮廷生活における公的な空間から私的な空間に至る連続性を付け加えなければならない。つまり、私的な空間において君主に近づくことは、君主との親密さ、そして君主からの寵愛を得ることにつながったのである。これが権力を手にするための近道の一つであったことは間違いない。しかし君主への接近、寵愛、権力が連環していたとは一概には言えない。君主から寵愛を受けた人物がみな権力者となるわけでもなかったし、すべての有力な大臣や廷臣がたやすく君主に近づくことができ、君主と親しくなり、寵愛を享受できるわけでもなかった。

ほとんどの君主にとって、日々の生活の中で何人かの支援者や友人を見つけることは必須であったに違いない。しかし君主が特定の人物に信頼を寄せ、親しくなり過ぎると、その人物に依存しがちとなり、君主が依存している姿を見せるだけでも、宮廷内を十分不安定にしてしまうのであった。はたして君主は、誰かに操られたり、中傷されることなく、信頼できる人物を見つけることができたのであろうか。そのようなリスクを避けつつ、交友関係を結びやすいという意味では、目立ちすぎない人物であるということが理想的な条件であった。こうした点から、宮廷の道化師や小人が一つの注目すべき例を与えてくれる。スペイン＝ハプスブルク宮廷では至るところで見られた小人は、一七世紀前半のフランス宮廷においても存在し、寝室部付きの小人が『名簿』にも記載されている。ウィーン宮廷においては、彼らの存在がより目立ち、しかも長続きした。一七世紀の給料名簿には、部屋付き小人として役人や従者が記載されているが、彼らは必ずしも小人というわけではなかった。プーフェンドルフは、レオポルトが小人たちに交じってキツネをこん棒で必死に殴りつけていた様子を伝えており、カール六世の取り巻きには、「小さな男爵」または「ハンスル」なる人物が含まれ、彼はカールのスペイン遠征に同行し、のちに狩猟の旅にも加わっている(41)。君主と親しいが、社会的には身分が低く、政治的にも当たり障りのない下級役人、従者、門衛らはリスクを伴わずに、気楽な友人となり得た。しかしながら、ルドルフ二世の部屋付き従者長であったフィリップ・ランクは、重大な責務を負うようになった地位をあからさまに乱用していた。彼は王室内での官職を売買し、皇帝への謁見を取り次ぐ見返りに金を要求し、皇帝に対する個人的な影響力を最も高い値をつけた者のために行使した。ランクは一六〇八年に権力の座から滑り落ち、二年後に獄中死した(42)。オーストリア＝ハプスブルク家では、身分の低い親友たちは名も知られていないことがほとんどで、彼らの影響力も限られたものであったに違いない。フランスでは、国王と親しい者の名前がいくつか伝えられている。最も顕著なのが寝室部従者を輩出した家門出身者だが、ルイ一四世が晩年愛用した椅子かごの前部担当であったデグルモンや、ルイ一四世が就寝前に愛犬に餌をやり、かわいがるのを見守る小銃持ちの一人であったアントワーヌ殿のような者も含まれている(43)。寝室部従者に相当する者は、執務室にも存在した。国王の執務室で仕える個人的な書記官は一七世紀初めの数十年間に急増した後、アンシアン・レジーム期を通じて少人数のままだった。ルイ一四世の寝室と執務室に四人存在した書記官の一人トゥサン・ローズは、何らかの影響力を持っていたと考えられており、「ローズはあらゆる大臣から評価され、大切に扱われていた。彼が書くことは国王との交流に基づいたものであり、時には大臣の関知しえない物事（をも把握していた）」と、サン＝シモンは記している。書記官はハプスブルク宮廷においても重要な役割を担っていたが、一八世紀半ばになってようやく、執務室付き枢密書記官が登場した。一七二三年以降オイゲン公の助言者であり親友でもあったイグナッツ・コッホは、一七四二年から一七六三年までマリア＝テレジアの執務室付きの書記官となり、有名で評判の高い助言者となった(44)。一七五四年にマリア＝テレジアは、「私は彼になら何でも話しており、彼は私の心の内を打ち明けられる唯一の人物である」ので、コッホに十分な情報を与えることをカウニッツに求めた(45)。

懺悔聴聞司祭などの聖職者たち、医者や外科医、学者や様々な芸術家は大体平凡な身分の出身であったが、特別な立場や技能によって君主の寵愛を受けることができた。懺悔聴聞司祭はその仕事柄、君主の最も秘めたる行為や思いを知り得たので、潜在的な力を持ち得た。ただし、その職務に固有の制約によって本来は潜在的なものに留まるはずだったが、常に何か行動を起こすわけではないにせよ、懺悔聴聞司祭が君主の心の中を覗く鍵を持っているというだけで、野心や好奇心の的となることは避けられなかった。フランスの懺悔聴聞司祭は聖職禄一覧を保有し、聖界の人間関係に影響を及ぼし得たので、彼は宮廷内の勢力図における不動の目標点の一つであった(46)。一七世紀において、聖職禄一覧はいつも懺悔聴聞司祭の手の中にあったが、一八世紀になって司祭は影響力を失っていった。ショワジが語るところによると、ルイ一四世の病が長引いていた一六八六年、ラ・シェーズ司祭は正餐の間ルイ一四世を聖人のメダルでよく慰めたという。そのラ・シェーズは国王にすり寄って、以前は宗教評議会においてパリ大司教と分有していた聖職禄一覧の管理権を強めた(47)。サン＝シモンもまた、一七〇九年にラ・シェーズの後任となったテリエ司祭を恐ろしい存在と感じていた(48)。一六二四年から一三年間にわたってフェルディナント二世の懺悔聴聞司祭を務めたヴィルヘルム・ラモアマイーニは、ウィーン宮廷において卓越した存在感と影響力を保持した。レオポルトに仕えたイエズス会懺悔聴聞司祭ミュラーやカプチン会士エメリッヒ・ズィネッリ、のちにはマルコ・ダヴィアーノも同じく重要な人物と見なされていた(49)。

君主とその親族が身体的に衰えたり、重篤な病にかかった際には、医者や外科医が彼らの看病をした。エロアールの『日記』には、医者と国王の間における日々の親密さが記されている。『ルイ一四世の健康に関する日誌』は、個人的な親密さは見られないものの、ルイ一四世が度々病に苛まれ、薬の投与を受けていたことを伝えている。一六八六年に行われたルイ一四世の有名な手術は、第一外科医フェリックスに貴族位と寵愛をもたらし、ファゴンもまたそれを機に国王の寵愛を受け、その後一六九三年ダカンに代わって第一侍医となった(50)。スルシュとサン＝シモンによれば、ダカンは自身と彼の親族のために国王の寵愛をずうずうしく求めすぎたことによって、地位を失ったという。ダカンは、息子のために大司教の地位を要求し、国王にきっぱりと断られた後、愚かにもラ・シェーズ司祭に仲裁してもらえるよう頼み込んだ(51)。どうやら国王の寵愛を過信してはいけないらしく、また懺悔聴聞司祭は医者よりも重要な存在であった。ウィーン宮廷の侍医も同様に、特別な地位を保持したように思われる。また国王や皇帝は、音楽、読書、絵画、建築、庭園、宝石、その他の様々な趣味に対する興味や嗜好を通じて、それぞれの分野で相応しい専門家との交流を持ち、親交を温めた。レオポルトが図書館長ランベックに宛てた手紙からは、皇帝の生き生きとした興味や本の管理人に対する親しみが感じられる(52)。さらに礼拝堂付き楽団長や王立音楽礼拝堂の監督官、あるいは才能豊かな名演奏者たちが君主を魅了した。君主自身が熱心な演奏家であった場合は、また格別なものとなった。一六八七年の『フランス宮廷名簿』では、ジャン＝バティスト・リュリが筆頭に挙げられているが、その理由は「この人物に授けられた特別の恩恵によって」(53)であった。音楽家の役割は、フランス宮廷よりもハプスブルク宮廷において顕著であった。しかしながら全体として、医者や高度な技能を持った職工は特別な恩恵に与ることができたが、彼らが権力に近づくことは稀であった。

若い時の体験は親密な関係を作り出し、それを深めることに役立った。例えば、通常は高位出身者であった君主の幼馴染や遊び仲間は、誰よりも信頼でき、危険が少ない人物と思われており、前述のような目立たない友人たちよりも大きな影響力を持ち得た。サン＝シモンが最も活躍したのは、幼少期からの友人であったフィリップ・ドルレアンが権勢を振るい、ついにはそれまで手にできなかった職務を与えられた時であった。国王の子どもたちの世話をした高位の養育係は、王太子が七歳になるまでの教育を取り仕切ったため、彼らは国王に強い印象を残した。ルイ一四世の養育係であったヴィルロワ公の息子は、ルイ一四世とともに成長し、国王の側を片時も離れなかった。そして彼は、正式にルイ一五世の養育係に任命された。ヨーハン＝フェルディナント・ポルティアやカール＝テオドール＝オットー・フォン・ザルムは皇太子の養育係であり、その皇太子が帝位に就くと、異例なほどの影響力を持つ宮廷長官となった。このような経歴はアントン＝フロリアン・フォン・リヒテンシュタインにも当てはまるが、影響力という点では彼らには及ばなかった。フィリップ・ドルレアンとルイ一五世の教育係であったデュボワとフルリーは、後年宰相として仕えることになったのである(54)。

王太子や皇太子の宮廷でお供の貴族として仕えた近侍も同様に、新君主となった後も付き従い続けることを期待できた。しかし、フランスでは相次ぐ王太子の夭折によって、この傾向は曖昧になった。アンリ四世は王太子時代からの友人の中から、シャルル・ダルベールを選んだ。シャルルは権力を高め、ルイ一三世の第一の寵臣としてリュイネ公の地位を獲得した。彼は自らの主張を押し通そうとする若く内気な国王を支え、国王の母親や王母のイタリア人寵臣を失脚させた(55)。ローマ王ヨーゼフの宮廷が大幅に拡大された一六九四年には、そこで侍従であった者の何人かが宮廷官職を獲得した。彼らは、ヨーゼフが帝位に就いた一七〇五年以後もその職に留まった(56)。一六三三年から、マクシミリアン・フォン・トラウトマンスドルフはハンガリーとボヘミアの国王であったフェルディナント三世の宮廷長官を務め、帝位に就いた後も一六五〇年までその地位を保持した。フェルディナント三世に最も重用された助言者の中で、トラウトマンスドルフと匹敵するのがアウアースペルクで、彼は一六四五年から宮廷長官としてフェルディナントの息子であるフェルディナント四世に仕え、次の治世においても要職に就いた。アウアースペルクの期待と野望は、一六五四年にフェルディナント四世が若くして亡くなったことによって挫折し、期せずしてその任を弟レオポルトの養育係だったポルティアに譲った。

君主の初陣となった戦争も同様に成長期に行われ、忠誠と友情の強い絆を築く機会となった。アンリ三世の寵臣団は、ラ・ロシェルにおける血まみれの包囲戦や、波乱に富んだポーランド滞在の間に形成された(57)。カール六世はスペイン遠征を通じて、ミヒャエル＝ヨーハン・アルトハンやステラ・ロッコとの生涯にわたる親密な関係の基礎を築いた(58)。さらに、ハプスブルク家とブルボン家の君主たちの多くは、ほぼ日課として狩猟に興じており、この狩猟も戦争よりも小規模であったとはいえ、同じような経験となった。つまり、狩猟も親しみと同様に危険をもたらすものであったからである。例えば一七三二年の狩猟中には、カール六世が厩舎長アダム・シュヴァルツェンベルクを誤って撃ち殺してしまうという悲しい事故が起きてしまった。また、カールは日記の中で、狩りの仲間たちを「ハルトゥル Hartl」、「グント Gund」、「ヨスト Jost」など親しみを込めたニックネームで呼んでいる(59)。ルイ一三世は狩猟好きが高じて、『回想録』著者の父サン＝シモンへの関心をかき立てることになったと思われる。サン＝シモン自身によれば、狩猟用ラッパを鳴らすことと国王に下馬せずに馬を乗り換える方法を教えたことにより、彼は国王の恩寵を得たという。

ヨーゼフ一世の厩舎長であったレオポルト＝マティアス・ラムベルクは、ヨーゼフの恋愛沙汰をうまく収めて彼を助けた。このようなスキャンダルにフランス宮廷ほど慣れていないハプスブルク家の敬虔な雰囲気の中で、ラムベルクの功績が信頼の礎となったことは確かである。ヨーゼフはラムベルクを高く評価し、ザルムが引退した後の一七〇九年に彼を宰相に任命しようと考えた(60)。フェーゼは、カール六世がアルトハンの妻マリアンナ＝ピニャテッリを愛していたことを事実として語っており、このことはカールがピニャテッリの子どもたちを可愛がっていたことを長々と語ったペルニッツによっても裏付けられるかもしれない(61)。しかし、カール六世を除くほとんどのハプスブルク家の人々について、愛妾の存在を示す証拠はない。ルイ一六世の貞節さがブルボン家の国王たちの中で例外的であったように、ヨーゼフ一世の放蕩ぶりもまたハプスブルク家の中で例外的であった。ガブリエル・デストレとの愛妾関係を続けていたアンリ四世以前でさえ、国王の不適切な関係はフランス宮廷生活の重要な要素であり、それはこうした関係から度々子どもが生まれたためである。実際、愛妾の存在そのものではなく、愛妾が国王に及ぼす影響や国王の庶子たちの地位が議論を呼んだり、中傷にさらされた。庶子をめぐる様々な問題は、衆道を好んだルイ一三世の治世には存在しなかった。しかし、フランソワ・ド・バラダやサンク＝マール侯アンリ・デフィアなどとの乱れた関係は、性的なものであろうとなかろうと、どちらかといえば女性との関係よりも強い不安感をもたらすことになった。こうした不安感は、サンク＝マール侯の野望や陰謀によってさらに強まった(62)。

色事については、純粋な歴史叙述とゴシップ記事の間に納まり悪く位置付けられているが、君主の寵愛を論じる際には無視できない問題である。政治を典型的な男性社会と考え、女性が加わることはなかったと見なし、意志決定の中心的な舞台から女性を除外してしまう傾向は、古い歴史研究と同様に一七世紀の言説においても確かに存在した。しかしあらゆる点から考えて、こうした考えとは決別しなければならない。女性自身も、いつもは「女性らしさ」による制約というマントで身を隠していたが、ここぞという時には口出しせずにはいられなかった。正統な妃、母、姉妹は、出身家門や嫁ぎ先と同じくらい王家の利害や連携を守ることに懸命だった。彼女たちは夫への忠誠心や思いやり、そして肉体的な魅力による結びつきで影響を及ぼすか、もしくはもっと自分の思い通りに宮廷での立場を利用することができた。ただし、愛妾が後者を選択することは不可能であった。つまり、愛妾が権力を手にするためには、君主を自らの虜にしなければならなかった(63)。確かに肉体的な魅力や性的な関係は、大臣たちと仕事をともにすることで培われる仲間意識や、さらに狩猟で共有する興奮以上に、独占的で深いつながりと依存関係を生み出すことができる。この関係が続く限り、とりわけ愛妾が友情や尊敬によっても君主と強く結びついた場合には、愛妾も大臣や有力な廷臣と肩を並べ、無視できない一つの勢力となったのである。

ルイ一四世は、愛妾は寵臣の中で最も危険な存在であると息子を戒め、同時に自身は信念と一時の感情、すなわち政治と恋愛を混同したことは一度たりともないと自信満々で語った。このように語るルイ一四世を信じることはできないかもしれない。愛人関係につきものの危険は数多くあるが、モンテスパン夫人はそのうちの少なくとも一つを示す典型的な事例となった。実際、ルイ一四世は自らの言葉で「彼女だけを満足させようとしたら、他の世界のすべてが敵となるに違いない」(64)と語っている。一方で、ルイ一四世と貴賤結婚したマントノン夫人は、やや稀なケースである。ルイ一四世の治世末期、聖職者の任命やその他の決定を取り仕切る彼女の「帝国」はヴェールの奥に隠れており、とらえどころのないものであった(65)。それまで愛妾と言えば、王妃に付き添い、王子の世話をするために宮廷に出入りしている貴族の女性たちから選ばれることが普通であった。こうした彼女たちとは異なり、無視できないモデルケースとなるポンパドゥール夫人は、あらゆる点でアウトサイダーだった。ルイ一五世は、まずポンパドゥール夫人を宮廷に招き入れることから始めなければならず、彼女が堂々と公的な行事に同伴できる公妾として相応しい地位を与えた。一七五二年、特権を得たポンパドゥール夫人は、初めのうちはある程度寛大に迎えられ、彼女の優雅さに目を奪われた一人リュイネも、王妃に配慮した彼女の態度について記している(66)。しかし、彼女が国王による人事を牛耳っていることが明らかになると、彼女の卑しい出自や無頓着さが周囲の人々を憤慨させた。宮廷の影の存在となり、ブルジョワ出身の愛妾を次々と国王に紹介する仲介者となることで、侯爵夫人は国王との性的関係が途絶えてから一〇年以上もの間、自らの立場を維持できた(67)。その他の愛妾で、ここまで成功した者はほとんどいない。

彼女たちは肉体的な魅力が衰えると、国王からの寵愛をあっという間に失い、冷たくあしらわれるのであった。

君主の寵愛と親密さが及ぶ広大な世界において、雄弁な助言者や高位の宮廷役人はそれぞれ全く異なる立場を占めていたが、一つの特徴を共有していた。彼らが高い地位を占め、国家機密の近くにいることが、君主の恩寵を危険なものにした。こうしたことは、そのような寵臣のもとに権力が集中しているという批判につながった。君主の側でも、君主が統治の務めを大臣や高位官僚任せにしてしまったとき、「怠け者の国王」という烙印を押されかねない危険があった。著しく不安定な時代が過ぎ、枢機卿が宰相となって統治を行った時代の後特に、最高の地位と政治的な支配権が結びついたことによって、国王は自ら望む独立した権力を有するという威信に傷がついた。ルイ一四世ほど鋭敏でなくとも、この事実は明らかであった。親政開始の決定に続き、国務会議や行政府における諸侯の権力を抑えるために、ルイ一四世は何よりもまず自らの行政府に残る不信感を取り除くことから始めた。最高レベルの意志決定に関わることは、高い地位と結びつこうがつくまいが、名誉なことであると同時に危険なことでもあった。つまり、しばしば不安にかられ、孤立した君主は危険な隣人であった。最高位の官僚たちにとって、国王の近くにいて、「統治の枢機 arcana imperii」に参画している時期を平穏に終わらせることは難しかった。特にフランスにおいて、信頼を失い、正しかろうが間違っていようが反逆者と断定された者を待つのは、追放、没収、処罰であった。さらに、罷免された大臣が処罰を免れ、平和的に自領に隠居することを慈悲深く赦されたとしても、宮廷はその失脚に沸き立ち、人々は変化によって生まれる利益を得ようと必死になった。ハプスブルク諸邦においては、信頼されている顧問官や宮廷の高官は大きな混乱もなく退任することができた。しかし異例なほどの信頼や、そのことで引き起こされる権力の乱用が、時には失脚や追放につながった。マティアスの側近であったメルヒオール・クレースルは、一六一八年以降の数年間を獄中で過ごし、再びウィーンに戻ることが許されるまで亡命していた。枢密顧問官アウアースペルクは一六六九年、宮廷長官ロブコヴィッツは一六七四年に権力の座から滑り落ち、自らの領地に戻ることを余儀なくされた。宮内財務院長ゲオルク＝ルートヴィヒ・フォン・ジンツェンドルフは、一六八〇年に失策と横領で咎められ、多額の科料を支払わなければならなくなった(68)。

政治的な責任を負わず、任期中は君主の日々の暮らしに奉仕していた宮廷の高官たちは、上記のような不運にさらされることはなかった。過度な野心を持たず、不正に手を染めることなく、長く忠勤に励めば、君主の信頼と友情を勝ち得ることができた。場合によっては、君主との交友によって高い地位に手が届くこともあった。サン゠シモンは、ラ・ロシュフーコー公爵フランソワ七世に対するルイ一四世の溺愛ぶりを頻繁に書き記している。ルイ一四世は一六七二年に彼を衣裳部侍従長とし、さらに一六七九年に狩猟官の職も与え、褒美を惜しみなく与えた。サン゠シモンはこうしたラ・ロシュフーコーの立場を言い表すために、一度「privance（親しき友人）」という言葉を用いている(69)。この言葉は、レルマやオリヴァレスのようなもっと際立った寵臣に対して用いられていたスペイン語の「privanza（寵愛）」から派生したものである。フランスでは、高位の官職がほぼ特定家門の世襲所有物となり、終生に渡って国王に仕えることが常となっていた。ウィーンでは、ある宮廷官職から他の宮廷官職への昇進や他の職務への移行は、フランスよりも頻繁であった。王室と行政府の官職の世界は互いに絡み合っていたので、この二つ役人のグループを正確に選り分けることはできない。両宮廷において、最高位の宮廷役人は必ずしも君主の政策を立案し、執行することに関わらなかったとしても、名誉が授けられる機会のすぐ側にいた。したがって、彼らの家門は高位聖職者、軍司令官、外交官、地方総督となった人々の中で突出した存在となった(70)。これらの家門の地位は、君主を中心とする儀式や序列という舞台によって守られ、明示されると同時に、職務が配分される機会の近くにいることで長期的な利益を得た。君主から特別な寵愛を受けることや意志決定に深く関与することは、個人の名声や家門の幸福に資する可能性があったが、これらは危険も伴ったので、長期的な観点から見れば欠くことができないものというわけではなかったのである(71)。

寵臣と宰相

表舞台に登場しない君主の友人たちは、君主の評判を落とすことなく、恩寵を受けた。愛妾、大臣、宮廷の高官ははるかに大きな影響力を持っていたが、君主からの信任ぶりが目立ちすぎると、危うい立場に追い込まれた。しかしながら、目立つか目立たないかにかかわらず、君主の側近は必ず宮廷に存在した。どんな所でも、そしてあらゆる序列の中でも変わりやすく、分類しがたい様々な人々が、君主の寵愛を分け合っていた。その中の一人が、誰も君主と直に接触させないことができた場合だけ、その人物は真の寵臣となった。そのような寵臣の悪評は瞬く間に広まった。特に低い身分や外国の出身者である場合はなおのことで、彼らに対する非難にはしばしば性的な関係を匂わすものも含まれていた。マザランに対する根拠のない中傷では、イタリア生まれであることや王太后アンヌ・ドートリッシュとの親密な関係が、彼女を愛欲の虜にしていたとか、果ては若きルイ一四世を強姦したといった話まで加えて脚色された(72)。寵臣を扱った文学作品においては、ひと時の栄枯盛衰の筋立てが主流であった(73)。マザランのような最高レベルの寵愛を受けることは、利益と危険のどちらも極端に高くなることを意味していた。非業の死が多くの寵臣たちを待ち受けており、ほぼすべての寵臣がそのことを恐れていた。彼らのパトロンである君主が幻想から目覚めたり、一時的に権力を失ったりしたらすぐに、追放や死が寵臣の身に迫った。マリ・ド・メディシスに仕えたイタリア人の寵臣、アンクル侯コンチーノ・コンチーニはルイ一三世の策略によって一六一七年に暗殺され、彼の強力な妻レオノーラ・ガリガイもその後まもなく処刑された。ヨーロッパ全体を見渡せば、コンチーニと同じ運命をたどった人々がたくさんいて、こうした運命を免れた寵臣たちも危険と隣り合わせであることを重々承知していた。

ハプスブルク領邦においては、君主の寵愛が前述のような極端な結果をもたらした例は、全くなかったわけではないが稀なことであった。マティアスの治世に権力を握った、ウィーン司教であり後に枢機卿となったメルヒオール・クレースルは、概ね該当する唯一の例と言えるかもしれない。また、皇帝と枢密顧問官たちによって計画されたヴァレンシュタインの暗殺によって、彼への権力の著しい集中に終止符が打たれたが、ヴァレンシュタインはいわゆる皇帝の側近や寵臣ではなかった。ハプスブルクの寵臣のほとんどは皇帝に接近して権力を独占した例はなく、フランス、イギリス、スペインの寵臣たちほどの悪名を馳せることもなかった。エッゲンベルクとラモアマイーニは、どちらもフェルディナント二世にとって重要な人物であった。エッゲンベルクは皇帝の寵愛のおかげで、一夜にしてボヘミア最大の領主となった。トラウトマンスドルフとアウアースペルクはフェルディナント三世の中心的な助言者であり、前者は皇帝への献身的な奉仕だけではなく、私欲のなさやヒエラルキー上の争いから距離を置く態度において特筆すべき存在である。ポルティアが享受した寵愛は時間が限られており、それは彼の教え子レオポルトの若さと経験のなさに由来するものであった。ポルティア亡き後の一〇年間は、宮廷の高官たちの間で権力が激しく変動した時期であったが、アウアースペルクが罷免された一六六九年から、ロブコヴィッツが失脚した一六七四年までの五年間でさえ、ロブコヴィッツが全権を握る仲介人や管理人であったとは言えない。オーストリア宮内官房長のホーハーは影響力のある実力者であり、カプチン会士のエメリッヒ・ズィネッリは皇帝に近い人物であった(74)。レオポルト一世治世の後期においては、多くの影響力を持つ廷臣や官僚、様々な皇帝の友人や側近がいたが、飛び抜けた人物はいなかった。宮廷長官ザルムはヨーゼフ一世を支配していたが、対立する者がいなかったわけではなく、彼が亡くなる一七一〇年を前にして、老境に差しかかったザルムの権力はすでに衰えを見せていた。カール六世の寵臣アルトハンとステラ・ロッコは、軍隊の中だけでなく会議の場においてもオイゲン公の大きな影響力に配慮しなければならなかった。この後の寵臣と呼ばれる人々も同じような傾向にあり、君主の寵愛はますます抑制のきいたものとなり、多くの場合様々な集団や組織に分け与えられていた。

フランスにおいて、国王の寵愛に関する様々な現象は、これまで愛妾か、宰相となった枢機卿——彼らは国家の伝記を語る上で一対の象徴となるわけだが——といった限られたプリズムを通して理解されてきた。一般的に、一つ目の象徴である愛妾は、重すぎる責務を負った君主に許された道徳上の弱さとして提示され、政治の場に持ち込まれることはほとんどなかった。そして、二つ目の象徴である宰相となった枢機卿は、「君主制による行政システム」の発展過程において危機的な局面を乗り切るために必要な仲介者として提示された(75)。リシュリュー、そして彼ほどではないにせよマザランは、偉大なる国家の建設者と見なされ、ルネサンス期の取り巻きや寵臣、または後の大官吏とは比較にもならなかった。この対比は国家の発展段階が異なるからであって、根拠がないとも言えないが、誇張される傾向にあった。アンヌ・ド・モンモランシは、フランソワ一世とアンリ二世という二代にわたって第一評定官として仕えている。ギーズ公の兄弟は肩書こそなかったものの、フランソワ二世の治世においてほとんどこれと同じ立場にあった。アンリ四世の最有力大臣であったシュリーは、統治に関わる問題のほとんどを引き受けたが、対外問題はヴィルロワに一任されていた。実際、アンリ四世はこの二人を国務会議において競わせたのである。宰相という職名は一六二〇年代になって現れたにすぎず、はじめは上位の大臣たちを表す一般的な語で、後の最高国務会議の構成員に相当する語であった。一六二四年春、リシュリューは主席大臣の肩書を手に入れ、この肩書は、一六三〇年の国務会議の決定によって宰相に変更された。一六四二年以降、マザランは一七世紀において宰相という肩書を持つ最後の者となった(76)。一七二二年夏、宰相職はデュボワのために復活したが、彼は一年足らずで亡くなったので、元摂政フィリップ・ドルレアンに引き継がれた。六か月後にはフィリップも亡くなり、フランス大侍従である「公爵殿」コンデ公が宰相を引き受けた(77)。一七二六年六月にコンデ公を罷免したのを機に、ルイ一五世は宰相職を廃したが、実質的にはフルリーが宰相の職務を果していた。一七七四年から一七八一年までルイ一六世に仕えたモールパは、いくらか宰相に近い存在であったようである。最終的に一七八七年から一七八八年まで、ロメニー・ド・ブリアンヌが再び正式に宰相となった。

デュボワのために書かれた、宰相の主要な職責を再検討する小論文は、二人の有名な前任者たちの例に注目している。その議論は以下の一般的な言葉に集約されるであろう。

主席大臣、すなわち宰相とは君主権の受託者である。宰相は、君主が臣下に自らの意志を伝え、臣下がそれに応じる際の回路なのである。

とりわけ四人の国務卿、大法官、国璽尚書、財務総監は次のルールに従わなければならなかった。

大臣や国事に関与している人々は、決して君主に直接報告することはできず、直に会って報告できるのは宰相だけであり、しかもそのことを事前に知らせておかなければならなかった。

「国家の魂」である外交問題は枢機卿の専権事項とされてきたが、他の問題でも彼の事前「承認」なしで大きな決定がなされることはなかった。よって、デュボワにとって独占が認められた分野は外交だけというわけではないのである。

もし宰相があらゆる案件に関する唯一の意志決定機関であるのなら、また宰相は軍事であろうが民事であろうが、あらゆる恩寵について人々が尋ねることのできる唯一の窓口である。通常は国王に提出されるべき請願書は、枢機卿殿に渡さなければならない。枢機卿殿は、こうした情報を把握しておくべき者たちにそれを知らせる役割を果たす。閣下はこうした異なる性質の問題に対処するために、数人の秘書、すなわち主席官吏たちを有しているのである。

続く文章では、今度は恩寵の分配に力点を置きながら、同じ点が繰り返されている。

恩恵や職務の分配は宰相の最も重要で、人の妬みを買う仕事である。彼は信頼に基づいて意見することができただけではなく、善き行いに対する公正でかつ正確な分配や、不評に応じた罰について意見を述べることができたが、真に偉大な人物でもなければ、支配者というわけでもない。

当時、宰相として権力を行使することは、国王との直接的な接触を統制し、名誉の分配を取り仕切り、政策の主たる部門を監督することを意味していた。これらは、国王からの全幅の信頼を条件としている。したがって国王からの信頼を失うと、すぐさま他の者がその独占を打ち破ることができたのである[78]。

国王の寵愛を独占することは、そもそも実現可能だったのであろうか。実際には、ほとんどのフランスの寵臣と「宰相」は、廷臣たちの陰謀やパトロンの心変わりに対処しなければならなかった。ニコラ・ル・ルーがアンリ三世の宮廷における親交や寵愛の形式を細かく分類した『国王の寵愛』において、寵臣は一人だけでないことが示され、国王との緊密な関係ばかりではなく、寵臣同士の結びつきも強調されている。寵臣たちは国王の友人集団として、そして信頼される家臣団として活動していた。しかし彼らの中から、ジョワユーズとエペルノンが寵臣として次第に台頭し、国王の寵愛をほとんど独占していくことになる。彼らがアンリ三世との親交や信頼関係に基づき、瞬く間に出世したことは、貴族位と奉仕を再定義しようとするアンリ三世の試みの一部でもあった。つまり、身分の高さよりも誠実な奉仕の方が、安全かつ素早く権力に達する道となるというイメージを植え付けようとしていたのである。

ジョセフ・バーギンが慎重に解き明かしたように、リシュリューは権力の座に就くまでに多くの挫折を経験して、人に媚びへつらい、人の顔を立て、人に合わせる術を学んでいった。一六三〇年にリシュリューが罷免の危機を乗り切った後、彼の権力に対抗する者が比較的いなかった時代でさえ、彼はその時々の寵臣、宮廷内の党派、有力者に配慮しなければならなかった。リシュリューがこうした尽きることのない懸念に対処することができたのは、彼が優れた先見性を持っていたからではなく、自らの権力基盤を確保し、挫折を乗り越える政治家としての手腕を発揮したからである(79)。一六二七年以降、コンデ公アンリ二世はリシュリューと手を携える方が賢明であると考え、この新たな協力関係はどちらのグループにも利益をもたらした(80)。王族の少数派も含むこの大きな流れは、コンチーニとマザランの隆盛を説明するのに大いに役立つ。コンチーニの権力ではルイ一三世側に立つ多数派を長く抑え込むことができなかった一方で、フロンド派との争いを制して台頭したマザランは、自らの権力を固め、若き国王ルイ一四世の信望と敬意を得た。デュボワ、オルレアン公フィリップ二世、コンデ公は在職期間があまりに短く特殊であったので、ここに挙げたわずかな事例には含まれない。

ここで、「公爵殿」ことコンデ公の宮廷官職や地位が有した、潜在的な影響力を示す一例に言及すべきであろう。一七二五年一二月にフルリーと「公爵殿」との争いが生じて、フルリーがイシに引き籠ってしまった時、ルイ一五世は、すぐさまこのフルリーに宮廷へ戻るように求めた。伝えられるところによると、国王は第一侍従モルトマール公によってそうするように説得されたらしい。このようにモルトマール公の介入は、新旧寵臣たちのバランスを操作することにつながった(81)。フルリーが一七二五年から一七三〇年まで権力の座に上りつめたのは、ひとえに宮廷内の主流派を懐柔したり、孤立させたりした彼の手腕によってであった。そして一七三七年以降、再び宮廷内の党派に活動の余地を与えたことによって、フルリーの独占的な役割は徐々に衰えていった(82)。しかしながら、この最後の、そして偉大な宰相＝枢機卿も、デュボワの時に明確にされた優先事項――すなわち教会に目を光らせながら、外交問題に対処することと恩寵を配分すること――に従った。後にモールパは正式な宰相に就くことなく、フルリーと同じ方法で同じ立場に立とうとしたが、成功には程遠かった(83)。

ジャン・ベランジェは一九七四年に、一七世紀初頭における寵臣の影響力の増大と、その後の時代における衰退について記している(84)。彼の広範囲にわたる分析が、ある研究集会およびJ・H・エリオットとL・W・B・ブロックリスによって編纂された一冊の論文集の始点となった。この研究書の焦点は一六世紀後半から一七世紀前半に置かれ、一七世紀後半は寵臣の「黄昏」と名付けられた。このことは、強力な寵臣は行政的君主制の発展における決定的な場面で隆盛し、強固に確立された組織への転換を促進したという考えを補強することになった。宗派対立、内乱、戦争、文書行政による負担の増大から生じた圧力が限界まで積み重なることで、聡明さや器用さに欠ける君主は押しつぶされ、信頼できる助言者や仲間に任せきりになってしまったのかもしれない。一六五〇年代以降、ほとんどの国が一定の安定を取り戻した時、寵臣が消え去ってしまったわけではないが、以前よりも目立たなくなった。とはいえ、たった一人しかいない君主を中心として展開される宮廷という場所では、君主の寵愛をめぐる問題は避けられない現象であった。君主は地位と権力をめぐる舞台では超人的な域にまで達したが、自らの重責に耐えきれず度々気力を失い、支えを求めた。つまり、君主の寵愛は特別な環境に基づいていたのではなく、宮廷生活という日常的な仕組みに基づいていたのである。ブザンヴァルは、ルイ一六世の不安な気持ちに関する持論を一般論として言い表している。

常に結論を出すことが義務付けられている国王は、歴代の国王に共通する苦悩に絶えず晒されている。王位を継承したにもかかわらず、社会の習慣に根付いた知識も持たず、王国基本法さえも知らないまま王位についている。国王はどのようにして自らの態度を決めればいいか分からず、彼が信頼を寄せている大臣や、愛妾、聴罪司祭、そして国王の心をとらえている寵臣の助言に身をゆだねてしまうのである(85)。

国家と王室を結びつけるパトロネジは、国内のライバルのパトロネジよりもはるかに強く、細心の注意を払って管理されていたにもかかわらず、君主の寵愛を優先する風潮は変わることがなかった。危機的な状況が長引いたことや君主が脆弱になったことにより、寵臣が至る所で復活してきた。国務会議や行政府での手続きにおいて規則が重んじられるようになったものの、この事態を変えるまでには至らなかった。デュボワの小論文は、宮廷史に鳴り響く「恩寵」の二重の意味を中心に展開している。すなわち、君主の個人的な寵愛と、君主が分配できる特権という二つの意味である。これらを牛耳ることによって、一人の寵臣が支配者となったのである。それは、彼が自身を宰相と称し、君主のために政策の調整役を買って出るか、単に官職と富を蓄えて自らの関係者を満足させるかであり、また争いによって引き裂かれた国の統治に貢献するか、比較的平穏な王国を統治するのに一役買うかであった。寵臣という立場は宰相と同等ではなかったが、一七世紀後半に君主制が確立されていく中でも、寵臣と宰相の役割は消えず、愛妾や身分の低い様々な寵臣たちも消え去ることはなかった。

同時代の人々や後の研究者たちによる君主の寵愛に対する評価は、良くて懐疑的、しばしば全くひどいものであった。寵臣たちが、精神的に不安定な君主のパトロネジを抜け目なく操ったり、君主に賢明な助言を与えたり、限られた費用で一息つけるように君主を手助けした場合、彼らは君主を支える存在となった。ただしこのように肯定的に評価された寵臣も、欲深く野望を持った寵臣と同じくらい危うい存在であった。大臣のようにすべての寵臣は汚名を受ける危険と隣り合わせであり、時にスケープゴートにされてしまうことがあった。評判の悪い決定に対する批判をそらしたり、単に不満を持つ民衆を納得させるために、彼らは辱めを受けたり、追放されたりしたのである。しかし寵臣たちは、誰かを陥れる目的で君主の寵愛を求めたりはしなかった。したがって、人々が寵愛を求める理由をこのような謀略と結びつけるように、論理を逆転させてはいけない。つまり、謀略とは目立つ寵臣とそのパトロンとの間の結びつきが綻んだ結果の一つでしかなかった。おそらく、ハプスブルク家の君主は伝統的にヴェールに包まれた日常生活を与えられていたという事実から、君主は側近の陰に隠れようとはしなかったか、もしくはそのような行動は見過ごされてきたのであろう。ヴェルサイユと同様にウィーンにおいても、ゴシップが存在したことは間違いないが、フランス宮廷において大量の回想録や書簡によって示されるような、詳しい観察や執拗な憶測は明らかになっておらず、少なくともウィーンの人々の間では記録されてこなかった。全体として、君主の異なる心性や性質、そして奉仕や意志決定における異なるスタイルのために、ヴェルサイユ宮廷よりもウィーン宮廷の方が寵臣を生み出しにくかったのである。

宮廷内の党派

君主に近づくことや君主から寵愛を受けるということが、全く個人的な出来事であることはまずなかった。大臣や愛妾は、君主の近くに足がかりを築こうとするか、宮廷内の党派を擁護してもらおうとする廷臣の「人質」になり得た。君主の側近に含まれる者は、宮廷内の他の人々から協力を求められることがあった。なぜなら、彼らは情報を得たり、影響力を行使するために不可欠な回路だと認識されていたからである。このように、宮廷における競争のかなりの部分が、寵愛をめぐる力学と認識によって形作られていたのである。様々な活動を通じて君主の側で仕える者の協力を得られれば、謀略が成功する確率はぐっと高まった。しかし君主制の理想は、宮廷において議論の余地を与えないことであった。そのために君主の決定は、評定官や側近以外の者によって作り上げられることはないとされていた。宮廷であれそれ以外の場であれ、彼ら以外が君主の政策に関して疑問を呈することは許されなかった。廷臣のグループが組織的に君主の決定に影響を及ぼそうとしても、その試みは早晩許される限界を超えてしまうだろう。頻繁に繰り返される「党派」という言葉は、宮廷における当たり障りのない駆け引きの表れとしてではなく、宮廷の退廃、さらには君主の大権に対する侵犯を表す言葉として用いられていた。そのために、廷臣たちの党派は普段水面下で行動し、内部の者にしか知られておらず、党派の存在が広く知れ渡ったり、属している者が明確になることはめったになかった。このような党派心が明らかになるのは、危機的な時期であることがほとんどであった。通常は回想録著者や外交官によって断片的に伝えられる情報から、宮廷内の友好関係や敵対関係の概要を窺い知ることができる。このような宮廷内の関係に入り込むことを職務上求められていた外交官は、君主の最も近くにいて、国務会議や顧問会議において最も影響力があり、とりわけ宮廷の有力者たちとの人脈を持つ人物を突き止めようとしていた。度々外交官たちは、各グループに属する人々のリストを作成し、もっと下位の支持者たちを含めた助言者と廷臣からなるグループを、ライバルのグループと対抗するように示した。このようなリストは、積年の対立や一時的な対立、そして激しい争いや緩やかな争いといった、一貫しない様々な対立を映し出していた。

サン＝シモンが一七〇九年の宮廷に関して記し、よく知られている党派についての詳細な記述は、主流派と反対派という図式で描かれることが常であった(86)。ただしそのような記述やそれに基づく相関図は、誤った印象を与えてしまうかもしれない。党派はある争いのもとが作り出した一時的な派閥であったのか、それとも家門間やグループ間の長年の敵対関係を反映していたのか。争いの焦点は地位の問題から政策の選択や官職の任命へと変化したので、今日の味方が明日の敵となることもあった。このような個々の問題における対立が、必ずしも変わらぬ敵対関係につながるわけではなかった。それどころか、それぞれの対立において敵味方が入れ替わることがあった。このようなことが起こるのは、個人の気まぐれからだけではなく、状況が異なれば結束力も異なるからであった。宮廷のヒエラルキーにおいて、ある層に属する人々は他の層の人々と競い合っており、それぞれが自分たちの権利を守っていた。しかし次の瞬間、このような水平的な関係の中で社会的にも同列に並ぶ人々が、同じ褒美をめぐって争いを繰り広げていた。大臣は、宮廷の高官から自分たちの権益を守ろうとしたが、別の機会には大臣同士の対抗心が職務上の団結心を上回った(87)。つまり、宮廷内の対立は一つの見出しでは収まりきらないし、団結と対立が頻繁に入れ替わる全体像は、どんな厳格な分類をも受け付けない。したがって団結と対立に関しては、様々な史料に目を向けなければならないのである。

地位か、家門か――横の連帯と縦の忠誠

友人、従者、支持者を従える貴族家門は、多くは地方に地盤を築き、かなり強固な集団を形成した。家門の中で最も秀でた者が宮廷に出仕し、そこで彼らは、宮廷官職、君主の寵愛、有力者との姻戚関係によって一族の繁栄を極めようとした。支持者たちも含めて、親しくても疎遠であっても親族同士が互いに支えあっていたことはすでに確認しているが、そのような団結心は宮廷内の党派よりも優位に立っていたかどうかは全く明確ではない。家門の団結心が社会的なヒエラルキーにおける水平層を断ち切って、垂直的に結束を固める求心力となったが、他方でその家長のみが宮廷に出仕しているという緩やかな集団でもあった。そして、家長たちは宮廷において同じ地位の人々と出会ったのである。宮廷における序列に基づく水平的な結束は、家門の団結心とは別物であった。ヒエラルキーにおいて同じ階層にいる人々、すなわちフランス宮廷における血統親王や同輩公、ハプスブルク宮廷における諸侯、顧問官、侍従は、だいたい近接する地位の人々からの侵害に対して自分たちの権利を団結して守った。サン＝シモンは、公爵と王族の間に納まり悪く位置付けられていた国王の庶子と辺境諸侯という、二つの層からの突き上げについて度々抗議していた。サン＝シモンがはるかに低い出自であると考えていた大臣たちが権勢を振るっていることに対する不満は、よりいっそう激しい調子だった。ハプスブルク諸邦において、新諸侯たちは侍従や枢密顧問官としての年功序列に従って自らの地位を決められたため、何度も苦汁を飲まされた。彼らが特別な栄誉を要求することは、官職と年功からなる序列によってもたらされた平穏な現状に相反しており、周囲との摩擦を和らげるには遠慮や妥協をするほかなかった。前章でもある程度触れたように、両宮廷における儀式の記録はそのような対立の事例であふれている一方、ヒエラルキーの一階層内での上席権をめぐる論争も広まっていた。それは、年功が職務と職責によって複雑になりがちであったからである。そのうえ、地位と職務のヒエラルキーは容易には一致しなかったし、例えば給仕を担当する

役人のような、似た職責を帯びる宮廷役人たちの間で争いが起こり得た。また指揮命令系統が混乱していた場合、例えばフランス宮廷における「筆頭職 grand」と「主席職 premier」との間や、ウィーン宮廷における護衛隊隊長と宮廷長官の間でも、争いが起きることがあった。

垂直的な団結力と水平的な団結力、つまり家門と地位は、日常的に二つの領域――君主のパトロネジをめぐる競争と上席権をめぐる争い――で試されてきた。地位による団結は、一つの家門出身の大貴族と他の家門出身者とをつなぐものであったが、日々重圧の中でほころぶことが多かった。実際に上席権をめぐる争いを動かしていたのは、貴族たちのネットワークを分断する縦のつながりであった。有力なパトロンたちは社会的にほぼ同等の者たちで、同じような名誉ある地位を得るために争っていた。さらに、そのような格別な地位は君主への接近をもたらし、それゆえ名誉の分配を受け、多勢の集団の中でしぶとく生き抜くことを可能にした。フランス王家の血統は、それ自体が卓越した競争の場であった。王族の上層、特に君主とその兄弟の間での緊張関係が頻繁に表面化したが、それはオルレアン公、コンデ公、コンティ公といった血統親王同士や、これらの家門と国王庶子の間でよく見られた。ルイ一四世が一七一四年に自らの庶子たちを血統親王としたことによって、ルイ一五世の摂政期と親政初期は混乱することになった。摂政のオルレアン公は、庶子の王位継承権を廃止しようと画策し、ルイ一四世が庶子メーヌ公に与えた特別な立場をほぼ奪い去った。一七二六年、ブルボン＝コンデ家の長である「公爵殿」が失脚した時、摂政の息子オルレアン公とメーヌ公の支持者は大いに喜んだ(88)。熾烈な競争を繰り広げていた血統親王の家門は、姻戚関係によって緊密に結ばれていた。オルレアン公とブルボン＝コンデ公の寡婦は、どちらもルイ一四世とモンテスパン夫人との間に生まれた庶子であり、同じくルイ一四世の庶子であったメーヌ公やトゥルーズ伯とは兄妹関係にあった。またコンティ公の寡婦は、ルイ一四世とルイーズ・ド・ラ・ヴァリエールの娘であった。メーヌ公自身は、ブルボン＝コンデ公の娘と結婚した。これらの女性たちは夫よりも長生きし、家門の名誉を守る有力な寡婦となった(89)。

ロレーヌ公、ロアン公、ブイヨン公などの宮廷の大物たちも、争いが絶えない血統親王たちに引けを取らない。彼らはお互いを試しながら、儀礼上の争いにおける自らの地位と影響力を新たに向上させていった(90)。彼らよりわずかに劣る貴族家門もまた、続々と同じパターンを繰り返した。これらの家門の中には、一八世紀に著しい成功を収めたノアイユ公も含まれていた。貴族ネットワークの存在は、宮廷における上席権の争いを激化させることもあれば、緩和させることもあった。同じグループの仲間同士は深い遺恨となるため、表立って争うのを避けたり、過去の確執を水に流すこともしばしば行われた。逆にライバル同士は、揉め事を延々と引きずりがちであった。

ウィーンについては、その性質上扱いにくいある階層が見落とされてきた。その階層とは、フランスで言えば、王族の末端と最高位の宮廷役人から構成されている。ハプスブルク家では男性親族があまり残らなかった結果、一七世紀の間にこのような階層がほぼ消滅してしまった。一六一九年以降、ハプスブルク家内で対立が起きるのは、とりわけ例外的な状況においてのみだった。それは例えば、レオポルト＝ヴィルヘルムの皇帝立候補が取り沙汰された時、ヨーゼフ一世が父帝の長き治世の末に痺れを切らした時、そのヨーゼフ一世の治世期において皇帝と弟カールとの間に関心や政策のずれが生じた時であった。しかしながらヨーゼフ一世の娘たちの結婚は、ハプスブルク家の継承に割って入ろうとするバイエルン選帝侯とザクセン選帝侯の野心を高めたことによって、ハプスブルク家の安寧にとっては深刻であったが、結局それほど脅威にはならなかった。ウィーンにおいては、幅広い層の貴族家門が最上位の宮廷官職に就く資格を持ち、皇帝の恩寵をめぐって競い合っていたが、その競争は地位をめぐる争いと同じく、フランスに比べると落ち着いたものであった。そのうえ宮廷官職の選任は皇帝の裁量であり、皇帝はすべての貴族家門から侍従や顧問官として若者を選ぶことができた。したがって皇帝は、単純に官職とその任命時期によって決まる序列を意のままにできたのである。また、ノアイユ公とラングドック地方との結びつきが示すように、地方とのつながりがフランス宮廷の有力者たちにとって重要であった。しかしウィーンにおいては、フランス以上に地方とのつながりが大きな影響を及ぼした。つまり、ハプスブルク家領の複合的な性質と様々な地方間の隔たりが、宮廷に代表を送っている各領邦のスタイルや優先すべき政策において、著しい意見の相違を生み出したのである。マリア＝テレジアは一七五一年の『建白書』において、大臣たちが地方へのこだわりを強く持っていることを厳しく批判している(91)。こうした大臣と地方とのつながりのせいで、一七四〇年代の危機に素早く対応できなかったため、マリア＝テレジアはウィーンにいる中央の官僚と地方の諸身分との結託に終止符を打つという決意を明らかにしたのである。

大臣と廷臣

一七五四年七月、リュイネは財務総監マショーと陸軍卿ダルジャンソンによって構成される省内の「党派」の概要を描くにあたって、ダルジャンソンは「多くの仲間が省内にはおらず、数としては少ないが、国王に近い廷臣の中に存在する」(92)ということを明白に記している。少し前にもリュイネは、マショーのグループが国王の愛妾から側近となったポンパドゥール夫人と密接な関係にあることに言及している。のちにブザンヴァルとクロイは、ショワズルとデギヨンのグループを同じ調子で論じている。デュ・バリ夫人の後押しを受けたデギヨンの陰謀もあって、ショワズルは一七七〇年一二月に陸軍省から追放された(93)。つまり宮廷における党派の将来は、国王と親密な廷臣たちとの関係と同時に、省内のつながりにも左右され、さらにルイ一五世の晩年には愛妾が最も重要な要素となったと推察してもよいだろう。

このようなことは、以前にもあったのであろうか。ルイ一四世の時代において、傲慢な態度によって大貴族の反感を買った大臣たちは、強力な官僚団として描かれてきた。この代表格が陸軍卿ルヴォワであった。というのも、彼の不作法な態度と相まって、軍隊に対する職責から貴族の軍司令官と衝突することは避けられなかったからである。宮廷の有力者たちは、このような成り上がり者に対する憤りを度々声高に表明した。ルイ一四世は自らの回想録の中で、最高位の身分を大臣職と切り離す意図を明確にし、これは徐々に厳格さを失っていくものの、その治世を通じて一つの目標として維持された。実際には大臣同士の結束も、廷臣たちを分かつものと同様の圧力に屈することとなった。貴族の廷臣たちは、侵奪者たる官僚団と陰で手を結ぶこともいとわず、自らの競争相手である同僚の有力者に対抗するために、大臣たちに協力を求めた。皆の怒りを代弁するサン゠シモンは、できる限り大臣たちの味方をした。王族間の緊張関係に加えて、サン゠シモンが最も繰り返し書き記したルイ一四世の宮廷におけるライバル関係は、コルベールとルヴォワ、そしてその子孫たちであり、彼らは慎重に保たれたネットワークを率いていた(94)。廷臣たちと同じく大臣たちも、家門間の競争という論理に従って、同じ褒美をめぐって争う人々に対抗するため支援を求めていた。大臣たちの省と関連するパトロネジや彼らが築き上げてきた家門間の連携は、宮廷の有力者の結びつき方と似ていた。またルヴォワとコルベールが、常に大臣として省の地位向上を図っていたかはよく分からないが、確かに両者の間で起きた争いのいくつかは、戦争と財政のどちらを優先するかという対立につきものの緊張関係として説明してもよいだろう。このような職務上の争いが、社会的に近い立場の者同士の競争を激化させたのである。しかし一八世紀には、この二人の大臣の子孫たちと廷臣たちとの間を隔てる社会的な差異が小さくなり、大臣職に就く高位貴族が再び登場するようになった。したがって、大臣と廷臣の間における長年の職務上の敵対関係を解き明かすことが、ますます難しくなる。確かに、宮廷において団結を促す職務上の焦点が他にもあるということを精査せずに認めてはならない。すなわち、「教会」や「軍隊」は一つの利益団体や「圧力団体」というよりも、それ自体が競争の場となっていた。サン゠シモンが伝えるように、贖罪司祭テリエのマントノン夫人嫌いは、彼女が聖職禄の分配を牛耳っていることが原因であったらしい。また、スルシュやリュイネの詳細な報告によると、軍司令官の任命は常に将校たちの関心事となり、そして争いの火種となった。

ウィーンにおける「ブルジョワ」大臣と貴族の廷臣との差異は、フランスほど分かりやすいものではなかった。一八世紀になっても、王室と行政府の領域は密接につながっていた。一八世紀半ばを過ぎて、ようやく職務上の分離がなされ始めたときでも、相変わらず貴族である官僚もいれば、貴族ではない官僚もいた。司教座参事会員資格の原則は、四世代前の祖先一六人が貴族であると証明できる者だけに司教座参事会員の地位を認める規定であり、ドイツの高位貴族はこの原則を盾にして、社会的な成り上がり者が結婚によって自分たちの家門に入り込むことを妨げていた。

このことは両者が同化する可能性を大幅に制限し、官房長官シュトラトマンの娘が、そのような制限とは無関係のハンガリー貴族バッチャーニ伯に嫁いだことは偶然の一致ではなかったと思われる。官房長官たちの学者然とした態度や成り上がり者らしい振舞に対する苛立ちは明るみに出たものの、彼らの社会的な上昇に対する抗議の声は上がらなかった(95)。ハプスブルク宮廷と行政機関において、貴族が圧倒的に多数を占めたエリート層は、非貴族の者たちが流入してくることについて、明らかにフランス宮廷の人々ほど心配していなかった。ただ、廷臣と大臣との間に対立が存在したことを示唆するような党派分けが生じることもあった。上席大臣であり、将軍であったオイゲン公は、決してカール六世と親密ではなかった。両者の不仲に付け込んで、オイゲン公を失脚させようとする企てが度々起きた。枢密会議におけるオイゲン公の権威によって象徴され、「大臣派」とも呼べる彼の党派は、「廷臣派」――特にカール六世の寵臣アルトハンを含み、「スペイン派」の支援を受けた人々――の反対にあった(96)。また、マリア＝テレジアの晩年においては、ケーフェンヒュラーのような古いタイプの廷臣と、ヨーゼフを支持する新しいタイプの行政官との間に対抗意識が生じていたと思われる。しかしこの対立は、齢を重ねた君主の「老いた」宮廷と、その後継者の「若い」宮廷との間で頻発する争いと言えるだろう(97)。大臣たちが共同戦線を張ることは、ウィーン宮廷においてはめったになかったし、聖職者が自分たちの権益を結束して守るために影響力を行使していたとは言えない。同じカトリックでも信仰上の微妙な食い違いが目立ち、それぞれ異なる方向を目指した聖職者たちが手を結ぶことは、強制でもされない限りほとんどあり得なかった。プーフェンドルフの見立てによると、レオポルト一世の懺悔聴聞司祭を務めたミュラーと、レオポルトの側近でカプチン会士のズィネッリは、異なる党派に属していた(98)。このことは、地位や職務において非常に近い者同士が、それぞれ対立し合う党派を選びがちであったという一般的な結論と同じものであった。

国際的な側面

君主の合議機関が下す意志決定を、宗教的な分裂と国際的な対立から完全に切り離して考えることはできない。プロテスタントからの挑戦と、スペイン＝ハプスブルク家と結びついた対抗宗教改革の推進が、一七世紀に入っても党派という言葉の中核をなしていた。フランスにおけるカトリック・リーグの名残は、アンリ四世の即位で消え去ることはなく、主に反ユグノーと親ハプスブルク家との和平路線が結びつく形で、その信条が「篤信派 dévôts」の間で緩やかに受け継がれていったと思われる。しかしながら、この「篤信派」は宮廷内の党派やいくつかの貴族家門による集合体というよりも、あくまでも幅広い宗教的な現象であった。通説では彼らの断固たる敵対者として描かれてきたリシュリューも、ヨーロッパを舞台とした彼の政策にもかかわらず、同じく「篤信派」の一人として見ることができる(99)。宗教的な要因は、フランス宮廷内の闘争においてなお重要であった。ただ「信心深さ」というレッテルは、互いに競い合う様々な宗派グループやその信条を指し示すものとなっており、政治的な姿勢と表裏一体であった。ローマ教皇勅書『ウニゲニトゥス』や、教皇至上主義、ガリカニスム、ジャンセニスムという国内を分断する政治闘争は、一八世紀において最も盛んに議論された話題の一つであった。しかしその時すでに、スペインはこの論争とは全く無関係になっていた。その後ルイ一五世の治世初期の混乱に乗じて、「篤信派」らしきものが表面化し、ルイ一五世が一七四四年メッスにおいて躊躇《とまど》いながらも懺悔と贖罪を行った時期に、彼らは短い間であったが幅を利かせていた。しかしその頃には、政策を堂々と競うことが宮廷において普通のことになっており、国務卿も「貴族たちの党派争いの一角」となる恐れがあった(100)。ショワズル公によって行われたイエズス会の追放は、各方面に嫁いだルイ一五世の娘たちの反感を買った。ショワズル公の働きによって迎えられた新王太子妃マリ＝アントワネットは、その地位と立場を利用して、宮廷の女性たちの中で最高位を占めるルイ一五世の娘たちに挑みかかったが、彼女たちは非常に頑なだった。マリ＝アントワネットは、すぐさまショワズル公のライバルであったデギヨンになびく「篤信派」の標的となり、彼らはルイ一五世の新たな愛妾デュ・バリ夫人を利用することも辞さなかった(101)。

貴族にとって本質的な役割である戦争は、おそらくどんな政治的な決定よりも廷臣たちの活発な関心を呼び起こすことになった。スペイン継承戦争の予測のつかない状況は、強硬派と穏健派の対立につながった。さらに、ユトレヒト条約はイギリスとの友好関係の始まりとなり、イギリスの海軍力およびハプスブルク家の皇帝と戦うことを目的とした「保守派」の残存勢力を混乱させた。そしてスペイン＝ブルボン朝の誕生は、七年戦争や同盟関係の転換といった別の難題を次々と生み出していく。

フランスでは、スペインとの恒常的な競合と戦争の継続が、オーストリア＝ハプスブルク宮廷以上にスペインからのあからさまな影響に疑いの目を向けさせることになった。ハプスブルク諸邦において、いわゆる「スペイン派」に対する軽蔑的な言葉は、ボヘミア反乱に至る長い前段階において特に激しかった。しかしながら、「スペイン派」というレッテルはスローガンとして利用され、スペイン人や対抗宗教改革の影響力に対する反対勢力を糾合するために作られた。そこで彼らの敵意ある主張が事実に基づいているかどうかを確かめなければならない。ロブコヴィッツ、マルティニッツ、スラヴァタ、そして彼らの友人たちは、「スペイン派」を本当に形成していたのか、それとも単にカトリック信仰と皇帝に対する忠誠を共有していただけなのであろうか。後者である可能性の方が、はるかに高いように思われる(102)。スペインと固く結びついた家門的・宗教的・政治的グループは、一七世紀前半を通じて両宮廷で確かに残っていたが、スペインの影響力やそのようなグループ内の協力関係を誇張してしまわないよう注意しなければならない。

一般に、外交官や宮廷内の党派による虚実入り混じった影響から、君主とその助言者によって選択された立場を解きほどくことは難しい。スペイン大使が、必ずしも宮廷において最も活動的で有力な外交官だったわけではない。一六四八年のヴェストファーレン条約と一六五九年のピレネー条約以降勝利を勝ち取り、拡大し続ける王国を代表するフランス大使は、ヨーロッパの主要な宮廷においてこれ見よがしに自らの力をひけらかしていた。フランス宮廷自体は、フランス王国における権力の中枢となっていただけではなく、次第にヨーロッパ中の、そして時にはアフリカやアジアの外交官の注目を集める最大の中心地となっていった。ウィーンでは、選帝侯とその代理人の存在が際立っており、宮廷貴族たちからの支持を得ようとしていた。教皇使節とヴェネツィア大使は特に尊敬されており、スペイン大使とともに儀式や祝祭に参列したり、参観することが常であった。フランス大使は、積極的に活動することで悪名高かった。スペイン側の史料によると、レオポルト一世の大臣たちは一六六四年にフランス大使として派遣されてきたグレモンヴィルの一味だと認識されており、そのような批判があるうちは、皇帝が大臣たちと完全には打ち解けなかったということは、すでに見てきた通りである(103)。グレモンヴィルは、皇帝の顧問官たちと親交を深め、ハンガリー人の不満を焚きつけようと活動した。大使や下位の外交官、さらにスパイは、必ず自らの目的のために支援を得ようと尽力し、組織的に賄賂を使い、目的のためならば暴力に訴えることも辞さないことがあった。そういう意味では、グレモンヴィルの活動も決して珍しくはなかった(104)。

ウィーンはフランスだけではなく、オスマン帝国からの軍事的な挑戦にも幾度となく晒されていた。このような二つの前線での戦争というものは、君主の限られた資源を限界まで使い果たさせ、その結果、誰と和平を結び、誰と戦うのかという選択を迫られることとなった。こうした状態が続く限り、宮廷における党派争いが止むことはなかった。推察されるのは、宮廷を主導する者たちの本拠地が、どちらを選択するかに影響を与えたということである。つまり、自分にとって対フランス戦争の方が得か、対オスマン戦争の方が得かということになる。しかしながら、これを「東部派」と「西部派」というように並べることは、宮廷内に様々な意見があったにもかかわらず、硬直的で単純化された印象を与えてしまうだろう。

外交官の最初の仕事は、意志決定の近くにいて、さらに自国に有利な政策誘導を正当化してくれる人物を探すことであった。オイゲン公はそのような戦略の格好の標的となり、外交官たちはオイゲン公の友人たち、寡婦となっていたエレオノーレ・バッチャーニ（シュトラトマンの娘）や彼の個人的な書記官を通じて、オイゲン公を操ろうとした。女性や部下たちに協力を求めるようなやり方は、地位の低い人物も君主と接触可能であったことを反映していた(105)。

外交官たちは、最高位の人々から協力を得ることも、彼らを買収することもできなかった場合、集団であろうが個人であろうが、自らの目標に好意的な廷臣を押し上げて、意志決定に影響を及ぼそうとすることもあった。しかしこのプロセスは、たいてい遅々として進まず、それほど確実でもなかった。確かに、外交官たちの誘惑が宮廷内で競い合う集団間の力関係を激変させることはほとんどなかったが、外交官たちの詮索と干渉は、宮廷内で党派争いが続く一つの材料ではあった。

宮廷にいるスペイン人や他の外国人「グループ」に関する噂は、政治的な選択や外交政策以外の現実を覆い隠してしまうことが多かった。君主を惑わせ、場合によっては君主の恩寵を手に入れてしまうような陰謀は、君主の側近くで仕えた外国人助言者や外国の王室によるものだと、人々は信じ込んでいた。排除されていると感じた人々は、声高に彼らを非難することで、ありもしない陰謀をでっち上げようとした。ハプスブルク諸邦の領邦諸身分は、フェルディナント一世がスペインやフランドルの助言者を重用して、当地の伝統や地方の有力者を切り捨てるのではないかという疑いを持っていた。ウィーン宮廷の基礎を作り上げたフェルディナント一世の宮廷令は、このような諸身分の疑念を払拭しようとして発布された面もあった。一六六〇年代後半に、マルガレーテ＝テレジアのお付きの者たちは、ウィーンの宿舎システムを混乱させたので、廷臣たちは困惑し、彼ら「スペイン党」に対する不満を持つようになった。オランダの外交官が記録しているように、カール六世のウィーン帰還後、皇帝に付き従うスペイン人たちが寵愛を受ける姿を、地方貴族たちは怒りの目で見ていたという(106)。しかし実際には、カール六世のイベリア半島での経験と助言者たちからなる「スペイン人の」党派が登場してくるのは翌年のことである。すでに触れた他のケースにおいても、外国人の存在や地方に分配されるはずだった恩寵をめぐって起きた外国人との競合は、それ自体が対立を生みだすのに十分な要素であった。外国人を不適切なライバルと見なす考えは、コンチーニに対する抗議や、のちにマザランに対する激しい攻撃の中に見られる。このような考えは、フランスの歴史において例外なのであろうか。フランソワ二世の死後まもなく、国王の権力の源泉について論じたヴェネツィア大使スリアーノは、フランスの王位継承から外国の君主を除外したサリカ法について肯定的な見解を述べた。またスリアーノは、フランス国王が「多くの称号、官職、裁判官の地位、聖職禄、特権、年金、贈与、その他の職や名誉にかかわるパトロネジを持ち、それらすべてを自らの臣民に与える」がゆえに、フランス人は国王を愛しているのだと主張した。彼の結論によれば、このことは他の宮廷で行われていることとは明らかに異なっているという(107)。さらに一七世紀も終わりに近づくと、フランス宮廷の構成はハプスブルク宮廷よりも明らかに国際色を失っていた。

政策の決定をめぐる表立った批判は、君主制国家とその国務評定官や顧問官に対する侮辱であった。このような争いは不安定な時期、すなわち君主の正当性が宗教的な分裂や失政続きによって蝕まれた時、あるいは王党派が少数派となった時や君主権の継承が危うくなった時に起きた。そうした時には、悪名高き寵臣もよく姿を現し、彼らは通常一つ以上の党派と結びつき、他の党派の激しい反感を買っていた。しかし宮廷の危機は繰り返し訪れ、長引くこともあったかもしれないが、より安定した時代においても、低いレベルでは政策をめぐる論争が続いていたに違いない。国務会議や顧問会議で得られた結論が、廷臣内の議論やその時のグループ間の対立によって事前に漏れていたかどうかまでは全く分からない。ある限られた廷臣グループであれば、その関心や影響力を推察することもできるが、強力な君主の下なら彼らの影響力も不確かなものにすぎなかった。また、ここまで見てきた争いのパターンを無理やり一定の型に押し込むことはできない。ある政策が、宮廷における既存のグループの立場や権力に影響を及ぼしそうな時のみ、そのグループとの関わりが想定できるのである。全体的に見ると、宮廷内の党派を一つのモデルに収斂することはできない。そのようなことをしても、無数のテーゼが出され続け、矛盾が続出するだけである。

権力エリートとしての廷臣

ホッブズのごとく万人の万人に対する戦いとして宮廷を描く理由はないが、宮廷における競争は、個人間や状況に応じて変わるグループ間でよくある出来事であった。野心が蔓延《はびこ》る環境において、君主の脆さと孤独は人々の関心を引いた。そして君主にとって、精神的な孤立と信頼とのバランス、そして自ら働き過ぎることと自分の責務を人任せにすることとのバランスを取ることは難題であった。また、親族や愛人から宮廷のあらゆる地位や部門の役人まで、様々な人々が君主の寵愛を受ける可能性があった。これら君主の取り巻きの中から信任を得た側近が君主を支配し、君主の恩寵や君主との接触を制限しようとした。こうしたことによって君主の孤立は一時的に解消されたとしても、君主権を揺るがしかねない問題が悪化するだけである。本書で取り扱った君主のほとんどが、治世初期において年長の助言者――しばしば以前の養育係だった――に依存し、治世後期では正妃、貴賤婚の妃や愛妾の支えを求めがちであった。

宮廷から遠く離れた請願者にとって、仲介者の存在は必要不可欠であった。仲介者は口利きしてもらうために、貴族との家門的な結びつきや、宮廷役人、宮廷部局とのつながりを活用することになった。親族的なネットワークという「垂直的な」つながりは他の貴族家門に対抗し、ヒエラルキー上の階層に由来する「水平的な」協力関係は、序列における自分たちの地位を支える権利を守った。これらは相反する圧力となり、忠誠心をめぐる葛藤を引き起こすこともあった。それでもなお、地位と職務において最も近い者同士が、恩寵や誰の目にも明らかな地位をめぐって争う頻度が最も高かった。政策決定と関わるような、その時々で異なるグループについて、明快な結論を導き出すことはできない。加えて、そのグループ間の境界線は明確ではなく、状況に応じて変わることもあった。表沙汰にならない日常的ないざこざがエスカレートして、抑制が利かなくなる不安定な時期にのみ、党派は公然かつ露骨に君主の方針を変えようと、不服従に近い姿勢を示した。ハプスブルク君主国において、このような時期は稀であった。それに対してフランスでは、ルイ一五世の摂政期と一八世紀後半に多くの例が見られる。宮廷内のほとんどの党派は、本章で挙げてきた様々な勢力としての側面を併せ持っていた。そして、君主が不安定な時ほど、党派の存在は浮き彫りになった。党派は君主の近親者を中心として結集したり、その他の取り巻きが中心となったり、あるグループが優勢になると思えば、それに対抗するグループが団結することもあった。もっとも党派や寵臣に関して、その形式が避けがたい日常的なものか、極端に悪化したものかを区別することは必要である。近年の多くの研究者が、陰謀と策略が宮廷生活に浸透しており、例外的ではなく日常的であったことを示唆している。地位や任命をめぐる争いは宮廷にはつきものであったが、それが『百科全書』の中でそれぞれ「党派」と「策略」の意味として書かれた、「秘密で不正な陰謀」や「人の道に背く行動」というわけでは必ずしもなかった。

宮廷で権力を持つ者は誰なのか。意志決定に影響力を行使した者は誰なのか。この一見似通った二つの問いが、異なる問題を暗示している。宮廷は貴族の権力をこれ見よがしに誇示すると同時に、貴族たちの頂点に君臨する君主への従属を示していた。宮廷官職は絶大な名声をもたらし、君主の恩寵の分け前に与る権利を授け、意志決定への関与も可能にした。これら三つが権力を象徴していると考えれば、宮廷貴族はフランス王国とハプスブルク君主国において卓越した権力エリートであった。権力をより狭く定義し、主要な政策決定に明白な影響力を行使することとすれば、そのバランスは大きく変化する。宮廷と行政に関わる高位官職が、親族を含めた一つの貴族家門の人々で共有されることがあったウィーンでは、どんなに特別な時でも枢密会議に参加する大臣と書記官という限られた人々のみが、皇帝の政策を形作っていた。フランスでも、国務卿、大法官、国璽尚書、財務総監という最高位の官職に就く一握りの人々について同じことが言える。そのうえフランス宮廷の貴族は、原則として国務大臣職に就くことはなかった。宮廷貴族がそのような職に就くことは、一八世紀の間には当り前のこととなったが、ハプスブルク貴族の輝かしい業績と比べると、彼らは未だ目覚ましい活躍を見せることはできなかった。しかしその頃、ウィーンにおける伝統的な宮廷役人が徐々に政治的な役割を失っていく一方で、ヴェルサイユの宮廷役人は大臣職に就くようになり、宮廷内の党派も明らかに政策決定に影響を及ぼすようになっていったのである。

ヴェリは護衛隊隊長の任命を議論する中で、一八世紀末の数十年間で明らかに有力になりつつあった考え方を口にしている。

宮廷人の盲目的な虚栄心を満足させたとしても、行政全般において取るに足らないような種類の職務に就く者たちというのは、王国全体にとってほとんど重要ではない(108)。確かに宮廷官職だけでは、行政全般において権勢を振るうことにつながらなかったが、主要な廷臣たちは様々な手段を通じて影響力を行使しようとすることができた。おそらく、フランスの廷臣の大部分は名誉職に就き、自らの家門の地位を向上させ、地方総督、軍司令官、外交的な職務を手にして満足していた。このことは貴族的な生き方に適しており、権力のより包括的で「社会的な」定義を示すものであった(109)。それにもかかわらず、一部の廷臣たちは大臣や書記官となり、それ以外の者も非公式に、そして間接的に権力を行使したに違いない。非公式で記録に残されていない意志決定の舞台は、さらなる研究を必要とするが、そのまさしく秘密主義によって、最終的な結論が出されることはなさそうである。つまり徹底的に調査しても、影響力は個別的にしか証明することができないということである。宮廷貴族は明らかに有力な人物も、まるで大したことのない人物をも含む特権的なエリート層を形成していた。そして、近世の君主制における権力の構造やそのプロセスを学ぼうとする者は、安易に彼らの存在を無視することはできないのである。

第8章　国家の中心としての宮廷

宮廷外との関係

派閥争いは宮廷の門で留まることはなかった。宮廷内の抗争を理解するには、より大きな背景の中に宮廷を位置付ける必要がある。同様のことは宮廷の官職や命令の仕組み、あるいは儀礼を理解する際にも当てはまる。これまでの章でもこれらの関係性については示唆したが、ここまでの議論は主に、具体的な宮廷人の詳細を述べることに集中しており、宮廷内の考え方や慣行の連続性に重点を置いてきた。とはいえ、ハプスブルク諸邦と同様フランス王国も、宮廷の位置は大きな変化を被ってきている。そのため、宮廷の構造における連続性を十分に確証することはできない。だからこそ、宮廷の変化は国家の形成過程と二つの国のそれぞれの歴史に結びつけて議論しなければならないのである。王家と結びついた集団、地域にとって、宮廷は社会的、政治的、文化的な価値判断の基準として、その地位を高めたのであろうか。地域の権力構造において貴族の地位は変化したのであろうか。そしてそのような変化は、宮廷と関連しているのであろうか。

宮廷はしばしば、軍隊、官僚制とともに「権力装置」のように見なされてきた。なぜなら、君主の手の中にある財産の多寡が、国家の強さを決定付けたからである(1)。しかしそのような言い方は、真実を半分しか言い当てていないだけでなく、ただ同じことを言い換えているにすぎない。近世の宮廷を国家というものから引き離して考えることは容易ではない。というのも多くの場合、様々な人間、機関、派閥からなるこの宮廷という集合体は、「国家」が形となって現れる大舞台であったためである。君主が「絶対主義」の敵対者との戦いに勝利するために投入した軍隊のようなものとして宮廷を描いたり、あるいは武装解除した敵対者たちのための贅沢な監獄として宮廷を描くのは重大な誤りである。宮廷は国内の重要人物にとって、恒常的な接触の場であった。そして、これらの人々の関係が誰か一人の人物によって決定されるということはなかったが、それでも君主は、当然ながらその中で重要な役割を担った。しかし、人々のつながりの中で中心的な位置を占めたことで、これまでも見てきたように、多くの君主は思うように動くことができなかった。中心的な位置で得られる構造的な利点があったとしても、君主が生身の人間である以上、それは重い負担でもあった。つまり、これらの君主たちは実務的な要求に容赦なく忙殺され、同時に神聖なる偉大さを持つ者として畏れ敬われるという義務を負うこととなったのである。宮廷やまたそれ以外の場所でも、権力というものは、諸集団や人々の間で変化していく勢力バランスを反映しつつ展開するものであって、結果が定まっているものでもなく、君主一人の産物でもない。ノルベルト・エリアスはこうした権力に対する見方を分析の出発点としている。しかし、エリアス自身も絶対主義神話を踏襲したために、彼の考察は行き詰ってしまった。

宮廷では、多様で複合的な関係が目に見える形で存在していた。例えば、君主と貴族、君主と高官、君主と教会、君主と臣民、中央と地方、ヨーロッパ内の君主同士の関係が同時に存在していた。確かに、そのような可視化された諸関係は、常に現実を反映したものとも、現実を変形させたものとも言えないが、イメージそれ自体がかなりの影響力を持つことはあり得ただろう。また、宮廷で確立したヒエラルキーのあり方は様々な形で貴族のヒエラルキーの中に浸透していた。そして最後に、象徴の中心であると同時に、接触の場を提供することで、宮廷は何よりも重要なものになり得たのである。こうしたことは、全体として近世において目新しいものではなかった。そして数世紀を経るにつれて、宮廷内の伝統的な諸形式は、宮廷の外で引き起こされた変化に適応していった。我々が取り組むべきことは、宮廷がそのような変化とどのような関係にあり得たかということである。中央と地方、君主と地方エリートとの間で変化していく勢力バランスを概観することが、この問いを有意義なものにするだろう。また別の観点からは次のように問うべきである。宮廷生活というせわしない装置は、地方の人々にとって中心であったのか。あるいは、実際

図30　騎士の間で行われたヨーゼフ1世の誓約儀式（1705年）

にそれらの人々の文化的な嗜好や行動様式の模範となり得たのか。

中央と地方

新たに君主となる者は、各地で行われる入市式や世襲忠誠誓約式によって、その地域を統治するための称号や権力を得た。新君主は貨幣に肖像が描かれることによって、多くの臣民にとってぼんやりとではあるが身近なものになった。しかしどの程度、君主の代理人たちはこのような臣民の日常生活に入り込んだのであろうか。一方、君主に忠誠を誓った地方の統治者や統治機構(2)は、自らの権限でそれぞれの領域を統治していると認識していたのであろうか。あるいは、自らを君主の代理人と考えていたのであろうか。また、地方の統治者の活動は君主に報告されたのであろうか。君主が必要と思えば彼らの活動が修正されたり、その権限が取り消されたりということはあったのだろうか。

フランス

フランスに関しては、諸地域を中央と結びつけるために命令系統が組織化されていき、それが徐々に強化されていったことが確認できる(3)。地方総督は一四世紀に登場し、王国内の諸地域において行政と同様、軍事に関しても国王の代理人を務めた。彼らは地方で、威信ある中央の人間として現れ、以前から機能していたバイイとセネシャルの持つ司法的な権限の大部分を奪った。また新たに王国に編入された地域では、元々の諸侯が持っていた権力を地方総督が剝奪した。こうした地方総督は国王の親族、そしてしばしば国王の庶子、さらには当該地域と密接につながった家門から選ばれる傾向にあった。そのような家門の有するつながりは、王国の行政体系の中へ取り込まれていったのであるが、そうなることで国王とそれらの家門の双方がはっきりと分かる形で利益を得た。つまり、国王は地域と王権とのつながりを強化するために、現地においてこれらの家門からの支持を利用し、一方でこれらの家門は在地の権力を行使し、威信を強固なものにしたのである。一六世紀のフランスでは、地方総督はますます手の込んだものになっていく国王の儀礼を模倣し、そして、特に挙げるとすれば天蓋のような、国王にお決まりの装置で身の回りを固めて入市式を行った(4)。

地方総督の地位は、金銭で得られる財産としての「官職」でも、委任状により引き受ける職務でもなかった。地方総督は国王個人の代理人であり、地方において王国行政を代表する最も威信ある人物であった。しかし理論上は、直ちに解雇されるということもあり得た。男性と同様に女性も、名誉ある地方総督の任に就いていた。王国諸地域を統治する王妃や女公はいたが、そのような慣行もアンヌ・ドートリシュ以降は途絶えた(5)。また、大諸侯領はより身分の低い国王の寵臣たちの干渉を受ける可能性があった。例えば、アンリ三世は寵臣や彼らの親族に対して主要な地方総督府を与えていた。近世において、そのような地方総督の管区数は一二から四〇ほどまで増加した。こうした増加が集中したのは一五五〇年からの一〇〇年間である。地方総督によって統治される一まとまりの地域の中にも、これまた管区と呼ばれる所領や城砦もあり、それぞれの土地は他の貴族が所有していた。各地方総督府の境界領域や権限は、総じてはっきりしていなかった。また、国王は総督府をさらに細かく分割することもできた。一六二二年にルイ一三世がエペルノン公の後継者たちに行ったことはその一例である(6)。地方総督は軍司令官、評定官、あるいは宮廷役人を兼務することがしばしばあり、所領を不在にすることが多かった。この場合、代わりに地方総督の業務を行ったのは、国王の代理人として地方総督の次席に当たる国王総代官であった。一七世紀中には、国王総代官は常に地方総督の補佐役としての役目を果たすようになった。王国にとって最も重要な地方総督府では、総司令官が罷免可能な委任状に基づいて業務を行いながら、秩序を維持し、また軍を指揮した。大抵、国王総代官や総司令官は上級貴族で、彼らはその身分にしても責務にしても、地方総督のそれとほぼ同等のものを手にしていた。ただ、日々の地方行政の支柱となっていた役職者は、全く性質の異なる人々であった。地方長官がそれである。一六世紀後半、多くの行政業務で、特に司法と税に関して地方総督を支えていたのは、法曹たちであった。この専門家たちのほとんどは訴願審査官の中から選ばれ、後に地方長官と呼ばれるようになった。地方長官は、個人の力に負うところの非常に大きかった行政システムの中に、官僚的な文書行政や職務の継続性を導入したのである。

一七世紀初頭、地方総督の地位に関して著しい変化が生じた。地方総督府内の下位管区で、地方総督の人脈関係が稀薄になったために、地方総督の支持基盤が不確実なものとなったからである。その一因としては、一六二六年に命じられた城砦の破壊を挙げることができる。ついには、地方総督は以前よりもパリ、そして宮廷に滞在するようになり、彼らの管轄領域の統治は国王総代官に任せられるようになった(7)。地方総督の長期にわたる不在が意味したこと、それは権力の喪失というより、地方総督の視線が新たな方向に向いたということである。つまりその結果、地方総督は、以前より密接になった宮廷との関係を一助として、自らの管轄領域に対する保護者としての地位を再び手にすることとなった。その際、地方総督は宮廷において地方の利害を仲介する役割を果たした。この変化と時を同じくして、帯剣貴族としての地方総督は国王に対して軍事的奉仕を行わなくなり、そして地方行政において地方長官の役割が着実に増大していった(8)。内乱期には、王権に反抗的な地方総督が管轄領域内で支持を得た。有力な南部諸地域を除けば、地方総督による反乱は一六一四年から二〇年、そして一六三〇年から三二年にかけて、つまりフロンドの乱の時期に集中している。しかし、地方総督の軍事力が潜在的に減少していたため、こうした反乱の影響はそれほど大きくはなかった(9)。それでも、地方総督と王権の間の関係は一七世紀の間に非常に不穏なものとなっていった。

それはリシュリューが権力を掌握したとき在職中だった一九人の地方総督のうち、一六四二年になおもその地位にあった者は四人のみで、残りの者は地位を取って代わられたか、失脚したか、処刑されてしまっていたということからも分かる(10)。

デュ・ティエやロワゾーといった法律家たちは地方総督の権力濫用に不満を表明しており、それに対する解決策を要求している。一六二九年の『ミショー法典』によると、いかなる地方長官も以前から縁故のある地方総督の管轄地域には派遣されるべきではないと定められた(11)。一六三〇年代以降、各地の地方長官は、途切れることなく業務を続けた。しかしながら、地方長官を単に国王側の人間として見なすわけにはいかない。彼らが国王の命令に従い、意のままにならない地方総督たちを出し抜いていたとしてもである。地方長官は地方行政に秩序をもたらそうとしており、そのために、その地域を所有する家門にとって、また同様に王権にとってもなおも大きな重要性を持つ慣習を復元し、支えようとした。事実、地方長官はなおも頻繁に地方総督に仕える存在として記録されていた。例えば、プロヴァンスの地方長官は一六四〇年代に非難に晒された。なぜなら、彼は実際の「国王役人」というよりも、あたかもプロヴァンス総督の家政を取り仕切る人物であるかのように振る舞ったためである(12)。大抵の場合、地方総督と地方長官は協力し合っていた。すなわち、地方長官は王国の地方行政における主要な遂行者として仕え、地方総督は国王の個人的な代理人としての役割を果たしたのである(13)。興味深いことに、地方長官は直接的にではないにしろ、地方総督の力を強める働きをした。具体的には、地方長官は不評であっても国王の命令を執行し、不正を働く国王の役人たちを処罰していたのだが、地方長官が国王の手先を演じることによって、地方総督は実質的には、国王と地方の有力者との仲介者として振る舞うことが可能になった。つまり、地方総督は彼の統治領域の共同体や団体の利害を宮廷において代表し、すべての集団が受け入れ可能な妥協点を探ったのである。

フロンドの乱の後に、地方総督の権限はそれ以前よりさらに明確に規定されるようになった。例えば、ルイ一四世が一六六一年に行った王令の定めるところでは、地方総督の地位は終身保有の官職ではなくなった。すなわち、その職務は「三年に一度更新すること」と定められており、その上、地方総督たちが自らの統治する地域に居住するためには許可を求めなければならないとされた(14)。事実、それらの措置によって、地方総督は宮廷内に居を構える傾向が強くなったが、だからと言って、必ずしも彼らの権力は損なわれなかった。悪名高きフロンド党員でさえも、地方総督としての業務を続けていたのである。ただし国王側でも、フロンド党員の地域的な権力基盤に制限を設け、同時にその忠誠を確保するための防衛策をとった(15)。例えば、一六五四年に不敬罪を宣告されたコンデ公はブルゴーニュとブレスの地方総督職を回復したが、ベリーの地方総督職は失った。そして彼の息子アンリ＝ジュールは父から大侍従職を引き継いだが、その権限はいくらか縮小されたものであった(16)。また、ロングヴィル公もフロンドの乱の際、国王に忠実ではなかったが、彼にはノルマンディに強力な支持基盤があった。そのため、国王がノルマンディに別の地方総督を任命すれば、その時は反乱が起きる可能性も否めなかった。そこで、ルイ一四世とその宰相マザランは形式的にはロングヴィル公を地方総督の地位に残した。しかし地方総督の権限は、別の国王の代理人によって行使されることとなった。国王とマザランは、ヴァロワ家の庶子であったロングヴィル公に、爵位と血統親王の地位を約束することで彼を懐柔した(17)。こうして、高位貴族は地方総督候補の典型であり続けた。もっとも、ルイ一四世は以前よりも諸侯の扱いに慎重になり、地方総督職を諸侯から国王の庶子や寵臣に入れ替えていったのではあるが。ダンジョ侯は信頼できるものの身分の低い貴族であったが、一六六七年にはトゥレーヌの地方総督職に就いた。このような任命の事例は一つに限られたことではなかった。

ルイ一四世が行った地方総督職の任命は、意図的ではあるが、それでも慎重に伝統との調整を行ったものと見なせる。その一方で、ルイ一四世以後の国王はより伝統に配慮して、フランス元帥と並んで血統親王を主要地方の総督職候補へと返り咲かせた。一七二〇年のダンジョ侯の死後、その従兄弟であるシャロレ伯がトゥレーヌ総督となった。コンティ公ルイ＝アルマン・ド・ブルボンは、一七一七年にはポワトゥの地方総督に承認されていた。ルイ一四世の親政下においては、こうした貴族の先祖はそのような名誉を享受できなかったのである(18)。一七一九年、摂政オルレアン公フィリップは、その息子シャルトル公にドフィネ地方総督管区を委ねた。オルレアン公家はその地方総督管区を革命まで維持している。最終的に、一七七六年の王令により地方総督の数は減少し、その地位は大きな権限を持たない「軍事名誉職」として再定義された。一八の主要な総督管区が諸侯や元帥のために厳密に割り当てられ、彼らは六万リーヴルの俸給を受け取った。その他の二一の総督管区は国王軍の司令官に与えられることになった(19)。地方長官と地方総督の代理を務める貴族すなわち軍司令官は、今や明らかに地方で国王の行政に責任を持つ主要人物となった。地方長官がその地位を確実なものにすると間もなく、彼らは地方においては国王行政側の人間として行動し、同時に国務会議では地方の代弁者としての役割を果たすようになった。

王国の大部分において、地方総督と地方長官は互いに競合したり、協力したりしながらも、税制、司法、財政に関して既得権を保持する諸団体に対抗しなければならなかった。一六一五年以降の全国三部会の消滅は、地方三部会のその後の運命を予兆しており、一六世紀には地方三部会も多く開催されていたが、一七世紀には減少した。国王の代理人たるエリュは、一四世紀以降徴税の権限を持っていたが、地方三部会地域の持つ財政に関する権利を取り上げることはなかった。しかし一七世紀にはエリュあるいはエレクシオンがその権限を拡大し、まず地方三部会地域の財政に関わる権限が侵食され、次いで徐々にではあるが、その権限はエリュのものに置き換わっていった。ただ、一七世紀のノルマンディ地方がそうであったように、エレクションと地方三部会という二つの統治権力が共存することは可能であった(20)。一七世紀末までにエリュの管轄外に残っていたのは、フランス北東部や南西部のそれほど強力ではない三部会地域、そしてブルターニュ、ブルゴーニュ、ラングドック、プロヴァンスという四つの主要な地方三部会地域であった。これらの地方三部会地域においては、地方総督、軍司令官ならびに地方長官は地方三部会を介して業務を遂行する必要があった。ラングドックでは、ナルボンヌ大司教が議長を務め、トゥルーズ大司教も同様に重要な役割を果たした。このような特徴を持つ中間団体は国王に求められた税を拒むことはもはや不可能であったが、その一方で、税の配分と収集を行う権限を維持していた。地方総督管区において中間団体がこうした役割を担うことにより、地方の要求や不満のはけ口となる陳情書を提出する権利が保証されたのである。

地方総督府は、伝統的な大諸侯領や司教領、財政業務の基礎を成す総徴税区、そのいずれの境界線にもぴったり合致したものではなかった。最終的には地方長官管区が、エレクシオン地域の総徴税区、および地方三部会地域という枠組みと重なり合うようになった(21)。そして、地方にある最高諸法院からは、以前よりも複雑で対立を引き起こすような要求がなされ始めたのである。三部会地域が数的に減少した一方で、法と財政に関する権限を持つ最高諸法院の規模は拡大した。これらの最高諸法院のうち最も注目すべき二つ、つまりパリ高等法院とパリ会計院は、一四世紀に国王評議会を母体として生まれたものである。高等法院は一五〇〇年頃には五箇所に存在していたが、革命前夜にはその数を一三箇所に増やした。その他の最高諸法院も同様に拡大し、一七八九年には六つの会計院、四つの租税法院があった。こうした拡大の一方で、最高諸法院はこれまで以上に高等法院に従属するようになっていた(22)。高等法院は王令を登録し、その後発布したが、その法令が王国基本法に違反していると判断された場合はこのような行程を一時的に停止する権限を持っていた。しかし、そのような場合に出された高等法院の建白は、親裁座において国王により破棄され得た。こうして国王は、最終決定権をその手に握ってはいたものの、親裁座に至るまでの煩雑な手続き、世間の目、業務の遅れは、王権にとって、骨の折れる作業であったようである。ルイ一四世は一六六七年の王令で建白権を制限、統制し、ついで一六七三年には更なる王宣が出された(23)。それによれば、建白は国王の法案の登録後、限られた時間内でのみ提出することができるとされた。ルイ一四世の治世下、パリ高等法院は建白の実行を控えていたが、地方の最高諸法院は定めに従って建白書を提出した。一七一五年、摂政フィリップ・ドルレアンは高等法院役人を擁護して建白権を王令登録前の状態に戻した。この立法措置によって、各地の最高諸法院において長く続くことになる活発な政治活動が幕を開けた。一七三〇年代にその緊張は高まり、それはルイ一五世の治世末期における王権と諸法院との重大な衝突を引き起こしたのである。

他のいくつかの社団は、たとえ厳密には地域的特性を持っていなかったとしても、中央政府と同様に地方の行政組

図31 太陽王治世の古典的なイメージ「反乱者を踏み潰す国王と王妃を乗せた馬車」

織と重要な関係を結んでいた。地方三部会に出席した第一身分である聖職者は、全国三部会では得られなかった地位を手に入れた。すなわち定期的に召集される権利などの特権的な地位を保ち続けたのである。一五六〇年に最初の聖職者税の契約が結ばれてからは、聖職者身分は、異端問題や教皇と国王の間でどう関係を取り持つかということ、そして聖職者税や上納金の問題について、実務的にも神学的にも議論するため、集会を執り行った(24)。一六二五年に集会はそれまでより定期的なものとなり、フランスにおける一五の司教領の代表者たちは五年ごとに召集された。聖職者はその財政に関する自治を守ることに成功し、宗教に関係する国王の政策に対して一定の影響力を確保した。同様に請負人は、王国の財政と結びつくことで長年続いた王国の現金不足を緩和した。伝統的に、間接税の徴収は徴税請負人の請負を前提としていた。徴税請負人は国王の金庫に総額を納めた後に、様々な権益や、間接税を徴収するための協定や契約を手に入れた。また彼らは国王に貸付金を提供した。徴税請負人あるいは収税官は激しい批判に晒され、公然とした憤りを引き起こす原因となった。しかし、彼らはアンシアン・レジームの間、存在し続けたのである。ジョン・ローのシステムの大混乱に続いて、財政の安定を回復させる試みの結果、総徴税請負制、つまり半ば公的な団体である総徴税請負人が一七二六年に設置された。その後、大量の請負人を擁する請負制は、名目上は財務総監の指揮下で業務を遂行しつつ、国家と納税者の間の仲介役として公認の機能を果たした。その際、彼らは国家の利害というよりはその構成員の利害に従うことの方が多かった。一七世紀末頃のフランス王国は、対外的には拡張がなされると同時に、国内では王権が強化された。そして領域内ではそれまでと比較して平穏な状況が訪れ、その頃にはフランスの統治者たる国王にとって、深刻に恐れるべき敵対者は王国内にはいなくなっていた。地方三部会は国王に敬意を払うためにヴェルサイユに代表団を派遣し、聖職者やその他の主要な社団の代表団も同様のことを行った。王族や有力貴族の家門は、徹底して国家の構造の中に組み込まれていった。一六五〇年以前の困難に満ちた一〇〇年間とは大違いであった。王権の再構築は抑圧と国王軍によって達成されてきた部分もある。しかし一方で、妥協や報酬も王権を守り、その安定に貢献したのである。つまり、この時期のルイ一四世の権力は、国王への服従や行政能力と同様に、ヒエラルキーや特権という観念の上に築かれたものであった。大貴族が数世代にわたる宗教戦争や内乱で疲弊したこともあり、もし彼らが反逆の意志を持たず、反乱を起こさないと誓うのであれば、国王は国家の上層部に彼らの地位を回復するつもりでいたのである(25)。

宗教戦争、そして特にフロンドの乱による荒廃は、国王の宮廷にますます集うようになっていたエリート貴族たちの連続性を不確かなものにした。こうした惨事が長期にわたるエリート貴族の発展に突然の変化をもたらしたのである。公然たる反乱という当時起こって間もない経験は、それに比べて太陽王の宮廷では貴族が挙って服従したという、どこでも耳にする評価を説明する前置きのようなものとなった。しかし、誇り高き戦士へと変わった廷臣たちの多くは、これまでも長い間、国王の大臣たちと同盟し、また宮廷官職を求めることによって、彼らの家門の権力を強化するという現実的な路線を選択してきたのである。コンデ公アンリ二世はその顕著な例である(26)。さらに言えば、自分たちよりも高位の序列にある者たちに対して忠誠を誓い、そして服従するということは、武勇や確固とした独立心と並んで貴族的精神の典型であった。たとえ宗教的な闘争が、これらの力関係を覆してしまったとしても、その転覆は一時的なものにすぎなかった。中央の権力が増大した結果、地域や団体の裁量の余地は制限された。新たな臨時の直接税である人頭税や一〇分の一税は、諸地域や諸団体の合意を待たずして徴収された(27)。この事例は地域主義的局面が衰退していったことの重要な指標となった。しかしながら全体的には、地域、団体、エリート、そして中央の間での持ちつ持たれつの関係が継続しているおかげで、国家システムは機能した。対話は決して独りよがりな要求に終始することはなかったのである。中央では、さらに言えば国王の宮廷においては、地方の大貴族が自分たちの権力を確保することにまさしく成功していたのである。

成人した後継者のいなかったルイ一四世の死後の混乱期、それまでのほとんどの摂政期にも見られた問題が、従来ほど過激ではなかったが生じることとなった。そうして諸侯と同様、伝統的に国王の行政上のパートナーであった最高諸法院に対しては譲歩がなされた。なぜなら、摂政が自身の正当性を強化するために彼らの支持を必要としたからである。なおも大部分が伝統的な慣習や規範に支配された状況の中にありながら、行政的にはさらに成熟していく時代である一八世紀の雰囲気はこのように作り出されていた。モンテスキューによる理想的な王国像とは、名誉の精神と中間団体の介入によって維持されるものであったが、それは全体として実際のルイ一四世の治世から大きくかけ離れたものでもなかった。ただ、一八世紀にはこうした理念はますます支配的になっていった。しかしモンテスキューの理念が支配的であったのは、国家が効率性と公正さでもって市民を統治するという、それとは対照的な啓蒙主義の理念に最終的に圧倒されるまでの間ではあったのだが。

上級官職に就いている血統親王からその次の同輩公に至るまで、こうした貴族の家門は宮廷における官職の保有権を維持し、同時に各地の地方総督府における自らの地位も強化した。一八世紀を通じて、宮廷での主要な名門貴族のほとんどすべてが、例えば血統親王や国王の庶子のように重要な地方総督の職を保有し、あるいは獲得した。それらの家門は、例えばコンデ家、ブイヨン家、ロアン家、ギーズ家、ノアイユ家、リシュリュー家、リュクサンブール家、ヴィルロワ家などである。元帥や軍司令官の地位をほとんど独占していたのも、宮廷官職を持つ家門であった。このような軍の上層部における貴族の優位性は、多くの家門にとって血統と豊かさの両方がそろって初めて得られるものであったことを意味している。さらにこのことは、貴族たちの軍人としての価値観が、行政府において培われた栄誉と戦争の仕組みに上手く統合されていたことを示唆している。こうしたフランスの貴族の軍事に対する考え方は、宮廷だけでなくその他の場所でも、フランス軍の強味であった。しかしだからといって、勇敢な帯剣貴族が規律や射撃能力、包囲戦に特徴付けられる軍隊へと統合されていく過程を、貴族権力にとっての悪い予兆のように描く必要はない(28)。その上フランスの貴族層は、法服貴族や平民身分の領分と多くは見なされていた財政に関しても、自らの利益のために介入した。直接的にしろ間接的にしろ、いくつかの有力家門、例えばブイヨン家、ロアン家、ギーズ家、ラ・トレモイユ家、リシュリュー家などは、国王の脆い財政基盤を支える役目を長く担うこととなった(29)。最後に、上位の外交に関する職務は多くの場合、上級貴族に与えられた。それは国王の代理を務めるには、彼らの地位が特に相応しいものであったためである。元帥にして公爵であるリシュリューは、その長期の職務期間中に外交任務、宮廷官職、軍司令官、主要な地方総督を兼任し、加えて多くの陰謀を策略した。このようにリシュリューは、無能と描写されることなどあり得ない人間像の代表的な人物だったのである。

国王への近さと同様に、ここまで述べてきた領域におけるその地位ゆえに、宮廷貴族は国王に何らかの訴えを行いたい地域、団体、そして個々人にとっての理想的な仲介者となった。国王の取り巻きの外側におり、地位や官職が低いために国王への謁見を求める資格のない請願者は、宮廷貴族のとりなしを頼みにしていた。時には、そのような個々人や団体にも謁見が認められたようであり、原則上、謁見を認められた人々は文書の形で請願書を提出することができたが、請願は国王と良好な関係にある廷臣や行政官の口添えがあった場合に、国王の恩寵に与ることが多かったようである(30)。こうした仲介によって、廷臣たちと王国内のほとんどの地域とのつながりができ上がった。書簡が示すように、宮廷に関わる多くの人間は決まって、様々な団体や個々人の目的を支援するように求められた。国王の側近と同様に廷臣たちも、絶えず支援を求められることにはうんざりしていたようであるが、そのような要求が生じるのは自らの権力や国王との信頼が認知されているためであることを理解しており、要求を携えた人々と積極的に交わることを賢明だと考えていた。いつの時代でも権力の中心の特徴として、交渉の出発点となったのは、貴族家門に以前から忠誠心を持ち続け、交友関係を結んでいたか、宮廷における上級官職の部下としてかつて業務を行っていたかのどちらかである。これらの関係は請願者にとっては踏み台として役立ち、仲介者にとっては「後援者」として役立った。地方行政、軍隊、宮廷の上級官職保有者の元には、こうした関係性が集積したのである。

家門のネットワークや彼らを頼ってきた人々に関しては、かろうじてその概要を再構成する以上のことは難しい。一七世紀のコンデ家、アンリ二世からアンリ＝ジュールに至るカティア・ベギンの最近の研究は、コンデ家政とその被保護者たちを分析し、さらにプロソポグラフィ的手法による添付資料を提供している。しかしその他の宮廷貴族、血統親王、同輩公の家門については、このような研究はほとんどないため、様々な史料から詳細を拾い集めて行く必要がある(31)。家門間のネットワークからは相互支援の可能性を見て取れるが、このような支援が日常的に行われることはめったになかった。このような関係性を方向付ける定点において最も重要な家門の年長者たちが、下位集団の移ろいやすい人々の群れを動かしていた。フランス語ではそのような人々を「宮廷の取り巻き」と上手く言い表している。これは長く眠っているような関係であったが、重大な危機に見舞われた時や高い褒賞が約束された時など、思いがけずその絆は生き生きと蘇った。また、保護者側のとりなしに失望した場合、被保護者は他の陣営に鞍替えしても差し支えないと考えていた。ただし、もっと密接な関係を結んでいた場合には、そのような変更もためらわれたようである。宮廷には「宮廷の取り巻き」の中でも上層部のわずかな人々のみが存在していた。その他の「宮廷の取り巻き」に属する者たちは、各地の高等法院や地方三部会、教会組織、軍、財政分野などで活動していたようである。「宮廷の取り巻き」につき従う人々は、さらにその他の職種が混ざり合って構成されていた。これらのつながりの背景を作り出していたのは、血縁関係、交友関係、名誉、忠誠であった。そして、「宮廷の取り巻き」と宮廷とのつながりは、多くの場合、宮廷に仕える大貴族たちの地縁的つながりを基盤としていた。名門間のネットワークの基本的な輪郭は徐々に変化していく傾向にあったが、その変化は主に結婚と官職によって生じた。こうして保護、後援、仲介のもたらす利益が、こうした「宮廷の取り巻き」を長く潤したのである。

貴族によるとりなしは、国家の構造や国家による手続きが強化されることで終焉を迎えた。しかし確実に言えるのは、その慣習は続いたということである。ただしその影響力は、国家の機能によって、前ほど重要なものではなくなっていくように思われる。一七世紀の終わり頃、フランスにおいて最も有力な貴族になるということは宮廷に強く結びつけられることであり、国王の庇護下に置かれることにより成功した。このことは大貴族自身の家政に付き従う家臣の数を減少させることにはなり得たが、その一方で、それによって必ずしも大貴族の影響力が減少したわけではない。名門貴族間のつながり、そして誰かを引き立てることは、アンシアン・レジーム期を通じて頻繁に認められる。これらの縁故関係の期間、範囲、そして意味を実際に評価するには、更なる研究を待たなければならない。一八世紀において、王族や公爵家一門が支配的な地位にあり、そして宮廷の派閥や国王の政策にこれらの家門の影響力が繰返し見て取れるのを無視することはできない。これと同様のことは最高諸法院にもあてはまる。ヴェーバー的な官僚制で統治されたというフランス王国においては、このような事態は単に王権が一時的に衰弱したことを示しているにすぎないのであろうか。それとも、ルイ一四世の強力な手腕によって消し去られてしまったと長く考えられてきた習慣や構造との連続性を示しているのであろうか。この問題には答えが出ていないのである。

神聖ローマ帝国ならびにハプスブルク諸邦

ハプスブルク君主国を構成する諸邦とその中心であるウィーンの関係は、はるかに複雑な様相を呈している(32)。第一に、神聖ローマ帝国の諸侯は、ヨーロッパの他の複合国家体制の内に存在している諸侯とは異なるレベルで主権を行使するようになっていたので、自領がハプスブルク「君主国」の一部を成すなどという考えを決して受け入れようとはしなかった。このような領邦の君主たちは、ウィーンやその他の地域にある帝国の諸機関から緩やかな統制を受けてはいたが、選挙で選ばれた皇帝の宗主権からはますます独立した形で自らの領域を統治するようになっていった。選帝侯や有力な領邦君主の権力は、領域を統治する君主権に近いものとなっていた。つまり国家形成というおなじみのプロセスが、帝国規模ではなく領邦ごとに起こったというわけである。「帝国」軍や「帝国」税は、帝国諸邦の間で行われる交渉結果に左右されたままではあった。その一方で、税や兵士のような重要な案件に対する中央からの強力な統制がなされたのは、領邦国家においてのみであった。大領邦が供する税や軍隊は、帝国を一つの国として見た場合、重要な割合を占めるようになっていった。そのような大領邦ほどは影響力を持たない中・小諸領邦も、世俗領邦であれ聖界領邦であれ、「領邦国家化」の道をたどった。たとえ小さな領邦の存在が、神聖ローマ帝国という領域内でしか意味をなさなかったとしても、である。

帝国を構成する諸邦がほぼ主権を有していたにもかかわらず、帝国の諸機関は大きな重要性を維持していた。その中心の一つは長い間レーゲンスブルクにあり、そこでは一六六三年以降、帝国議会が途切れることなく召集されていた。さらに、地域的に編成された一〇のクライス、すなわち帝国の行政管区は集団的防衛の組織化やその他の様々な業務の遂行にとって重要な機関であった。また、帝国の法的基盤を確かに示すものとしては、二つの競合する上訴裁判所がある。一つは帝室裁判所（一四九五年）で、大部分は帝国諸身分により陪審員が任命された。もう一つはウィーンの帝国宮内法院（一四九八年）であり、そこは皇帝によって指名された役人で占められていた(33)。これらの裁判所において長々と続く訴訟は、帝国内の様々な紛争を解決するための手段として最も好まれたものであったようである。帝国諸身分である選帝侯、世俗諸侯、聖界諸侯、修道院長、帝国伯、帝国都市と同様に、皇帝も帝国の共同機関の価値をはっきりと理解していた。というのも皇帝にとっては、最も目に見える形で封建的な君主大権を行使できる場であったのが、これらの諸機関であったからである。議会やクライスでは、帝国親任官が皇帝の利害を代表した。帝国宮内法院は、カトリック、プロテスタント双方の訴訟当事者たちを引き寄せたため、裁判手続は滞りがちであったが、皇帝にとっては欠くことのできない機関であった。言うまでもなくその訴訟の多くは帝国南部からのものであり、北部では帝室裁判所の影響力がより強かった。選帝侯たちは、金印勅書において承認されていた権利として、別途会合を持ち、自らの特別な地位の向上に努めた。最も小規模な領主、とりわけ独立した存在である帝国直属の地位を持つ者は、帝国の諸機関にしがみついた。それこそが、より強大な統治を行う隣接した大領邦の野心から自らを守る唯一の方法であると考えていたからである。帝国を構成するあらゆる勢力が、このような諸機関を利用した。その目的とは、自らの地位の主張、皇帝に対抗するための連携、あるいは外部勢力による進攻から自らの身を守ることなどであった。

「領邦国家化」、宗派分裂、国際的な対抗関係という要因が重なり、ハプスブルク家支配の下で帝国がより大きな統一体となることは事実上妨げられた。もちろん、帝国の地理的範囲やその多様性を考えると、帝国がそのような発展を遂げることはあり得なかっただろう。フランスは一六、一七世紀において、皇帝が帝国内で幅広い支援を得ることを阻止するために、帝国諸身分が唱える「ドイツ人の自由」を擁護した。このようなフランスの姿勢は一八世紀に入っても見受けられ、フランスはヴィッテルスバッハ家のバイエルンやケルンなどでしばしば支持を得た。フランスと皇帝との長きにわたる戦争の間に、とりわけ一六八八年から一六八九年にかけてのプファルツの惨劇を経て、帝国内の反フランス感情が高まり、皇帝レオポルト一世はそれまで以上の支持を得ることができた。しかしその支持は、皇帝が「帝国国制」細部にまで配慮し、半ば臣下として皇帝に味方する諸侯の権利を認めることを常に条件としていた(34)。有力諸侯たちはより高い地位を得ようと、軍隊を率いてハプスブルク家を支援した。このようにして、プロイセンやサヴォワの君主は王位を手に入れたのである。

レオポルト一世は帝国国制を重視することで、皇帝位の復活にある程度成功した後、他の地域に目を向けた。まずはイタリアである。そこでは教皇・皇帝間の争いの名残が多く見られ、そして帝国領としての封建的な秩序も無傷のままで残存していた。さらに南東には、オスマン帝国がハンガリーから撤退した後にハプスブルク家が征服した地域があった。イタリア所領の統治は皇帝としての正当性に大きく依存していたものの、バルカンまで拡大したハプスブルク家の支配領域にとって、長期的には帝国の重要性が低下していくことになったと言える。また選帝侯や有力諸侯たちは、自らの地位が高まるにつれて、皇帝の前で跪き忠誠を誓うためにウィーンへ出向くことを敬遠するように

図32 フェルディナント3世のハンガリー王戴冠式の様子（1625年）

なっていたし、ハプスブルク家所領の比重も帝国から東へ移動した。しかしこれらの事実があったからといって、皇帝位が持つ威光を過小評価すべきではない。その証拠に、オーストリア継承戦争が佳境に差しかかった頃でも、依然としてフランスの外務卿ダルジャンソンは「容易に分かるように、この戦争の主たる目的は、ウィーンの宮廷において皇帝の威厳を失わせることであったし、今もそうである」(35)というように主張したのである。皇帝、領邦君主、臣民という三層からなる帝国の構造は、ハプスブルク家にとってかなり意味を持っていた。つまり、帝国の三層構造は王室と貴族ヒエラルキーに対する政策と同じくらい、ハプスブルク家の国際的な同盟関係にも影響を与えていたのである。帝国貴族位を授与する権限や、帝国教会の聖職者を叙任する際の重大な発言権は、皇帝にとって大きな利点であった。また宮廷、行政府、軍隊の人員において顕著なように、ハプスブルク家の諸機関と帝国諸機関との間で行われた人的な往来は盛んであった。オーストリア宮内官房の書記官たちは、帝国宮内官房と同様に帝国内から採用されることもしばしばであった。採用者の中で、独占的とまでは言えないが、最も顕著であったのは帝国南西部や西部の出身者であった。ある算定によれば、ハプスブルク家の軍隊に仕官した者のうち、五〇％以上が帝国出身者であった(36)。そうは言っても、ウィーンと帝国の関係は、中央と地方の間により緊密で階層的なつながりを持ったフランスとは全く異なる姿を見せた。

ハプスブルク家の直接的な支配地域は、上・下オーストリアに分かれたオーストリア大公領、シュタイアーマルク、ケルンテン、クラインからなる内オーストリア、ティロル、前部オーストリアであり、これらは全体として世襲領と呼ばれていた(37)。下オーストリアはイル＝ド＝フランスにおおよそ比肩しうる役割を担っており、行政府の中枢や宮廷と最も深く関わり合いを持った地域であった。下オーストリア統治府は他のどの統治府よりも頻繁に、一七世紀後半の『宮廷名簿』の中に現れる。同程度に宮廷名簿に頻出するのは、宮内財務院と結びついていた各地方の財務局くらいであった。しかしながら、ウィーンはパリほどの中心都市に発展することはなく、聖職者のヒエラルキーという点でも、ウィーン司教区はザルツブルク、プラハ、エステルゴムの大司教座にかなわなかった。それでも、ウィーンは下オーストリアの要であり、さらにその下オーストリアはリンツを中心都市とする上オーストリアを影響下に置いていた。グラーツやインスブルックも、それぞれの地方の中心として重要性を保っていた。聖ヴァーツラフ王冠のもとには、誇るべき中心都市としてプラハを擁するボヘミア、都市ブリュン（チェコ語でブルノ）とオルミュツ（チェコ語でオロモウツ）を抱えるモラヴィア、地理的にも民族的にもドイツ諸領邦と密接に関わっていたシュレージエン、一六三五年ザクセンに割譲されたラウジッツが含まれていた。聖ヴァーツラフ王冠は一六二七年の改定領邦条例以降、ハプスブルク家によって世襲的に受け継がれるようになり、それゆえボヘミア王国は世襲領に組み込まれていったと考えられる(38)。オーストリア諸邦やボヘミア王国とは異なり、ハンガリーは神聖ローマ帝国の一部ではなかった。ハンガリーの聖イシュトヴァーン王冠は、当初ボヘミアと同じく選挙で選ばれた国王にもたらされていたが、一六八七年以降ハプスブルク家の男系または女系子孫に世襲されるようになった(39)。ハンガリーは一六世紀においてハプスブルク家の統治領域で最も豊かな地域であり、クロアチアのザグレブやウィーンにも程近く一時的に首都となったポジョニ（ドイツ語でプレスブルク）を含むトランシルヴァニアとポーランドの間に位置する広大な領域であった。しかしオスマン帝国による占領の結果、ハプスブルク家の下に残されていたのはハンガリーのほんの一部分だけとなった。一六八三年以後になってようやく、ハプスブルク家はハンガリー王国を取り戻し、かつての首都ブダから遠く離れたトランシルヴァニアやワラキアの一部にまで及ぶ地域をその版図に加えた(40)。

スペイン継承戦争後に、南ネーデルラント、ミラノ、ナポリ、シチリアがハプスブルク家の統治下に入った。一七三五年にシチリアとナポリを失いはしたものの、トスカーナに関しては一七三七年メディチ家の断絶後、ハプスブルク家の君主の親族に与えられた。その結果、ハプスブルク家の所領が北イタリアに集中することとなった。最終的に、マリア＝テレジアはフリードリヒ二世にシュレージエンの大部分を奪われたが、一七七二年から一七七三年にかけての第一次ポーランド分割に従ってガリツィアを獲得し、さらに一七七四年のロシアとオスマン帝国との終戦協定により、ガリツィアに隣接したブコヴィナを獲得した。ウィーンは所領全体における唯一の中心ではなかったが、ルドルフ二世後のプラハ、フェルディナント二世の皇帝即位後のグラーツ、一六六五年のティロル系断絶後のインスブルックは、ウィーンの陰に隠れるようになった。領地が分散したフォアランデを除いたとしても、ハプスブルク家領は地続きの領域とは言えなかった。なぜなら聖界領が、大なり小なり領域的な一体性を途切れさせていたからである。例えば、ザルツブルク大司教領は一方を上・下オーストリア、もう一方をティロルに挟まれた位置にあったが、神聖ローマ帝国の解体まで、紛れもなくハプスブルクから独立した状態を維持していた。

ウィーンを中心としたハプスブルク家の権力は、その後の方向を定めることとなるいくつかの有名な局面を経て拡大していった。その過程を再構成していくことは十分に可能である。その第一段階では、好戦的なプロテスタンティズムと御しがたい諸身分が問題となったが、その状況は繰り返される対オスマン戦争によって複雑なものとなり、一六〇八年以降ハプスブルク家の「兄弟げんか」によって悪化した。このような状況は、ボヘミアの反乱とそれに同調するオーストリアの勢力を、一六二〇年の白山の戦いで制圧した後に終結した。三十年戦争初期の大勝利によって、世襲領とボヘミアにおけるハプスブルク家の権威は高まった。さらに、プロテスタント貴族の領地を没収することによって、皇帝は王党派に属する古参家門の子孫、亡命してきた将軍、貴族に列せられた役人の一部を含むエリート層を再建することができた。彼らの出世が模範となって、プロテスタントに留まっていた多くの貴族もカトリック陣営へと取り込まれていったが、なかには改宗するか、亡命するかを余儀なくされたと考える人々もいた。カトリックを信仰し、ハプスブルク君主を支持するボヘミアと世襲領の大貴族たちはレオポルト統治期の支柱となった。ボヘミアにおいてハプスブルクが厳しい措置を取るに至ったまさにその危機的状況こそが、ハンガリーの大貴族にとっては自らの居場所を作ることとなった。ハンガリー貴族たちはオスマン帝国に対する防衛の任務に就いており、続く数十年間は信仰に関して自由なままであった。一七世紀において、宮廷で侍従として仕えたり、ハンガリー官房長官職や副長官職に就いたハンガリーの大貴族はほんの一握りであった。したがって、これらの官職に就いた家門はハンガリー国内における地位を高めたが、彼らの存在がハンガリーにおけるウィーンの影響力を強く後押しするようなことはなかった。一六七〇年から一六七一年にかけての大貴族の陰謀が、首謀者たちにとって不幸な結果に終わってようやく、レオポルト一世はこれまで以上にはっきりとハンガリーにおいてハプスブルク家の存在感を示すことを望んだ。ハンガリーにおいて対抗宗教改革を推し進めたのもその一環であった。その後、一七〇三年から一七一一年まで続くラーコーツィ・フェレンツ二世の反乱が終結した際の和約では、ハプスブルク家の統治権が再確認されたが、その一方で宗教の自由は認められたため、更なる中央集権化は進展しなかった。

オーストリア継承戦争に続くハウクヴィッツの改革によって、ウィーンの中央行政府は再編され、強化された。白山の戦い前後の数十年間と同じく、この改革期にボヘミアとハンガリーが経験したことにはかなりの相違があった。ボヘミアは独立した官房を失い、オーストリアの行政機構の中に統合された。一方ハンガリーは、ハプスブルク君主国という大きな枠組みの下での自治や独自の諸機関を維持した。確かに、オーストリア世襲領を中核とする諸邦におけるハプスブルク家の権力は、改革によって再び活力を取り戻したが、同時に帝国諸侯との結びつきは弱まっていた。プロイセン王フリードリヒ二世やバイエルン選帝侯カール＝アルブレヒトの行動がそのことを浮き彫りにしている。君主国の中では、帝国内のボヘミアよりも帝国外のハンガリーの方が明らかに重要性を増した。全体的なことで言えば、神聖ローマ帝国におけるハプスブルク家の影響力は、一八世紀半ばの大打撃から回復することはなかった。このことはヨーゼフ二世が熱狂的に推し進めた立法と改革のほとんどが帝国に関するものではなく、結びつきの強化された世襲諸領に関するものであったことからも窺い知ることができる。ヨーゼフの統治によって、行政や国家に関する改革は絶頂を迎えたが、その多くは実を結ぶことはなく、次のレオポルト二世の下でヨーゼフ改革以前への回帰的な政策が行われた。最終的に、神聖ローマ帝国はフランス革命、ナポレオン戦争という厳しい試練の中で解体され、ハプスブルク家と緊密に結びついていた諸邦を基盤とするオーストリア帝国が生まれた。

ハプスブルク家が自領を構成する諸地域に対して有していた権利は、ここまでに示したことで十分であろう。しかし、地方制度の活力や地方における貴族の権力については、まだ触れていない。オーストリアやボヘミアの諸邦には、それぞれ領邦長官が置かれ、彼らは自身の部下や顧問機関を有していた。領邦長官はハプスブルク君主と領邦諸身分の双方のために尽力しなければならなかったので、その立場は矛盾したものであった。また、すべての領邦には身分制の領邦議会があり、多くの場合、聖職者、領主《ヘレン》（上級貴族）、騎士《リッター》（下級貴族）、都市という四身分から構成されていた(41)。ハプスブルク諸邦の諸身分が持っていた権限は、フランスに残っていた地方三部会よりもはるかに強かった。彼らの財政上の権限は、君主の要求に粛々と同意するだけにとどまらず、諸身分が団体として正式に承認した場合にのみ、君主との合意が成立し得たのである。ハプスブルク家は常に資金不足に悩まされていたが、この構造を変えられる立場になく、また一六二〇年代から一八世紀半ばまでは変えるつもりもなかったようである。したがって中央からの法令の実施は、諸身分側の役人に委ねられており、諸身分は各種の担当委員を常設し、彼らに日々の行政的な業務を行わせた。皇帝軍の財源となる諸身分同意税に関しても、このような諸身分の委員や役人が税額を算定し、その

図33　フェルディナント４世の世襲忠誠誓約式のために騎士の間に集まった下オーストリア諸身分

徴収を行っていた。さらに募兵や宿営地の設営、食糧の手配も同様に彼らの仕事であった。農村部に目を向けると、ボヘミア、モラヴィアにおいては領主の権力が非常に強く、万事が領主次第であった。オーストリア諸邦では、強力な領主権を象徴する農場領主制はボヘミアほど普及せず、貴族の土地所有も細分化されていたものの、それでもやはり領主権は出世のために欠かせない権力であった。実際のところ、領主権力は中央行政の政策を実行しなければならないだけの存在ではなかった。ポリツァイ条令は時に領主レベルで発布され、諸身分を通じて宮廷へと伝えられた(42)。こうして私たちは、規律化や絶対主義を推進する力と見なされてきたポリツァイ条令の起点にたどり着くのであり、これまで多くは対立や嫌々ながらの服従といった観点で語られてきたのだが、実は地方領主こそがその発信源であったのである。

ハウクヴィッツの改革までは、諸身分がハプスブルク家の地方統治にとって中心的な存在であった。改革後も諸身分は重要な役割を果たしていたが、もはや地方においてハプスブルク家の権力を体現する唯一の存在ではなく、諸身分の権利を制限する改革に抵抗することも事実上できなかった。諸身分の非妥協的な態度は一六世紀や一七世紀前半にはよく見られたが、一七世紀後半以降は稀なものとなった。ハプスブルク家と王党派の大貴族層が手を結んだことで、強力な中央行政府をわざわざ作る必要がなくなり、抵抗は意味のない、また起こったとしても短命なものとなっていた(43)。このような王家と貴族との間で結ばれた盟約は、一七四〇年代に訪れた危機によって破綻することはなかったものの、君主国内の諸問題を解決するためには今や強力な措置が不可欠となった。こうして中央行政の権力は諸地域へとその手を伸ばしていくこととなり、その結果一七四〇年から一七六五年の二五年間で歳入は倍増し、国家役人の数も急増した(44)。一六二〇年代がそうであったように、危機と改革によってこれまで部外者であった者たちにも機会が与えられた。そのような高位家門以外の者たちが皇帝に仕えるエリート層に流入してきたことで、既得権益を持つごく限られた者たちで占められてきたエリート層は、再びかつての活力を取り戻した。また、ハプスブルクの軍隊が忠誠心を集め、社会を流動化させる中心として新たに浮上してきた。そして軍隊は、宮廷以上に広範囲に網を張り巡らした。しかし、新たに将校や官僚となった者は宮廷官職も有する古参の同僚に席を譲り、自らはその次席に甘んじなければならなかった。この時官僚制が生まれはしたが、以前の宮廷に備わっていた特徴もいくらか残された。それは名誉職、官職のインフレーション、詳細に残された記録、意志決定の緩慢な過程である(45)。最後には、ボヘミア官房が新しい中央行政府の組織に吸収され、ボヘミア諸邦の諸身分も地方行政における役割を大幅に失うことを甘受せざるを得なかった。これはおそらく、オーストリア継承戦争の際、ボヘミア諸身分がボヘミアを占領したバイエルン選帝侯カール＝アルブレヒトに忠誠を誓約したことに対する代償であった。ハンガリーはますます活発になる中央の政策からいくらか距離を置くことができた唯一の所領として、ハプスブルク君主国の中でも独自の地位を保った。このハンガリーの特別な地位、そして軍隊の統合力が、一九世紀のハプスブルク君主国の主たる特徴としてひときわ大きく現れることになる。

実際には、一七世紀以来ハプスブルク家に仕え、行政府や王室の高位官職に就いてきた貴族家門が地方官職や高位聖職位を兼ねることで、ハプスブルク君主国の地方行政の屋台骨を支えてきた。彼らは中央と地方のつながりを体現する存在であり、その名声は君主の側近くで仕える宮廷官職によって高められ、ひいては地方の目を中央へと向けさせるのに役立った。しかし概して、これらの貴族たちは、見返りを期待できる体制の中で忠実かつ献身的な奉仕者であると自らを見なし、そのように振る舞った。たとえ、その見返りが遅れることもよくあり、時には全くなかったとしてもである。いずれにせよ、それぞれの貴族家門が名門としての将来を確保し、至る所で自らの権益を守る方法や戦略を持っていたことは確かである。だが、「宮廷の取り巻き」について言えることはほとんどない。というのも、貴族家門とその従者の間での忠誠関係に取り組んだ体系的な研究はまだないからである(46)。そのうえ、人物研究を詳細に行うにしても、ハプスブルク諸邦の場合フランス以上に史料が分散してしまっている。ただ、そのような史料に依らなくてもはっきりしていることは、有力な家門は権力と近い距離を保ったまま、ウィーンでの意志決定に対して影響を及ぼし続けたということである。

官職保有や領主権について、フランスとハプスブルク諸邦とでは構造や実態が異なっており、そのことが貴族の権力の性質や関係のあり方に影響を与えていた。フランスにおいては、賄賂が宮廷官職、地方総督、軍司令官の大きな旨味となっていた。他方ハプスブルク諸邦においては、地方の諸身分が持つより大きな権力や、領主権の範囲と性質が有力者のパトロネジのあり方を決定付けたと思われる。フランスでは、高位の行政官職を保有する有力な家門が、担当する部門に根差した配下のネットワークを築き上げており、そのネットワークは他の有力な家門と緊密に結びつくことによって強固なものとなった。しかし、ハプスブルク諸邦の有力な家門がこのような権力基盤を構築することはなかった。ここに示した簡単な概略に具体性を付け加えるためには、宮廷における公式あるいは非公式な意志決定の過程を明らかにすることや、「宮廷の取り巻き」に関するプロソポグラフィ研究をさらに進めなければならない。このことは、フランスとハプスブルク諸邦でそれぞれ起きた現象を深く比較するためにも必要である。

誘惑と操作

地方行政に目を向けると、貴族の家門と中央行政府との関係性が明らかになる。しかし、君主は貴族に影響を及ぼす様々な手段を持っており、それを意のままに行使した。その手段は君主の家系とその忠実な臣下との間の、理論的には緊密な関係に立脚しており、王家の利害とそのような家臣の利害を一致させることで忠誠を保証するものであった。このような手段の中で最も顕著なものとは、恩寵として下賜を与えたり、官職を割り当てることであった。ここでは君主の恩寵についていくつか特に注目したい。というのもそれは宮廷と密接に結びついたものであり、恩寵という手段で君主は貴族のヒエラルキーや態度に対して影響力を強化したためである。例えば、君主は貴族位や騎士団員の称号を与えたり、貴族の結婚を取り持ち、その子孫を後援していた。

戦場で武勲を立てるなどの功績のあった家臣に貴族位を与えることは、国王大権の一つであった。近世において、それは更なる収入源となったと同時に、既存の貴族ヒエラルキーを覆し、再構成することにつながった。フランスにおいては、爵位を与える官職売買はその両方を示す良い例である。つまり、そのことは多額の収入がもたらされる一方で、似非貴族を侮蔑する帯剣貴族を敵に回すことになった。国王秘書官や低い出自の平民身分を清算する「百姓の化粧」のような官職こそが、社会のあらゆる方面で混乱を引き起こす元であり、金銭の支払いにより貴族位を手に入れようとする官職売買の最も分かりやすい例であった。皇帝として、あるいは領邦君主としてのハプスブルク君主から爵位を授けられることは、課税規定で慎重に定められた相当額の税を支払うということであった(47)。貴族社会はその序列や特権に敏感であり、下層の貴族への特権乱発に悩まされていたようだが、それよりもはるかに貴族を苦しめたのは、上位身分に対する君主の干渉であった。なぜならば、その行為によって貴族内のヒエラルキーが転覆する恐れがあったからである。もし君主が自らの寵臣や法曹出身の家臣の地位を、貴族の序列の上位に据えることができたとしたら、あるいは実際に貴族のヒエラルキーに新たに最上級の地位を作り出し得たとしたら、君主は強力なカードを手にすることになったであろう。

フランスでは、同輩公が貴族と王族の間の特別な地位を占めるようになった。それはその人物の血筋ばかりでなく、国王の寵愛や重用も示唆していた。伝統的な各六人の聖界同輩公と世俗同輩公は、帝国における選帝侯に相当するものであるが、これらは聖別式において特別な権利を享受していた。一六世紀を通じて、同輩公の地位は国王の寵臣たちの間に広がっていった(48)。同輩公は今や事実上、国王の作り出したものとなり、そのことは国王に仕える侍従を、理念的には大諸侯、少なくとも最古参の家門のために用意されていた地位へと昇進させるほど、国王の権力を見せつけることになった。アンリ三世は一五八一年にこの権限をはっきりと行使して、アンヌ・ド・ジョワユーズを同輩公とし、血統親王や半独立的な辺境諸侯に次ぐ地位を与えたのである。エペルノン、リュイネ、あるいはサン＝シモン公の父といった寵臣たち、そして出自の分かりづらい国王役人の一群も同様に、同輩公位を与えられた。同輩公に加えて、国王によって認可された公爵、あるいは爵位を持たない世襲の公やそれらよりも下位に位置し、保有者の生存中のみ爵位を保有できる勅許状による公爵もいた。

同輩公の地位を見れば、貴族内のヒエラルキーに関して血統よりも国王の恩寵へと重きが置かれるようになったことが分かる(49)。ラ・トレモイユ家はフランス王国内の最古参の家門であると同時に初期に公爵位を授与された家門でもあるが、一八世紀中葉にその家の家庭教師が子どもたちに助言したところによると、爵位を持たない古くからある家門の貴族と対峙する際は、爵位ではなく自らの家柄を強調すべきであるということであった。このような古参家門の貴族たちは以下の引用文のように、ラ・トレモイユ家が同輩公の地位にあることよりもその血統に敬意を払ったようである。

ラ・トレモイユ家は同輩公というだけで第一の地位に上りつめた、ぱっとしない出自の家門に嫌悪の眼差しを向けています。このような公爵に対する軽蔑や悪い噂があるためで、古参家門はあなたの公爵という位階より出自こそを問題としているのです(50)。

サン＝シモン公は、国王から爵位を授与された寵臣の子であり、彼自身もなり損ないの廷臣であったが、その立場はというと、爵位はないが名門である家柄と、自分の代で爵位を授与されて社会的な上昇を果たした人々の間という居心地の悪いものであった。そのようなサン＝シモン公が同輩公位を頑なに擁護したのは、古くからある血統主義と国王による位階への干渉が、辛うじて折り合っていたことを示している。国王は、上級貴族と、国王に忠実であるが地位の低い家門、その両者からなるグループを、王族と貴族間の緩衝材の役目を果たす一つのカーストへと変化させることに成功したのである。その構成員は宮廷において目に見える形での名誉や特権を与えられた。そのような廷臣の主要な部分が、同輩公の中から選ばれていたのである。

ハプスブルク諸邦でも、同様のプロセスを観察することができる。皇帝は帝国伯や帝国諸侯を創設することができた。なかでも諸侯はハプスブルク家所領内と同様、帝国においても上級貴族層としての役割を果たした。一五八二年から一八〇六年の間に一六〇人の新諸侯が生み出された。フランスにおいて封臣として同輩公の地位が作り出されたことは、王国がかなりの程度統合されていた状況の中で生じたことであるが、他方皇帝から称号を与えられた者たちは、独立心の強い既存の帝国諸侯の中に割って入らなければならなかった。これらの帝国諸侯たちは皇帝の寵臣の地位向上を妨げるべく、諸侯位を象徴する権限、すなわち帝国議会の帝国諸侯部会での議席や投票からその者たちを締め出した。諸侯位を望む者がその野心を正当化するためには、帝国内に所領を獲得しなければならなかった。さらに獲得した所領が、その所有者を諸侯位に昇進させるか否かの判断は、既存の諸侯に委ねられていた。その際の発言権はすでに侯位にある者により確保されていた。実際には一六五三年から一七五四年の一〇〇年間に、わずかに一九人の新諸侯が諸侯部会における完全な権利を認められたにすぎない。したがって、このような新諸侯たちの政治的な影響力は直接的には制限されたままであった(51)。そうは言っても、諸侯への昇進は時として宮中伯位を伴い、貨幣鋳造権を含む様々な君主特権をもたらすものであったので、宮廷での奉仕に対しては十分すぎるほどの報いとなった。ハプスブルク家に仕える最上級官職や大臣職に就いた家門の多くは、一七、一八世紀を通じて諸侯位を与えられ、その中で最も成功した家門は帝国内に自らの君主国を創設した。特にリヒテンシュタイン家の侯国は、独立した君主国としてハプスブルク家よりも長く生き残った(52)。歴代のフランス国王が有力な廷臣たちの野望に対して用心深かった一方で、ハプスブルク家の皇帝にとって忠実な高官たちを帝国諸侯の地位に就けることはむしろ都合が良かった。なぜなら、彼らの存在が帝国の領邦君主に対する皇帝の優位性を明確に示すことになったからである。

しかしながら、レオポルト一世とカール六世は新諸侯たちに対して、書簡の中で君主だけに許された敬称を使用することも、求めることも禁じている(53)。新諸侯はウィーン宮廷や帝国の儀式において、年功にかかわらず諸侯位を持たない侍従や顧問官に対する上席権を持っていたものの、彼らの地位には依然として議論の余地がある。普段は、新諸侯たちも顧問官や侍従の中では年功に基づく序列を尊重しなければならなかった。ただ、主要な宮廷高官の職務特権だけが顧問官や侍従の年功序列を覆すことができた。それでも、新諸侯たちは上位権を実際に行使しようと躍起になり、時にそのような努力が君主によって認められることもあった(54)。官職任命のタイミングは皇帝の掌中にあったので、皇帝は顧問官や侍従の序列を操り、一般的に体系化された貴族位よりもたやすく宮廷内での序列に影響を及ぼすことできた。したがって宮廷内の序列は、常に貴族ヒエラルキーと君主からの干渉との折衷で成り立っていた。さらにこの二つの名誉的な宮廷官職は、その急増による弊害を埋め合わせるだけの役割を果たした。つまり、官職保有者の増加によって侍従や顧問官の称号は以前と比べて権威が低下したものの、これらの官職に就いた年数が宮廷内の序列の基礎となっていた事実によって、いち早くこれらの官職に就いておくことが極めて重要となったのである。最後に付言すると、宮廷での昇進を積極的に追い求めることに関心がない人々にとっても、侍従という地位は魅力的であった。なぜなら、侍従職に就くことは地元のライバルたちに抜きんでることに役立ったからである。ペルニッツによれば、ボヘミア貴族たちが侍従の名誉ある鍵を欲しがった理由は、多くの場合、妻のために上席権を確保するためであったという(55)。

君主の後援を受ける騎士団は、名誉的な宮廷官職と同様に貴族位の授与と密接に結びついており、宮廷の年中行事とも関係していた(56)。歴代のブルゴーニュ公に続いて、スペイン国王が金羊毛騎士団の団長を歴任した。金羊毛騎士団はその初期において騎士の数を二四人から三〇人に、最終的には五〇人に拡大したが、団員数を制限して名声を保っていた(57)。ハプスブルク家の男性はみな金羊毛騎士団に属し、さらに皇帝は自らに仕える貴族を騎士団員に推挙することができた。それゆえ、オーストリア＝ハプスブルク家に忠実に仕える家門の多くがこの騎士団に名を連ねている。しかし、金羊毛騎士団の一員となることは決して家門の権利とはならず、廷臣が職歴を重ねた先にのみ期待できるものであった。それでも、名簿の中に同じ家門が世代を超えて頻出するという事実は、金羊毛騎士の子孫の方がはるかに入団しやすかったであろうことを示唆している(58)。一六世紀や一七世紀前半において、金羊毛騎士団で優勢だったのはスペイン、イタリア、南ネーデルラント出身の家門であり、世襲領や帝国からの任命はまばらで、多少加えられている程度だった。しかし一七世紀の間に、団員の比率は目に見えて変化し、名簿には宮廷高官としておなじみの家名が繰り返し現れてくる。またスペイン継承戦争後に、カール六世とフェリペ五世はともに金羊毛騎士団長として振る舞った。こうして、いまや二つの競合する騎士団となり、ともにコスモポリタンな装いを維持していたものの、その団員に関して言えば、それぞれスペイン＝ブルボン家やハプスブルク家と結びついた貴族たちや家門と以前にもまして一致するようになった。金羊毛騎士団員はハプスブルク宮廷における名誉官職の重層的な構造の中で、最上層の位置を占めた。彼らの名前は印刷されるようになった『職階表』にも記載されている。金羊毛騎士団と対をなす星十字団は皇太后の後援を受け、そこに属する貴婦人たちの名前も『職階表』に記載された。一八世紀半ばには、軍事的偉業によって新たな騎士団が設立され、戦場での顕著な功績に報いた。そのうち、先帝カール六世の妃によってエリザベト＝テレジア騎士団が一七五〇年に設立され、より有名なものではマリア＝テレジア騎士団が一七五七年に設立された。一七六四年にはハンガリー王国に聖イシュトヴァーン騎士団が設立されたが、ボヘミアの聖ヴァーツラフ王にはこのような名誉ある騎士団が存在しなかった(59)。

フランスにおいて、サン・ミシェル騎士団はルイ一一世統治期の一四六九年に創立され、その団員数は創立時に三六人、シャルル九世統治期の一五六五年に五〇人に拡大し、宗教戦争期を通じて急速に膨れ上がった。そしてその団

図34　騎士の叙任「ルドルフ２世の下での金羊毛騎士団入団の儀式」

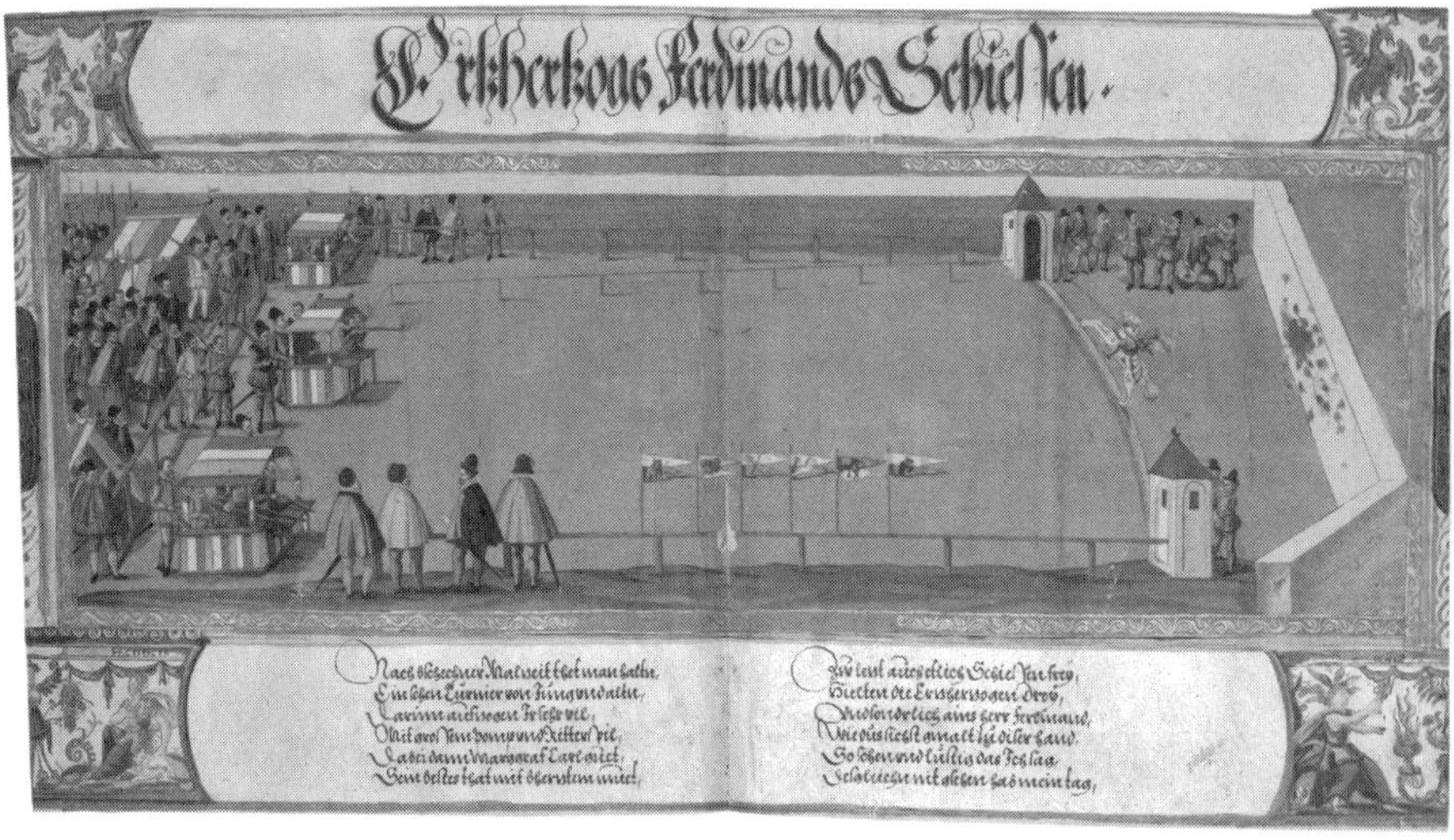

図35　金羊毛騎士団の祝祭で催された的あて（プラハ，1590年）

員は百獣頸章受勲者として知られるようになった。宮廷の構造にとって非常に重大であったのは、一五七八年一二月にアンリ三世がサン・テスプリ騎士団を創設し、騎士団の規定や慣行を新たに作り変えたことである。この騎士団には団員として官職保有者四人、高位聖職者九人、カトリックの寵臣八七人に加えて王族も入っていた。サン・テスプリ騎士団の役職者は給料を受け取り、全団員が三〇〇〇リーヴルの年俸を受け取った。入団候補者はサン・テスプリ騎士団の騎士として任命される前に、サン・ミシェル勲章を手に入れた。そうして彼らは通常、王立騎士団員と呼ばれるようになった。団員の青の飾り紐は切望される栄誉となったが、騎士団の隊列を外れてしまえば、宮廷内でもそれを持つことが宮廷のヒエラルキーに及ぼす影響はほとんどなかった。国王の血筋のみが団員の一員であることを保証したが、王族よりは親等の離れた血統親王や辺境諸侯も団員への任命を期待できた。騎士団員の間では、フランス国王の宮廷に仕える貴族、有力な軍人貴族、そして地方総督が優位を占めていた。しかし、外国の君主や大使も、時には団員としての名誉を受けることもあった。サン・ミシェル騎士団は一六六一年から一六六四年にかけて調査を受け、取り立てて有力ではない団員は一掃されて、団員数は約一五〇〇人から一〇〇人まで減少した(60)。このように血統に関して次第に厳しい基準を採用していく傾向は、王立騎士団の著しい拡大と並行して進展した。そのことは、厩舎や寝室の小姓を審査するのと同様に、王立騎士団に関する業務も行う系譜調査官が創設されたことや、地方において偽貴族を組織的に暴露していったことによっても示唆されるものである。サン・ミシェル騎士団は、著述家、芸術家、行政役人などの入団もほぼ認められたため、次第にその貴族的性格を失っていくことになった(61)。一六九三年にルイ一四世はカトリックの軍司令官の献身的奉仕に報いる形で、サン・ルイ騎士団を設立した。この騎士団は騎士、コマンドゥール勲章、シュヴァリエ最高勲章というヒエラルキーを導入し、平民にも開かれたものであった。ルイ一四世が創設したシュヴァリエ最高勲章一七人、コマンドゥール勲章五二人、騎士一八〇〇人のうち、五〇%ほどが戦死したとされる。最後に言うと、ルイ一五世はフランス軍に貢献した外国のプロテスタントに対する報償として、一七五九年に軍事功労賞を設立した。

図36　ヴェルサイユの礼拝堂で行われたサン・テスプリ騎士団騎士の接見（1689年）

金羊毛騎士団は一七一二年に皇帝自らが騎士団長になって以降、サン・テスプリ騎士団に匹敵するものとなった。この最も名高い騎士団は有力貴族の間で、皇帝への忠誠心を育み、皇帝を支援する必要性を反映したものであった。金羊毛騎士団とサン・テスプリ騎士団はともに排他的性格を持っていた。君主は臣下の確固たる忠誠心に報いるために、騎士団員を任命した。また忠誠の度合いに不満を示すために叙任を撤回したり、叙任の時期を遅らせたりもしたのである。しかしながらその団員リストが示唆するように、これらの騎士団への任命でさえも、特別な場合を除いて、まさしく君主の意のままに一握りの家門に限定されたままであった。マリア＝テレジアの時代と同様にルイ一四世の時代においても、軍事的功績に関して新たに重点が置かれたことが見て取れるが、それは軍規の制定においてだけではなく、宮廷のエリート近衛兵がその威信をますます高めていくことにもはっきりと表れている。ウィーンの近衛兵の数はヴェルサイユの近衛兵に及ぶことはなかったが、以前よりも威信を増した近衛兵が古くからの護衛騎兵隊や護衛歩兵を脇へ追いやっていった。そしてこのエリート近衛兵たちは、君主国を構成する諸地域とつながりを持っていたのである。以上のような傾向に後押しされて、フランスの貴族ほどは軍事的な性質を持たなかったハプスブルク諸邦の貴族たちにとっても、軍事職はより魅力的なものとなった。宮廷と軍の結びつきは次のような別の方法でも強化された。つまり、廷臣、行政官、兵士の間の序列を一致させたのである。ヨーゼフ二世による宮廷内での軍服の導入も、このような宮廷と軍の結びつきを示す一端であった。ただ、その主導権を握るのは貴族であるとは限らなかった。戦場での働きに対して貴族の称号をもって報いることで、軍隊は血の税つまり兵役義務によって貴族身分へ上昇するという関係を回復させたのである。ハプスブルク諸邦において貴族と軍事との結びつきは、終身の将官に世襲の貴族身分を認める決定によって強化された(62)。

結婚によって姻戚関係を結んだり、代父母になることは、貴族家門のネットワークの中で重要な意味を持った。このような同盟関係は忠誠心が変わっていないことの証であり、収入や土地という重要なやりとりを伴うものであった。宮廷は、様々な地域から集う名家の者たちにとって、中心的な集会場であった。その中心では、血統ヒエラルキーの頂点に位置する君主の家門が主たるパトロンとして振る舞った。宮廷にいる貴族の家門は結婚に際して、国王や王妃、皇帝や皇妃の承認を要した。そうして君主の承認や同意は、廷臣やその家族の者たちの間では、結婚に際して必要なものと見なされるようになったのである。原則的には、これによって君主は貴族間の同盟に口を挟むことができるようになった。ただ、こうした国王からの承認が計画的に遂行されたかどうかに答えることは難しい。アンリ三世は自らの小姓たちを支援するために結婚を用い、その結婚により小姓たちは国王一族と結びつき、また彼らにとって最も威信があり有利な同盟関係を締結した(63)。ルイ一四世は計画的に、国王の庶子を正統な血筋の諸侯と結婚させた。ルイの意図はやや不明瞭なものの、重臣や高位の宮廷貴族の間での結婚にも干渉した(64)。一六九九年に重臣ポンシャトランの親族はブルボン家の血筋と結びつくという栄誉を受けるところであったが、ルイ一四世はそれを拒み、ブルボン家の遠縁にあたり、しかも庶子であるマロウズ嬢と若きフェリポーとの結婚を許可しなかった。このことをサン＝シモン公は大いに喜んだのである(65)。その一方、次のような事例もある。ルイ一四世の友人にして廷臣フランソワ・ド・ラ・ロシュフーコー七世の息子であるラ・ロシュギュイヨン公とルヴォワ嬢との一六七九年の結婚は有名であるが、それは国王の政策として解釈されてきた。しかし国王がこの結婚を手引きしたという証拠はなく、関与したとしても結婚を保証したくらいではないだろうか。さらにこの二〇年後、国王はその友人や妻の家族の一員となることを熱心に望み、上述のロシュフーコー公の孫マルシラックをマントノン夫人の親族であるドビーニュ嬢と結婚させることを提案したが、その際にロシュフーコー公は「頑なに聞こえないふりをした」という(66)。

しかし、宮廷での結婚の取り決めに関して国王が口を挟んだり、積極的であったりするのは偶発的なことで、その役割は多くの場合もっと控えめで限られたものであった。君主の承認は慣例として求められ、慣例として与えられたのである。ダンジョ侯は頻繁に結婚のことを記録したが、その際に言及したことは結婚持参金のことであり、結婚誓約書への国王の署名、あるいは新郎新婦への国王からの贈り物の話題にも触れている。しかし、それ以上のコメントを加えることはなかった(67)。とはいえ、君主は結婚による家同士の結合の可能性に驚きを表すこともあり得たのだから、結婚する貴族自身は君主に自分たちの結婚が承認されるかどうか不安だったことであろう。大部分の地域でそうであったように、宮廷でも結婚は名門間の勢力均衡における主要な要素であった。したがって、それほど重要ではなく、直接的ではない影響力さえも見逃すべきではないのである。洗礼は貴族の地位にある家臣のところで新たに生まれた子に対し、君主の家族が名付けの父、あるいは名付けの母として保護するための、結婚とはまた別の機会となった。皇帝が名付け親として快く振る舞う行為は、特別な引き立てであって、宮廷貴族全体に拡大されるものではなかった。この行為が行われるということは、その家門が特別な地位にあるということを暗示していたのである。しかしながらフランス宮廷では、名付け親としての行為はより広い家門へと拡大され、通常は第一寝室侍従が国王の代理人として名付け行為を遂行していた(68)。「名誉ある子ども」として、または国王の付き人として宮廷で仕えることを貴族の子息たちに認めるということは、確かに多大な恩寵を示す行為であろう。そしてそれは更なる未来の恩寵へとつながっていくのである。

貴族位の授与、貴族に対する特権的な地位や称号の授与、騎士団の設立、そして結婚に関する君主の引き立てといった事例は、宮廷を貴族家門や貴族ヒエラルキーといったより広い環境と結びつけるために君主が利用できた巧妙な形式と手段の一部にすぎない。多くの点で、貴族は集団としての性格と、より直接的に宮廷と結びついている名誉ある存在としての性格という二重性があった。そのような称号には名誉官職、小姓、女官などがあり、その称号を持つ者たちは特別な機会に国王に拝謁したり、招待を受けたりした。そして君主からの褒美を受け取ることや名誉職の地位を保有することは、新たに責務を負うことになる。こうした流れは緊密な関係の結果として考えるか、またはエリートを縛り付けるための計算された試みというふうにも解釈されるかもしれない。おそらく、伝統的なあり方と偶発的に生じたこととが混ざり合って広まったのであろう。宮廷で名誉ある任務を行うにしろ、地位を認められるにしろ、それらは受益者の目を宮廷に向ける結果となった。このような習慣は様々な装いの下で、君主制そのものよりも長く続くこととなり、いかなる政治体制であっても既得権益に譲歩し、功績に報いて忠誠心を生み出すことが必要であることを明白にしている。

文化の中心としての宮廷

宮廷において権力装置が次第に強化されていく中で、諸地域と中央との間の力関係は中央の方へとゆっくりと傾いていった。貴族ヒエラルキーは報奨と魅惑とで形作られ、貴族は宮廷に惹きつけられるようになった。これまでもしばしば議論されてきたように、気高く壮麗であるものが宮廷に集まっていったことで、人々は従順にも宮廷に魅了されていった。宮廷は異彩を放つ存在として、あらゆる文化の手本となり、そこでは芸術や言語、服装、礼儀作法の基準が提示されることとなった。しかしながら、宮廷というものの本質は、普段「上流」文化として捉えられるような偉業の中にではなく、序列や名声に対する鋭い感覚、厳然たる宗教的伝統、狩猟に対する情熱、そして繰り返し行われる愉快なスペクタクルの中にこそ宿っていると思われる。周知の通り、多くの君主が音楽をお気に入りの活動の一つに挙げている。また彼らは宮殿の改造にも関与し、さらに内装にも関心を持っていた。なかには目を通すべき国政に関する文書に加えて、様々な著作を愛読した君主もおり、更には特定の知的な関心を追究した君主もいたようである。そうは言っても、芸術や学識、あるいは礼儀作法といった「宮廷文化」を、近世ヨーロッパにおける王室の日常的習慣とは離れたものとして捉えてはならない。しかしながら、幅広い層の人々に対して君主の地位を壮麗に表象することによって、宮廷は国内における権力と位階の中心としての立場を、はっきりと目に見える形で強化したのである。私は王権の威厳を提示した様々なメディアがどのように受容されたかについては体系的に示すことはできないが、宮廷を広範な領域の中心として位置付ける際には、そのようなメディアが与えた影響力も含めて議論する必要がある。最後に、エリート間での礼儀作法を明らかにするには、多くの場合宮廷に由来するその模範的役割についても、考察しなければならない。

室内外の壮大な舞台において繰り広げられる宮廷の祝祭は、早い時期から参観者を魅了してきた。フランス宮廷に関してはゴドフロワ父子の儀典書、ハプスブルク宮廷に関してはより散発的な刊行物や手稿史料で言及されているように、こうした大規模な儀式や祝祭は参列者も参観者も引き付けてやまなかった。行事の中心には君主と側近グループがおり、その周りには名誉職に就く者や、より緩やかに宮廷に属する貴族たちという第二階層に位置する人々がいた。それでも、第二階層の人々が参観者というよりも参列者であったことは明らかである。さらに地位や身分にかかわらず、様々な見物人が衛兵の隊列の隙間から、あるいは城門や城壁越しに行事を見物することができた。このような見物人たちを満足させたのは、なにも見世物の壮麗さだけではなく、泉から湧き出るワインや牡牛の丸焼きといった施しが振る舞われることでもあった(69)。フランスにおける国王の触手儀礼のような特別な行事の場合には、見物人たちはもっと他の施し物を期待することができた。聖木曜日には、ごくわずかな人たちが洗足の儀と食事の接待を受けたが、彼らは受動的であったとしても儀式の重要な参加者として選び出されていた。人々に公開された祝祭や儀

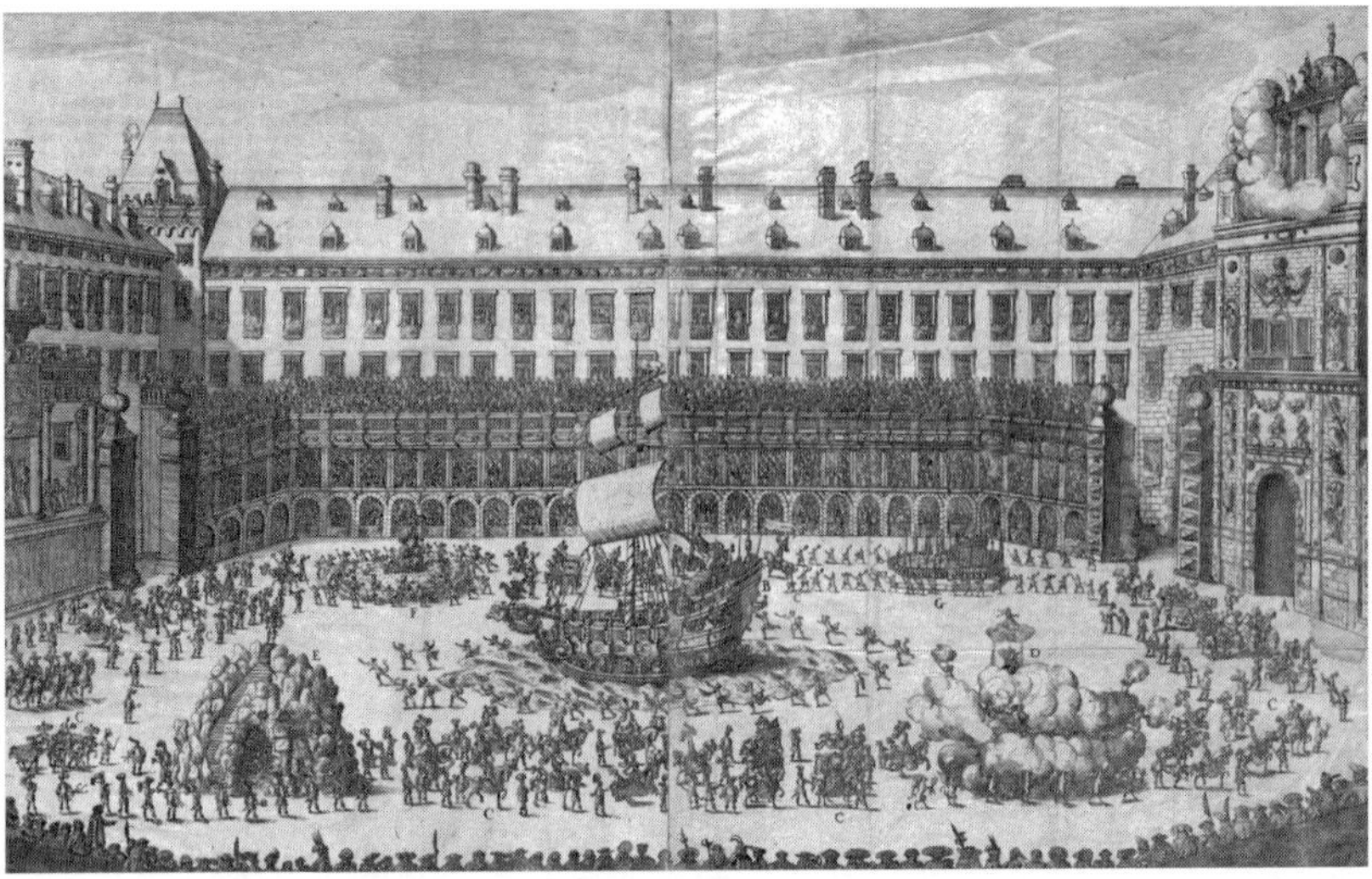

図37　ホーフブルク中庭で行われた大規模な「騎馬バレエ」　レオポルト1世とマルガレーテ＝テレジアの結婚を祝う祝祭の一つ（1667年）

式における行為は、見物人なしでは成り立ち得ないものだったので、ある意味で見物人は同時に欠くことのできない参加者でもあった。実際、いくら壮大な行事であっても、多くの人々を集めることができなかった場合は悲惨な教訓として伝えられたのである(70)。

通常、大規模な祝祭は結婚式や戴冠式に代表されるような王家の重要な儀式の前後に催されている。そのような祝祭には、馬術競技、陸海の模擬戦、大規模な騎馬バレエ、野外演奏会、オペラや戯曲、花火、イルミネーション、宴会、親しい者を招くちょっとした余興があったが、行事の性質や場所の条件に応じて観客の数は増減した。このような行事に際しては、見物人に見世物のイメージを分かりやすく伝え、あらすじや配役を知らせるパンフレットが印刷された。これらの印刷物もしくは後になって出版されたパンフレットは遠く離れた人々の手にも渡り、華やかで活気あふれる祝祭を執り行ったという王家の功績が喧伝されることになった。間違いなく、君主は臣民だけではなく、外国のライバルたちからも称讃されるような豪勢な計画を求めていた。こうした宮廷の壮麗さを印刷物で宣伝することには長い伝統がある。王家の儀式やにぎやかな祝祭は一五世紀後半以来、印刷されたパンフレットの中で描かれてきた(71)。マクシミリアン一世とルドルフ二世、そしてヴァロワ朝後期のすべての国王が、視覚芸術と印刷メディアを含む表現方法のひな形を作り上げてきたのである。

数世紀の間に、形式やスタイルは変化していく。城塞は宮殿となり、馬上試合はより定式化され、馬術競技を経て、騎馬バレエのような優雅なものになり、ついには宮廷オペラや宮廷演劇、仮面舞踏会に取って代わられた(72)。何よりも重要なことは、行列、仮設の建物、厳粛な儀式、勇壮な演技、イルミネーション、花火などを含む盛大な祝祭の様子は本来その場限りのものであったが、今や石碑、絵画、著作として恒久的に残されるようになったことである。一七世紀の間に、これらはより包括的に整然と記録されるようになった。ブルボン家歴代の国王の注目すべき活動や生活ぶりは、国王の命を受けて書かれた国王を称讃する書物か、一六一一年から出版されている『メルキュール』や『ガゼット』などの国王の息のかかった定期刊行物によって、活字となって伝えられた(73)。ルイ一四世治世の初期に行われた屋外での祝祭は、図版をふんだんに用いたフェリビアンによる書物や『メルキュール』に記述された。そして王権は、イタリアを手本としてアカデミーを作り上げ、ここにおいて国家お抱えの著述家や芸術家の集団が登場するようになった(74)。国王が設立したアカデミーは言語、芸術、科学の新たな基準を作りだし、各分野の業績によって君主の威光は輝きを増した。王家の繁栄やその偉業を祝い鋳造されたメダルは、のちに学術研究の対象となった(75)。一方、ハプスブルク諸邦における出版物の量はフランスほどではなく、皇帝自身も出版に大きな努力を傾ける気はなかったようである(76)。ウィーンにおける定期刊行物の登場は、フランスよりもわずかに遅く、量も控えめであった。一六二二年以後『定期郵便新聞』が宮廷のニュースを伝えていたが、一七世紀半ばには休刊になってしまう。しかし一六七一年以降は、ドイツ語の『クリーア』とイタリア語の『コリエーレ』が出版され、一七〇三年以降は『ウィーン日報』が宮廷のニュースを発信し続けるメディアとなった(77)。イエズス会は、皇帝の名声を活字に載せて広めるのに活躍した団体の一つであり、おそらくハプスブルク家自体よりも活動的であった。イエズス会は、一六世紀後半に招聘されてから一七七三年に廃止されるまで、ハプスブルク家の権力を支える柱の一つであった。その

図38 ルイ13世とアンヌ＝ドートリッシュも見物した花火の見世物

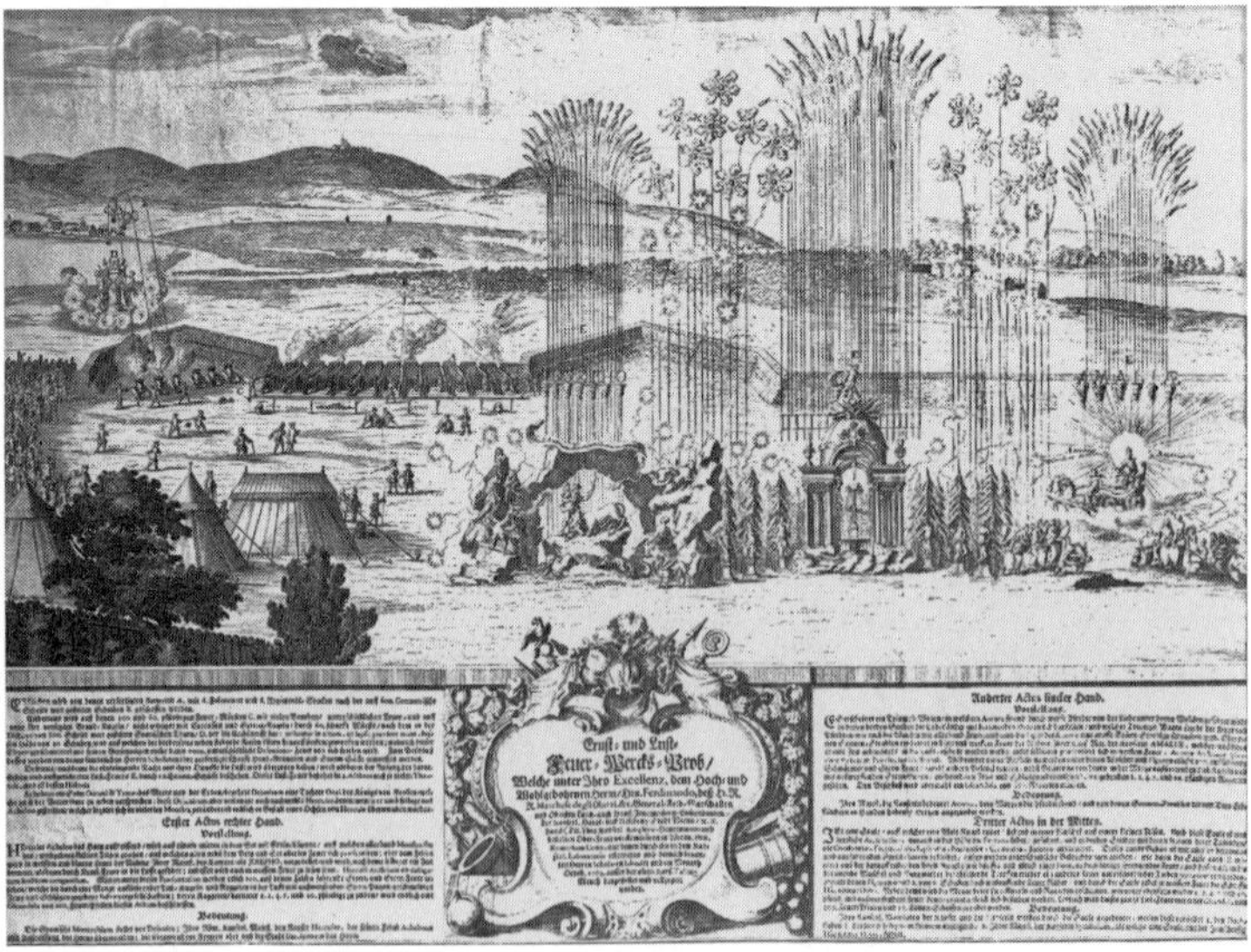

図39 ウィーンで行われた花火大会（1709年）

役割は少なくともカール六世の治世が終わるまで顕著であったが、一七七四年にマリア＝テレジアとケーフェンヒュラーは、イエズス会がハプスブルク家に計り知れない貢献をしてきたことを想起しつつ、イエズス会の終焉を悼むことになった(78)。

ところで一六六六年一二月、皇帝レオポルト一世はスペイン王家出身のマルガレーテ＝テレジアと結婚し、これを祝う祝祭は一六六八年まで続いた。この大規模な行事が以前よりも多くの人々に伝えられたことは確かである。宮廷印刷工マテウス・コスモウェリウスによって『リブレッティ』が出版され、祝祭のハイライトは様々な定期刊行物を通じてヨーロッパ中に伝えられた(79)。あまり華々しくない演劇も多く上演され、それらも個別に世に広められた。レオポルト一世はマドリードにいるペッティンク伯や、他国にいる親族と大使に『リブレッティ』を送付し、それをさらに配布するよう求めた(80)。一六六四年にヴェルサイユで行われた『魔法の島の悦楽』と一六六六年から一六六八年までウィーンで行われた祝祭という、両家による祝祭の応酬は、スペイン王位継承をめぐるブルボン家とハプスブルク家の競合関係を示している。あからさまな軍事競争をする場合よりも、イメージで競争する方がレオポルトに断然分があった。同様に、カール六世が一七二三年にボヘミア王戴冠式を主要な行事の一つとしようとしたのは、ドレスデン宮廷とミュンヘン宮廷との競争を念頭に置いていたにちがいない。ヨーゼフ一世の娘たちがそれぞれザクセン選帝侯とバイエルン選帝侯に嫁いだ際に行われた祝祭は、明らかにウィーン宮廷に対する挑戦であった。これらの事例の多くで、宮廷の祝祭は王家の権力を支えるために行われたのである。したがって、祝祭が最も華々しく行われたのは、継承が危うくなった時や、挑戦と反撃が繰り返された時であった。つまり、ヨーロッパの君侯世界が、宮廷の祝祭をより壮大なものにしていく原動力となったのである。

印刷物や絵画によって、宮廷の壮麗さは地方にいる人々や外国にいる人々にさえも伝えられることになった。さらに宮殿の周りには、宿舎を用意したり、ガイド付きツアーを提供する旅行業者が現れた。旅行者たちは先に宮廷を訪れた人々の手記をせっせと書き写し、それを自らの感想に加えてしばしば出版した。一八世紀にはまさしく旅行文学と呼べるものが登場したが、それらの主要な舞台はヨーロッパの名門王家の宮廷であったのである。ペルニッツの様式美を追求した書簡やモニカールによるヴェルサイユの記述が例として挙げられるだろう(81)。ウィーンを訪れた者は、壮麗なコレクションや素晴らしい歌劇と、時代遅れで質素なホーフブルクとを対比的に評価することが多かった。マテウス・メリアンは『トポグラフィア・ゲルマニア』中で、皇帝の宝物庫に驚嘆し、礼拝堂に響く壮大な音楽に感服したと記述しているが、ホーフブルクは「とりたてて豪華な建物というわけではなく、強大かつ至高の君主とその宮廷の規模の大きさにしてはかなり狭い……」と評価している。このような評価は多くの著述家たちによって繰り返されてきた。ホーフブルクはレオポルト治世初期に増改築されたことで、ヨーロッパの標準的な宮殿をはるかに下回るというほどでもなくなったが、一七〇〇年前後の数十年間のうちに主要なライバルたちに大きく後れをとるようになった。これは、ウィーンの宮廷貴族が自分たちの豪華な宮殿を建設しようと計画したまさにその時期であった。一六八三年以降の五〇年間で、有力な宮廷貴族たちは挙って壮麗な宮殿をウィーンの中心部や郊外に建築した。代表的な大貴族の宮殿、その最たるものがオイゲン公のベルヴェデーレ宮殿であるが、これらと比べるとホーフブルクは控えめで、居心地が悪そうに見えた。モンテスキューも皮肉交じりに、貴族の邸宅が君主の住まいよりも輝いている国とは恐れ入る、と述べている(82)。カール六世の治世になって、ホーフブルクは拡張され、装飾を施された。カール教会やクロスターノイブルクのような例が示すように、カールの宗教建築の計画は斬新なものであったものの、封建的な帝国を統べる称号を選挙によって獲得し、それを至高の名誉として大切にするハプスブルク家にとっては、連続性と伝統がとりわけ重要であった。だからこそ、それに相応しい伝統的な構造を持つホーフブルクが、ハプスブルク家の本拠地であり続けたのである。帝国と世襲領のバランスが急激に変化したマリア＝テレジアの治世になってようやく、シェーンブルンが、帝国の有力諸侯やヨーロッパの他の君主が住むような、時代の最先端を行く宮殿に比肩する魅力的な第二の宮殿となった。しかしその時でさえ、由緒あるホーフブルクの重要性が陰ることはなかった。

ハプスブルク家が大切にしたイメージは敬虔、質素、勤勉であった。そのため、レオポルトとカールがともに大の

図40　多くの君主にとってなじみ深い光景「終油の秘蹟を行う列の前で跪くヨーゼフ1世」（1703年）

お気に入りであった宮廷オペラや狩猟への惜しみない出費は、誇らしげにというより言い訳がましく処理された。イエズス会の積極的な支援によって、もっと全般的に言えばハプスブルク家、宗教、伝統が固く結びつくことによって、控えめにしていることはそれほど難しいことではなかった。質素であることは長年の財政難によってほとんど必然となっていたが、こうした状況を言い繕うためのレトリックはいくらでもあった。リンクによるレオポルト一世の伝記やキューヒェルベッカーによるカール六世の宮廷に関する記述は、宮廷の壮麗さ以上にその質素な様相を長々と論じている。ハプスブルク家は長く帝国において嘲笑と畏敬の対象であり、控えめな装飾は彼らの趣向に合い、さらに帝国の封建的な伝統に比較的近いものであったにちがいない。ペルニッツが不思議に思ったように、ハプスブルク家の皇帝は自らの館を豪華なコレクションで飾ることがおそらく可能であったにもかかわらず、ほとんど装飾を施さず放置していた。このような慎み深い様相は、建前としてはキリスト教世界において最高の世俗君主に相応しい威厳ある雰囲気を醸し出していた。したがって、皇帝自身も自らの豊かさを誇示する必要はないと考えていたのである(83)。さらにこのイメージは、当時ヨーロッパ中でもてはやされたフランス宮廷の「虚飾」に対抗するイメージとなった。帝国のプロテスタントたちが身近に感じたのは、ドイツの自由の擁護者を自称し、まばゆいばかりに着飾ったフランス国王よりも、仇敵であるが質素な身なりをした皇帝であったかもしれない。

ヴェルサイユの壮大なスケールや豪勢な調度品に慣れ親しんだフランスからの訪問者にしてみれば、ウィーンとヴェルサイユの違いは歴然としたものであったと思われる。その頃、宮殿建築、室内装飾、庭園はヴェルサイユにおいて新たな高みに到達しており、宮廷を彩る素晴らしい舞台装置となっていた。さらに石像、画廊、贅沢な装飾品が、王家とその武勲を言葉以上に仰々しく称えていた。ド・ラ・クールはヴェルサイユの絵画コレクションを堪能したが、彼を驚嘆させたのはおびただしい数の金、銀、大理石であった。ヴェルサイユはまさに王家に相応しく、古臭いルーヴル宮よりはるかに素晴らしいものであった、とド・ラ・クールは書き記している(84)。さらに彼は、ムードンやサン・クロのような、パリ近郊にある他の宮殿にも同じく感銘を受けており、事実フーケのヴォ・ル・ヴィコント城は、ルイ一四世治下のヴェルサイユで採用された革新的な芸術手法のいくつかを先取りしていた。そして後には、ルイの芸術計画を引き継ぐものが現れてくることになった。大コンデ公によるシャンティイの改築などは、その代表的な例である。この宮殿はヴェルサイユほどの規模ではなかったが、芸術面においては肩を並べる存在であった。同じことは王族が所有していた宮殿についても言えるが、これらの宮殿は壮麗さという点で国王の本拠地ヴェルサイユに及ばず、パリ近郊のいかなる宮殿にも及ばなかった。ヴェルサイユが伝えるメッセージは、伝統と質素を重んじるホーフブルクとは明らかに異なっており、それは国王の偉大さと武勇を誇っていた。強力な君主というイメージを広めようとするルイ一四世によく見られる騎馬像や、鎮圧された反乱者を蛇として国王が踏みつける様を描くことは、ハプスブルク君主の場合極めて稀であった。他方でレオポルトの跪拝のような、ペストやオスマン帝国を打ち払うために神の助力を懇願し、神意に服従する敬虔な姿はルイ一四世のイメージにそぐわない。騎馬像がルイ一四世の典型的な姿であったのと同様に、レオポルトが建立したペスト柱はレオポルトの態度を示す典型であった。

イメージの伝播

ここまで、競合する両家のイメージ、建築の計画、印刷物によるプロパガンダ、制度化されたパトロネジのあり方を詳細に再現してきた。これらに関する史料からは、宮廷をめぐるイメージがどのように作り出され、ヨーロッパの他の宮廷でどのような反響があったのかについては、十分な根拠を集めることができる。しかしながら、ブルボン家やハプスブルク家のモデルが、フランスの周辺部や各世襲領にどの程度影響を及ぼしていたかはよく分からないままである。この極めて重大な疑問に取り組むことを可能とする史料は方々に散らばっており、必然的に本書が対象とする全域に広がっている。ここで直面する課題は、初期の伝統的な絶対主義研究が孕む問題と似ている。そこでは君主から出された法令が研究対象となり、その法令が実行されたということが当然のことと見なされていた。今や地方史研究によってこのようなイメージが修正されているが、そのような地方史研究が文化的な側面を扱うことは稀であった。中央の文化に対面した地方の反応や、その他の社会集団の態度を扱った数少ない研究の事例は、その反応が常に好意的であったとは言えず、政策が必ずしも成功したわけではなかったことを示している(85)。宮廷イメージの社会的・地理的な「浸透」に関しては、更なる研究を必要とする。なぜなら中央の事例から、「浸透」の度合いを推測することができないからである。さらに、宮廷について見聞きした人々がそのイメージを素直に受容していたと思い込む過ちを犯してはならない。

ブルボン家とハプスブルク家により示された手本が帝国諸侯に及ぼした影響に関しては、十分な検証がなされているとしても、それさえ考えられているほど単純なものではない。帝国内のすべての宮廷は、帝国由来の政治的・儀礼的な伝統に縛られているのと同時に、ヨーロッパ中の宮廷と緊密な交友関係を築き、ヨーロッパ宮廷社会の一員となっていた。帝国諸侯たちの宮廷は、自領を訪れた皇帝を迎え入れるための皇帝の間を備えていた。諸侯の館はホーフブルクの皇帝の館と同じ儀礼的なしきたりに従っており、地位や身分に応じて縦列配置された各部屋への入室を制限して、君主のためにほぼ私的な空間を確保していた。式部長が宮廷長官よりも重責であることが多かったものの、宮廷役人は基本的にハプスブルク宮廷と同じやり方で組織されていた。これは共通する過去の名残なのか、それとも帝国諸侯たちによる絶え間ない交流の結果なのか、あるいは所謂ハプスブルク・モデルの影響なのであろうか。しかし、このような要因が混ざり合っていたとしても、ハプスブルク宮廷の直接的な影響は副次的であったと言えよう。ある様式や流行が持ち込まれる時、問題はさらにややこしくなる。バロック様式は、ハプスブルク宮廷の影響と言えるのであろうか。また古典主義はフランス宮廷のモデルと同一視できるのであろうか。このような単純な分類は助けになるとも思えない。新たに建てられた宮殿は、主にフランスからの影響に加えて、フィッシャー・フォン・エルラッハやヒルデブラントの壮麗なバロック様式を結合させたものなのではないだろうか。さらに、諸侯たちはこれ見よがしにフランス風の衣装を身にまとい、フランスの劇団を宮廷に招き、フランス風の料理やワインを好み、フランスに影響を受けたサロンを主催し、あるいはフランスに倣って起床儀礼や就寝前の謁見を導入していたようである。しかし、これらフランス流のやり方はアムステルダムの都市貴族たちによっても模倣されており、何も帝国内に限ったことではない。はっきりしていることは、フランスがイタリアに成り代わって、ヨーロッパ中のエリートたちの生活を彩る様々なファッションやアイテムの発信地となっていたということである。ウィーンはそのような役割を果たすようにはならなかったし、一七四〇年以降フランス流に抗うのを止め、他のドイツ諸侯たちがもっと早い時期から受け入れていた流行を盛んに取り入れるようになった。なかでも顕著だったのは、フランス語の使用である。しかしながら儀式に関しては、たとえフランスの宮廷生活に特有の慣習を全く異なる儀式の場に取り入れるようなことがあったとしても、帝国諸侯たちは依然としてヴェルサイユよりもウィーンへの志向が強かったのである。

では、二つの宮廷が地方やライバルたちの宮廷にもたらしたものは一体何だったのか。ヴォルテールは、ルネサンス期イタリアの諸宮廷やルイ一四世のフランス宮廷における高いレベルの文化を称讃し、そのうえで芸術や学問の広がりに関心を持っていたようである。また彼は、模範的宮廷こそが良き作法の源だと考えていた。宮廷生活は、礼節に関連する伝統文学の中で非常に重要な役割を果たしたが、そのような潮流の行き着く先の一つは、「アンチ廷臣文学」であった。そこでは君主を取り巻く貴族集団が批判の的となり、彼らの虚飾、野望、ひけらかしが激しく非難された。その中で暗示的に描かれた理想像とは、このような卑しい関心事に左右されない「内面からの」貴族であった。そして他には、社会的な上昇を目論む人々に図版を用いて宮廷内での序列や立ち居振舞を教える作法書があった。このような二つの潮流は、互いに矛盾する目的のために同じ文学というカテゴリーを用いたのである。つまり、第一の潮流の目的は虚偽や陰謀の世界をなくすことであり、第二の潮流が目的としたのはまさにその世界で成功への道を開くことであった。ただ、ほとんどの著作は両極端の中間に位置して、様々な割合で両側面を描いていた。カスティリオーネは、機知に富んだ会話でそれぞれの器量を試しあうような男女の廷臣集団という理想像を語っていると同時に、登場人物の一人に、君主が英雄的な行動を目にし、褒賞を与えてくれそうな場合のみ、戦場を猛進すべきだと提案させている。

廷臣に関する理想像とアンチ理想像は、モラルの向上や実用主義の徹底を伴って、次のような一連のイメージを想起させる。それは礼儀正しさ、優雅さ、従順さ、誠実さ、礼節、洗練といったものである。それぞれのイメージは、文学作品の言説に見える異なる一面であり、実際の宮廷生活よりも以前からある伝統の中に手本や論拠が求められていた。これらの文学の中で宮廷や貴族が目立つのは当然であるが、教会や都市生活、あるいはそれらとは全く馴染まない牧歌的な風景も描かれた。時代を超えて文学作品の中に現れる宮廷のモチーフは、宮廷生活の実情とは何がしか関係していたにちがいないが、全くそのまま描かれたはずはない。このような言説が時流に合わせて変化する中で、「宮廷」は政治機構の中心もしくは国際的な大都市における上流社会の中心と見なすことができるだろう。そのような中心では、流行してはいるが中身のない虚飾と「内面」に重きを置く価値観という矛盾する理念が交錯し、同様に反発と引力という相反する力学が働いていたのである。世俗の虚栄心にまみれることなく、人間らしい活力に満ちた生活を送るにはどうすべきか。この問いは繰り返し現れる根本的な問題のようである。

様々な要素が入り混じった文学的な伝統は、宮廷生活そのものとは程遠く、むしろ曲解したものであったが、これらは広く人々の行いや規範に影響を与えたのであろうか。地位と特権からなる世界で成り上がろうとする者たちは、外交官が儀礼に関する書物を用いたように、作法書を頼りにしていただろうし、旅行者は旅行手引書を参考にすることができた。これらのおかげで、彼らは宮廷という未知の世界について詳しく知り得たのである。また、建築、家政、料理、給仕などに関する多種多様な書物によって、イタリアやフランスの宮廷での流行が様々な読者に広められたことは間違いない。一八世紀の間に、宮廷における厳粛な宗教儀礼は上流社会の人々にとってますます時代遅れなものと認識されるようになったが、宮廷の食卓で洗練されてきた給仕法は、料理そのものよりも上流社会に相応しい作法として模倣された。同じことは、壮麗な調度品や装飾についても言える。そもそも初期の宮廷生活で典型的であった、君主に近しい雑多な廷臣集団から厳粛な儀式の場という極端な姿が、今や気取った贅沢な日常というイメージによって隅に追いやられてしまった。そして、これが宮廷生活を説明する支配的なイメージとなったのである。

一九世紀終わりから二〇世紀初めにかけて、ドイツにおける廷臣に関する議論はドイツ特有のフィナーレを迎えた。その議論においては、フランス的な「うわべだけの」文明化（civilisation）とドイツ的な「深遠なる」文化（Kultur）が対比された。ノルベルト・エリアスの宮廷や文明化に関する著作はこの対比を乗り越える試みであり、エリアスは非理性的な衝動が暴発することのない世界へと人類が進歩することを夢想しながら、ランケ史学、ヴェーバー学派、フロイト学派の諸モデルを統合した。エリアスは文明化を激情の制御として理解したが、この文明化は人々の行動を統制する外的抑圧に始まり、新たな行動様式を積極的に受け入れる自己抑制に至るプロセスで達成される。したがって、宮廷で飼いならされた貴族という決まり文句は、このプロセスの理想的な実例となっている。ただ、これまで本書において概観してきたように、宮廷での貴族は籠に入れられた無力な存在ではなかった。また前述の通り、実際の宮廷生活の描写として、廷臣の手引書を読むことは危険である。確かに、宮廷が上流文化の中心であったのは明白であるが、そのことと文明化を激情の制御と見なすエリアスの特殊な解釈とを混同してはいけない。印刷物や図版で示される宮廷やその名声が、社会全般の発展に応じて生じる変化のプロセスを先導したとか、特に教会や都市文化のような社会の他の領域に対して率先して範を示したなどと決めつけてはいけないのである。

今日「宮廷風」と見なされている形式は、本当に宮廷によって作られ、それを模範として広められたものなのであろうか。宗教的な儀礼は宮廷の日課の大きな部分を占めており、一五五〇年以後の争いと改革の一世紀にとりわけ重要なものとなった。伝統的に、教会は他のどんな組織よりも衝動に駆られた人間の営みを好ましくないものと見なしてきたが、このような考え方は異端や改宗の経験を通じて個人にも組織にも広められ、増幅していった。都市共同体は成長して、世俗学識者の活躍の場も拡大する中で、このような共同体や知識人たちが「宮廷風」を広めるのに貢献した。パリはそれ自体で一つの中心であり、見本となっていたので、宮廷と完全に一致することはなかった。ウィーンでは、宮廷を中心とした貴族社会が形作られたが、一八世紀末まで貴族たちの社交の場は、ホーフブルクよりも貴族の館に集中していた。

相互に結びつき、影響を及ぼしあっている迷宮において、どちらが手本となり、どちらが模倣したかを単純な図式で決めることはできない。ネーデルラント総督の宮廷は永続的に存在していたわけでも、文化的もしくは政治的に常に重要であったわけでもないのに、オランダ共和国における都市の寡頭的な体制は、ヨーロッパ全体の発展を反映した文化的な変化に従うものであった。宮廷が国内のあらゆるライバルたちより光り輝くことができても、そのような宮廷の独占状態は稀なことであり、多くが短命に終わった。しかも、それは有力な集団や組織が宮廷で融合した結果であった。宮廷が首尾よく大貴族、聖職者、行政官、軍人、芸術家、学識者を自らの内に取り込むことができた時、彼らと彼らの属する団体が社会的地位を失うことなく、才能を如何なく発揮し、名声を高めることで、宮廷は利益を得た。したがって、宮廷の魅力に陰りが見えた途端、その威信が揺らぐことは避けようもなく、国中の団体が自律的な動きを見せ始めることになった。宮廷に対する評判よりも宮廷の現実に注目すれば、当時の人々や後世の歴史家で額面通りに受け取る人もいたにせよ、君主を称える芸術作品は宮廷の重要性を誇張していたにすぎないと結論付けるほかない。確かに、ブルボン家とハプスブルク家の宮廷は一七、一八世紀のほとんどの期間を通じて成功を収め、中心であり続けたが、どちらも一六七〇、八〇年代に作られた勝利者のイメージが示すほどに全能でも、絶対的でもなかったのである(86)。宮廷のプロパガンダや文化的なパトロネジが、全能な君主というイメージを各地に広めることには成功したかもしれないが、このイメージは、別の領域で形成され、別のメディアで広められる他のイメージと常に競争しなければならなかった。このように公共圏が複数存在する場合において、宮廷の優位が永続的に約束されることはなかったのである。

近世全体を通じて、二つの発展が宮廷の地位の形成に大きく貢献した。一つ目の発展は宮廷自体から生じた。つまり、メディアが以前にも増して活用されるようになり、時間的にも空間的にも遠く離れた人々をも王家の壮麗さや偉大さに驚嘆させることができるようになったことである。君主、廷臣、奉公人、さらに訪問者、外交官、見物人の交流は印刷物の中で詳しく、そして脚色を交えて描かれた。そしてそれらは、自ら宮廷を訪れることも、自らの代表を送ることもできなかった人々にメッセージを伝えた。より影響を及ぼした二つ目の発展は、必ずしも宮廷に関係するわけではなかったが、重大な結果をもたらした。それは、文明化、脱魔術化、合理化と認識され、啓蒙主義の時代と呼ぶことや、「合理的な」政府という考え方や組織が強まったことにより、他の時代とは区別される。宮廷を取り巻く環境が変化していくにつれ、宮廷自身だけではなく、世間一般に広まった宮廷の伝統に対する認識も必然的に強く影響を受けた。宮廷は伝統と保守主義の牙城であると同時に、革新と変化の原動力でもあった。伝統はしばしば意志決定の枠組みとして優先されてきた一方で、革新は危機に対するさしあたっての対応として欠くことのできないものだった。一八世紀の間に宮廷間の交流や文化的な変化がますます意味を持つようになり、宮廷という組織は人々の価値観が変化していくという危急の事態に応じて、どのような形態や表現方法を取ればいいのかが、宮廷にいる人々や社会の上層にいる人々の間で議論となった。ハプスブルク宮廷やハプスブルク宮廷に関わりのある多様なエリート層の構造や表象が変化したのとは全く対照的に、ブルボン宮廷とそのエリート層の世界はたやすく変化することはなかった。一七八九年から一八一五年までの分水嶺となる時代が過ぎ去った後、ヨーロッパの諸宮廷が勝利者として再び表舞台へと姿を現した時、宮廷を代弁する者たちとそれに反対する世論の対立は鋭さを増していたのである。

第5部　結

第9章　結論と展望

序

中世末頃には、フランス王家の宮廷とハプスブルク家の宮廷は全くと言っていいほど異なる部分もあれば、かなり似通った部分もあった。この相反する状況が、フランス革命に至るまで続いたと言えるだろう。宮廷の人員や官職から日課や儀式に至るまで、どちらの宮廷においても概ね同等の伝統を見出すことができる。二つの宮廷が高い類似性を示しているのは、その構造や活動だけでなく、形成、再編、危機、変革という局面が現れる周期についても同様である。つまり、どちらの宮廷もプロテスタントの反乱とカトリックの復興、そしてヨーロッパ規模で繰り広げられる戦争によって左右されていたのである。しかし国家体系の最上層として、両宮廷による統合の方法が異なっていたことは長い時間をかけて明らかにされてきた。フランスの同輩公が神聖ローマ帝国の選帝侯に匹敵することはなかったし、フランスの血統親王たちは、帝国諸侯が確立していた領邦君主権を失っていった。とはいえこの二つの国の運命が、後戻りできないほど別れていく分岐点を指摘することはできないだろう。しかしヴェストファーレン条約以降、神聖ローマ帝国では有力諸侯の領邦君主権が当然のものとなった一方で、その頃までにフランスの高官たちは、国王の宮廷に対してはっきりと服従することを選んだ。皇帝の地位は世襲領に対する君主権、帝国内の支持者、そしてヨーロッパの宮廷での名声を基盤としていたが、フランス国王にとって自らの地位を支える中間物はなかった。さらに、帝国領が広大かつ多様であることと、帝国におけるハプスブルク家の支配権が選挙に基づいていることが、ウィーン宮廷の様々な慣習を形作っていった。

このような帝国の構造がもたらす相違によって、元来よく似た組織は二つの異なる環境でどのように発展していったのか。すなわち、封建的な性質を持つ王室が、国内情勢の変化によって引き起こされた個々の危急の事態に対して、徐々に適応していった様子を見ることができるのである。この過程によって、宮廷は繰り返される緊張と選択が織りなす色とりどりのモザイク画となり、その中でヴェルサイユ宮廷のよく知られたイメージは最も派手な色であった。本書の目的はなによりもまず、宮廷の歴史を彩るすべての色を備えたパレットを復元することにあるが、そこに止まるつもりはない。以下では、本書の要約を提示し、本書に散らばっている考察をさらに深く展開させていく。これから述べる結論は、ヴェルサイユ宮廷の絶対的な王権という名声に似つかわしくなく、いくつかの点でウィーン宮廷の方が明らかに成功していたことを示している。最終的には、長らく国民国家史的で目的論的な歴史叙述によって狭い領域に閉じ込められてきた宮廷史において、更なる比較研究や異文化研究が必要であることを強調しておきたい。宮廷は、前近代社会における最も一般的な権力のあり様を示しており、したがってさらにより広い視野で分析されるべきなのである。

廷臣たち

フランス王室の宮内府には、礼拝堂、寝室、食卓、その他の業務を司る部門が含まれており、一六世紀初期には人員数が三〇〇人から六〇〇人へと倍増し、一六世紀半ばを過ぎた頃には一一〇〇人に膨れ上がった。しかし一七世紀に入ると、人員数の曲線は不安定になる。アンリ四世の死後をピークとし、一六二五年以降減少に転じたが、一六三〇年代にはインフレ状態になり、一六五〇年には二〇〇〇人という最大数を記録した。一六五四年から一〇年間にわたって人員の削減が布告された。人員の削減は一七世紀前半を通じて試みられてきたが、一六六〇年代と一六七〇年代の間に精力的に実施された結果、王室の人員は大幅に削減され、最終的に九〇〇人程度の規模になった。狩猟や厩舎は別に記録されているが、ほぼ同じような拡大と縮小の曲線を描く。とはいえ、国王の狩猟熱が狩猟に関わる人員の削減を殊更困難にしていた。一六九九年には、狩猟部、審問部、厩舎部、国王の王室に属する人員の総数は、二一二〇人を数えた。さらに、王妃から男性・女性の親族や遠縁の血統親王に至る、王族たちが持つ二次的な宮廷によって、通常一〇〇〇から二〇〇〇人が宮廷の人員数に加えられる。しかしながら一七世紀の間に、王太子の幼少時に父王が突然逝去したことが二度あったこともあり、王太子の独立した宮廷は、大半が国王の人員によって支えられる、より小規模な宮廷になった。最後に、近衛府の人数について言及しておく。伝統的な護衛隊だけでなく、軍隊のエリート組織である中隊や連隊の士官も、宮廷と密接に関わっていた。二次的な宮廷と近衛府の人員三〇〇〇人弱を加えた最も詳細な当時の試算によると、ルイ一四世の広義の宮廷に集っていた人数は、一六九九年で約五一〇〇人と見積もることができる。その他、厩舎部、狩猟部、楽団、建築事業部には官職ではなく、委任状に基づき宮廷に仕えていた人々もおり、彼らの人数を算出することはますます困難である。とりわけ厩舎部に関しては、そのような下級の人員数は膨大な数に上った。一八世紀に入ると、宮廷の人員数とその割合は前述の数字に止まっていたが、王族の人数によって変化する二次的な宮廷が、急激な変化をもたらす可能性はあった。

オーストリア＝ハプスブルク家の宮廷が形作られたのは、ようやく一六世紀中のことであり、これは様々な領地にあった同家の各宮廷を受け継いだものであり、神聖ローマ皇帝の宮廷でもあった。一五世紀後半から一六世紀前半までにおいて、ローマ王と皇帝の宮廷の人員数は六〇〇人に達していた。その後、再びこの人数に達したのはフェルディナント一世が皇帝であった時期だけである。ルドルフ二世の治世下で、宮廷の人員数は七〇〇人から約一二〇〇人に膨れ上がった。一六一五年に皇帝マティアスが人員の削減を試みた結果、狩猟部門や二次的な宮廷を除き、顧問会を含むマティアスの宮廷の人員数は八〇〇人近くであったと思われる。レオポルト一世の治世初期における人員の総数は、今度は顧問会を除いて、依然として八〇〇人ほどであった。しかし人員数はすぐに増加し、初めは主に名誉職の侍従が増加し、その後すべての人員が拡大していき、なかでも厩舎部門の増大は最も顕著であった。両ハプスブルク家の中で嫡流のスペイン＝ハプスブルク家が優位を失った一七世紀後半から、ウィーン宮廷は最も長く続く拡大期に入った。要するにこれまでオーストリア＝ハプスブルク家が傍系の立場に甘んじていたことによって、宮廷支出に抑制が働いていたのかもしれないが、このような足枷はヴァロワ家やブルボン家の国王にはなかった。このレオポルト一世の治世後期には、名誉職である侍従を含めた王室の人員数は約一五〇〇人となり、その後カール六世の晩年には二〇〇〇人に達した。一八世紀半ばにおける危機的な数十年間（スペイン継承戦争からオーストリア継承戦争、七年戦争）には一時的な減少傾向が確認されるが、それも一七六〇年までであった。マリア＝テレジアの宮廷は父カール六世時代に匹敵する規模まで回復し、一七八〇年には二〇〇〇人を超えた。特筆すべき点は、この数字からは膨大な数の侍従が除かれており、マリア＝テレジアとヨーゼフ二世によって導入された新しい宮廷近衛団七三六人が含まれたことである。ただ、拡大されたといってもこの軍事部門は、まだフランス宮廷の近衛府に匹敵するものではなかった。ハプスブルク家が宮廷の中核を担う人員を拡大させたことで、二つの宮廷の間の格差が縮まった一方で、ウィーンにはブルボン王家の二次的な宮廷に匹敵するものは存在しなかった。ただし、皇妃の宮廷には六〇～八〇人ほどが仕えており、寡婦となった前皇妃はより多くの人員を抱えていた。この傾向は一六五一年から一七五〇年まで顕著で、一七世紀後半に約二五〇人だったのが、一八世紀前半には三五〇人に増加した。加えて、ローマ王でさえ、皇帝となって初めて本格的な宮廷を築くことになった。父レオポルト一世が崩御した時、ヨーゼフ一世の宮廷には約四〇〇人しかいなかった。一七四〇年以後のウィーンでは、主要な二次的宮廷と皇帝の宮廷を融合させる傾向にあった。一七四〇年以降のフランツ＝シュテファンと一七六五年以降のヨーゼフ二世がその例である。その他、若き大公と大公女は身の回りの世話や教育のためのわずかな従者を抱えているだけであった。そもそも、彼らは結婚してウィーンを離れるか、または皇帝の名代として遠く離れた領地を統治することが期待されていた。それゆえに、ウィーンの近衛団と二次的な宮廷がフランスのように巨大に膨れ上がることは決してなく、広義の宮廷の人員数は、前述した王室に関わる人員数に近いままであった。

王室と比べて、フランスとハプスブルク諸邦における中央の「官僚」が担った業務は、長らく少ないままであった。

確かに、レオポルト一世治世下で各顧問会議に関わる人員は二二五人から四〇〇人に増加したが、名誉職的な顧問官の増加が大半であった。すべての行政組織、特に財政を司る組織はカール六世時代にゆっくりと拡大していたが、王室と行政府との間のバランスに実際に変化が生じたのは一七四九年以降になってからである。マリア＝テレジア時代に、中央行政府の規模はすぐに王室に追いつき、さらにヨーゼフ二世の単独統治期には、行政府が王室をわずかながら超えていたと推察される。このような急速なバランスの変化は、フランスには見られない。フランスでは、国務卿、財務局、大法官府という「六部局」に、一七世紀後半と一八世紀のほとんどの期間で七〇〇人近くが所属していた。フランスにおける徴税請負人とハプスブルク諸邦における地方組織の役人は、大変興味深い存在ではあるものの、彼らを中央行政府の代理人と見なすことはできないし、中央の役人から明確な指図を受けてもいなかった。同じことが、フランスで広まっていた官職売買によって官職に就いていた無数の役人たちにも当てはまる。人員の数が組織の比重を示す一つの指標として認められるのであれば、王室よりも行政府を優先することに慎重にならなければならない。

王室の経費は、ブルボン家とハプスブルク家の君主の予算の中でも主要な項目の一つであった。宮廷に関する支出はほぼ常に、戦費と債務返済金（債務の大部分は戦争に起因していた）に続く三番目に大きな支出項目であった。予算全体は近世の行政官にとっても、現代の歴史家にとっても、とても手に負える代物ではない。すなわち、行政府の総支出額の発展に関して様々な意見がある中で、「宮廷支出」を線引きすることはかなり恣意的だからである。廷臣の給料や食費、それに宿舎、宮廷での娯楽、宮殿の維持にかかる費用といった定期的な支出に加えて、結婚や葬儀のように大きく変動する臨時支出や、同じく不規則な建築事業への支出があった。最も把握しにくいのは君主の個人的な支出であり、恩給や下賜金の支払いである。ウィーン宮廷において君主が与えたお金が借金の返済なのか、本当に贈与金なのか不明確なことが多い。つまり大規模な研究調査なしでは、どちらの宮廷においても、廷臣に支給された恩給と行政府の役人に支給された恩給と明確に区別することはできないのである。それに、有力な廷臣はだいたい軍司令官、地方総督、外交官、行政府高官などを兼任していたので、彼らがどのような立場で報酬金を受け取っていたのかを問うことはあまり有益ではないだろう。このような金銭授与に対してウィーン宮廷は抑制的であったが、ヴェルサイユ宮廷の予算の中では特権に基づく報酬金や下賜金の総額がかなりの部分を占めていた。

宮廷支出の変化は、短期的には戦争に左右されていた。戦時には宮廷支出が著しく減少し、和平後底を打つ。和平後増加に転じるのは財政の立て直しが始まり、未払い金の支払いに迫られ、軍功に対する報奨金の支給も求められたからである。そして、和平と勝利で得た利益が大盤振舞へと循環した。このような戦争に起因する短期的な変動が長期的な傾向を覆い隠してしまい、予算全体の中で宮廷支出が占める割合は、三%から四〇%まで大きく変動していた。また、長期にわたる変化を図で示すにしても、宮廷支出に関する史料は不十分であり、利用できる絶対値も当時の貨幣価値やインフレ率に関する情報で補正する必要がある。それゆえ、後述するような数値の取り扱いには慎重さが求められ、数値はおおよその試算と見なす必要がある。このように前置きした上で、フランスにおいて、全時代を通じて平均的な宮廷支出の割合は、一七世紀において約一八%であり、おそらく一八世紀に入っても、この割合からそう離れることはなかっただろう。もちろん、これらの数字に全幅の信頼を置くことはできないが、ウィーン宮廷の支出が予算全体に占める割合からは、緩やかな減少傾向を読み取ることができる。その割合は一七世紀前半には約一八%であったが、同世紀後半には約一三%になり、一七二九～一七八四年には約一〇%近くにまで減少した。しかしながらこの減少傾向は、宮廷支出が削減されたことによるのではなく、ハプスブルク君主国の総支出が増加した結果である。一八世紀後半にはウィーンの官僚たちの数が増え、彼らの給料が宮廷支出を上回るようになった。また一七八〇年代の両宮廷における急激な改革により、予算に占める宮廷費の割合はさらに大きく減少したと思われる。フランス宮廷費がウィーン宮廷よりも高い割合で推移しているのは、近衛府と王族の大規模な二次的宮廷の存在や、高額な恩給支給によって説明することができる。さらに留意しておかなければならないことは、ハプスブルク君主国の総収入と総支出はフランス王国と比べると、ずっと少ないということである。つまり、ハプスブルク君主国の予算全体に占める宮廷支出の割合はフランスより少なく、その予算額自体もフランスの一五～三〇%でしかなかったのである。

君主に仕える王室組織は、大半が非貴族の奉公人からなっており、そして貴族である高官たちがわずかな上層を構成していた。さらにこの二つの層の間で、大半が貴族である名誉職に就く者たちが一つの層をなしていた。このような三層からなるピラミッドの頂点にいたのが、宮廷の人員を束ねる長や彼らから権限を委任された代理人たちであり、その人数はウィーンよりもブルボン家の宮廷の方が多かった。三つの階層を隔てる壁は、決して乗り越えられないというものではなかった。このピラミッドの大多数を占める非貴族の者たちでも、特別な技能を持つ者や君主の側近くに仕える従者は、君主の恩寵によって出世することも多く、うまくすれば君主の恩寵から世襲的な地位を手に入れることもできただろう。ピラミッドの底辺は御用商人や芸術家たちの世界とつながっており、彼らもまた緩やかに宮廷と結びついていた。そして名誉職に就く貴族たちからなる中間層が、王室の中で最も不安定な層であった。後段詳しく述べるが、この層の構造や人数が、貴族と王室とのつながりをたどるのには役に立つ。宮廷において最高位の官職に就く者は君主自身に対して誓約し、逆に自らの部下からは誓約を受ける立場であった。このような関係は、宮廷内での高官が自らの家門によってと同時に、君主との近さによってその地位にあったということを正しく反映していた。彼らは比較的自立した部下を率いており、部下に対する支配力は、どちらかと言えばフランスの方が強かった。しかしながらウィーン宮廷において、行政府高官の出世が問題になることはほとんどなかった。なぜなら一七世紀後半以降、宮廷であれ行政府であれ、貴族が多数を占める環境に身を置き続けることができた新参者は僅かだったからである。王室の役人が行政府の役人に対して衰退していく時期の後、一七七〇年代でさえ、ウィーン宮廷の宮廷長官は皇帝の第一の下僕であると見なされていた。一七世紀のフランスにおいては、行政府高官に就く家門が急速に社会的な地位を高めていったことが対立の火種となり、宮廷の重鎮たちが枢密評議会を一時的にボイコットしたことによって事態は深刻になった。一八世紀にもこのような対立の痕跡は残っていたが、大貴族は事実上宮廷における自らの優位を確かなものとしていた。

ウィーン宮廷で仕えるすべての人々は、皇帝の逝去によって官職を失い、新皇帝によって再任されなければならなかったが、新皇帝は帝国副官房長を除くいかなる官職においても他の者を選ぶことができた。確かに、新たな君主が最高位の宮廷役人を総入れ替えすることはあったものの、行政府の人々や下級役人たちは現職に留まり続け、官職を失った者も組織が刷新・拡大された皇太后の宮廷で召し抱えられた。フランスの場合、忠誠誓約に基づく人的絆は、一五世紀後半以降徐々に消滅していく。アンリ二世は、廷臣の中でも少なくとも高官たちを留任させることを求められた。また一七世紀の間に、フランス宮廷の官職は形式上、国王によって任命されることになっていたので、すべてが売買の対象となっていたわけではない。にもかかわらず、現実には襲職権によって世襲が行われていた。財務以外の官職の売買が一般的ではなかったウィーン宮廷において、高位官職を既得権として確保していた家門はなかった。とはいえ、下級官職に関しては、特定の家門出身者が代々仕えていた。興味深いことに、フランス宮廷の廷臣は新国王の下でも官職を保持していた一方で、高官は多くの場合その官職を失った。ウィーン宮廷の高官は通常官職を失ったが、枢密顧問官は必ずしも罷免されるというわけではなかった。

すべての廷臣や奉公人にとって、通常給はひどく低いものであり、インフレーションに応じて調整されることは極めて稀だったので、ますますひどいものであった。さらに悪いことに、給料が未払いとなることも多く、戦時中はなおのことそうであった。しかしながら同時に、すべての廷臣はあらゆる種類の免除や特権から利益を得ており、食事や衣服の手当を受け取り、君主から特別の下賜金を期待することができた。また、宮廷へやって来た訪問者や廷臣の助力を必要とした請願者から相当な額の追加収入をせしめることもできた。君主からの下賜金は、廷臣にとって後ろめたいものではなく既得権の一つであったので、自らの収入の一部とすることは当然であり、むしろ死守すべきものであった。王室の下級役人にとって、傷病や老齢時の支援は与えられるべきものと考えられており、彼らの寡婦や子どもも宮廷の支払名簿に記載されている。また宮廷高官の収入の内訳は、ヴェルサイユとウィーンでは異なっていた。フランスでは、高位官職を保有する重鎮たちは、部下の官職を売買する権利を享受しており、このような臨時収入からかなりの利益を手にしていたのである。さらに、安い通常給に加えて受け取る恩給や臨時収入は安定していた。一方ウィーン宮廷では、高官の通常給はいくらかましな金額であったが、臨時収入はあまりあてにならないもので、より明確に君主の恩寵に左右されていた。ウィーンにおいて、高位官職が莫大な富をもたらすということは事実であるが、裕福さは高位官職に就いた結果というよりも、高位官職を得るための一つの前提条件であった。両宮廷で最も高給取りであったのは、間違いなく財務に携わる役人たちであった。しかし彼らは、自らの資産を君主のために差し出すことを求められた。とりわけウィーンでその傾向が強かった。中間層に属する名誉職の貴族にとって、給料はほとんど意味をなさなかった。というのも、彼らの給料が非貴族の役人と比べて必ずしも高かったわけではなく、宮廷に滞在するための必要経費を埋め合わせるには程遠かったからである。

名誉的な官職に関しては、更なる考察が必要である。なぜなら、これが宮廷に最も急激な変動をもたらす要素であったからである。一六世紀を通じて、フランス国王の寝室部に属する人員は増加し、その中で侍従長と侍従が国王の側近や代理人として仕えた。アンリ三世の治世以降になると寝室部や衣裳部の人員は減少し、安定していた一方で、食卓に関する名誉職である宮内侍従や給仕侍従が一七世紀前半に倍増した。一六五〇年代をピークとする増加局面が終わると、これらの人員は急激に減少していく。食卓で仕えた数百人にものぼる貴族たちは姿を消していき、最大で宮内侍従一二人と給仕侍従三六人、三か月交代でそれぞれ三人と九人が同時に勤務する体制が慎重に維持された。女官、そして王妃や王女の宮廷において名誉職に就く女性の数も、増えることはなかった。同じくこの数十年間で、下級役人の多くが国王陪食官の地位を失い、彼らの職務は委任状に基づくものとなり、ついには彼らの名前も宮廷の『名簿』から消え去った。名誉職と国王陪食官の削減は、免税特権を持つ者を減らすことに役立ち、ルイ一四世もそれが狙いの一つであると明言している。職務を保持する下級役人には、報酬として主馬の地位と貴族位が与えられた。結果として、肥大化した貴族層と末端にいる人々を追い出し、中間層にいる人々に次々と爵位を授けることによって、王室はますます権威を高め、排他的になった。そしてヴェルサイユという宮廷世界の中で、贅を尽くした王室は、貴族も平民も、フランス人も外国人も、多くの来訪者が称讃の眼差しを向ける中心点となったのである。官職の売買が広く行われていた時代では、それに対してルイ一四世が沈黙しているからと言って、見落としていたとか、機会を逸したと評価することもできない。彼が自らの王室を縮小し、貴族が大多数を占める、魅力あふれるものにしたいと考えていたことは明らかである。しかし、厩舎部や寝室部に属する小姓は一六四三年以降国王系譜官によって審査されるようになったものの、小姓の数は増加し、そして近衛府も拡大した。国王もこのような拡大を容認している。小姓や近衛府を例外的に拡大させたのは、国王の軍事的功績を支えていたからであり、軍人然とした態度と経歴を持つ貴族を好む国王の趣向を示している。

ウィーン宮廷では、一七世紀前半に生じた急激な増加と減少の後、より着実な増加が二つの典型的な名誉官職、すなわち侍従と枢密顧問官で見られた。侍従の増加はフェルディナント二世の時代から始まり、レオポルトの治世で勢いを増した。一六七〇年代には侍従の人数が五〇〇人近くに膨れ上がり、その後増加傾向は排他的な集団であった枢密顧問官にも及び、枢密顧問官の人数はレオポルト治世後期の三〇年間で三〇人から一六〇人に増加した。レオポルト以降の皇帝たちもこの方針を踏襲し、侍従はそれぞれの治世の主要な行事に際して新たに任命され、枢密顧問官の任命はその都度行われた。ハプスブルク家の人々に日常的に仕える部門は、伝統的な組織の形態を保っており、膨大な数の貴族ではない人員と貴族からなる一握りの上層に分かれていた。つまり名誉官職を持つ人々は、王室内のピラミッド上部に位置するこの層に属していたのである。理想的には、侍従は一年を通じて勤務すべきであったが、ほとんどの侍従は二、三週間の勤務で済ましており、全く勤務することなくその地位に就いていた者もいた。これらの人数だけでは、四半期ごとに交代するような明快な勤務システムがうまくいっていたとは思えない。実質的に、侍従の地位は宮廷で実際に勤務していること以上に、宮廷内での入室権や、昇進コースに入ったことを示していたのである。枢密顧問官は大抵の場合、宮廷などで王家に忠実に奉仕して初めて任命された。この二つの名誉官職が宮廷内の序列を決定していた。枢密顧問官は侍従より優先され、それぞれの官職内では年功に基づいて序列が定められていた。

ウィーン宮廷では、名誉官職は世襲領のほぼすべての大貴族家門や、帝国出身の貴族家門の重要なグループを取り込むために拡大されたが、ヴェルサイユ宮廷では削減された。より閉鎖的であったウィーン宮廷は広く分散した領土を治めるために、名誉官職という地位の定義においてより包括的になった。これに対して、開かれたヴェルサイユ宮廷では、陸続きでまとまりのある領土であったがゆえに、名誉官職が急激に減少した。こうして、ヴェルサイユ宮廷は全体としてより排他的になり、圧倒的に貴族が支配する世界となったのである。

宮廷生活

貴族との結びつきを持つ王室の構造は、宮廷での日常生活や儀式において考察される必要がある。宮廷は、それぞれの場面で異なる姿を見せ、そこに集う観衆も異なっていた。歴史家は、宮廷と名誉官職という貴族的な世界とを重ね合わせて、日常的に勤務している王室の人員から目を背けてきただけでなく、宮廷生活を連続する祝祭と終わらない儀式として表現してきた。その結果、君主、従者、行政官の日課は忘れ去られてしまった。宮廷における彼らの日常は、おおよそ似通ったパターンに従っていた。そのパターンは起床、食事、就寝という毎日の日課だけではなく、祈禱、大臣たちとの討議、謁見、狩猟といった日ごとに変わる日課によっても決められた。しかし、両宮廷の間に大きな相違があった。それは、ヴェルサイユよりもホーフブルクの方が立ち入りを厳しく制限していたということである。

ハプスブルク家の君主たちに特徴的な寡黙さは、すでにフェルディナント一世による法令の中に現れている。この法令は、最も信頼できる側近以外の者は、原則として君主の寝室に立ち入ることができないと規定していた。フェルディナント以降の皇帝たちもこの規則を改善していき、騎士の間から二つの控えの間を経て、顧問会の間に至る公的な部屋に入室できる権利が綿密に規定され、それぞれの入り口を越えるごとにより高い地位が求められた。顧問会の間を抜けた先にある皇帝の私的な住居は、この区分に含まれていなかった。ハプスブルク家の君主は主要な祝祭や不定期に行われる様々な行事に際して、騎士の間で正餐を取る様子を公開していた。しかし、自室で食べる普段の食事が見物人の目に触れることは決してなかった。公的な儀式は、普段は閉鎖的な宮廷における日常とは一線を画す見せ場であった。興味深いことに、宮廷に関する法令の中で、「礼儀」「評判」「儀式」「公」のような単語が多く見られる。ラテン文字で書かれたこれらの単語は、ドイツ語の手稿史料の中でひときわ目を引く。それは、同じ周期で繰り返される王室の日課において公的な儀式が際立っていることと同じであった。宮廷の貴族たちは官職に就いているかどうかにかかわらず、皇帝の公的な野外行事に随行することや、外からの来訪者を接待することを求められた。しかしながら、彼らは宮殿で暮らしたり、王家の人々とともに日々娯楽に興じたりするという意味では廷臣ではなかった。ホーフブルクで廷臣たちが居住できるスペースは、非常に限られていた。さらにマリア＝テレジアの治世になるまで、晩餐、夜会、舞踏会、喜劇といった娯楽が定期的に行われることはなかった。年始数か月の謝肉祭を除けば、宮廷における気晴らしは不定期であった。行列と公開祈禱式は、廷臣たちがウィーン市民と接する絶好の機会であった。これらはほぼ毎週行われ、聖週間や降誕祭の期間にはとりわけ頻繁に行われた。

フランス宮廷は伝統的に開かれており、廷臣だけでなく訪問者も国王の起床に立ち会い、食事中や就寝前の国王に近づくことが許されていた。クリスティーヌ・ド・ピザンは、一五世紀前半の起床儀礼における無秩序な様子を伝えている。また、これまで度々引用してきた盗みを禁じる一五三〇年の王令の中で、フランソワ一世は自らの館が訪問者たちで日々ごった返していることを記している。アンリ三世は、自らの至高の地位を際立たせる目的で人々との接触を制限しようと試みた。そのために出されたアンリの王令は、廷臣や訪問者たちの横柄さに対する嫌悪感に満ちあふれていた。ルイ一四世の改革や策略に起因すると考えられてきた特徴の多くが、すでにアンリ三世の王令の中に現れている。ただ、太陽王は宮廷に大群衆が押しかけてもほとんど気にしていなかったようである。ルイ一四世自身は、歴代のフランス国王が貴族たちと正直で親密な関係を築いてきたことを誇りに思っていた。このことは、人を寄せ付けないスペイン＝ハプスブルク家の君主とは対照的である。フランス宮廷は、ヴェルサイユでも閉ざされた環境になることはなかったようで、国王はフランソワ一世の王令を繰り返し、「余の宮廷に至る所から入り込もうとしている、怠け者や風来坊などのあらゆる者たちであふれんばかりである」(1)と言及した。ヴェルサイユの庭園や宮殿ではうろうろする訪問者をいつも見かけることができた。また一六世紀から一八世紀に至るまで、繰り返される一連の娯楽がフランス宮廷の一部となっており、ヴェルサイユはその付属施設も含めると、およそ三〇〇〇人を宿泊させることができた。

フランス宮廷の開かれたスタイルやハプスブルク宮廷の閉ざされたスタイルと、儀式のあり方を安易に結びつけることはできない。フランスのスタイルは、国王への近づきやすさを重視する一方で、ドイツの他の宮廷にも共通するハプスブルク家の伝統的なスタイルは、ヒュー・マーレー・ベイリーが以前指摘したように、君主と人々との間に距離を生んだ。この距離が君主の神聖さを印象付けることに役立ち、ハプスブルク家の閉鎖的なスタイルは、開放的なフランスよりもむしろ「儀式的」であったと言えるかもしれない。人々と距離を置くことによって、人目に触れず家族と生活を送るための空間も作り出され、気心の知れた者たちに囲まれた君主とその親族のための閉ざされた環境が確保されたのである。ここまでのプライバシーを確保することは、フランス国王にとってはかなり困難であり、周囲からの重圧に晒されることとなった。開放的であることが重視される環境において、国王に近づくことを制限することは、その者に対する侮蔑と受け取られかねず、高位の廷臣に対してはなおのことであった。フランス国王が親族や親友たちと過ごすため人々の喧騒から逃れようとした時、この内輪のグループから閉め出された者は、二つの理由からそこに割って入ろうとした。一つは、自らの地位と国王からの寵愛を分かりやすい形で誇示するためで、もう一つは、誰にも邪魔されない理想的な状況で国王に話をするためである。このような人々を惹きつける作用が、フランス宮廷内の国王儀礼の基礎となっていた。さらにこのことによって、国王は際限なく特別な行事や特権を生み出して、廷臣たちを手玉に取ることができたのである。しかし、これは国王が初めから意図していたことでも、宮廷生活において一般的に行われていたことでもなかった。

では、君主が人々を思いのまま操れる可能性はどの程度あったのか。それは、君主にとってたやすいことだったのか。そして地位と権限をめぐる争いが、本当に君主の権威を高めたのであろうか。そのような争いを解決し、抑えようとする規則が次々と出されたという事実は、争いごとが当初から厄介なものであったことを示唆している。人々がはっきりと感じていたように、国王を不愉快にさせたのは、目ざとい従者よりも揉め事を起こす従者であった。太陽王が積極的に人々を操っていたことを示すわずかな事例は繰り返し引用される一方で、国王の戸惑いや消極性を示す事例は忘れられている。宮廷内の国王儀礼で人々を操ることは、あまり確かな方法とは言えず、ほとんどの場合苛立ちや不安に駆られた国王によって行われただけで、効果的でも積極的でもなかった。サン＝シモンが描いた親しげな場面は、多くの場合フランス宮廷の「儀式」の様子として示されるが、開かれた宮廷において激しく競争する上層の人々が集う、内輪の日課であった。フランス宮廷の儀式は、ハプスブルク宮廷の儀式とほぼ対をなしており、例えば国家と王家のつながりを再現する儀式が、どちらにおいても伝統的に多くの人々を集めるクライマックスであった。ゴドフロワ父子が編纂し、一六一九年と一六四九年に刊行された儀典書は、内輪だけの場について言及することはほとんどなく、ルイ一四世の儀典長であったニコラ・ド・サンクトが書き残した膨大なメモ書き以上のものは含まれていない。さらに寝室や食卓における日課は、儀式専門の役人ではなく、それぞれ担当の高官によって取り仕切られていた。つまり、これらの日課はこれまで儀式の犠牲者として描かれてきた廷臣の手に委ねられていたのである。

一七世紀を通じて、ヨーロッパの宮廷間の交流が以前にも増して盛んになったことで、儀式の場で各宮廷間の整合性をとる必要性が生じた。外交官、とりわけ大使は立ち入ることを許された宮廷生活のあらゆる場所で、自らの主君の地位を明確に示す扱いを求めた。それゆえ、ハプスブルク宮廷で行われる儀式の評判を高めようとした一六五〇年代の大きな改革は、大使たちの不満に直結した。しかし、ハプスブルク宮廷においてこのような変化を導入することは、フランスに比べれば容易なことであった。ハプスブルク宮廷では、社交の場が限られていたし、皇帝とその家族の生活は守られていた。フランスでは、宮廷が開かれていたことや、荘厳な儀式と王族の私生活との中間に位置する行事が頻繁に行われたことによって、序列争いが起きる可能性は増していた。上層を占める貴族の役人たちの多さや最高位の宮廷官職を保有する家門の名声が、さらに事態を悪化させた。それゆえ、ウィーンにおいて上席権をめぐる争いは、多くの場合外交官や帝国諸侯を巻き込んだ一方で、フランスでは地方からの関与が絶え間なく、大きく、激しかった。

地位は、単調な宮廷生活でも儀式でも主要な関心事であり、場面ごとの些細な違いが序列を示していた。座っているか立っているか、覆われているか覆われていないか、右か左か、このような区別が延々と続いた。共通する点があるにもかかわらず、荘厳な儀式や華やかな祝祭を、宮廷における日々の交流からは切り離す必要がある。ウィーンにおいて、この境界線は比較的はっきりしていたが、フランスでは、親密な人々だけを集めた場と人々に権威を誇示する行事との間に中間的な舞台が数多く存在したため、境界線が曖昧になっていた。しかしながら、多くの人々に見せることと人目を避けることという両極端が、二つの宮廷の君主にとって当たり前のことであった。実際に、次の二つの要因と関連させて考えれば、宮廷自体が「儀式化」していたと断言できる。一つは外交使節の常駐であり、それ自体がヨーロッパ宮廷間の競合の結果であった。もう一つは、中間に位置する社交的な行事が一八世紀の宮廷で頻繁に行われるようになったことである。しかしながら、これらの発展が伝統的な儀式の衰退と同時に起きたことも忘れてはならない。このプロセスはフランスにおいて徐々に進展していったが、遅れて始まったハプスブルク諸邦では急激に進んだ。特に、中央と地方の結びつきを再現する儀式や典礼暦に従った儀式は、その頻度を減らした。

最後に、儀式と宮廷生活は、これまで取り上げられてきた史料が示しているほど秩序立ったものではなかった。両宮廷の様々な法令や規則の中には、対立、無秩序、不品行に対する不満が逐一繰り返されていることに驚かされる。儀式を記録する役人たちは、問題となった点を書き留めることに集中しがちであり、同様に法令も乱用を正すことを目指した。したがって、こうした史料からは、儀式と宮廷生活が騒々しいものだったという印象を必要以上に受けてしまうのかもしれない。しかしながらこれらの史料は、当時の記述やそれを無批判に取り入れた近年の宮廷史研究が示す、表面的で画一的な儀式や宮廷生活の様子よりも説得力があり、生き生きとしたイメージを見せてくれる。儀式上の取り決めのすべては、長い目で見れば無視されるか、忘れ去られていく傾向にあった。君主の寝室に入るための規則や礼拝堂や食卓における廷臣の配列は、定期的に繰り返し申し渡されたが、その多くがうんざりした思いに満ちていた。一八世紀に、誰もが認める儀式の番人であったリュイネやケーフェンヒュラーは、同僚たちが儀式に関する基本的な規則を理解せず、忠実に守れないことに驚きを隠せないでいた。

権力

議論すべき重要な領域がまだ残されている。それは王室と国務会議や顧問会議とのつながり、意志決定の方法である。様々な統治機関が、かなり以前から宮廷の周辺において重要性を持ってきた。それらは裁判と財政を担う自律的な団体として宮廷内から現れたか、合議による意志決定に参加し、その決定を記録するために宮廷で仕えているかであった。ウィーンではそれぞれ官房を備えた各種顧問会議、フランスでは国務卿とその部局による様々な国務会議が、王室役人から切り離された独自の地位を有していた。ウィーン宮廷に関する史料を見渡した時、顧問会議の地位が必ずしも明確に意識されていなかったとしても、である。本書の目的は、人々の心性の変化を伴う国家形成の重要なプロセスを否定することではなく、宮廷をこのプロセスにおける主要な舞台として位置付け直すことにある。すなわち制度史的な観点からは、王室と行政府の職務が分化していくことは明らかであり、これ以上の議論は必要ないだろう。

行政府の人事や、王室と行政府との変わりゆく序列が、事態を複雑にしている。ウィーンにおいては、行政府高官の大半が王室の役人と社会的に近い存在のままであり、ヒエラルキーにおいて宮廷長官の下に置かれていた。さらに宮廷長官は、一八世紀に至るまで枢密顧問会議で議長を務めていた。意志決定を行う過程において中核となる枢密顧問官たちは、宮廷儀礼に際して第一の地位をなしていた。ハウクヴィッツの改革後、公的な意志決定における王室の役割が明らかに目立たなくなったにもかかわらず、この時でさえ、王室を政治と関わりのない世界として描くことはできない。王室の上層と「官僚組織」の上層との間にある社会的な差異は大きくなく、廷臣を輩出する家門はハプスブルク君主国の方針転換に積極的に関与した。以前から宮廷に蔓延《はびこ》ってきた悪習とも言える、どうでもいいことをいちいち書き残していくことや官職を次々と増やしていくことが、ハプスブルクの官僚組織にもただちに見られるようになった。フランスにおいては、行政府の官職に関心を持つ高位貴族がほとんどおらず、目立った対立は法服貴族と帯剣貴族の間で起きた。政策を討議する合議体である枢密国務会議は、法服貴族の役人と帯剣貴族の廷臣によって構成されていたので、王室と行政府を結びつける役割を果たしていた。この重要な結びつきはルイ一四世時代に一時的に絶たれたが、主要な廷臣たちは摂政期に政策決定への影響力を取り戻し、一八世紀を通じて国務会議における発言権を維持して、一八世紀後半には大臣職を確保した。

最終的に宮廷の慣習が、整然と分離された組織を絶望的なまでに混乱した状態に陥らせていったようである。賄賂やごますりに目もくれず、ひたすら君主に奉仕する勤勉な役人という理想像は、行政府の高官だけでなく、廷臣の間にもあった。加えて、効率や倹約という考え方が宮廷に関する多くの法令で顕著に表れてくる。廷臣たちは自らの職務からできる限りの利益を得ようと、そのような規則をすり抜けたかもしれないが、行政府の高官たちも同じことを行い得た。彼らは非常に有能であろうが、無能であろうが、多くの場合自らの家門と支持者たちに富をもたらそうとしていたのである。際立った消費と同様に、地位や序列が王室と行政府において重要であった。何よりもまず重要であったことは、君主が彼自身の身の回りの世話をする組織の中心であり、行政機関の中心であり続けたことである。したがって国王や王妃、皇帝や皇妃の好みと弱みが、いかなる制度上の取り決めをもひっくり返してしまう可能性があるのは必然だった。行政府の大臣たちは君主の信任を必要としており、それを失えば無力となったり、何もできなくなったりした。側近くで仕える従者や信頼されている友人は、君主に近づくことができる話し相手であり、高官たちを失脚させたり、有能な助言者を遠ざけたりすることができた。それゆえ、たとえ王室を意志決定の正規ルートから制度的にも社会的にも切り離すことができたとしても、このような宮廷内部の環境を考慮しなければならないのである。

最も重要な会話ですら書き残されてこなかったということだけを考慮しても、非公式に広がる交友関係や影響力をすべて把握することは不可能である。まとまった量の関連史料があれば、ある短い期間における宮廷内の党派や人間関係を再現することができるかもしれない。あるいはより長い期間に関しては、繰り返し行使される影響力の源をつきとめ、対立のパターンを解明することができるかもしれない。確かに、デイヴィッド・スターキーが提唱した「君主への接近と権力」というモデルは、王室での奉仕が君主との親密さをもたらすという「政治的」な連関を浮き彫りにすることに役立った。しかしながら、君主への接近は多様な形で、そしてヒエラルキーの多くの層で行われていた。つまり、君主に対して長く影響を及ぼし続ける可能性が最も高い人々には、幼なじみ、家庭教師、聴罪司祭、部屋付き従者、戦争や若きの日の苦労をともにした仲間、助言者、愛人が含まれていたのである。下級の従者や仲間たちが、気の置けない慰めを君主に与えていた。その中でも、部屋付きの従者が両宮廷において際立っており、ハプスブルク宮廷では小人たちの存在も目を引く。王室の上級役人や行政府の高官は、確かに君主に耳打ちすることができたが、彼らの高い地位や彼らが知っていた国家機密は、君主の信頼をもたらすこともあったが、危険をもたらすこともあった。怠け者の国王と思われることをよしとする国王などいなかったのである。フランス宮廷において、多くの寵臣たちの悲劇的な結末と大臣たちの日常的な追放が示すように、国王の特別な寵愛と厳しい不興は案外近いものであった。

君主の寵愛と宮廷内の党派は、同じ現象の裏表である。両宮廷における党派の存在が、近世を通じて報告されている一方、このような党派の団結力や持続性に疑問を呈するのには根拠がある。外交官は、訪れた宮廷での人間関係を明らかにすることを任されていたが、彼らは宮廷の党派がいわゆる同盟とは異なり、様々な要因が混じり合ったものと理解していたようである。そして、ライバルの成功に気を揉む廷臣たちも同じような思いを伝えている。党派のレッテル貼りはしばしばライバルを蹴落とす中傷の手段となった。さらに、党派が自らの隠された活動を公表するはずもなく、大抵の場合敵対者の抗議によって党派の存在が明らかになるだけだった。ウィーン宮廷における党派は出身地と結びついていることが多く、ドイツ人、スペイン人、イタリア人、ボヘミア人というように、フェルディナンド一世からマリア＝テレジアの時代に至るまで党派が作られた。このような地縁に基づく党派分けは、政策の方向性と重なる部分があると考えられていた。例えば世襲領と帝国との関係や、対フランス戦争か対オスマン戦争かという問題において、出身地がそれぞれの判断基準となっていたからである。一七五一年の『政治遺訓』において、マリア＝テレジアは大臣や廷臣が自らの出身地と過度に結びついていることを批判している。詳しく調べていくと、王室と行政府の主要メンバー間の結びつきは概ね個人的で不安定なものであり、状況に応じて変わってしまうものであったことが見えてくる。「政治」は最上部での意志決定として捉えられがちであるが、ウィーンであれヴェルサイユであれ、野心家は別のものを追い求めていた。つまり彼らは個々の政策に口を出すよりも、自らに相応しい名誉ある官職を手に入れることや自らの家門の利権を確保することに関心があった。ただ、とりわけ難しい選択を迫られた時やその決定が自らの利害に直接関わる時だけ、より大きな党派グループが政治問題に影響を与えた。そうでなければ、彼らは細かなことを専門の役人や忠実な助言者に委ねるのに不満はなかった。宮廷にいる多くのエリートたちの関心事は、政策を立案することよりも、日々分け与えられる恩寵、下賜、名誉であった。つまり、エリートたちの間で起きた上席権をめぐる争いや誰もが望む官職の争奪戦は、宗教、戦争、徴税に関する決定とは異なる党派グループを生み出したのである。

フランスにおいて党派間の対立が深刻になったのは特に摂政期であったが、血統親王や国王の庶子、名門出身の廷臣たちもいや応なくこの対立に巻き込まれた。この傾向は、フロンドの乱以降もなくなりはしなかった。王位継承権との近さによって、ルイ一四世治世最後の一〇年間において党派が作り出され、一八世紀初めにオルレアン派、コンデ派、庶子派の対立が決定的となった。ルイ一五世は、治世最後の数十年間において武力衝突には至らないまでも、新たな諸侯の反乱に悩まされた。ルイ一六世の治世も同様に、国王の兄弟たちによって治世が混乱した。フランス王家は、明らかに対立を招く可能性に満ちていた。ウィーンにおいて、ハプスブルク家一族の役割はフランスほど大きくなく、廷臣たちがそれほど高貴な地位に上ることはなかった。ルドルフ二世の悲劇的な結末以後、オーストリア大公たちは皇帝に対してほぼ忠実であったが、距離を置き、皇帝の名代としてハプスブルク家所領を統治していた。ただし、いくつかの例外があった。ローマ王フェルディナンド四世の夭逝によって、叔父レオポルト＝ヴィルヘルムが突如として、レオポルトの皇帝選挙における有力なライバルとなったのである。またレオポルト一世の晩年には、嫡男ヨーゼフが自己の主張を押し通そうして、彼を取り巻く改革派グループが陰のブレーンとなっていた。これはブルゴーニュ公を取り巻くグループとほぼ同じようなものであった。そういうわけで一七一一年のヨーゼフ一世の急逝は、弟カールとの対立を未然に防ぐことにつながったかもしれない。というのも、カールはスペイン継承に失敗し、ウィーンへ戻る際には、ヨーゼフが存命ならば、豊かな領地や相応の威信ある宮殿を要求しただろうからである。一八世紀において、ウィーンに居住したオーストリア大公や大公妃は、フランスの諸侯のような絶え間なく声高な反対勢力にはならなかった。ただし、マリア＝テレジアと息子ヨーゼフの共同統治はこの限りではなかった。

君主に近づくことで君主の寵愛を得られるという行動力学は、一七〇〇年以降は重要ではなくなってしまったのであろうか。行政組織が強化されるにつれて、意志決定に対して個人の影響力は意味を持たなくなったのであろうか。君主への接近をある程度独占できた寵臣に関して、悪名高さにかけてはハプスブルクよりもフランスの方が有名だが、様々な形式で与えられる君主の寵愛は、一六世紀から一八世紀に至るまで両宮廷の肝であった。君主は宮廷の中心であったが、同時に孤独であったので、君主の信頼と愛情を得た寵臣が生まれた。君主がまだ若く経験の乏しい時や、君主が老齢に差しかかり、健康に不安を抱えながら血気にはやる後継者と対峙しなければならない時に、寵臣が権勢を振るうことは多かった。一般によく知られている一八世紀の事例とそれ以前の事例との間には、相違点を見出せない。王朝は、長く続いた宗教的な混乱期を経てより安定的になった。そして、統治に関わる諸組織が、行政府の多くの役割を担うようになった。しかしながらこのような行政機関の実権は、未だ君主を取り囲む人々の手に握られていたのである。

ウィーンとヴェルサイユ

多くの点において、ハプスブルク宮廷は、フランス宮廷よりもより穏やかな環境であった。とりわけ、皇帝と高位貴族の役人たちとの関係は、フランス国王と有力者たちとの関係よりも安定していた。「一七世紀のオーストリアに強力な政府も強力な反対もなかったことは、奇妙に思えるかもしれない」(2)。これはロバート・エヴァンズが『ハプスブルク君主国の形成』で記した言葉であるが、この言葉はウィーン宮廷の雰囲気をよく言い表している。一六二〇年代に起きた衝突以降、たとえ皇帝の支配が行政力や大胆な行動力という意味においては脆弱であると見られたとしても、皇帝がエリート層から反発を受けることはめったになかった。実際、皇帝の廷臣たちは自らの主君に対して、フランスの廷臣たちよりもはるかに敬意を払っていた。他方で、彼らは皇帝に対して助言することはできたものの、枢密顧問会議に出席する権利を与えられてはいなかった。宮廷内の従者や名誉職にある者たちは、皇帝の逝去に伴ってその地位を失った。新皇帝は枢密顧問官と侍従の任命時期を操ることで、宮廷内のヒエラルキーに影響を及ぼすことができた。宮廷の高位官職はだいたい高位貴族の家門で占められていたが、それは長いキャリアの最終地点を意味していた。皇帝は、これまで自分によく仕えてきた者であれば誰でも任命することができた。それゆえ、ある一つの家門が宮廷官職を要求することはできなかった。ウィーン宮廷の人員の給料は、少なくとも理論上全体予算から支出されることになっており、それは財務院によって監督されていた。皇帝は、おそらく候補者をそのまま追認することがほとんどだったとしても、高位の廷臣たちが明確な授任権を持っていたとは思えない。最高位の宮廷官職の給料は低く抑えられたままであったが、皇帝の一存で与えられる特別な報奨金が、金銭的な観点からも宮廷官職を本当に魅力あるものにしていた。

宮廷官職を牛耳るフランスの名門貴族たちは、ハプスブルク家領の貴族たちに比べて頻繁に王権と衝突していた。一五六〇年以降の一世紀は、繰り返される両者の対立によって特徴づけられ、この間、反対派の貴族と王権側ともにますます活発な活動をするようになった。フランス貴族にとっての一六五〇年代は、ハプスブルク家領の貴族たちが一六二〇年代に被った経験ほど破滅的ではなかったが、一六六〇年代以降も、未だ記憶に新しい反乱と復古という出来事が国王と廷臣の絆にその傷痕を残していた。このことによって、同時代人や歴史家は宮廷における諸侯と公爵の命運に感化されるようになってしまった。長期的な視点から見れば、高位貴族が宮廷に向かっていくことは目新しいことでも、悪影響を及ぼすことでもなかった。ロバート・ハーディングがかなり以前に示唆したように、一六〇〇年頃に地方総督の宮廷志向が強まり、彼らは頻繁に宮廷を訪れることを有効活用して、地方のネットワークを強固にしていた。カティア・ベガンは最近の研究で、すでに一六二〇年代後半までには、コンデ公が大臣たちとのつながりを深めていたことを示している。さらにウィーンの例を見ても、フランス宮廷貴族にまつわる突然の降伏や没落という印象は弱まる。ルイ一四世による国務会議の改革で、国王によって任命された者だけが枢密国務会議に参加できるとされたが、この改革はウィーンではずいぶん前から当たり前に行われていたことを導入したにすぎない。フランス国王は、人を昇格させたり降格させたりすることはできたが、諸侯や同輩公の間での上席権を操ることは、ハプスブルクの名誉官職ほど簡単ではなかった。ウィーンの観点からすれば、フランスの最高位の役人たちが無力であることではなく、彼らがその地位を既得権益にしていることに驚かされる。フランスの高官は自ら予算を管理し、自らの部局における官職を自由にする明確な特権を保持していた。フランス大侍従であるコンデ公は、一六五九年以降でも自らの権利をほぼ無制限と感じて決められる面があった。実際、官職の価値はこのような特権と臨時収入の多寡によって決められる面があった。部下として数百人の人員に対する権利を享受し、部下から忠誠誓約を受けていた。すべての主要な部局における財政上の裁量権や官職売買で得られる利益が、有力な廷臣たちに富をもたらした。こうして一七世紀後半には、主要な貴族家門が自らの官職を事実上独占していた。つまり、息子が父親の存命中すでに襲職権を得ており、父親の死去と同時にその官職に就いた。このように、官職は明らかに家門の財産と見なされていたのである。様々な特権と報酬が事実として『名簿』に明記されており、各家門と結びつけられていた。一八世紀には、これらの家門で受け継がれてきた地位は、国王からの恩寵というよりも自らの特権と見なされていたのである。

フランス宮廷の高位官職を持つコンデ家、ブイヨン家、ロレーヌ家、ロアン家の出身者と国王とのヒエラルキー上の関係は、ウィーン宮廷で宮廷官職を持つ侯爵や伯爵と皇帝との関係よりも近かった。これらの大家門と彼らに密接に従う有力な公爵家門は、重要な地方総督職や軍司令官職を保持しているのが普通で、多くの場合財政にも携わっていた。一七〇〇年頃のウィーン宮廷の高官たちは例外なく高位貴族であったが、彼らはハプスブルク家に対する近年の奉仕によって諸侯位を獲得していた。ただ彼らのような帝国諸侯たちは成り上がり者として、帝国内で半ば主権を持つ領邦君主たちから冷ややかな目を向けられており、彼らはそのような中で自らの地位を確保するのに苦心していた。彼らの大半は、帝国議会における議席と投票に関する権利を完全には与えられなかったので、最終的に諸侯位を認められたとは言えなかった。古くからの帝国諸侯は、皇帝の下に位置していたが、ウィーン宮廷の高官たちよりは上位であった。したがって、帝国諸侯たちは皇帝とその高官から自分の権利を用心深く守っていた。この疎遠な中間層との競合関係によって、皇帝とその宮廷で仕える新諸侯たちとの結びつきが強まることは必然であった。その行動だけでなく心性においても、ハプスブルク宮廷の廷臣たちは、フランス宮廷の廷臣よりも官僚的なエリートに近かったので、厄介で傲慢な存在となることはほとんどなかった。

帝国内の領邦君主からの圧力に加えて、ハプスブルク宮廷の廷臣が従順な態度であった理由は他にもあった。それは、ハウクヴィッツの改革まで、地方の統治がほぼ完全に領邦諸身分と貴族領主の掌中にあったからである。ボヘミア王冠諸邦やハンガリー王国において、ウィーン宮廷と結びついたほんの一握りの貴族家門が広大な領地を保有していたことは、彼らにとって皇帝に仕えることで得られる収入が必ずしも必要ではなかったということを明確に示している。むしろ一般的には、領地からの莫大な収入が宮廷の高位官職を獲得するための前提条件となっていた。一六八〇年代以降、かなりの数の宮殿がウィーンの市内や郊外に建てられたが、宮廷官職に就く大家門の人々は宮殿の建築によって野心を示すことと、皇帝に忠義を尽くすこととの間に特に矛盾を感じていなかったと思われる。興味深いことに、皇帝も貴族の役人たちが壮麗な宮殿を建てることを気にしていなかったようである。なぜならハプスブルク家の皇帝たちは、個人的な威信よりも伝統や宗教の中に自らの正当性を見出していたからである。このように、宮廷においてはフランスの大貴族の方がより高い地位を享受していたのに対して、国全体においてはハプスブルク家領の大貴族の方がより大きな権力を持っていた。さらに、宮廷の高位官職を持つフランス貴族家門の大部分は、宮廷で仕えることによって得られる収入に依存する傾向がおそらくより強かった。全体として、フランスでは廷臣の家門の無力さではなく、権力の大きさが問題となった。一八世紀には、彼らは宮廷で生み出される収入と名誉の源を巧みに牛耳っていた。同じ頃ウィーンにおいては、有力な家門はより従順であり、伝統的に行政機構に深く関与しており、君主に従って改革も厭わない姿勢を示していた。

縮小されて排他的になったヴェルサイユの王室と拡大されて包括的になったウィーンの王室は、宮廷にかろうじてしがみついていた貴族たちにとって目指すべき目標として成功していた。高位貴族層によって占められていた宮廷官職は、必ずしもそのまま政治的な影響力をもたらすわけではなかったとしても、両国における権力と地位の極みであった。宮廷にいつもいるわけではないが、頻繁に滞在している名誉官職に就く人々に加えて、君主とその王室を中心点とする同心円をさらにいくつか描き足すことができる。参内を許され、もてなしを受け、祝祭に参列し、謁見することも許された訪問者。あちこち見て回ることは許されていたが、明らかに宮廷社会の一員ではなかった見物人。そして、印刷物を通してしか宮廷を見聞きできない遠く離れた人々。このような宮廷を取り巻く人々の割合は、ウィーンとヴェルサイユの宮廷では異なるバランスで均衡しており、このバランスは時代に応じて変化した。宮廷に入り、宮廷内の行事に参列する許しを請う貴族の数は、ウィーンよりもヴェルサイユの方が多かった。マリア＝テレジアの改革によって宮廷が徐々に開かれていく以前は、この差が顕著であった。人数の多いハプスブルク宮廷の侍従は、地位や宮廷での滞在期間という点において、期間奉公である食卓の名誉官職保有者という選ばれた集団と、国王への「お目通りが許された」貴族の中間に位置していた。お目通りの許可が概ね整然と行われるようになったのは、ようやく一八世紀になってからであった。ヴェルサイユ宮廷では見物人が至る所にいたが、閉鎖的なホーフブルクではそのような目につく存在はいなかったことは確かである。しかし、皇帝は廷臣たちを伴って市内の教会を訪れていたので、ウィーンの人々は皇帝の行列を一目見ようと待ち構えていた。最後に、フランス宮廷を称讃する印刷物は、ウィーン宮廷よりも早くからより系統立てて作成されており、豊富であった。開放的と閉鎖的、拡散的と凝集的、包括的と排他的、能動的と受動的、このようなレッテルは宮廷を形作る人々の立ち位置によって異なる。すべての要素を総合的に考慮することによってのみ、ヒエラルキーと地位によって活性化される文化の中心点として、そして出世を目指す人々に対して恩寵が与えられる中心地として、宮廷を理解することができるのである。

表立った反乱は、一七世紀後半にはめったになくなったが、壮麗な儀式の中心で、ますます強まる官僚機構と文書行政の中心で、君主は脆い存在のままであった。ここまで慎重に示してきた長期的なプロセスが、君主たちの心の内にあることなどなかった。君主たちは日々の決断と大きな困難という尽きることない連続をどうにか切り抜けて、帳尻を合わせようとしていた。君主は、沈黙のカーテンに隠された黒幕や性格的な欠点によって何もできない弱い人間ではなく、重すぎる負担に立ち向かおうとする一人の人間であった。自分の権力が多少なりとも君主の寵愛に依存していることを熟知している助言者や役人に囲まれて、君主は信頼できる人物を見つけ出せずに途方に暮れていた。ルイ一四世が回想録に記しているように、国王に近づく者たちは国王の弱点を真っ先に見つけ、そこにつけ込もうとしていた(3)。君主の寵愛が次第に力を失っていったのは、議会と官僚組織が新たに結びついて君主自身が無視されるようになった時だけであり、王朝の中心である君主の力が衰えるにつれて、寵臣たちの影響力も弱まったのである。

宮廷は一つの「モデル」となり得るのか？

あらゆる時代の著名な指導者たちの周辺では、近世の二つの宮廷を舞台として本書で示してきた内容と驚くほど類似した現象が起きているかもしれない。権力、表象、名誉の分配、お世辞、寵愛、党派争いというものは、考えられうるあらゆる状況において見られる。だからといって、指導者を取り巻く集団の力学を言い表す月並みな言葉として

「宮廷」を使用しても意味がない。本書において、ヴェルサイユ・モデルが持つ厳格で規則正しいイメージは、多くの点で間違いであることを指摘してきた。しかしこのような誤ったイメージは、どんな政治システムにも当てはまってしまう。血統と身分制社会という考えに基づく政治文化においてであろうと、民主制と選挙で選ばれた代表という理念においてであろうと、象徴的な政治の中心がエリート層の統合を促進している。私たちは、国民の投票を隠れ蓑にする国家によって「飼い慣らされて」しまっているのであろうか。また、選挙で選ばれた議員たちは「黄金の鳥籠」の中で議論して、ライバルと足の引っ張り合いをし、有権者からはますます切り離されているのであろうか。国家の統合＝人々の馴致という誤った図式からうける違和感は、ヴェルサイユについて語られる実態から乖離した用語を客観的に見るのに役立つ。つまりこの違和感から、宮廷を説明するのに用いられてきた個々の事項が、権力を握る上流社会においてはるかに幅広く関連し合っていたことが分かる。では、特に近世の宮廷を、または宮廷全般をよく表している特徴とは何か。

宮廷を定義するのに最低限必要な要素は、一人の人物に家政的な奉仕をすることと、その人物に忠誠を誓い、領地を治めることとが、常に結びついていることである。家政的な奉仕が重要であることは、家門を重視する心性と関係している。家（**Haus, maison, domus, oikos**）やそれに相当する語が意味するところには、家族だけではなく、家政を執り行う組織や居所も含まれており、さらに拡大解釈すれば、支配下の領地も含まれる。王家が神聖さや宗教に密接に結びついていること、不平等を社会の基礎として認める心性が広く共有されていること、王家以外にも有力な貴族家門が存在していること、これらは普遍的とは言えなくとも、典型的な特徴と言えるだろう。このような羅列が一つの定義として常に有効であるとは限らないものの、この定義を適用することによって多くの宮廷が除外される。例えば現代の立憲君主国における王室はこの定義から外れており、エジプトの宮廷でも貴族位の世襲化が完全には行われておらず、地位は一代限りの官職と結びついていた。

近世の宮廷は、より広い領域を統治することにゆっくりと適応していった伝統的な王室であった。この過程において、行政と表象に関わる領域が拡大していった。これらの二つの領域は深く関連しあっており、同じ要因に左右されていた。宮廷での地位と影響力は、君主との近さ、王室や行政府における官職ヒエラルキー、完全にもしくは部分的に宮廷外で定められたヒエラルキー、これらの相互作用から生じた。つまり君主との親密さが宮廷内のヒエラルキーを動かす要因となり、君主の最も近くにいる者が遠く離れた所で活動する高官に勝ることができたのである。特別な技能を発揮するよりも君主の寵愛を手に入れる方が、多少なりとも容易に高位官職を奪い取ることができたが、君主との親密さは王室だけでなく、行政府においても重要であった。ヴェルサイユとヴィーンの宮廷は、統治下の領域全体に及ぶ貴族のヒエラルキーを作り上げ、それを宮廷内の、もしくは宮廷で示される序列にも次第に適合させていった。しかしながら両宮廷におけるこのような序列化は、宮廷官職に就く貴族たちが地位と権力を集積していくことと同時に生じた。したがって、「統合」という方が、従順や服従という含みを持つ「飼い慣らし」よりも適切であると思われる。

人的関係に依存する権力の性質、王室と行政府との変わりやすい関係、君主との近さや官職ヒエラルキー、宮廷内に持ち込まれた宮廷外のヒエラルキーの不安定な相互作用、宮廷というもののこれら三つの第一義的な特徴に、他の特徴も加えられるかもしれない。しかしそれらの多くは、具体的な事例に即して解明するしかない問題と見なすべきである。ひと口に宮廷に「属している」と言っても、そこには常勤の役人から大規模な行事の度に姿を見せる人々まで、様々な人々が含まれており、このような性質が宮廷の特徴を示す一例となる。つまり、必ずしも貴族とは限らない人々が緩やかに結ばれていることが、宮廷の持つ結束力や潜在的な求心力を明確に示している。とはいえ、宮廷の潜在的な力とは全く関係のない例もあるだろう。さらに、実際の宮廷生活と言葉やイメージによる脚色との間にあるギャップは、すべての宮廷において大なり小なり見られる特徴を示すもう一つの例であろう。宮廷生活を脚色した文学的な言説や芸術表現は、宮廷そのものと同じくらい歴史の中に偏在しているように思われる。

以上のような総論に、もう少し現実的な問題を付け加えるならば、同じような過程をたどりながらも、結果が異なる様を見るにつけ、宮廷のあまりの多様さに途方に暮れてしまう。もしくは杓子定規に考えすぎて、宮廷の多様さについていけず、宮廷を既存の特徴に落とし込もうとする罠に陥ってしまう恐れもある。まさに同じジレンマを抱えていたのが、序列や儀式における規則を定めようとした儀式専門官であった。宮廷をより体系的に研究しようとした時に生じる問題は、衛兵の列によって遮られた人々までも含めて、支配のメカニズムを越えた一つの世界に加わっているという意識を体系的に取り扱うことはできないということである。すべての者が虚栄を張り、激しい権力争いを繰り広げていた宮廷は、依然としてヒエラルキーによって活性化される社会の中心であった。そしてそのヒエラルキーは毎年繰り返される儀式の中で誇示され、規定し直され、再び交渉されていた。近世の宮廷生活を形作ってきたこの基本原理が疑問視され、君主が第一の官僚と自認するようになった時、これらが宮廷に大きな変化をもたらしたのである。

フランス革命とナポレオン戦争の結果、ヨーロッパの君主たちは新しい状況に適応し、以前に比べれば幾分控えめではあったが、宮廷の遺産で最も習慣的なものを率先して継続したり、再利用した。しかしほどなく、自由主義や民主主義の台頭によって君主たちの立場は問題視されるようになった。革命後の自由主義者たちは、一九世紀の宮廷にも残されていた儀礼や仰々しさを堅苦しく、無益なものと見なし、彼らのこうした判断が近世国家に関する学術的な研究の中にも反映されていた。この時代の多産で影響力のある歴史家たちが自国の起源を振り返った時、王室は政治的な議論や意志決定の舞台から遠く離れた、君主を取り巻く弱々しい人々の集団というイメージで見られていた。逆に、ナショナリズム的な感情は王家による壮麗な儀式の追い風となり、一九世紀末の一〇年間にヨーロッパの宮廷生活はひと時の復興を経験した。しかしながら王室が新たな魅力を獲得したとしても、国内における王室の周縁的な立場が変わることはなく、後年の歴史家たちの見解も変わることはなかった(4)。そしてハプスブルク帝国の崩壊以降、バロック期の宮廷の遺産は厄介者となり、二世代に渡って見捨てられてきた。フランスでは、ヴェルサイユは長らく疑問視されないままに国民国家形成の神話に組み込まれてしまっていたのである。

訳者あとがき

本書は、イェルン・ダインダム著『ウィーンとヴェルサイユ——ヨーロッパのライバル宮廷——』Jeroen Duindam, *Vienna and Versailles. The Courts of Europe's Dynastic Rivals, 1550-1780*, Cambridge：Cambridge University Press, 2003の全訳である。本書は二〇〇四年にイタリア語、二〇〇九年にスペイン語の翻訳が出され、私が把握している限りで一一点の書評が出たことからも、話題の書であったことがうかがえる。

著者のダインダム氏（一九六二年生まれ）は、ユトレヒト大学で歴史学および人類学を学んだ後、一九九二年にエリアスの宮廷論を批判する形で宮廷と儀礼に関する学位論文を執筆し、その三年後、『権力神話——ノルベルト・エリアスと近世ヨーロッパ宮廷——』という最初の英書を出版している。一九九一年からユトレヒト大学歴史学部で助教、准教授の職を経て、二〇〇八年からはフローニンゲン大学近世史講座で教鞭をとり、二〇一〇年九月以降現在はライデン大学近世史講座教授の職にある。ダインダム氏は、主に近世フランスとオーストリア＝ハプスブルクにおける王権と儀礼、および君主とエリートの関係のあり方を比較史的に研究している。近年ではオスマン帝国、さらには中国やアフリカも射程に入れた、世界規模の事例を取り扱う編著を発表しており、こうした視野の広さは、著者がユトレヒト大学で副専攻として人類学を学んだことにも起因するのかもしれない。ダインダム氏の本書以外の主要な編著書を以下に列挙しておく。

（1）Duindam, J. F. J., *Myths of Power. Norbert Elias and the Early Modern European Court*, Amsterdam：Amsterdam University Press, 1995.

（2） Duindam, J. F. J., Artan, T., Kunt, I. M.（eds.）, *Royal Courts in Dynastic States and Empires: A Global Perspective*, Leiden and Boston: Brill, 2011.
（3） Duindam, J. F. J., Harries, J., Humfress, C., Hurvitz, N.（eds.）, *Law and Empire: Ideas, Practices, Actors*, Leiden and Boston: Brill, 2013.
（4） Duindam, J. F. J., Dabringhaus, S.（eds.）, *The Dynastic Centre and the Provinces: Agents and Interactions*, Leiden and Boston: Brill, 2014.
（5） Duindam, J. F. J., *Dynasties. A Global History of Power 1300-1800*, Cambridge: Cambridge University Press, 2015.

本書においてダインダム氏は、一六〜一八世紀の宮廷研究につきまとう「神話」と言えるようなイメージ形成に批判的な眼差しを向け、「近世の宮廷の具体的な輪郭を描く」という確固とした目的を達成するために、比較という手法を取りながら、ルイ一四世とレオポルト一世治世を軸に、フランス国王の宮廷と、神聖ローマ皇帝でありハプスブルク家君主のウィーン宮廷を、可能な限り同じ重みをおいて検討した。ハプスブルク家とフランス王家の対抗関係は、近世ヨーロッパにおける多くの紛争の主たる要因であった。その二大国の宮廷を比較するというのは、様々な意味において容易なことではない。フランスでは一六八二年以降、異論の余地なくヴェルサイユが王国第一の宮廷となったのに対し――ルイ一四世も実はサン＝ジェルマンやルーヴルなどいくつもの城館を持ってはいたのだが――、ウィーンのホーフブルクはあくまでもハプスブルク家の宮廷の一つであり、プラハ、ブダ、グラーツ、インスブルックにも各地の中心地としての拠点が存在した。またウィーン宮廷は神聖ローマ帝国とハプスブルク君主領の両方の宮廷であったため、帝国に由来する制度と君主領としての慣行とが混在していた。ダインダム氏はこうしたことを踏まえた上で、あえてウィーンとヴェルサイユを比較するという方法を用いて、両宮廷の特徴を浮き彫りにしようとしたのである。それゆえ、書評の多くは本書を「野心的研究」と称した。

本書のねらいは、主として以下の二点である。第一に、近世の宮廷と政府は別個に存在しており、なおかつ宮廷は政策決定の場である政府から見れば二次的な役割しか果たしていなかったという一九世紀以来の考え方に、真っ向から反旗を翻すことであった。第二に、近代国家の形成という視点から宮廷の発展を捉え、近世の宮廷を、その近代国家体制への貴族の馴致というメカニズムで説明する、ノルベルト・エリアスとそれに影響を受けた諸研究に対する反論である。サン＝シモンの回想録に裏付けられるエリアスの「ヴェルサイユ・モデル」は、フランスの一時期の宮廷の特徴をあらわしているにすぎず――それも実はルイ一四世の死後、一八世紀に作り出された「神話」なのであるが――、それを近世ヨーロッパの宮廷全体に敷衍するのは誤りであること、また貴族は宮廷において「飼い慣らされていた」のではなく、戦略的に自分たちの地位や権力を集積していたことが、明快に論じられている。最終的に、ダインダム氏は絶対主義神話というものに対して一つの強烈な反論を行ったのである。

ダインダム氏は旧来の宮廷イメージを作り上げている論拠となっているものが、王権のプロパガンダや文学作品、日記のような叙述であることとの問題点を指摘し、何よりも宮廷の実際的で具体的な像を結実するために、両宮廷の史料状況は異なるものの、可能な限りの多様な史料を総動員している。宮廷にはどのような人たちが、何人くらい詰めかけていたのか、彼らはどのような役職に就き、役職間の階層はどのように構成されていて、彼らにはいくらぐらいの収入があり、どういう形で支払われていたのか、国家財政に占める宮廷費の割合はどのくらいか、宮廷の日課とはどのようなものか、どんな儀礼が遂行されていたのか、宮廷では誰が、どのように意志を決定していたのか、そして権力というもののあり方、見せ方とは。本書はこのような問いに対して、詳細な数値や官職名などあらゆる情報を俎上に載せ、その具体性というものに深くこだわっている。あまりの情報量の多さに、ダインダム氏自身の見解が整理されないままの部分もあるほどであるが、こうした課題は今後、読者である私たちに委ねられているかもしれない。

ルイ一四世と言えば文字通りヴェルサイユ宮殿の「主」であり、大勢に囲まれ豪華絢爛に暮らしていたようなイメージであるが、実際にフランスの宮廷が最大の人数を抱えていたのは一六世紀後半の混乱期で、さらに摂政期に宮廷の人員が膨張する傾向にあり、むしろルイ一四世親政期には宮内府の整理・縮小が行われていた。ウィーン宮廷はフランスに比べればその増減幅は小さく、拡大期に入ったのはスペイン＝ハプスブルク家が優位を失った一七世紀後半以降のことであるという。

いずれの宮廷にも共通して言えることは、エリアスのいう高度に儀礼化された宮廷社会というイメージとは異なり、近世の宮廷の秩序は混沌としていて――秩序化という点では、遅れて成長したハプスブルク宮廷の方が時期的に早かったようであるが――、政治そのものも宮廷と分かちがたく結びついていたということである。それは行政府と宮廷の双方に関わる人員が混ざりあっていたことからも明らかで、なおかつ家門の有する影響力や縁故関係がはっきりと存在していた。宮廷において、高位の宮廷役人は表立って政策の立案や執行に関わらなかったとしても、君主の――つまり恩寵や名誉が授けられる機会の――すぐ側にいて、決定に影響を与えることもあれば、関与の仕方によっては危険を伴うこともあった。ダインダム氏によれば、この環境の中で統治者は、あらゆる者に傅かれる絶対的な君主でもなければ、単に玉座に坐するあやつり人形でもなく、やはり人脈関係の中の傑出したキーマンと言える存在であったという。しかしながらそれだからこそ、統治者は孤独で、日常的な陰謀と策略の渦巻く中にあって、人を信頼することの難しさに苛まれ、常に転覆の恐れのある危うい基盤の上に立たされていたのである。

同じブルゴーニュ宮廷の伝統を引き継ぎながらも、こうした共通点を除けば、国家体系の最上層として、両宮廷による統合のあり方が異なっていたことは明らかである。ウェストファリア条約以降、神聖ローマ帝国では有力諸侯の領邦君主権が確立される一方で、フランスの大貴族は王権への「服従」を選んでいく。ダインダム氏はヴェルサイユ宮廷が開放的で、誰でも国王の日常に接近しやすく、それゆえと言うべきかより無秩序であったのに対し、ウィーンの宮廷は閉鎖的で、予算規模も小さく、皇帝への接近も制限されており、宮廷内の組織化も進んでいたという相違点を導き出している。しかしながら、そのスタイルとは別に、閉鎖的であったウィーン宮廷は広く分散した領土を治めるために、世襲領のほぼ全ての大貴族家門や、帝国出身の貴族家門を取り込んでより包括的になる一方で、開かれたヴェルサイユ宮廷では伝統的な封建領主が急激に減少し、圧倒的に貴族が支配する排他的世界へと変化していった。ただし、こうした貴族たちが本当の意味で王権に従順であったかどうかは、また別の問題である。ハプルブルクの宮廷内の役職は、相続によるのでも売官でもなく、皇帝の代替わりまで各地の貴族の名誉の証として機能していたため、フランスよりも官僚的なエリートに近かったという。他方で、フランスに特徴的な売官制は、宮廷内の官職が増殖したことでそれを得た宮廷人に莫大な財源を確保させることになったが、こうした官職をめぐり、国王とは別のパトロン関係が構築されることにもつながった。このように、いずれの宮廷も一面的には形容し得ない、入り組んだ様相を持ち合わせていたことが明らかにされたのである。

本書から出された結論は、さらなる課題を喚起している。例えば、近世に生じた宗教上の問題とその変化は宮廷にどのような影響を及ぼしたのか。他のヨーロッパ君主の宮廷とはどのように相違点、あるいは類似点があるのか。政治や意志決定の問題は、宮廷の構造を理解する上で実際にはどのように組み込んで考えたらよいのか。ウィーンとヴェルサイユの宮廷はいずれも、君主の家政と領域の行政機能とが合流する場であった。ヨーロッパ君主制のあり方を比較するには、宮廷と他の諸機関、例えばフランスでいえば国務会議や大法官府、内閣制度の始まりとも言われる国務卿との関係をさらに深めて分析する必要があるであろう。日本語版への序文でダインダム氏自身が述べている通り、宮廷が孤立した存在ではなく、都市に隣接あるいは包摂されていたからには、これまであまり問題にされてこなかった都市との関係も課題である。本書の壮大な構想からは、まだこうした重要な問題が引き出されうるのである。

本書を翻訳するに至った経緯は、ハプスブルク近代史の大津留とフランス近世史の小山が共同で行う大学院演習での講読に相応しいものとして、大津留が本書を提案したのがきっかけである。翻訳にあたっては、大津留が日本語版への序文、石井大輔が第1〜3、9章、雪村加世子が第4章、加来奈奈が第5章、杉本宗子が第6章、岡本託が第7

章、市原晋平が第8章を担当し、他にも、演習の際に部分的に訳を分担してくれた複数の院生がいた。その後、石井と私とで長い時間をかけて全体を改訂した。本書の叙述は非常に多岐にわたっており、私たちの力量を超える内容であった。最初は演習で、のちには石井と文字通り膝を突き合わせて数年にわたり議論した果ての訳語ではあるが、誤りをご指摘いただければ幸いである。なお、フランス宮廷の一部の役職名に関しては、安成英樹「絶対王政期フランスの王権――宮廷とその儀礼を中心として――」（『西洋史論叢』第二七号、九三～一〇六頁、二〇〇五年）を参考にさせていただいた。

様々な事情により、本書の原注は刀水書房のＨＰに掲載することとなった。読者に参照の手間をおかけしてしまうことは心苦しいが、ダインダム氏の博識さを裏付ける、両宮廷に関する膨大な情報源に関しては、どうかそちらをご参照いただきたい（http://www.tousuishobou.com/others/vienna%20and%20versailles%20notes.htm）。

翻訳に値するまさに良書ではないかとの声が、演習の中であがってからすでに一〇年近くが経ってしまった。出版社との間を取りもったのは大津留である。本書の刊行がその退職に間に合ったのは幸いであるが、訳業には考えていた以上に時間がかかった。刀水書房の中村文江さんには多大なるご心配とご迷惑をおかけしたことを、心よりお詫び申し上げるとともに、宮廷という、いまだに人を惹きつけてやまないこの世界において、また新たな知見を共有することができたという喜びと感謝の意を表したい。

二〇一七年二月

小山啓子

《訳者紹介》

大津留 厚（おおつる あつし）

1952年生
東京大学大学院社会学研究科国際関係論専攻博士課程単位取得退学
学位：国際学修士
現在，神戸大学大学院人文学研究科教授
主要業績：『ハプスブルクの実験 —— 多文化共存を目指して』（中公新書，1995／増補改訂版，春風社，2007），『捕虜が働くとき —— 第一次世界大戦・総力戦の狭間で』（人文書院，2013），『ハプスブルク史研究入門 —— 歴史のラビリンスへの招待』（編著，昭和堂，2013）

小山啓子（こやま けいこ）

1971年生
九州大学大学院比較社会文化研究科国際社会文化専攻博士後期課程修了
学位：博士（比較社会文化）
現在，神戸大学大学院人文学研究科准教授
主要業績：『フランス・ルネサンス王政と都市社会 —— リヨンを中心として』（九州大学出版会，2006），『共生の人文学』（共著，昭和堂，2008），佐藤彰一・中野隆生編『フランス史研究入門』（共著，山川出版社，2011），南塚信吾・秋田茂・高澤紀恵編『新しく学ぶ西洋の歴史 —— アジアから考える』（共著，ミネルヴァ書房，2016）

石井大輔（いしい だいすけ）

1974年生
神戸大学大学院文化学研究科社会文化専攻博士課程修了
学位：博士（学術）
現在，龍谷大学他非常勤講師
主要業績：「第５章オーストリア諸邦」大津留厚・水野博子・河野淳・岩崎周一編『ハプスブルク史研究入門 —— 歴史のラビリンスへの招待』（昭和堂，2013），「リンツ領邦学校の変遷とその意義 —— 宗派対立期における貴族の子弟教育」『神戸大学史学年報』第27号（2012），「17世紀リンツにおけるイエズス会学校と貴族の子弟教育」『神戸大学史学年報』第30号（2015）

索　引

Ⅰ　人名索引

ア　行

アウアースペルク，ヨーハン＝ヴァイカールト Auersperg, Johann Weikhard ……258, 267, 270, 273
アッシュ，ロナルド Asch, Ronald ……12
アマーリア＝ヴィルヘルミーネ（ヨーゼフ１世の妃）Amalia-Wilhelmine von Braunschweig-Lüneburg ……84, 85
アルジャンソン（伯爵），ピエール＝マルク・ド・ヴォワイエ・ド・ポルミ（陸軍卿）Argenson, Pierre-Marc de Voyer de Paulmy, comte d' ……252, 284
アルジャンソン（侯爵），ルネ＝ルイ・ド・ヴォワイエ・ド・ポルミ（外務卿）Argenson, René Louis de Voyer de Paulmy, marquis d' ……312
アルトハン，ヨーハン＝ミヒャエル（カール６世の寵臣）Althann, Johann Michael ……127, 267, 268, 273, 286
アルトワ（伯爵），シャルル＝フィリップ（ルイ16世の弟）Artois, Charles Philippe, comte d' ……74, 132
アレティン，カール＝オトマール・フォン Aretin, Karl Otmar von ……12
アントワーヌ殿（ルイ14世の小銃持ち）Antoine ……264
アンヌ・ドートリッシュ（ルイ13世の妃）Anne d'Autriche ……60, 65～68, 133, 135, 139, 149, 230, 259, 272
アンヌ・ド・ブルターニュ（シャルル８世の妃）Anne de Bretagne ……35
アンリ２世（フランス国王）Henri II ……35, 44, 67, 109, 159, 211, 217, 274, 308, 355
アンリ３世（フランス国王）Henri III ……36, 44, 58, 59, 98, 104, 109, 135, 146, 148, 154, 158, 159, 167, 168, 174, 177, 179, 181, 193, 211, 212, 216, 217, 227, 254, 267, 275, 276, 298, 321, 326, 328, 356, 359
アンリ４世（フランス国王）Henri IV ……59, 73, 149, 159, 160, 168, 266, 268, 274, 287, 349
ヴァッカーバルト伯，アウグスト＝クリストフ（ザクセン公使）Wackerbarth, August Christoph ……115
ヴァレンシュタイン，アルブレヒト＝オイゼビウス Wallenstein, Albrecht Eusebius ……272
ヴィスコンティ，ジョヴァンニ＝バッティスタ・プリミ Visconti, Giovanni Battista Primi ……57, 181, 182
ヴィラール，ルイ＝エクトール・ド（ウィーン駐在フランス大使）Villars, Louis Hector ……19
ヴィルロワ家 Villeroy family ……266, 274, 306
ヴィンターリンク，アロイス Winterling, Aloys ……14
ヴェリ，ジョゼフ＝アルフォンス Véri, Joseph Alphonse ……252, 293

ヴェルヌイユ，ユゼブ・フェリックス・シャスプ(外国大使の先導官) Verneuil, Eusèbe Félix Chassepoux, marquis de ……232
ヴォルテール Voltaire ……9, 340
ウルフェルト，コルフィクス＝アントン Ulfeld, Corfix Anton ……224
エヴァンズ, R. J. W. Evans, R. J. W. ……12, 368
エゼック，フェリクス Hezecques, Félix, d' ……273
エッゲンベルク，ヨーハン＝ウルリヒ Eggenberg, Johann Ulrich ……273
エドワード4世(イングランド王) Edward IV ……27
エベール，フランソワ(ヴェルサイユ教区司祭) Hébert, François ……183
エリアス，ノルベルト Elias, Norbert ……9～11, 296, 342, 343
エリオット, J. H. Elliott, J. H. ……12, 13, 277
エリーザベト＝クリスティーネ(・フォン・ブラウンシュヴァイク＝ヴォルフェンビュッテル)(カール6世の妃) Elisabeth Christine von Braunschweig-Wolfenbüttel ……84
エリーザベト＝シャルロッテ・フォン・デア・プファルツ(王弟妃殿下)(オルレアン公フィリップの妃) Elisabeth Charlotte von der Pfalz, or Madame ……66
エレオノーラ(1世，ゴンザーガ)(フェルディナント2世の妃) Eleonora Gonzaga I ……84
エレオノーラ(2世，ゴンザーガ)(フェルディナント3世の妃) Eleonora Gonzaga II ……84, 154, 176, 259
エレオノーラ＝マグダレーネ・フォン・プファルツ＝ノイブルク(レオポルト1世の妃) Eleonora-Magdalena von Pfalz-Neuburg ……18, 84, 205, 259
エレオノール・ドートリッシュ(フランソワ1世の妃) Éléonore d'Autriche ……36
エロアール，ジャン(ルイ13世の侍医) Héroard, Jean ……152, 168, 169, 228, 265
オイゲン公(フォン・サヴォイ＝カリグナン) Eugen von Savoyen-Carignan ……264, 273, 286, 289, 336
オルレアン家 Orléans family ……282, 302
オルレアン公，フィリップ(1世)(ルイ14世の弟) Orléans, Philippe ……66
オルレアン公，フィリップ(2世)(ルイ15世の摂政) Orléans, Philippe ……111, 162, 266, 274, 282, 303

カ　行

カスティリオーネ，バルダッサーレ Castiglione, Baldesar ……26, 29, 215, 341
カラファ，カルロ(ローマ教皇大使) Carafa, Carlo ……79, 129, 156, 174, 177
ガリガイ，レオノーラ Galigai, Leonora ……272
カール4世(神聖ローマ皇帝) Karl IV. ……37
カール5世(神聖ローマ皇帝) Karl V. ……15～17, 27, 28, 36, 37, 40, 41
カール6世(神聖ローマ皇帝) Karl VI. ……19, 20, 54, 80, 81, 83～87, 89, 92, 117, 122, 127, 134, 146, 164, 165, 177, 182, 218, 223, 235, 236, 240, 253, 261, 263, 267, 268, 273, 283, 286, 290, 323, 324, 335～337, 351, 352, 367
カール＝アルブレヒト(バイエルン選帝侯，神聖ローマ皇帝) Karl Albrecht von Bayern …316
カルロス2世(スペイン王) Charles II of Spain ……16, 18
ギース＝ロレーヌ家 Guise-Lorraine family ……59, 104, 106, 194, 274, 306, 307
キューヒェルベッカー，ヨーハン＝バジリウス Küchelbecker, Johann Basilius ……82,

88, 89, 112, 154, 177, 182, 337
クネヒト, R. J.　Knecht, R. J. ……12
クラウディア＝フェリーツィタス（レオポルト1世の妃）Claudia Felicitas ……18, 176
クルタンヴォ，ミシェル＝フランソワ・ル・テリエ・ド・ルヴォワ（侯爵）Courtenvaux, Michel François Le Tellier de Louvois, marquis de ……110
グルモンヴィル，ジャック＝ブレテル（ウィーン駐在フランス大使）Grémonville, Jacques Bretel ……258
クレースル，メルヒオール（枢機卿）Khesl, Melchior ……270, 272
クロイ，エマニュエル（公爵）Croÿ, Emmanuel duc de ……109, 152, 252, 284
クロワシ，シャルル・コルベール（侯爵）Croissy, Charles Colbert, marquis de ……110
ケーフェンヒュラー＝メチュ，ヨーハン＝ヨーゼフ Khevenhüller-Metsch, Johann Joseph ……23, 112, 115, 119, 147, 177, 191, 197〜199, 218, 219, 236, 239, 262, 286, 335, 363
コスモウェリウス，マテウス（宮廷印刷工）Cosmoverius, Mattheus ……335
コッホ，イグナッツ Koch, Ignaz ……261, 264
ゴドフロワ，テオドール Godefroy, Theodore ……204〜206, 208, 212, 313, 361
ゴドフロワ，ドゥニ Godefroy, Denys ……212, 214, 220, 230, 313, 361
コルベール，ジャン＝バティスト Colbert, Jean-Baptiste ……109, 213
コンスタンティヌス（ローマ皇帝）Constantine ……29
コンチーニ，コンチーノ（アンクル侯）Concini, Concino, marquis d'Ancre ……67, 272, 276, 290
ゴンディ，ジェローム・ド（外国大使の先導官）Gondy, Jérome de ……211
コンティ家 Conti family ……74, 238, 282,
コンティ公，ルイ＝アルマン・ド・ブルボン Conti, Louis Armand de Bourbon, prince de ……301
コンデ家 Condé family ……74, 130, 238, 282, 369
コンデ公，アンリ＝ジュール・ド・ブルボン Condé, Henri Jules de Bourbon, prince de ……106, 301
コンデ公，アンリ（2世）・ド・ブルボン Condé, Henri II de Bourbon, prince de ……276, 305
コンデ公，ルイ（2世）・ド・ブルボン（大コンデ）Condé, Louis II de Bourbon, prince de ……66, 105, 106, 301, 338
コンデ公，ルイ（3世）・ド・ブルボン Condé, Louis III de Bourbon, prince de ……122
コンデ公，ルイ＝アンリ・ド・ブルボン（「公爵殿」）Condé, Louis Henri de Bourbon, prince de, M. le Duc ……99, 129, 274, 276, 282
コンデ公，ルイ＝ジョゼフ・ド・ブルボン Condé, Louis Joseph de Bourbon, prince de ……108

サ　行

ザルム，カール＝テオドール＝オットー・フォン（宮廷長官）Salm, Karl Theodor Otto von ……115, 266, 268, 273
サンクト，ニコラ・ド Sainctot, Nicolas de ……213〜215, 220, 224, 231, 232, 361
サン＝ジェルマン伯爵，クロード＝ルイ（陸軍卿）Saint-Germain, Claude Louis, comte de ……6, 68, 108
サン＝シモン Saint-Simon ……10, 11, 14, 23, 106, 172, 193, 231, 239, 240, 253,

264〜267, 271, 280, 281, 285, 321, 322, 329, 361
シエイエス，エマニュエル Siéyès, Emmanuel ……7
ジェームズ2世(イングランド王) James II……185
ジギスムント(ティロル伯) Sigismund von Tirol……27
シャミアール，ミシェル Chamillart, Michel……213
シャルル5世(フランス国王) Charles V……26, 28
シャルル7世(フランス国王) Charles VII……33
シャルル8世(フランス国王) Charles VIII……15, 35
シャルル9世(フランス国王) Charles IX……58, 324
シャルル突進公(ブルゴーニュ公) Charles the Bold……27
シャロレ伯，シャルル・ド・ブルボン＝コンデ(ルイ15世の摂政ブルボン公の弟) Charolais, Charles de Bourbon-Condé, comte de……129, 233, 301
シュヴァルツェンベルク，アダム(宮廷厩舎長) Schwarzenberg, Adam……267
シュヴァルツェンベルク，ヨーハン＝アドルフ(宮内法院長) Schwarzenberg, Johann Adolph……127
シュヴェルニー(伯爵)，ジャン＝二コラ＝デュフォール・ド(外国大使の先導官) Cheverny, Jean Nicolas Dufort, comte de……214
シュヴルーズ(公爵)，シャルル＝オノレ・ダルベール・ド・リュイネ Chevreuse, Charles Honoré d'Albert de Luynes, duc de……111
シュタルヘムベルク，グンダッカー＝トーマス(宮内財務院長) Starhemberg, Gundaker Thomas……91, 93, 127
シュティーフェ，ゴットフリート Stieve, Gottfried……208
シュトラトマン，テオドール＝ハインリヒ(宮内官房長) Strattmann, Theodor Heinrich……118, 286
ショワジ，フランソワ＝ティモレオン・ド Choisy, François Timoléon, abbé de……254, 265
ショワズル(公爵)，エティエンヌ＝フランソワ Choiseul, Etinne François, duc de……112, 284, 287
ジョワユーズ，アン・ド Joyeuse, Anne de……179, 276, 321
ジンツェンドルフ，ゲオルク＝ルートヴィヒ Sinzendorf, Georg Ludwig……270
ジンツェンドルフ，フィリップ＝ルートヴィヒ(宮内官房長) Sinzendorf, Philip Ludwig……118
ジンツェンドルフ＝タンハウゼン，ジークムント＝ルドルフ(第一宮内官房長) Sinzendorf-Thanhausen, Sigmund Rudolf……118
ズィネッリ，エメリッヒ Sinelli, Emmerich……265, 273, 286
スターキー，デイヴィッド Starkey, David……13, 365
スビーズ公，シャルル，ロアン＝ロアン公 Soubise, Charles, duc de Rohan-Rohan, prince de……111
スリアーノ，ミケーレ(フランス駐在ヴェネツィア大使) Suriano, Michele……290, 291
スルシュ侯，ルイ＝フランソワ・デュ・ブシェ Sourches, Louis François du Bouchet, marquis de……23, 172, 198, 233, 265, 285
セニュレ侯，ジャン＝バティスト・コルベール Seignelay, Jean Baptiste Colbert, marquis de……213, 214

タ　行

ダヴィアーノ，マルコ d'Aviano, Marco ……265
ダカン，アントワーヌ（第一侍医） Daquin, Antoine ……265
タルーカ，ドン・マヌエル・テジェス・デ・メネセス＝カストロ，シルヴァ＝タルーカ公 Tarouca, Don Manuel Tellez de Menezes é Castro, duke of Silva-Tarouca ……261, 262
ダンジョ，フィリップ・ド・クルシヨン（侯爵） Dangeau, Philippe de Courcillon, marquis de ……23, 62, 107, 128, 147, 165, 170, 172, 174, 193, 194, 233, 239, 301, 329
小さな男爵（ハンスル）（カール６世の小人） Baron Klein or Hansl ……263
ツェドラー，ヨーハン＝ハインリヒ Zedler, Johann Heinrich ……4
ツォルガー，イヴァン Zolger, Ivan ……44, 131
ティエ，ジャン・デュ Tillet, Jean du ……41, 97, 158, 211, 212, 300
ディオクレティアヌス（ローマ皇帝） Diocletian ……29
ディクソン, P. G. M.　Dickson, P. G. M. ……92
ディケンズ, A. G.　Dickens, A. G. ……12
デギヨン（公爵）エマニュエル＝アルマン・ド・ヴィゴー・デュ・プレシ d'Aiguillon, Emmanuel Armand de Vignerot du Plessis duc ……112, 284, 287
デグルモン（ルイ14世の椅子かご前部担当） d'Aigremont ……264
デセール，ダニエル Dessert, Daniel ……12
デマレ，ニコラ（財務総監） Desmarets, Nicolas ……70
デュ・バリ夫人 Mme du Barry ……284, 287
デュボワ，ギヨーム（宰相） Dubois, Guillaume ……266, 274〜278
デュ・ボワ，マリ（寝室部従者） Du Bois, Marie ……181
デランジュ家 Desranges family ……214, 233
デランジュ，ミシェル＝アンセル（儀典長） Desranges, Michel Ancel ……214
トゥルーズ伯，ルイ＝アレクサンドル・ド・ブルボン Toulouse, Louis Alexandre de Bourbon, comte de ……282
ドジエ家（国王系譜官） d'Hozier family ……65
トラウトマンスドルフ，マクシミリアン・フォン Trautmannsdorf, Maximilian von ……267, 273
トラブイエ，ルイ Trabouillet, Louis ……51, 232
ドル，トマ（３世）・ド（ブレゼ侯）（儀典総官） Dreux, Thomas III de, marquis de Brézé ……213
ドル＝ブレゼ家 Dreux-Brézé family ……213
ドルレアン，ガストン d'Orléans, Gaston ……60, 85

ナ　行

ネッケル，ジャック Necker, Jacques ……70, 73〜75, 108, 111, 131
ノアイユ家 Noailles family ……111, 283, 306
ノイハウス，ヘルムート Neuhaus, Helmut II. ……12

ハ　行

ハウクヴィッツ，フリードリヒ＝ヴィルヘルム Haugwitz, Friedrich Wilhelm ……89, 250, 261, 315, 317, 363, 370

バーギン，ジョセフ Bergin, Joseph ……12, 276
パーション，ファビアン Persson, Fabian ……14
バックホルツ，ロバート Bucholz, Robert ……13
パッサー，ユストゥス＝エーベルハルト Passer, Justus Eberhard ……155, 156, 259
バッチャーニ，アダム Batthyány, Adam ……286
バッチャーニ，エレオノーレ（シュトラトマンの娘）Batthyány, Eleonore ……289
ハッツフェルト，カール＝フリードリヒ Hatzfeld, Karl Friedrich ……262
ハットン，ラグンヒル Hatton, Ragnhild ……12
ハーディング，ロバート Harding, Robert ……369
バルテンシュタイン，ヨーハン＝クリストフ Bartenstein, Johann Christoph ……261
パロット，デイヴィッド Parrott, David ……12
パンティエーヴル家 Penthiévre family ……106
ピサン，クリスティーヌ・ド Pisan, Christine de ……26, 359
ピニャテッリ，マリアンア Pignatelli, Marianna ……127, 268
ピョートル大帝（ロシア皇帝）Peter the Great of Russia ……6
ビルケ，アドルフ Birk, Adolf ……12
ファゴン，ギ＝クレサン（第一侍医）Fagon, Guy Crescent ……265
フィッシャー・フォン・エルラッハ，J. B.　Fischer von Erlach, J. B. ……123, 340
ブイヨン家 Bouillon family ……106, 282, 306, 307, 370
フィリップ４世（フランス国王）Philippe IV ……34
フィリップ善良公（ブルゴーニュ公）Philip the Good ……26
フィリップ・ダンジュー（アンジュー公フィリップ）（ルイ14世の孫，スペイン王）Philippe duc d'Anjou ……185, 208, 225, 324
フェーゼ，エドゥアルト Vehse, Eduard ……82, 195, 268
フェリックス，シャルル＝フランソワ・タシー（第一外科医）Félix, Charles François Tassy ……265
フェリビアン，アンドレ Félibien, André ……51, 333
フェリペ２世（スペイン王）Felipe II ……16, 17, 28, 41
フェリペ４世（スペイン王）Felipe IV ……18
フェルディナント１世（神聖ローマ皇帝）Ferdinand I. ……16, 17, 37〜41, 44, 76, 146, 158, 160, 181, 290, 350, 358
フェルディナント２世（神聖ローマ皇帝）Ferdinand II. ……17, 78, 79, 84, 87, 92, 133, 134, 139, 154, 160, 174, 265, 273, 314, 357
フェルディナント３世（神聖ローマ皇帝）Ferdinand III. ……18, 78, 79, 84, 85, 87, 92, 112, 116, 126, 133, 154, 216, 217, 259, 267, 273
フェルディナント４世（ローマ王）Ferdinand IV. ……18, 139, 260, 267
フーケ，ニコラ（財務卿）Fouquet, Nicolas ……256, 338
ブザンヴァル（男爵），ピエール＝ヴィクトル Besenval, Pierre Victor baron de ……277, 284
ブシェ，ジャクリーヌ Boucher, Jacqueline ……61, 62, 167
ブゾンニュ，ニコラ Besongne, Nicolas de ……51, 62, 64, 169, 193, 194, 234
プーフェンドルフ，エサイアス（スウェーデン使節）Pufendorf, Esaias ……164, 263, 286
フュルティエール，アントワーヌ Furetière, Antoine ……4

ブラウン，エドワード Brown, Edward……155, 195
ブランヴィル(侯爵)，ジュール＝アルマン・コルベール(儀典総官) Blainville, Jules-Armand Colbert marquis de……213, 231
フランソワ1世(フランス国王) François I……35, 36, 42, 44, 159, 184, 211, 274, 359
フランソワ2世(フランス国王) François II……36, 57, 274, 290
フランツ＝シュテファン(神聖ローマ皇帝) Franz Stepfan……81, 85, 119, 156, 236, 245, 259, 260, 351
ブリアンヌ，エティエンヌ＝シャルル・ド・ロメニー・ド・(ルイ16世の宰相) Brienne, Etienne Charles de Loménie de……274
フリードリヒ1世(プロイセン王) Friedrich I.……6
フリードリヒ2世(プロイセン王) Friedrich II.……6, 314, 316
フリードリヒ3世(神聖ローマ皇帝) Friedrich III.……36〜38, 40
フリードリヒ＝ヴィルヘルム1世(プロイセン王) Friedrich Wilhelm I.……6
ブリュシュ，フランソワ Bluche, François……173
ブルゴーニュ公，ルイ・ド・フランス(フランス王太子) Bourgogne, Louis de France, duc de……226, 260, 367
ブルトゥイユ(男爵)，ルイ＝ニコラ・ル・トヌリエ(外国大使の先導官) Breteuil, Louis-Nicolas Le Tonnelier Baron de……232
ブルナチーニ，ルドヴィーコ Burnachini, Ludovico……123
フルリー，アンドレ＝エルキュール・ド(宰相) Fleury, André Hercule de……261, 266, 274, 276, 277
プレス，フォルカー Press, Volker……12
ブロックリス, L. W. B.　Brockliss, L. W. B.……277
ベイク，ウィリアム Beik, William……12
ベイリー，ヒュー・マーレー Baillie, Hugh Murray……360
ベギン，カティア Béguin, Katia……308
ペッティンク伯，フランツ＝オイゼビウス(スペイン王駐在オーストリア大使) Pötting, Franz Eusebius……175, 258, 335
ベランジェ，ジャン Bérenger, Jean……277
ペルニッツ，カール＝ルートヴィヒ Pöllnitz, Karl-Ludwig……195, 268, 323, 336, 337
ヘンリ7世 Henry VII of England……167
ヘンリ8世(イングランド王) Henry VIII of England……35
ポ，ギヨーム(ド・ロード殿)(儀典総官) Pot, Guillaume, sieur de Rhodes……104, 211
ポ，ジャン(シュモ殿) Pot, Jean, sieur de Chemaux……211
ボーヴィリエ(公爵)，ポール Beauvillier, Paul duc de……111
ポ・ド・ロード家 Pot de Rhodes family……212
ホーハー，ヨーハン＝パウル(宮内官房長) Hocher, Johann Paul……118, 273
ポリニャック家 Polignacs family……131
ポルティア，ヨーハン＝フェルディナント(宮廷長官) Portia, Johann Ferdinand……127, 257, 266, 267, 273
ポンシャルトラン(伯)，ルイ＝フェリポー・ド Pontchartrain, Louis Phélypeaux, comte de……214

ボンタン，アレクサンドル(寝室部第一従者) Bontemps, Alexandre ……254
ボンヌイル，シャブナ・ド(外国大使の先導官) Bonneuil, Shabenat de ……214
ポンパドゥール(侯爵)夫人，ジャンヌ＝アントワネット・ポワソン Pompadour, Jeanne-Antoinette Poisson, marquise de ……238, 261, 269, 284

マ　行

マクシミリアン１世(神聖ローマ皇帝) Maximilian I. ……16, 37～40, 76, 112, 333
マクシミリアン２世(神聖ローマ皇帝) Maximilian II. ……16, 17, 53, 76, 160
マザラン，ジュール(宰相) Mazarin, Jules ……272, 274, 276, 290, 301
マショー，ジャン＝バティスト・マショー・ダルヌヴィル(財務総監) Machault, Jean Baptiste Machault d'Arnouville ……284
マティアス(神聖ローマ皇帝) Matthias ……77, 78, 85, 133, 160, 270, 272, 350
マリ＝アデライード・ド・サヴォワ(ブルゴーニュ公ルイの妃) Marie Adélaïde de Savoie ……65
マリア＝テレジア Maria Theresia ……6, 71, 80～83, 85, 87, 89, 91, 92, 102, 112, 114, 118, 119, 122, 134, 135, 147, 156, 162, 177, 191, 197, 218, 227, 236, 245, 253, 259～262, 264, 283, 284, 286, 314, 324, 327, 335, 336, 351, 352, 359, 366, 367, 371
マリ＝アントワネット(ルイ16世の妃) Marie-Antoinette ……71, 102, 131, 200
マリ＝テレーズ・ドートリッシュ(ルイ14世の妃) Marie Thérèse d'Autriche ……18, 65, 67
マリ・ド・メディシス(アンリ４世の妃) Marie de Médicis ……59, 67, 120, 272
マルガレーテ＝テレジア(レオポルト１世の妃) Margarete Theresia ……18, 175, 269, 335
マルゼルブ，クレティアン＝ギヨーム・ド・ラモワニョン・ド Malesherbes, Chrétien-Guillaume de Lamoignon de ……108, 111, 245
マルチニエール，パンソン・ド・ラ Martinière, Pinson de la ……61
マレ，ジャン＝ロラン Malet, Jean-Roland ……70, 74
マントノン(公爵)夫人，フランソワーズ・ドービニェ Maintenon, Françoise d'Aubigné, Marquise de ……173, 181, 257, 269, 285, 329
ミュラー，フィリップ(懺悔聴聞司祭) Müller, Philip ……265, 286
メッタム，ロジャー Mettam, Roger ……12
メーヌ(公爵)，ルイ＝オーギュスト・ド・ブルボン Maine, Louis Auguste de Bourbon, duc du ……282
メフメト２世(オスマン帝国スルタン) Mehmed II ……30
メリアン，マテウス Merian, Matthaeus ……336
メルシ＝アルジャント(伯爵)，フロリモン(フランス駐在オーストリア大使) Mercy-Argenteau, Florimond comte de ……71, 102
モニカール，ジャン＝バティスト・ド Monicart, Jean Baptiste de ……336
モルトマール公，ルイ(２世)・ド・ロシュシュアール(寝室部第一侍従) Mortemart, Louis II de Rochechouart, duc de ……276
モールパ(伯爵)，ジャン＝フレデリク・ド・フェリポー Maurepas, Jean-Frédéric de Phélypeaux, comte de ……252, 261, 274, 277
モンテスキュー，シャルル・ルイ・ド Montesquieu, Charles-Louis de ……250, 306, 336

モンテスパン(侯爵)夫人，フランソワーズ＝アテナイス・ド・モルトマール Montespan, Françoise Athénais de Rouchechouart-Mortemart, marquise de ……………… 173, 269, 282

ヤ　行

ユリウス２世(ローマ教皇) Julius II ……………… 207
ヨーゼフ１世(神聖ローマ皇帝) Joseph I. ……………… 19, 54, 84, 85, 91, 95, 127, 129, 260, 261, 267, 268, 273, 283, 351, 367
ヨーゼフ２世(神聖ローマ皇帝) Joseph II. ……………… 6, 7, 22, 80～82, 85, 87, 89, 91, 94, 134, 156, 157, 218, 227, 236, 237, 245, 254, 260, 262, 286, 316, 328, 335, 351, 352, 367

ラ　行

ラ・クール，ピーテル・ド La Court, Pieter de ……………… 183～185, 338
ラーコーツィ，フェレンツ２世 Rákóczi, Ferenc II ……………… 315
ラ・シェーズ，フランソワ・ド(懺悔聴聞司祭) La Chaise, François de ……………… 265
ラ・トレモイユ家 La Trémoïlle family ……………… 307, 321
ラ・トレモイユ，シャルル＝アルマン＝ルネ(寝室部第一侍従) La Trémoïlle, Charles Armand René ……………… 132
ラ・ロシュフーコー家 La Rochefoucauld family ……………… 106, 329
ラ・ロシュフーコー(公爵)，フランソワ(７世)(衣裳部侍従長) La Rochefoucauld, François VII de ……………… 107, 131, 271, 329
ラムベルク，ヨーゼフ Lamberg, Josef ……………… 127
ラムベルク，レオポルト＝マティアス(宮廷厩舎長) Lamberg, Leopold Matthias …… 267, 268
ラモアマイーニ，ヴィルヘルム(懺悔聴聞司祭) Lamormaini, Wilhelm ……………… 265, 273
ラヨシュ２世(ハンガリー・ボヘミア王) Lajos II. ……………… 16
ランク，フィリップ(ルドルフ２世の部屋付き従者) Lang, Philip ……………… 263
ランバル公爵夫人，マリ・テレーズ・ルイーズ・ド・サヴォワ＝カリニョン Lamballe, Marie Thérèse de Savoie-Carignan, princesse de ……………… 102, 131
ランベスク(大公)，シャルル＝ユジェヌ・ド・ロレーヌ Lambesc, Charles Eugène de Lorraine, duc d'Elbeuf, prince de ……………… 131
ランベック，ペーター(図書館長) Lambeck, Peter ……………… 176, 265
リヴリ(公爵)，ポール・サンガン・ド・ロカンクール(衣裳部第一侍従) Livry, Paul Sanguin de Roquencourt, marquis de ……………… 239
リシュリュー家 Richelieu family ……………… 306, 307
リシュリュー(公爵，枢機卿)，アルマン＝ジャン・デュ・プレシ(宰相) Richelieu, Armand Jean du Plessis, cardinal et duc de ……………… 60, 274, 276, 287, 300
リシュリュー(公爵)，ルイ＝フランソワ＝アルマン・ド・ヴィニュロー・デュ・プレシ Richelieu, Louis François Armand de Vignerot du Plessis, maréchal-duc de ……………… 307
リヒテンシュタイン家 Liechtenstein family ……………… 322
リヒテンシュタイン，アントン＝フロリアン・フォン(宮廷長官) Lichtenstein, Anton Florian von ……………… 19, 127, 266
リペルダー公爵，ルイス Ripperda, Louis duque de ……………… 129

リュイネ，シャルル＝フィリップ・ダルベール Luynes, Charles Philippe d'Albert duc de ……131, 132, 173, 233, 239, 242, 252, 269, 284, 285, 363
リュイネ公爵，シャルル・ダルベール（ルイ13世の寵臣）Luynes, Charles d'Albert duc de ……266
リュクサンブール家 Luxembourg family ……128, 212, 306
リューニヒ，ヨーハン＝クリスティアン Lünig, Johann Christian ……188
リュリ，ジャン＝バティスト Lully, Jean Baptiste ……266
リンク，G．E．　Rinck, G. E. ……112, 124〜126, 337
ルイ11世（フランス国王）Louis XI ……27, 28, 324
ルイ13世（フランス国王）Louis XIII ……59, 60, 62, 66, 79, 149, 152, 165, 168, 191〜193, 225, 230, 259, 266, 267, 272, 276, 298
ルイ14世（太陽王）（フランス国王）Louis XIV ……5, 10〜12, 18〜20, 22, 23, 61, 62, 64〜67, 73, 76, 83, 98, 100, 101, 104, 106, 107, 110, 111, 121, 131, 133, 136, 139〜141, 146, 149〜151, 162, 165, 166, 169, 172, 173, 178, 180〜185, 191, 193, 198, 199, 208, 212〜214, 225〜228, 230, 233, 237〜239, 241, 242, 249, 251, 253〜257, 260, 261, 264〜266, 269〜272, 282, 284, 285, 300, 301, 303, 305, 306, 309, 326〜329, 333, 338, 340, 350, 356, 357, 359, 361, 364, 366, 369, 372
ルイ15世（フランス国王）Louis XV ……71, 99, 107, 146, 153, 181, 191, 198, 200, 239, 252, 261, 266, 269, 274, 276, 282, 284, 287, 292, 303, 326, 366
ルイ16世（フランス国王）Louis XVI ……5, 64, 68, 69, 71, 107, 108, 132, 153, 191, 200, 239, 252, 258, 261, 268, 274, 277, 366
ルイ・ド・フランス（グラン・ドーファン，「殿下」）（フランス王太子）Louis de France, grand dauphin, monseigneur ……65, 165, 238
ルヴォワ侯，フランソワ＝ミシェル・ル・テリエ（陸軍卿）Louvois, François-Michel Le Tellier, marquis de ……5, 284
ルヴォワ嬢 Louvois, Mlle de ……329
ルセとデュ・モン Rousset and Du Mont ……217, 220
ルドルフ１世（ローマ王）Rudolf I. ……36
ルドルフ２世（神聖ローマ皇帝）Rudolf II. ……17, 77〜79, 85, 86, 133, 160, 186, 263, 314, 333, 350, 366
ル・マドル，ニコラ（懺悔聴聞司祭）Le Madre, Nicolas ……212
ル・ルー，ニコラ Le Roux, Nicolas ……275
レオポルト１世（神聖ローマ皇帝）Leopold I. ……18〜20, 22, 76, 79, 80, 83〜85, 87, 88, 91, 92, 95, 118, 134, 139, 154, 166, 175, 176, 178, 239, 241, 253, 257〜261, 263, 265, 267, 273, 286, 289, 315, 335〜352, 357, 367
レオポルト２世（神聖ローマ皇帝）Leopold II. ……156, 316
レオポルト＝ヴィルヘルム（オーストリア大公）Leopold Wilhelm ……85, 283, 367
ロアン家 Rohan family ……106, 282, 306, 307, 370
ロアン，ジュリ＝ルイーズ・コンスタンス・ド Rohan Julie Louise Constance de ……129

ローズ，トゥサン Rose, Toussaint ……264
ロッコ，ステラ Rocco, Stella ……267, 273
ロブコヴィッツ，ヴェンツェル＝オイゼビウス（宮廷長官）Lobkowitz, Wenzel Eusebius ……175, 270, 273
ロワゾー，シャルル Loyseau, Charles ……97, 100, 105, 107, 109, 212, 300
ロングヴィル家 Longueville family ……301

Ⅱ　官職・組織名索引

衣裳部侍従長 Grand maître de la garderobe ……45, 98, 99, 103, 106, 107, 128, 130, 131, 271
謁見担当官 Audienzkommissar ……219
エリュ Élus ……302
王冠の高官 Grand officiers de la couronne ……98, 101, 103, 106～109, 111, 129, 130, 132, 140, 179
オーストリア宮内官房 Österreichische Hofkanzlei ……87, 312
音楽伯 Musikgraf ……117
外国大使の先導官 Introducteur des ambassadeurs ……211～215, 219, 231, 232
管財長 Schatzmeister ……39, 116
儀仗長 Oberststabelmeister ……116, 192, 195
儀典官 Ceremoniarius ……207, 212, 215, 224
儀典局 Zeremonienamt ……217, 218, 224
儀典長 Maître des cérémonies ……150, 210～215, 218, 223, 231～233, 361
給仕侍従 Gentilshommes servants ……54, 59～61, 68, 79, 99, 105, 125, 134, 189, 192, 193, 356
宮廷勘定長 Hofzahlmeister ……93, 124
宮廷厩舎長 Oberststallmeister ……39, 46, 86, 112～114, 117, 126, 140, 204, 267
宮廷式部長 Obersthofmarschall ……46, 82, 112～114, 117, 119, 126, 127, 129, 140, 147, 157, 159, 219, 340
宮廷司祭長 Grand aumônier ……46, 57, 63, 98, 103, 106, 128, 130, 150, 224
宮廷侍従長 Oberstkämmerer ……39, 45, 81, 112～115, 124, 126, 129, 140, 147, 155, 219
宮廷狩猟長 Oberstjägermeister ……114
宮廷審問部長 Grand prévôt de France ……45, 46, 98, 103, 128, 158, 159
宮廷鷹匠長 Oberstfalkenmeister ……114
宮廷長官 Obersthofmeister ……19, 38, 39, 41, 42, 44, 46, 77, 79～83, 85, 86, 101～119, 124, 126, 127, 140, 147, 155, 159, 175, 190～192, 216～219, 224, 257, 266, 267, 270, 273, 282, 340, 354, 363
宮廷奉公人 Hofdiener, Officiers domestiques ……77, 79, 87, 100, 101, 103, 107, 116, 120, 133, 135
銀器侍従長 Oberstsilberkämmerer ……45, 116, 195
近侍 Menins ……66, 266
金羊毛騎士団 Goldenes Vlies ……27, 126, 154, 191, 202, 239, 240, 323, 324, 327
宮内官房 Hofkanzler ……88, 117, 118
宮内軍事顧問院 Hofkriegsrat ……41
宮内顧問官 Hofräte ……39
宮内財務院 Hofkammer ……38, 87～91, 93, 118, 120, 126, 127, 270, 313
宮内侍従 Maître de l'hôtel ……45, 54, 59～61, 79, 99, 192, 193, 356
宮内府 Maison du roi ……5, 63, 64, 67, 69, 70, 74～76, 99, 109, 110, 132, 349
宮内法院 Hofrat ……39, 88, 117
軍事勘定長 Kriegszahlmeister ……93
建築事業部 Bâtiments du roi ……63, 73, 350

高等法院 Parlment ……10, 34, 162, 211, 261, 303, 308
護衛騎兵 Hartschieren ……46, 80, 81, 114, 122, 126, 327
護衛歩兵 Trabanten…46, 80, 81, 114, 122, 327
国王系譜官 Généalogiste du roi……65, 135, 238, 357
国王顧問官 Conseillers du roi ……69
国王主水官 Officiers du gobelet……230
国王陪食官 Commensaux ……98～101, 103, 106, 114, 116, 117, 356
国璽尚書 Garde des sceaux ……275, 293
国務会議 Conseil d'état ……4, 5, 8, 31, 34, 35, 44, 53, 63, 69, 110, 140, 141, 167, 168, 170, 230, 250, 255, 256, 259, 270, 274, 278, 280, 291, 302, 363, 364, 369
国務卿 Sécrétaire d'Etat ……5, 58, 69, 109～112, 118, 132, 256, 275, 287, 293, 352, 363
小姓 Page, Edelknaben ……45, 46, 64, 65, 82～84, 117, 124, 147, 155, 174～176, 186, 190, 195, 224, 326, 328, 330, 357
最高国務会議の構成員 Ministre d'état …274
最高諸法院 Cours souveraines ……303, 306, 309
宰相 Premier minstre de l'état ……99, 256, 257, 261, 266, 268, 270, 272～275, 277, 278, 301
財政会議 Finanz Conferenz ……89
財務総監 Contrôleurs general des finances ……70, 109, 110, 256, 275, 284, 293, 304
サン・テスプリ騎士団 Saint-Esprit ……149, 154, 202, 211, 213, 326, 327
サン・ミシェル騎士団 Saint-Michel ……324, 326
サン・ルイ騎士団 Saint-Louis ……326
侍医 Leibmedici ……116, 124, 265
宿舎管理長 Grand maréchal des logis ……98, 103, 128, 159
小厩舎 Petit écurie …64, 65, 72, 99, 104, 136
常任侍従 Gentilshommes ordinaires ……58, 99, 189
親裁座 Lits de justice ……202, 210, 225, 303
寝室部侍従 Gentilshommes de la chambre ……35, 36, 43, 58, 79, 113, 189
寝室部第一侍従 Premiers gentilshommes de la chambre …33, 71, 72, 99, 110, 121, 128, 132, 173, 239, 254
出納官 Chambre aux deniers ……34, 70, 71
枢密顧問院 Geheimer Rat …44, 88, 175, 255
枢密顧問会議 Geheime Konferenz……88, 118, 286, 293
枢密顧問官 Geheime Räte ……88, 113, 114, 117, 118, 126, 134, 135, 210, 270, 272, 281, 355, 357, 363, 368
星十字団 Stern-Creuz Orden ……154, 324
政府銀行委員会 Ministerial Banco Deputation ……89
全国三部会 Éstats-Généraux ……78, 210, 223, 225, 302, 304
第一主馬 Premier écuyer ……72, 99, 103, 104, 128
大厩舎 Grand écurie…64, 65, 72, 99, 111, 204
大膳職 Tafeldiener……45, 77
大法官 Chancelier ……33, 35, 69, 98, 106, 109, 110, 118, 275, 293, 352
地方総督 Gouverneurs de province……106, 121, 130, 271, 294, 297～303, 306, 307, 319, 326, 352, 369, 370
地方長官 Intendants de province ……69, 299, 300, 302, 303
徴税請負人 Ferme générale 69, 132, 304, 352
帝国宮内官房 Reichshofkanzlei ……87, 88, 129, 312
帝国宮内法院 Reichshofrat …39, 88, 127, 310
帝国式部長 Erzmarschall ……113
帝国世襲官職 Erzämter ……141
帝国副官房長 Reichsvizekanzler ……115, 118, 355
帝室裁判所 Reichskammergericht …39, 310
内膳長 Truchseß ……37～39, 42, 45, 87, 190, 194, 195, 237, 254

七部門 Sept offices ……………………………63
女官 Hofdamen…………54, 84, 117, 147, 176, 185, 186, 195, 197, 330
ハンガリー官房 Hungarian Chancellery ……………………………………88, 315
評定官 Conseillers d'état …69, 74, 130, 134, 248, 274, 279, 291, 298
フランス儀典総官 Grand maître des cérémonies ………………98, 99, 104, 211～215, 224, 231～233
フランス元帥 Maréchaux de France……35, 43, 45, 46, 64, 98, 184, 212, 218, 301, 302, 306, 307
フランス侍従長 Grand chambellan ……45, 57, 63, 98, 99, 103, 104, 106, 128, 140, 173, 239, 356
フランス主馬頭 Grand écuyer …………45, 46, 72, 98, 99, 103, 104, 107, 108, 128, 130, 131, 140, 141
フランス主猟頭 Grand veneur ………68, 72, 98, 103, 104, 106, 131
フランス大侍従 Grand maître（de l'hôtel, de France） ……………35, 38, 42, 44, 57, 59, 61, 63, 66, 71, 98, 99, 103～106, 108, 109, 122, 128～130, 140, 141, 150, 188, 189, 192, 193, 213, 216, 233, 274, 301, 369
部屋付き従者 Kammerdiener ………78, 79, 116, 190, 254, 263, 365
ボヘミア官房 Bohemian Chancellery ……………………………………………88, 318
名誉職 Honorary office ………34, 35, 38, 45, 50, 54, 55, 61, 62, 69, 77～81, 83, 87, 88, 98, 100, 109, 112, 116, 117, 124～126, 133～136, 139, 186, 192, 250, 294, 302, 318, 330, 331, 350～352, 354, 356, 368
養育係 Gouvernantes, Aios ……………102, 239, 266, 267, 292
陸軍卿 Secrétaire d'État de la Guerre ………………………5, 68, 75, 110, 257, 284
領邦世襲官職 Landeserbämter …37, 87, 115
領邦長官 Landeshauptmann………………316
六職務 Six métiers …………………………63

Ⅲ　地名・事項索引

愛妾 Mistresses …………251, 268, 269, 272, 273, 278, 279, 284, 287, 292
アウクスブルク Augsburg ………………160
『アカデミー辞典』Dictionnaire de l'Académie ………………………………4
穴のあいた腰掛椅子 Chaise percée ……181
イエズス会 Jesuit order ………333, 335, 337
イタリア戦争 Itarian Wars ……………15, 28
インスブルック Innsbruck……………38, 40, 53, 160, 254, 313, 314
『ウィーン日報』Wienerisches Diarium …………………………114, 156, 177, 333
ヴェストファーレン条約 Westfälischer Friede……………………20, 220, 288, 348
エーベルスドルフ Ebersdorf ………162, 165
王権の名誉 Honores regii ………………221
王室規定 Kammerordnung …………217, 236
王室費制度 Civil list …………………………5
『王のアルマナ』Amanach royal …51, 64, 68
オーストリア継承戦争 Österreichischer Erbfolgekrieg…37, 236, 312, 315, 318, 351
『外交儀礼』Cérémonial diplomatique …220
改定領邦条例 Verneuterte Landesordnung ………………………………………………313
『ガゼット』Gazette………………51, 214, 333
仮装宴会 Wirtschaften …………155, 239, 240
カペー朝 Capetians ………32, 33, 35, 37, 254
仮面舞踏会 Mascarade……151, 172, 234, 333
官職保有者による貸し付け Amtsdarlehen ………………………………………………127
儀式関連文書 Zeremonialakten ………217, 218, 235
儀式記録集 Zeremonialprotokoll ………217, 218, 220, 223, 237

起床儀礼 Lever……………167, 168, 170, 173, 179, 221, 238, 340, 359
『宮廷勘定簿』Hofzahlamtsbücher ………78, 79, 90～93, 120, 127
宮廷での栄誉 Honneurs de la cour ……136
『宮廷名簿』Hofstaatsverzeichnisse………51, 78, 88, 112, 124, 215, 313
宮廷令 Hofordnungen ……………………290
『宮廷暦』Hofkalender …………147, 154, 219
行政的君主制 Administrative monarchy ……………………………………250, 277
勤務手当 Gages du conseil ………………75
グラーツ Graz ………………53, 160, 313, 314
血統親王 Princes du sang ……71, 101, 140, 150, 179, 194, 210, 221, 233, 238, 250, 281, 282, 301, 306, 308, 321, 326, 348, 350, 366
公現祭 Fête des Rois …………148, 151, 167
公式宴会 Grand couvert …189, 191, 193, 197
国王の化粧 Poudré du roi ………………242
国王のブーツ脱がし Débotté ………227, 228
国王の余興 Menus plaisirs du roi ………34
国王陪食官法典 Code des commensaux ……………………………………………63
『国家・身分年鑑』Staats- und Standskalender ……………………………………52
コンピエーニュ Compiène …………162, 166
最後の晩餐 Cène ………………151, 152, 223
再封建化テーゼ Refudalisierungsthese …250
財務保証書 États de prévoyance …………70
サン＝ジェルマン＝アン＝レー Saint-Germain-en-Laye…………………185, 211
三十年戦争 Dreißigjähriger Krieg ………17, 60, 73, 78, 86, 92, 94, 315
シェーンブルン Schönbrunn ………162, 336
式服 Mantelkleid …………………7, 236, 237
司教座参事会員資格 Stiftsfähigkeit………285
シャンティイ Chantilly ……………66, 338
シャンボール Chambord …………………162
就寝前の謁見 Coucher ……………167, 173, 221, 238, 340
10分の１税 Dixiéme …………………70, 305
狩猟 Hunting …………30, 34, 44, 46, 50, 56, 58, 59, 63, 65～68, 71, 72, 78, 79, 83, 90, 99, 101, 103, 104, 114, 121, 125, 130, 146, 158, 162～166, 169, 170, 174, 176, 177, 189, 194, 198, 223, 227, 228, 239, 258, 263, 267, 269, 271, 330, 337, 349, 350, 358
小宴 Petit couvert ………………170, 197, 230
小夕食会 Petits soupers ………198, 238, 241
『職階表』Schematismen …………52, 80, 82, 83, 87, 112, 147, 219, 324
諸身分 Stände …………14, 19, 32, 40, 41, 91, 203, 225, 284, 290, 310, 311, 314, 316～319, 370
新諸侯 Neue Fürsten……………………235, 281, 322, 323, 370
人頭税 Capitation ………………………70, 305
スペイン継承戦争 War of the Spanish Succession …………………19, 20, 73, 89, 288, 314, 324, 351
スモック Chemise……………………228, 238
聖職禄一覧 Feuille des bénéfices …264, 265
聖体行列 Procession ……………148～150, 152～156, 188, 237
世襲忠誠誓約式 Erbhuldigungen …81, 196, 202, 203, 225, 227, 246, 297, 317
絶対主義 Absolutism …………………11, 12, 295, 296, 317, 339
洗足 Pedilavium………151, 152, 156, 236, 331
選帝侯 Kurfürst ……6, 14, 16, 17, 20, 37, 91, 113, 115, 134, 141, 205, 217, 221, 224, 225, 283, 289, 309～311, 316, 318, 321, 335, 348
『全ブルゴーニュ宮廷記』Beschreibung des gantzen Burgundischen Hoffstatts ……………………………………77, 120
帯剣貴族 Nobless d'épée …5, 6, 14, 47, 111, 141, 209, 249, 250, 299, 307, 320, 364
チップ Gratuities…………………90, 122, 130
地方三部会地域 Pays d'état…………302, 303
寵臣 Favourites, Archimignon………29, 206,

209, 251, 256, 257, 266, 267, 269～279, 286, 291, 292, 298, 301, 320～322, 326, 365, 367, 372
帝国議会 Reichstag ……………………18, 160, 202, 224, 310, 322, 370
帝国諸侯 Reichsfürsten……………………40, 91, 116, 141, 221, 316, 322, 323, 339, 340, 348, 362, 370
テ・デウム Te Deum ……157, 213, 226, 227
テュイルリ Tuileries……………………162, 184
同輩公 Ducs-pairs, Ducs et pairs ………37, 106, 141, 205, 210, 221, 281, 306, 308, 321, 322, 348, 369
篤信派 Dévôts ……………………………287
毒見 Essai ………………………………192
トリアノン Trianon ……………165, 166, 238
トルコ税 Türkensteuer ……………………91
ナプキン Serviette ……………………150, 192, 197, 227, 228, 238
入市式 Entrées ……………………29, 202, 225, 226, 246, 297, 298
白山の戦い Schlacht am Weißen Berg…315
パレ・ロワイヤル Palais-Royal …………162
ファヴォリタ Favorita ……123, 162, 164, 165
フォンテーヌブロー Fontainebleau……161, 162, 165, 166, 170
プラハ Prague ……………………37, 160, 165, 186, 215, 313, 314, 325
フランクフルト Frankfurt ………………160
フランスの子どもたち Enfants de France ……………………………………239
ブルゴーニュ宮廷 Burgundian court ….15, 16, 26～28, 35, 37, 46, 130, 301, 302
プレスブルク（ポジョニ）Preßburg（Pozsony）……………………………………160, 314
ブロワ王令 Ordinance of Blois …………100
フロンドの乱 Fronde ……10, 60, 61, 73, 106, 250, 259, 299～301, 305, 366
ベルヴェデーレ Belvedere …………199, 336
辺境諸侯（君主）Princes étrangers………37, 210, 281, 321, 326
封土授与式 Belehnungen ……………202, 224
法服貴族 Nobless de robe ……5, 6, 14, 47, 110, 111, 250, 307, 364
保証書 Versicherungsbillet……………70, 115
保証特権状 Brevets d'assurance…………125
ホーフブルク（王宮）Hofburg ……………21, 147, 154, 155, 162, 164, 175, 185, 186, 191, 195, 199, 219, 227, 332, 336, 338, 339, 343, 358, 359, 371
ポリシノディ Polysynodie ………………111
ポリツァイ条令 Polizeiordnungen ………317
マドリッド Madrid ……………………19, 20
マリア柱 Mariensaüle………………………91
丸椅子 Tabourets …………………………228
マルリー Marly ……………165, 166, 170, 172
『名簿』État ……………50, 51, 55, 56, 59～62, 64, 67, 73, 75, 78, 79, 81, 86～88, 90, 99, 107, 112, 118, 121, 124, 125, 128, 130, 146, 147, 159, 169, 174, 183, 190, 193, 212, 214, 215, 217～219, 223, 232, 234, 254, 263, 313, 356, 369
『メルキュール・フランソワ』Mercure François ……………………………………214
館（アパルトマン）Appartement ………170～172, 198, 253
四輪馬車 Carrosse…………………………242
ラクセンブルク Laxenburg ……………154, 161, 162, 164, 258
ルーヴル Louvre …64, 162, 167, 168, 184, 338
留職特権状 Brevets de retenue …………107
レーゲンスブルク Regensburg …………17, 160, 224, 310
ろうそく立て Bougeoir……………………238
ローマ Rome ……………………………28, 30
ロワール Loire ……………………………162

刊行史料

Almanac ou calendrier pour l'année... Où sont marquez les Eclypses, le lever & le coucher du soleil le mouvement de la lune, les jours des foires, le journal du palais, la demeure des messagers, le depart des couriers, le tariff des monnoies & la liste des bureaux de messieurs des finances, & leurs departments (1699–).

Anselme [Pierre de Guibours, dit le père d'Anselme], *Histoire généalogique et chronologique de la maison royale de France*, 9 vols. (Paris 1726–1733; repr. New York 1967).

Benoit, Marcelle, *Musiques de cour: chapelle, chambre, écurie, 1661–1733* La vie musicale en France sous les rois Bourbons 20 (Paris 1971).

Besenval [Pierre Victor, baron de], *Mémoires de M. Le baron de Besenval, Lieutenant-Général des armées di roi, sous Louis XV et Louis XVI... écrits par lui-même*, 4 vols. (Paris 1805–1806).

Boislisle, A. M. de, *Correspondence des contrôleurs généraux des finances avec les intendants des provinces*, vol. III (Paris 1897).

Brown, Edward, *A brief account of some travels in divers parts of Europe...* (London 1687).

Breteuil [Louis Nicolas, Baron de], *Mémoires*, ed. Evelyne Lever (Paris 1992).

Calendrier de la cour tiré des éphémérides pour l'annee... Imprimé pour la famille royale et maison de sa majesté (1701–1791).

Castiglione, Baldesar, *The Book of the Courtier* (New York 1959).

Catherine de Médicis, *Lettres de Catherine de Médicis*, ed. Hector de la Ferrière, vol. II (Paris 1885).

Caumartin, *Recherches de la noblesse de Champagne* (Chalons 1673).

Ceremoniale Palatinum wie bey der Regierung von Caroli Ludovici sich solches befunden (Freiburg 1700).

Choisy, *Mémoires de l'Abbé de Choisy*, ed. Georges Mongrédien (Paris 1966).

Cimber, Danjou, ed., *Archives curieuses de l'histoire de France*, serie I, vol. X (Paris 1836).

Clément, Pierre, *Lettres... de Colbert*, vol. II (Paris 1863).

Code des commensaux ou recueil general des edits, declarations, ordonnances, lettres patentes, arrests, & reglemens: portant etablissement & confirmation des privileges, franchises, libertez, immunitez, exemptions, rangs, préséances, & droits honorifiques des officiers-domestiques & commensaux de la maison du roy, des maisons royales, & de leurs veuves (Paris 1720).

Croÿ [Emmanuel, duc de], *Journal inédit du duc de* Croÿ, *1718–1784*, ed. Paul Cottin Grouchy, 4 vols. (Paris 1906–1907).

Dangeau [Philippe de Courcillon, marquis de], *Journal du marquis de Dangeau... avec les additions inédites du duc de Saint-Simon*, ed. E. Soulié and L. Dussieux, 19 vols. (Paris 1854–1860).

Davis, J. C., *Pursuit of Power: Venetian Ambassadors' Reports on Spain, Turkey, and France in the Age of Philip II* (New York 1970).

Dictionnaire de l'Académie (Paris 1694).

Diderot and D'Alembert, eds., *Encyclopédie ou dictionnaire raisonné des sciences, des arts et des métiers* (Paris 1756).

Driessen, Felix, ed., *De reizen der de la courts 1641–1700–1710* (Leiden 1928).

Du Bois, *Moi, Marie Du Bois. Gentilhomme Vendômois valet de chambre de Louis XIV*, ed. François Lebrun (Rennes 1994).

Carafa, see Hurter, *Friedensbestrebungen* in secondary literature.

Etat de la France, contenant tous les princes, Ducs & Pairs, Maréchaux de France... (Paris 1649–1749) with varying titles and compilers.

Europische Mercurius behelzende al het voornaamste 't geen zo omtrent de zaaken van staat als oorlog, in alle de koningrijken en landen van Europa, en ook zelfs in verscheidene gewesten van d'andere deelen der wereld, is voorgevallen (Amsterdam 1690–1739).

Fellner, Thomas, and Kretschmayr, Heinrich, eds., *Die österreichische Zentralverwaltung. I. Abteilung Von Maximilian I. bis zur Vereinigung der Österreichischen und Böhmischen Hofkanzlei (1749)*, 3 vols., Veröffentichungen der Komission für neuere Geschichte österreichs 5–7 (Vienna 1907).

Forbonnais, F. Véron de, *Recherches et considérations sur les finances de France depuis l'année 1595 jusqu'à l'année 1721*, 2 vols. (Basel 1758).

Freschot, Casimir, *Mémoires de la Cour de Vienne, contenant les remarques d'un voyage curieux sur l'état de cette Cour, & sur ses interêts* (Cologne 1706).

Furetière, Antoine, *Dictionnaire Universel contenant generalement tous les mots françois...* (Paris 1690).

Godefroy, Denys, *Le Cérémonial François*, 2 vols. (Paris 1649).

Godefroy, Theodore, *Cérémonial de France* (Paris 1619).

Greppi, comte de, *Notes de voyage du comte Giandemaria envoyé du duc de Parme la cour de Louis XIV (1680)* (Paris, s.d.).

Griselle, Eugène, *Etat de la Maison du Roi Louis XIII... comprenant les années 1601 à 1665* (Paris 1912).

Héroard, *Journal de Jean Héroard sur l'enfance et la jeunesse de Louis XIII 1601–1628*, ed. E. Soulié and E. de Barthélemy, 2 vols. (Paris 1868).

Hézecques, Félix de, *Souvenirs d'un page de la cour de Louis XVI* (Paris 1998).

Isambert, F., *Recueil général des anciennes lois françaises depuis l'an 420, jusqu'à la révolution de 1789*, vol. XIV (Paris 1829).

Kayserlicher Hof- und Ehren-Kalender... Zum Gebrauche des Kaiserl. auch Kaiserl. Königl. Hofes (Vienna 1715–), 'Hofkalender'.

Kayserlicher und Königlicher, wie auch Erz-herzoglicher und dero Residenzstadt Wienn Staats- und Standskalender / auff das Jahr MDCCII. Mit einem noch nie dergleichen gesehenen Schematismo geziert (1704–), 'Schematismus'.

Keyszler, Johann Georg, *Nieuwe Reizen door Duitschland, Bohemen, Hongarije... Uit het Hoogduitsch vertaalt*, 4 vols. (Amsterdam 1753–1755).

Khevenhüller, *Hans Khevenhüller kaiserlicher Botschafter bei Philipp II Geheimes Tagebuch 1548–1605*, ed. Georg Khevenhüller-Metsch and Günther Probszt-Ohstorff (Graz 1971).

Khevenhüller-Metsch, Johann Josef, *Aus der Zeit Maria Theresias. Tagebuch des Fürsten Johann Josef Khevenhüller-Metsch, kaiserlichen Obersthofmeisters 1742–1776*, ed. R. Khevenhüller-Metsch and H. Schlitter, 7 vols. (Vienna 1907–1925).

Aus der Zeit Maria Theresias. Tagebuch des Fürsten Johann Josef Khevenhüller-Metsch, kaiserlichen Obersthofmeisters 1742–1776, 1774–1776 und Nachträge, ed. M. Breunlich-Pawlik and H. Wagner (Vienna 1972).

Theater, Feste und Feiern zur Zeit Maria Theresas 1742–1776, Grossegger, Elisabeth, ed., Österreichische Akademie der Wissenschaften Philosophisch-Historische Klasse Sitzungsberichte 476, Veröffentlichungen des Instituts für Publikumsforschung no. 12 (Vienna 1987).

Küchelbecker, Johann Basilius, *Allerneueste Nachricht vom Römisch-Kayserl. Hofe* (Hanover 1732).

La Porte, *Mémoires de P. de la Porte, premier valet de chambre de Louis XIV, contenant plusieurs particularités des règnes de Louis XIII et de Louis XIV*, in *Nouvelle collection des mémoires pour servir à l'histoire de France*, ed. Michaud, Poujoulat, 3rd series, vol. VIII (Paris 1850), pp. 1–57.

Leopold I, *Privatbriefe Kaiser Leopold I an den Grafen F. E. Pötting 1662–1673*, ed. A. F. Pribram and M. Landwehr von Pragenau, 2 vols., Fontes Rerum Austriacarum 56–57 (Vienna 1903–1904).

Levinson, Arthur, *Nuntiaturberichte vom Kaiserhofe Leopolds I*, 2 vols. (Vienna 1913–1918).

Lhotsky, Alphons, 'Kaiser Karl VI. und sein Hof im Jahre 1712–13', *MIÖG* 66 (1958), pp. 52–80.

Loménie de Brienne, Etienne-Charles, *Compte rendu au roi Au moi de Mars 1788, et publié par ses ordres* (Paris 1788).

Louis XIV, *Mémoires de Louis XIV pour l'instruction du Dauphin*, ed. Charles Dreyss, 2 vols. (Paris 1860).

Œuvres de Louis XIV, ed. M. Grouvelle, 6 vols. (Paris 1806).

Louis XV, *Lettres de Louis XV à son petit-fils l'infant Ferdinand de Parme*, ed. Philippe Amiguet (Paris 1938).

Loyseau, Charles, *Les Œuvres du Maistre Charles Loyseau, Avocat en Parlement. Contenant les cinq livres du droit, des offices, les traitez des Seigneuries, des ordres & simples dignitez, du déguerpissement & delaissement par Hypotheque, de la garantie des rentes, & des abus des justices de village* (Paris 1678).

Lünig, Johann Christian, *Theatrum Ceremoniale historico-politicum oder historisch und politischer Schau-Platz aller Ceremonien* . . . , 3 vols. (Leipzig 1719–1720).

Luynes [Charles Philippe d'Albert, duc de], *Mémoires du duc de Luynes sur la cour de Louis XV*, ed. L. Dussieux and E. Soulié, 17 vols. (Paris 1860–1865).

Maria Theresa, *Briefe Maria Theresia an Ihre Kinder und Freunde*, ed. Alfred von Arneth, 4 vols. (Vienna 1881).

Correspondence secrète entre Marie-Thérèse et le Cte de Mercy-Argenteau, avec les lettres de Marie-Thérèse et de Marie-Antoinette, ed. Alfred von Arneth and M. A. Geffroy, 3 vols. (Paris 1874–75).

'Zwei Denkschriften der Kaiserin Maria Theresia', ed. Alfred von Arneth, *AÖG* 47, 2 (1871), pp. 267–354.

Mathon de la Cour, Charles-Joseph, *Collection de comptes rendus, pièces authentiques, états et tableaux concernant les finances de la France depuis 1758 à nos jours* (Lausanne 1788).

Mavidal, M. J., and Laurent, M. E., eds., *Archives Parlementaires de 1787 à 1860*, prémière série, vol. XXVII (Paris 1887).
Menčík, see secondary literature.
Menestrier, C.-F., *Histoire du Roy Louis le Grand. Par les Médailles, Emblèmes, Devises, Jettons, Inscriptions armoires et autres* (Paris 1691).
Merian, Matthaeus, *Topographia Germania – Österreich* (Frankfurt 1649–1656; repr. Kassel 1963).
Molesworth, Robert, *Etat du Royaume de Danemark, tel qu'il etoit en 1692* (Amsterdam 1695).
Monicart, Jean-Baptiste de, *Versailles immortalisé par les merveilles parlantes de bâtimens, jardins, bosquets, parcs, statues, termes & vases* (Paris 1720).
Montesquieu [Charles-Louis de Secondat, Baron de la Brède et de Montesquieu], *Œuvres Complètes* (Paris 1964).
Montpensier, *Mémoires de Mademoiselle de Montpensier*, in *Nouvelle collection des mémoires pour servir a l'histoire de France*, ed. Michaud, Poujoulat (Paris 1850), IV, pp. 1–523.
Necker, Jacques, *Compte rendu* (Paris 1781).
De l'administration des finances de la France, 3 vols. (Lausanne 1784).
Orléans [Elisabeth-Charlotte de, Madame], *Briefe*, ed. Wilhelm Ludwig Holland, Bibliothek des Literarischen Vereins 88, 107, 122, 132, 144, 157 (Stuttgart 1867–1881).
Correspondance de Madame duchesse d'Orléans, ed. Ernest Jaéglé, 2 vols. (Paris 1880).
Oroux, *Histoire ecclésiastique de la cour de France. Où l'on trouve tout ce qui concerne l'histoire de la chapelle & des principaux officiers ecclésiastiques de nos rois*, 2 vols. (Paris 1776–1777).
Pacichelli, G.-B., *Memorie de' Viaggi per l'Europa Christiana, scritte à diversi In occasion de' suoi Ministeri dall'abate* (Naples 1685).
Passer, 'Berichte des Hessen-Darmstädtischen Gesandten Justus Eberhard Passer', ed. L. Baur, *AÖG* 37 (1867), pp. 273–409.
Patin, Charles, *Relations historiques et curieuses de voyages, en Allemagne, Angleterre, Hollande, Bohème, Suisse, &c.* (Amsterdam 1695).
Pisan, Christine de, *Le livre des fais et des bonnes mœurs de sage roy Charles V*, ed. S. Solente (Paris 1936; repr. Paris 1977).
Pöllnitz, *Mémoires de Charles-Louis Baron de Pöllnitz*, 2 vols. (Amsterdam 1734).
Potter, David, and Roberts, P. R., 'An Englishman's View of the Court of Henri III, 1584–1585: Richard Cook's Description of the Court of France', *FH* 2 (1988), pp. 312–344.
Pribram, A. F., ed., 'Aus dem Berichte eines Franzosen über den Wiener Hof in den Jahren 1671 und 1672', *MIÖG* 12 (1891), pp. 270–296.
Pufendorf, Esaias, *Bericht über Kaiser Leopold, seinen hof, und die Österreichische Politik 1671–1674*, ed. Karl Helbig (Leipzig 1862).
'Das Tagebuch Esaias Pufendorfs, schwedischen Residenten am Kaiserhofe von 1671 bis 1674', ed. Oswald Redlich, *MIÖG* 37 (1917), pp. 541–597.
Rinck, G. E., *Leopold des Grossen Röm. Kaysers wunderwürdiges Leben und Thaten aus geheimen Nachrichte eröffnet* (Cologne 1713).
Rousset de Missy, Jean, and Du Mont, Jean, *Le Cérémonial Diplomatique des Cours de l'Europe ou collection des actes, mémoires et relations qui concernent les Dignitez, Titulatures, Honneurs et Prééminences; les fonctions publiques des souverains, leurs*

sacres, couronnemens, mariages, batêmes, & Enterremens; les Investitures des grands Fiefs; les Entrées publiques, Audiences, Fonctions, Immunitez & Franchises des Ambassadeurs et autres Ministres publics; leurs Disputes & Démelez de Préséance; Et en général tout ce qui a rapport au Cérémonial & à l'Etiquette, 2 vols., Supplément au Corps Universel Diplomatique du Droit des Gens 4–5 (Amsterdam and The Hague 1739).

Saint Maurice, Marquis de, *Lettres sur la cour de Louis XIV*, ed. Jean Lemoine (Paris 1910).

Saint-Simon [Louis de Rouvroy, duc de] *Mémoires*, ed. A. de Boislisle and Léon Lecestre, 42 vols. (Paris 1879–1930).

Siéyès, Emmanuel, *Qu'est ce que le Tiers Etat*, ed. R. Zappéri (Geneva 1970).

Sourches [Louis François du Bouchet, marquis de], *Mémoires du marquis de Sourches sur le règne de Louis XIV*, ed. Gabriel-Jules de Cosnac, 13 vols. (Paris 1882–1893).

Stollberg-Rilinger, Barbara, and Krischer, André, eds., *Das Hofreisejournal des Kurfürsten Clemens August von Köln 1719–1745* (Siegburg 2000).

Theatrum Europaeum oder ausführliche und wahrhaftige Beschreibung aller und jeder denckwürdigen Geschichten, so sich hin und wider in der Welt zugetragen haben (Frankfurt am Main 1635–).

Tillet, Jean du, *Recueil des Roys de France leurs couronne et maison, ensemble le rang des grands de France* (Paris 1611).

Toison d'Or ou recueil des statuts et ordonnances du noble ordre de la Toison d'Or, leurs confirmations, changemens, additions, ceremonies, immunitez, exemptions, prééminences, . . . depuis l'institution jusques à présent (Cologne 1689).

Véri, *Journal de l'abbé de Véri publié avec une préface et des notes par le baron Jehan de Witte*, 2 vols. (Paris s.d.).

Visconti, Giovanni Battista Primi, *Mémoires de Primi Visconti sur la cour de Louis XIV, 1673–1681*, ed. J.-F. Solnon (Paris 1988).

Weensche Gezantschapsberichten van 1670 tot 1720, ed. G. von Antal and J. C. H. de Pater, 2 vols. (The Hague 1929–1934).

Wicquefort, *L'Ambasadeur et ses Fonctions* (Cologne 1690).

Wienerisches Diarium (Vienna 1703–).

Zedler, Johann Heinrich, *Grosses vollständiges Universal-Lexikon aller Wissenschaften und Kunsten . . .* (Leipzig and Halle 1732; repr. Graz 1961).

参考文献

Abraham, Claude Kurt, *Gaston d'Orléans et sa cour: étude litteraire*, Studies in the Romance Languages and Literatures 41 (Chapel Hill n.d.).

Adamson, John, ed., *The Princely Courts of Europe: Ritual, Politics, and Culture under the Ancien Régime 1500–1750* (London 1999).

Adelige Sachkultur des Spätmittelalters. Internationaler Kongress Krems an der Donau 22. bis 25. September 1980, Veröffentlichungen des Instituts für mittelalterliche Realienkunde Österreichs 5 (Vienna 1982).

Alewyn, Richard, and Sälzle, Karl, *Das Grosse Welttheater. Die Epoche der höfischen Feste in Dokument und Deutung* (Hamburg 1959).

Alföldi, Andreas, *Die monarchische Repräsentation im römischen Kaiserreich* (Darmstadt 1980).

Antoine, Michel, 'Les gouverneurs de province en France (XVIe–XVIIIe siècle)', in *Prosopographie et génèse de l'état moderne. Actes de la Table ronde de Paris, 22–23 oct. 1984*, ed. F. Autrand (Paris 1986), pp. 185–194.

Le gouvernement et administration sous Louis XV. Dictionnaire biographique (Paris 1978).

Louis XV (Paris 1989).

Aretin, Karl Otmar von, *Das Alte Reich 1648–1806. II Kaisertradition und Österreichische Großmachtpolitik (1684–1745)* (Stuttgart 1997).

Arnade, Peter, *Burgundian Ceremony and Civic Life in Late Medieval Ghent* (Ithaca 1996).

Asch, R. G., *Der Hof Karls I. Vom England. Politik, Provinz und Patronage* (Cologne, Weimar, and Vienna 1993).

Asch, R. G., ed., *Der Europäische Adel im Ancien Régime. Von der Krise der ständischen Monarchien bis zur Revolution* (Cologne, Weimar, and Vienna 2001).

Asch, R. G., and Birke, A., eds., *Princes, Patronage and the Nobility: The Court at the Beginning of the Modern Age c. 1450–1650* (Oxford and London 1991).

Aymard, Maurice, and Romani, Marzio A., eds., *La cour comme institution économique* (Paris 1998).

Baillie, Hugh Murray, 'Etiquette and the Planning of State Apartments in Baroque Palaces', *Archaeologia or Miscellaneous Tracts Relating to Antiquity* 101 (1967), pp. 169–199.

Barbiche, Bernard, *Les institutions de la monarchie française à l'époque moderne* (Paris 1999).

Barker, Nancy, 'Philippe d'Orléans, Frère Unique du Roi: Founder of the Family Fortune', *FHS* 13 (1983–1984), pp. 145–171.

Barthélemy, Edouard de, *Les Grands Ecuyers et la Grande Ecurie de France avant et depuis 1789* (Paris 1868).

Bastl, Beatrix, 'Das Österreichische Frauenzimmer. Zur Rolle der Frau im höfischen Fest- und Hofleben 15. bis 17. Jahrhundert', *Opera Historica* 8 (2000), pp. 79–105.

'Feuerwerk und Schlittenfahrt. Ordnungen zwischen Ritual und Zeremoniell', *WRGB* 51 (1996), pp. 197–229.

Tugend, Liebe, Ehre. Die adelige Frau in der Frühen Neuzeit (Vienna, Cologne, and Weimar 2000).

Bastl, Beatrix, and Heiss, Gernot, 'Hofdamen und Höflinge zur Zeit Leopolds I. Zur Geschichte eines vergessenenen Berufsstandes', *Opera Historica* 5 (1996), pp. 187–234.

'Tafeln bei Hof: die Hochzeitsbankette Kaiser Leopolds I', *WRGB* 50 (1995), pp. 181–206.

Bauer, Volker, *Die höfische Gesellschaft in Deutschland von der mitte des 17. bis zum Ausgang des 18. Jahrhunderts. Versuch einer Typologie* (Tübingen 1993).

Hofökonomie. Der Diskurs über den Fürstenhof in Zeremonialwissenschaft, Hausväterliteratur und Kameralismus (Vienna, Cologne, and Weimar 1997).

Repertorium territorialer Amtskalender und Amtshandbücher im Alten Reich. Adreß-, Hof-, Staatskalender und Staatshandbücher des 18. Jahrhunderts, vol. II, Heutiges Bayern, Österreich, Liechtenstein. Ius Commune, Sonderheft 123 (Frankfurt 1999).

Baulant, M., 'Le salaire des ouvriers du bâtiment à Paris de 1400 à 1726', *AESC* 26 (1971), pp. 461–483.

Beales, Derek, *Joseph II: In the Shadow of Maria Theresa 1741–1780* (Cambridge 1987).

Beattie, John, *Bunyoro: An African Kingdom* (New York 1969).

Béguin, Katia, 'Louis XIV et l'aristocratie: coup de majesté ou retour à la tradition', *Histoire, économie et société* 19, 4 (2000), pp. 497–512.

Les princes de Condé. Rebelles, courtisans et mécènes dans la France du grand siècle (Paris 1999).

Béhar, Pierre, and Watanabe-O'Kelly, Helen, eds., *Spectaculum Europaeum: Theatre and Spectacle in Europe*, Wolfenbütteler Arbeiten zur Barockforschung 31 (Wiesbaden 1999).

Beik, William, *Absolutism and Society in Seventeenth-Century France: State Power and Provincial Aristocracy in Languedoc* (Cambridge 1985).

Louis XIV and Absolutism: A Brief Study with Documents (Boston and New York 2000).

Bély, Lucien, *Espions et Ambassadeurs au temps de Louis XIV* (Paris 1990).

La Société des Princes xvie–xviiie siècle (Paris 1999).

Benedik, Christian, 'Die Herrschaftlichen Appartements. Funktion und Lage Während der Regierungen von Kaiser Leopold I. bis Franz Joseph I', *Österreichische Zeitschrift für Kunst und Denkmalpflege* 51 (1997), pp. 552–570.

Benoit, Marcelle, *Versailles et les musiciens du roi, 1661–1733: étude institutionnelle et sociale* (Paris 1971).

Bérenger, Jean, 'A propos d'un ouvrage récent: les finances de l'autriche à l'époque baroque (1650–1740)', *Histoire, economie et société* 3, 2 (1984), pp. 221–245.

Finances et Absolutisme Autrichien dans la seconde moitié du XVIIe siècle (Paris 1975).

'Pour une enquête européenne: le problème du ministériat au XVIIe siècle', *AESC* 29, 1 (1974), pp. 166–192.
Bergin, Joseph, *Cardinal Richelieu, Power and the Pursuit of Wealth* (New Haven and London 1985).
The Making of the French Episcopate (1589–1661) (New Haven and London 1996).
The Rise of Richelieu (New Haven and London 1991).
Berns, J. J., and Rahn, Th., ed., *Zeremoniell als höfische Ästhetik in Spätmittelalter und Früher Neuzeit* (Tübingen 1995).
Bertelli, Sergio, *The Courts of the Italian Renaissance* (Milan 1985).
Beutler, Corinne, 'Bâtiments et salaires: un Chantier à Saint-Germain-des-Prés de 1644 à 1646', *AESC* 26 (1971), pp. 484–517.
Bireley, Robert, *Religion and Politics in the Age of the Counterreformation: Emperor Ferdinand II, William Lamormaini S.J., and the Formation of Imperial Policy* (Chapel Hill 1981).
Blanning, T. C. W., *The Culture of Power and the Power of Culture* (Oxford 2002).
Blanquie, Christophe, 'Dans la main du Grand maître. Les offices de la maison du roi, 1643–1720', *Histoire & Mesure* 13, 3–4 (1998), pp. 243–288.
Bloch, Marc, *Les Rois thaumaturges. Etude sur le caractère surnaturel attribué à la puissance royale particulièrement en France et en Angleterre* (Paris 1983).
Bonney, Margaret, and Bonney, Richard, *Jean-Roland Malet premier historien des finances de la monarchie française* (Paris 1993).
Bonney, Richard, ed., *The Rise of the Fiscal State in Europe, c. 1200–1815* (Oxford 1999).
Bonney, Richard, Bonney, Margaret, and Ormrod, W. M., eds., *Crises, Revolutions and Self-Sustained Growth: Essays in European Fiscal History, 1130–1830* (Stamford 1999).
Boppe, A., *Les introducteurs des Ambassadeurs 1585–1900* (Paris 1901).
Bosher, J. F., *French Finances, 1770–1795: From Business to Bureaucracy* (Cambridge 1970).
Bouchenot-Déchin, Patricia, *Henry Dupuis, jardinier de Louis XIV*, Les Métiers de Versailles (Versailles 2001).
Boucher, Jacqueline, *Deux épouses et reines à la fin du XVIe siècle. Louise de Lorraine et Marguerite de France* (Saint-Etienne 1995).
La cour de Henri III (Rennes 1986).
'L'évolution de la maison du Roi: des derniers Valois aux premiers Bourbons', *XVIIe Siècle* 137 (1982), pp. 359–379.
Boulton, D. A. J. D., *The Monarchical Orders of Knighthood in Later Medieval Europe 1325–1520* (Woodbridge 1987).
Boutier, Jean, Dewerpe, Alain, and Nordman, Daniel, *Un tour de France royal: le voyage de Charles IX (1565–1566)* (Paris 1984).
Bryant, Lawrence M., *The King and the City in the Parisian Royal Entry Ceremony. Politics, Ritual, and Art in the Renaissance* (Geneva 1986).
Bryant, Mark, 'Françoise d'Aubigné, Marquise de Maintenon: Religion, Power and Politics: A Study in Circles of Influence during the Later Reign of Louis XIV, 1684–1715', unpublished Ph.D. thesis, London (2001).
Bucholz, R., *The Augustan Court: Queen Anne and the Decline of Court Culture* (Stanford 1993).
Bucholz, R., and Sainty, J. C., eds., *Officials of the Royal Household, 1660–1837. Part I: Department of the Lord Chamberlain and Associated Offices* (London 1997).

Buck, A., Kaufmann, G., Spahr, B. L., and Wiedemann, C., eds., *Europäische Hofkultur im 16. und 17. Jahrhundert. Vorträge und Referate gehalten anlässlich des Kongresses des Wolfenbütteler Arbeitskreises für Renaissanceforschung und des Internationalen Arbeitskreises für Barockliteratur in der Herzog August Bibliothek Wolfenbüttel vom 4. bis 8. September 1979*, Wolfenbütteler Arbeiten zur Barockforschung 8 (Hamburg 1981).

Buisseret, David, *Henry IV* (London 1984).

Bulst, N., Descimon, R., and Guerreau, A., eds., *L'Etat ou le roi. Les fondations de la modernité monarchique en France (xive–xviie siècles)* (Paris 1996).

Burke, Peter, *The Fabrication of Louis XIV* (New Haven and London 1992).

Campbell Orr, Clarissa, ed., *Queenship in Europe 1660–1815: The Role of the Consort* (Cambridge 2004).

Campbell, Peter R., *Power and Politics in Old Regime France, 1720–1745* (London 1996).

Chaussinand-Nogaret, Guy, *La noblesse au XVIIIe siècle. De la Féodalité aux Lumières* (Paris 1976).

La vie quotidienne des femmes du roi (Paris 1990).

Christiane, Thomas, 'Von Burgund zu Habsburg. Personalpolitische und administrative Verflechtungen in den Herrschaftskomplexen des Hauses Österreich', in *Archiv und Forschung. Das Haus-, Hof- und Staatsarchiv in seiner Bedeutung für die Geschichte Österreichs und Europas*, ed. Elisabeth Springer and Leopold Kammerhofer (Vienna and Munich 1993), pp. 35–48.

Claessen, H. J. M., and Skalnik, P., eds., *The Early State* (The Hague 1978).

Coreth, Anna, *Pietas Austriaca. Ursprung und Entwicklung barocker Frömmigkeit in Österreich* (Vienna 1959).

Cosandey, Fanny, *La reine de France. Symbole et pouvoir xve–xviiie siècle* (Paris 2000).

Dessert, Daniel, *Argent, pouvoir et société au grand siècle* (Paris 1984).

Dessert, Daniel, and Journet, J.-L., 'Le lobby Colbert: un royaume ou une affaire de famille', *AESC* 30 (1975), pp. 1303–1336.

Dickens, A. G., ed., *The Courts of Europe: Politics, Patronage and Royalty 1400–1800* (London 1977).

Dickson, P. G. M., *Finance and Government under Maria Theresia 1740–1780*, 2 vols. (Oxford 1987).

'Monarchy and Bureaucracy in Late Eighteenth-Century Austria', *English Historical Review* 110 (1995), pp. 323–367.

Dictionnaire de l'Ancien Régime, ed. Lucien Bély (Paris 1996).

Dictionnaire du Grand Siècle, ed. François Bluche (Paris 1990).

Die Lust am Jagen. Jagdsitten und Jagdfeste am Kurpfälzischen Hof im 18. Jahrhundert (Ubstadt-Weiher 1999).

Doyle, William, *Venality: The Sale of Offices in Eighteenth-century France* (Oxford 1996).

Dreger, Moriz, *Baugeschichte der K.K. Hofburg in Wien bis zum XIX. Jahrhunderte*, Österreichische Kunsttopographie 14 (Vienna 1914).

Dubost, Jean-François, *La France Italienne XVIe–XVIIe siècle* (Paris 1997).

Duchhardt, Heinz, 'Krönungszüge. Ein Versuch zur "negativen Kommunikation"', in *Im Spannungsfeld von Recht und Ritual. Soziale Kommunikation in Mittelalter und früher Neuzeit*, ed. H. Duchhardt and G. Melville (Cologne 1997), pp. 291–301.

Duchhardt, Heinz, Jackson, Richard, and Sturdy, David, eds., *European Monarchy: Its Evolution and Practice from Roman Antiquity to Modern Times* (Stuttgart 1992).

Duindam, Jeroen, 'Ceremony at Court: Reflections on an Elusive Subject', *Francia. Forschungen zur westeuropäischen Geschichte* 26, 2 (1999), pp. 131–140.
Myths of Power: Norbert Elias and the Early Modern European Court (Amsterdam 1995).
'Norbert Elias und der frühneuzeitliche Hof. Versuch einer Kritik und Weiterführung', *Historische Anthropologie* 6, 4 (1998), pp. 370–387.
'The Court of the Austrian Habsburgs: Locus of a Composite Heritage', *MRK* 8, 2 (1998), pp. 24–58.
Duma, Jean, *Les Bourbons-Penthièvre (1678–1793): Une nébuleuse aristocratique au xviiie siècle* (Paris 1995).
Dunk, Thomas H. von der, *Das deutsche Denkmal: eine Geschichte in Bronze und Stein vom Hochmittelalter bis zum Barock* (Cologne 1999).
Durand, Y., 'Recherches sur les salaires des maçons à Paris au XVIIIe siècle', *Revue d'Histoire Economique et Sociale*, 44 (1966), pp. 468–480.
Elias, Norbert, *Die höfische Gesellschaft. Untersuchungen zur Soziologie des Königtums und der höfischen Aristokratie. Mit einer Einleitung: Soziologie und Geschichtswissenschaft* (Darmstadt and Neuwied 1969).
Elias, Norbert, *Über den Prozeß der Zivilisation. Soziogenetische und Psychogenetische Untersuchungen*, 2 vols. (Bern 1969).
Ellenius, Allan, ed., *Iconography, Propaganda, and Legitimation* (Oxford 1998).
Elliott, J. H., *Spain and Its World 1500–1700: Selected Essays* (New Haven and London 1989).
'Tediums and Te Deums', *Times Literary Supplement*, 28 April 2000, p. 27.
Elliott, J. H., and Brockliss, L. W. B., eds., *The World of the Favourite* (New Haven and London 1999).
Elliott, J. H., and Brown, Jonathan, *A Palace for a King: The Buen Retiro and the Court of Philip IV* (New Haven and London 1980).
Ellis, Harold A., *Boulainvilliers and the French Monarchy: Aristocratic Politics in Early Eighteenth-Century France* (Ithaca and London 1988).
'Genealogy, History and Aristocratic Reaction in Early Eighteenth-Century France: The Case of Henri de Boulainvilliers', *JMH* 58, 2 (1986), pp. 414–451.
Engels, Jens Ivo, *Königsbilder. Sprechen, Singen und Schreiben über den französischen König in der ersten Hälfte des achtzehnten Jahrhunderts*, Pariser Historische Studien 52 (Bonn 2000).
Evans, Robert J. W., *The Making of the Habsburg Monarchy 1550–1700: An Interpretation* (Oxford 1979).
Feros, Antonio, *Kingship and Favoritism in the Spain of Philip III 1598–1621* (Cambridge 2000).
Festivals and Ceremonies: A Bibliography of Works Relating to Court, Civic, and Religious Festivals in Europe 1500–1800, ed. Helen Watanabe-O'Kelly and Anne Simon (London and New York 2000).
Fidler, Katharina, 'Mäzenatentum und Politik am Wiener Hof: das Beispiel der kaiserin Eleonora Gonzaga-Nevers', *Innsbrucker Historische Studien* 12, 13 (1990), pp. 41–68.
Fogel, Michèle, *Les cérémonies d'information dans la France du XVIe au XVIIIe siècle* (Paris 1989).
L'Etat dans la France moderne de la fin du XVe siècle au milieu du XVIIIe siècle (Paris 1992).

Forster, R., *The House of Saulx-Tavannes: Versailles and Burgundy 1700–1830* (Baltimore 1971).

Frêche, Genevièvel, and Frêche, George, *Les prix des grains des vins et des légumes à Toulouse (1486–1868). Extraits des Mercuriales suivis d'une bibliographie d'histoire des prix* (Paris 1967).

Frey, Linda, and Frey, Marsha, *A Question of Empire: Leopold I and the War of Spanish Succession 1701–1705* (New York 1983).

Geertz, Clifford, *Negara: The Theatre-state in Nineteenth-Century Bali* (Princeton 1980).

Gehling, Theo, *Ein Europäischer Diplomat am Kaiserhof zu Wien. François Louis de Pesme, seigneur de Saint-Saphorin, als englischer Resident am Wiener Hof 1718–1727*, Bonner Historische Forschungen 25 (Bonn 1964).

Giesey, Ralph E., 'The King Imagined', in *The French Revolution and the Creation of Modern Political Culture*. I *The Political Culture of the Old Regime*, ed. K. M. Baker (Oxford and New York 1987), pp. 41–59.

Giesey, Ralph E., *The Royal Funeral Ceremony in Renaissance France* (Geneva 1960).

Godefroy-Ménilglaise, *Les savants Godefroy. Mémoires d'une famille pendant les xvie, xviie & xviiie siècles* (Paris 1873).

Goloubeva, Maria, *The Glorification of Emperor Leopold I in Image, Spectacle and Text*, Veröffentlichungen des Instituts für Europäische Geschichte 184 (Mainz 2000).

Goubert, Pierre, *Mazarin* (Paris 1990).

Graf, Henriette, 'Das kaiserliche Zeremoniell und das Repräsentationsappartement im Leopoldinischen Trakt der Wiener Hofburg um 1740', *Österreichische Zeitschrift für Kunst und Denkmalpflege* 51 (1997), pp. 571–587.

Graham, Victor E., and McAllister Johnson, W., eds., *The Royal Tour of France by Charles IX and Catherine de Medici: Festivals and Entries 1564–1566* (Toronto, Buffalo, and London 1979).

Griselle, Eugène, *Ecurie, Vénerie, Fauconnerie et louveterie du roi Louis XIII* (Paris 1912).

Gruber, Alain-Charles, *Les grandes fêtes et leurs décors à l'époque de Louis XVI* (Geneva 1972).

Gschliesser, O. von, 'Das Beamtentum der hohen Reichsbehörden (Reichshofkanzlei, Reichskammergericht, Reichshofrat, Hofkriegsrat)', in *Beamtentum und Pfarrerstand 1400–1800. Budinger Vorträge 1967*, ed. Günther Franz (Limburg Lahn 1972), pp. 11–26.

Der Reichshofrat. Bedeutung und Verfassung, Schicksal und Besetzung einer obersten Reichsbehörde von 1559–1806 (Vienna 1942).

Guillaume, Jean, ed., *Architecture et vie sociale. L'Organisation intérieure des grandes demeures à la fin du moyen age et à la renaissance. Actes du colloque tenu à Tours du 6 au 10 juin 1988* (Paris 1994).

Hadamowsky, Franz, *Barocktheater am Wiener Kaiserhof. Mit einem Spielplan (1625–1740)* (Vienna 1955).

Ham, Claudia, 'Die Verkauften Bräute. Studien zu den Hochzeiten zwischen Österreichischen und Spanischen Habsburgern im 17. Jahrhundert', unpublished dissertation, Vienna (1995).

Hamann, Brigitte, ed., *Die Habsburger. Ein biographisches Lexikon* (Vienna 1988).

Hamscher, Albert N., *The Conseil Privé and the Parlements in the Age of Louis XIV: A Study in French Absolutism*, Transactions of the American Philosophical Society 77-II (Philadelphia 1987).

Hanley, Sarah, *The* Lit de Justice *of the Kings of France: Constitutional Ideology in Legend, Ritual and Discourse* (Princeton 1983).
Harding, Robert R., *Anatomy of a Power Elite: The Provincial Governors of Early Modern France* (New Haven and London 1978).
Hardman, John, *Louis XVI* (New Haven and London 1993).
Louis XVI: The Silent King (London and New York 2000).
Harris, Barbara, 'Women and Politics in Early Tudor England', in *Historical Journal* 33, 2 (1990), pp. 259–281.
Harris, Robert D., *Necker: Reform Statesman of the Ancien Régime* (Berkeley, Los Angeles, and London 1979).
Hartmann, Peter C., *Kulturgeschichte des Heiligen Römischen Reiches 1648 bis 1806. Verfassung, Religion, Kultur* (Vienna, Cologne, and Graz 2001).
Haslinger, Ingrid, *Küche und Tafelkultur am Kaiserlichen Hofe zu Wien. Zur Geschichte von Hofküche, Hofzuckerbäckerei und Hofsilber- und Tafelkammer* (Bern and Vevey 1993).
Hatin, Eugène, *Bibliographie historique et critique de la presse périodique française* (Paris 1866).
Hatton, Ragnhild, ed., *Louis XIV and Europe* (London 1976).
Haupt, Herbert, 'Kunst und Kultur in den Kameralzahlamtsbüchern Kaiser Karls VI: die Jahre 1715 bis 1727', *MÖStA* 12 (1993), pp. 7–186.
Hausenblasová, Jaroslava, 'Die "Höflinge" des Kaisers Rudolf II. – Beitrag zur Begriffsbestimmung', in *Rudolf II, Prague, and the World: Papers from the International Conference, Prague, 2–4 September, 1997*, ed. Lubomir Konecny, Beket Bukovinska, and Ivan Muchka (Prague 1998), pp. 239–243.
'Nationalitäts- und Sozialstruktur des Hofes Rudolfs II. im Prager Milieu an der Wende vom 16. zum 17. Jahrhundert', in *Berichte und Beiträge des Geisteswissenschaftliches Zentrums Geschichte und Kultur Ostmitteleuropas e. V. 1999. Öffentliche Vorträge 1998–1999* (Leipzig 1999), pp. 20–37.
'Seznamy dvoranu císare rudolfka II. Z let 1580, 1584 a 1589', in *Paginae Historiae. Sborník Státino Ustredniho archivu v Praze* 4 (Prague 1996), pp. 39–151.
Heilingsetzer, Georg, 'Prinz Eugen und die Führungsschicht der österreichischen Großmacht', *Österreich und die Osmanen. Prinz Eugen und seinen Zeit*, ed. Erich Zöllner and Karl Gutkas, Schriften des Instituts für Österreichkunde (Vienna 1988), pp. 120–137.
Heinig, Paul Joachim, *Kaiser Friedrich III (1440–1493). Hof, Regierung und Politik* (Cologne 1997).
Hengerer, Mark, 'Adelsintegration am Kaiserhof 1620 bis 1665', *MRK* 10, 1 (2000), pp. 21–32.
Himelfarb, Hélène, 'Versailles: fonctions et légendes', in: *Les lieux de mémoire*, ed. Pierre Nora, II *La Nation* (Paris 1986), pp. 235–292.
Hirschbiegel, Jan, and Paravicini, Werner, *Das Frauenzimmer. Die Frau bei Hofe in Spätmittelalter und früher Neuzeit 6. Symposium der Residenzen-Kommission der Akademie der Wissenschaften in Göttingen* (Stuttgart 2000).
Hobsbawm, Eric, and Ranger, Terence, eds., *The Invention of Tradition* (Cambridge 1983).
Hochedlinger, Michael, 'Mars Ennobled: The Ascent of the Military and the Creation of a Military Nobility in Mid-Eighteenth-Century Austria', *German History* 17 (1999), pp. 141–176.

Hofmann, Christina, *Das Spanische Hofzeremoniell von 1500–1700*, Erlanger Historische Studien 8 (Frankfurt, Bern, and New York 1985).
Holl, Brigitte, *Hofkammerpräsident Gundaker Thomas Graf Starhemberg und die österreichische Finanzpolitik der Barockzeit (1703–1715)*, AÖG 132 (Vienna 1976).
Horowski, Leonhard, 'Pouvez-vous trop donner pour une chose si essentielle? Eine prosopographische Studie der Obersten Chargen am Hof von Versailles', *MRK* 11, 1 (2001), pp. 32–53.
Huizinga, Johan, *Herfsttij der Middeleeuwen. Studie over levens- en gedachtenvormen der veertiende en vijftiende eeuw in Frankrijk en de Nederlanden* (Haarlem 1963).
Hunt, Shannon, 'Zur Definition ständischer Grenzen unter den frühen Stuarts – John Seldens, Titles of Honor' im historischen Kontext', unpublished Magisterarbeit Münster (1999).
Hurt, John J., *Louis XIV and the Parlements: The Assertion of Royal Authority* (Manchester 2002).
Hurter, Friedrich, *Friedensbestrebungen Kaiser Ferdinand's II. Nebst des Apostolischen Nuntius Carl Carafa Bericht über Ferdinand's Lebensweise, Familie, Hof, Räthe und Politik* (Vienna 1860).
Philip Lang, Kammerdiener Kaiser Rudolfs II. Eine Criminalgeschichte aus dem Anfang des siebenzehnten Jahrhunderts (Schaffhausen 1851).
Jackson, Richard A., *Vive le Roi! A History of the French Coronation from Charles V to Charles X* (Chapel Hill and London 1984).
Jäger, Wolfgang, ' "Menschwissenschaft" und historische Sozialwissenschaft. Zur Rezeption von Norbert Elias', *Archiv für Kulturgeschichte* 77 (1995), pp. 85–116.
Jouanna, Arlette, *Le devoir de révolte: La noblesse française et la gestion de l'état moderne 1559–1661* (Paris 1989).
Jousselin, Roland, *Au couvert de roi XVIIe–XVIIIe siècles* (Paris n.d.).
Kagan, Richard L., and Parker, Geoffrey, eds., *Spain, Europe and the Atlantic World* (Cambridge 1995).
Kaiser, Michael, *Politik und Kriegsführung. Maximilian von Bayern, Tilly und die Katholische Liga im Dreißigjährigen Krieg* (Münster 1999).
Kaiser, Thomas E., 'Madame de Pompadour and the Theatres of Power', *FHS* 19 (1996), pp. 1025–1044.
Keller, Katrin, 'Der Wiener Hof von außen. Beobachtungen zur Reflexion des Kaiserhofes im Reich im 17. und 18. Jh.', *Frühneuzeit Info* 12 (2001), pp. 21–31.
Kettering, Sharon, *Patrons, Brokers and Clients in Seventeenth-century France* (Oxford 1986).
Klaits, Joseph C., *Printed Propaganda under Louis XIV: Absolute Monarchy and Public Opinion* (Princeton 1976).
Kléber Monod, Paul, *The Power of Kings: Monarchy and Religion in Europe 1589–1715* (New Haven and London 1999).
Kleinman, Ruth, 'Social Dynamics at the French Court: The Household of Anne of Austria', *FHS* 16 (1990), pp. 517–535.
Knecht, R. J., *Renaissance Warrior and Patron: The Reign of Francis I* (Cambridge 1994).
'The Court of Francis I', *European Studies Review* 8, 1 (1978), pp. 1–22.
Kooijmans, Luuc, *Liefde in opdracht. Het hofleven van Willem Frederik van Nassau* (Amsterdam 2000).
Kovács, Elisabeth, 'Einflüsse geistlicher Ratgeber und höfischer Beichtväter auf das fürstliche Selbstverständnis, auf Machtbegriffe und politische Entscheidungen

österreichischer Habsburger während des 17.und 18. Jahrhunderts', *Cristianesimo nella storia* 4 (1983), pp. 79–102.

'Kirchliches Zeremoniell am wiener Hof des 18. Jahrhundert im Wandel von Mentalität und Gesellschaft', *MÖStA* 32 (1979), pp. 109–142.

Kruedener, Jürgen Freiherr von, *Die Rolle des Hofes im Absolutismus*, Forschungen zur Sozial- und Wirtschaftsgeschichte 19 (Stuttgart 1973).

Kruse, Holger, *Hof, Amt und Gagen: die täglichen Gagenlisten des burgundischen Hofes (1430–1467) und der erste Hofstaat Karls des Kühnen (1456)*, Pariser historische Studien 44 (Bonn 1996).

Kruse, Holger, and Paravicini, Werner, eds., *Höfe und Hofordnungen 1200–1600. 5. Symposium der Residenzen-Kommission der Akademie der Wissenschaften in Göttingen* (Sigmaringen 1999).

Kühnel, Harry, *Die Hofburg zu Wien* (Graz and Cologne 1964).

La Hetraie, *La Chasse. Vénerie – Fauconnerie. Suivi de notices et d'un vocabulaire général des termes de la chasse du cerf* (Paris 1945).

La Toison d'or. Cinq siècles d'art et d'histoire (Bruges 1962).

Labatut, Guy de, *La Cour de Monsieur Frère de Louis XIV. Portraits et documents inédits* (Paris 1927).

Labatut, Jean-Pierre, *Les ducs et pairs de France au XVIIe siècle: étude sociale* (Paris 1972).

Laferl, Christopher F., '"En tierra ajena" Spanier in Wien zur Zeit Ferdinands I. (1522–1564)', *WRGB* 52 (1997), pp. 1–14.

Le Roux, Nicolas, *La faveur du roi. Mignons et courtisans au temps des derniers Valois (vers 1547–vers 1589)* (Paris 2000).

Le Roy Ladurie, Emmanuel, 'Auprès du roi, la Cour', *AESC* 38, 1 (1983), pp. 21–41.

Saint-Simon ou le système de la cour (Paris 1997).

Levantal, Christophe, *Ducs et Pairs et duchés-pairies à l'Epoque moderne (1519–1790)* (Paris 1996).

Lexikon des Mittelalters ed. Liselotte Lutz et al., 12 vols. (Munich 1977–1999).

Lindert, Peter H., Hoffman, Philip T., Jacks, David, Levin, Patricia A., 'Prices and Real Inequality in Europe since 1500', University of California – Davis, Agricultural History Center, Working Paper No. 102 (October 2000).

Lloyd Moote, A., *Louis XIII. The Just* (Berkeley and Los Angeles 1989).

Loeb, Edwin M., 'Die Institution des Sakralen Königtums', *Paideuma* 10 (Wiesbaden 1964), pp. 102–114.

Lynch, John A., and Reitan, E. A., 'From Revenue to Civil List, 1689–1702: The Revolution Settlement and the "Mixed and Balanced" Constitution', *Historical Journal* 13 (1970), pp. 571–588.

Lynn, John, *Giant of the Grand Siècle: The French Army 1610–1715* (Cambridge 1997).

MacHardy, Karin J., 'Cultural Capital, Family Strategies and Noble Identity in Early Modern Habsburg Austria 1579–1620', *Past & Present* 163 (1999), pp. 36–75.

MacHardy, Karin J., *Statebuilding, Religion and Court Patronage: Social and Cultural Dimensions of Political Interaction in Habsburg Austria, 1521–1622* (Palgrave/Macmillan Press, forthcoming).

Malettke, Klaus, and Grell, Chantal, eds., *Hofgesellschaft und Höflinge an europäischen Fürstenhöfe in der Frühen Neuzeit(15.–18. Jh.)* (Münster 2001).

Mansel, Philip, 'Monarchy, Uniform, and the Rise of the Frac', *Past & Present* 96 (1982), pp. 103–132.

Marion, Marcel, *Dictionnaire des institutions de la France aux XVIIe et XVIIIe siècles* (Paris 1923; repr. 1979).
Matsche, Franz, *Die Kunst im Dienst der Staatsidee Kaiser Karls VI. Ikonographie, Ikonologie und Programmatik des 'Kaiserstils'*, 2 vols. (Berlin and New York 1981).
May, Wolfgang, 'Reisen "al incognito". Zur Reisetätigkeit Kaiser Josephs II', *MIÖG* 93 (1985), pp. 59–91.
Mecenseffy, Grete, *Im Dienste dreier Habsburger. Leben und Wirken des Fürsten Johann Weikhard Auersperg (1615–1677)* (Vienna and Leipzig 1938).
Menčík, Ferdinand, 'Beiträge zur Geschichte der Kaiserlichen Hofämter', *AÖG* 87 (Vienna 1899), pp. 447–563.
Mensi, Franz von, *Die Finanzen Österreichs von 1701 bis 1740 nach archivalischen Quellen dargestellt* (Vienna 1890).
Mettam, Roger, *Power and Faction in Louis XIV's France* (Oxford and New York 1988).
'Power, Status and Precedence: Rivalries Among the Provincial Elites of Louis XIV's France', *Transactions of the Royal Historical Society* 38 (1988), pp. 43–62.
Mikoletzky, Hanns Leo, 'Hofreisen unter Kaiser Karl VI', *MIÖG* 60 (1952), pp. 265–285.
Miller, Rotraut, 'Die Hofreisen Kaiser Leopold I', *MIÖG* 75 (1967), pp. 66–103.
Minois, Georges, *Le confesseur du roi. Les directeurs de conscience sous la monarchie française* (Paris 1988).
Mitis, Oskar von, *Jagd und Schützen am Hofe Karls VI* (Vienna 1912).
Morineau, Michel, 'Budgets de l'Etat et gestion des finances royales au XVIIIe siècle', *Revue Historique* 104 (1980), pp. 288–336.
Mörke, Olaf, *'Stadtholder' oder 'Staetholder'?: die Funktion des Hauses Oranien und seines Hofes in der politischen Kultur der Republik der Vereinigten Niederlande im 17. Jahrhundert* (Münster 1997).
Müller, Klaus, *Das kaiserliche Gesandtschaftswesen im Jahrhundert nach dem Westfälischen Frieden (1648–1740)*, Bonner Historische Forschungen 42 (Bonn 1976).
'Habsburgischer Adel um 1700: Die Familie Lamberg', *MÖStA* 32 (1979), pp. 78–108.
Müller, Rainer, *Der Fürstenhof in der frühen Neuzeit* (Munich 1995).
Necipoglu, Gülru, *Architecture, Ceremonial, and Power: The Topkapi Palace in the Fifteenth and Sixteenth Centuries* (Cambridge, MA, and London 1991).
Neuhaus, Helmut, *Das Reich in der frühen Neuzeit* (Munich 1997).
Newton, William Ritchey, *L'Espace du roi. La cour de France au château de Versailles 1682–1789* (Paris 2000).
Noflatscher, Heinz, *Räte und Herrscher. Politische Eliten an den Habsburgerhöfen der österreichischen Länder 1480–1530*, Veröffentlichungen des Instituts für europäische Geschichte 161 (Mainz 1999).
Oresko, Robert, 'The Marriages of the Nieces of Cardinal Mazarin: Public Policy and Private Strategy in Seventeenth-Century Europe', in *Frankreich im europäischen Staatensystem der Frühen Neuzeit* ed. Rainer Babel (Sigmaringen 1995).
Oresko, R., Gibbs, G. C., and Scott, H. M., eds., *Royal and Republican Sovereignty in Early Modern Europe: Essays in Memory of Ragnhild Hatton* (Cambridge 1997).
Oßwald-Bargende, Sybille, *Die Mätresse, der Fürst und die Macht. Christina Wilhemina von Grävenitz und die höfische Gesellschaft*, Geschichte und Geschlechter 32 (Frankfurt and New York 2000).
Pállfy, Géza, 'Der Wiener Hof und die ungarischen Stände im 16. Jahrhundert', *MIÖG* 109 (2001), pp. 346–381.

Paravicini, Werner, ed., *Zeremoniell und Raum. 4. Symposium der Residenzen-Kommission der Akademie der Wissenschaften in Göttingen* (Sigmaringen 1997).
Paravicini, Werner, and Werner, Karl Ferdinand, *Histoire comparée de l'administration (ive–xviiie siècles). Actes du XIVe colloque historique franco-allemand Tours, 27 mars-1er avril 1977*, Beihefte der Francia 9 (Zurich and Munich 1980).
Parker, David, 'Sovereignty, Absolutism and the Function of the Law in Seventeenth-Century France', *Past & Present* 122 (1989), pp. 36–74.
Parrott, David, *Richelieu's Army: War, Government and Society in France, 1624–1642* (Cambridge 2001).
Paulmann, Johannes, *Pomp und Politik. Monarchenbegegnungen in Europa zwischen Ancien Régime und Erstem Weltkrieg* (Paderborn and Munich 2000).
Pecar, Andreas, 'Die Ökonomie der Ehre. Resources, Zeremoniell und Selbstdarstellungspraxis des höfischen Adels am Kaiserhof Karls VI. (1711–1740)', unpublished dissertation Cologne (2001), forthcoming as *Die Ökonomie der Ehre. Der höfische Adel am Kaiserhof Karls VI. (1711–1740)*, Symbolische Kommunikation in der Vormoderne 5 (Darmstadt 2003).
Persson, Fabian, *Servants of Fortune: The Swedish Court Between 1598 and 1721* (Lund 1999).
Pikl von Witkenberg, Wilhelm, *Kämmerer-Almanach. Historischer Rückblick auf die Entwicklung der Kämmerer-Würde. Zusammenstellung der Kaiserlichen Kammerherren seit Karl V. bis zur Gegenwart* (Vienna 1903).
Pils, Susanne Claudine, 'Hof/Tratsch. Alltag bei Hof im ausgehenden 17. Jahrhundert', *WRGB* 53 (1998), pp. 77–99.
Polleroß, Friedrich, 'Tradition und Recreation. Die Residenzen der österreichischen Habsburger in der Frühen Neuzeit', *Maiestas* 6 (1998), pp. 91–148.
'Zur Repräsentation der Habsburger in der bildenden Kunst', in *Welt des Barock*, ed. Elisabeth Kovacs and Rupert Feuchtmüller (Vienna 1986).
Pommier, Edouard, 'Versailles, l'image du souverain', in *Les lieux de mémoire*, ed. Pierre Nora, II *La Nation* (Paris 1986), pp. 193–234.
Potter, David, *A History of France 1460–1560: The Emergence of a Nation State* (Houndmills and Basingstoke 1995).
Press, Volker, 'Josef I. (1705–1711) – Kaiserpolitik zwischen Erblanden, Reich und Dynastie', in *Deutschland und Europa in der Neuzeit. Festschrift für Karl Otmar Freiherr von Aretin zum 65. Geburtstag*, ed. R. Melville and C. Scharf (Stuttgart 1988), I, pp. 277–297.
'Kaiser und Reichsritterschaft', in *Adel in der Frühneuzeit. Ein regionaler Vergleich*, ed. Rudolf, Endres, Bayreuther Historische Kolloquien 5 (Cologne and Vienna 1991), pp. 163–194.
'Österreichische Großmachtbildung und Reichsverfassung. Zur kaiserlichen Stellung nach 1648', *MIÖG* 98 (1990), pp. 131–154.
'The Habsburg Court as a Center of the Imperial Government', *JMH*, 58 supplement (1986), pp. 23–45.
'The System of Estates in the Austrian Hereditary Lands and in the Holy Roman Empire: A Comparison', in *Crown, Church and Estates: Central European Politics in the Sixteenth and Seventeenth Centuries*, ed. R. J. W. Evans and T. V. Thomas (London 1991), pp. 1–22.
Pribram, Alfred Francis, Geyer, Rudolf, and Koran, Franz, *Materialien zur Geschichte der Preise und Löhne in Österreich* (Vienna 1938).

Price, David, 'The Palace and its Institutions in the Chiefdom of Ngambe', *Paideuma* 31 (1985), pp. 85–103.

Ranum, Orest, *The Fronde: A French Revolution 1648–1652* (New York and London 1993).

Reinhard, Wolfgang, *Power Elites and State Building* (Oxford 1996).

Riley, James C., *The Seven Years War and the Old Regime in France: The Economic and Financial Toll* (Princeton 1986).

Roche, Daniel, and Reytier, Daniel, eds., *Les écuries royales du xvie au xviiie siècle* (Paris 1998).

Rogister, John, 'From Louis XV to Louis XVI: Some Thoughts on the Petits Appartements', in *The Art and Architecture of Versailles*, ed. Robert P. Maccubin and David F. Morill, *Eighteenth Century Life* n.s., 17 (1993), pp. 147–166.

Rösener, Werner, 'Hofämter an mittelalterlichen Fürstenhöfen', *Deutsches Archiv für Erforschung des Mittelalters* 45 (1989), pp. 485–550.

Rowlands, Guy, 'Louis XIV, Aristocratic Power and the Elite Units of the French Army', *FH* 13 (1999), pp. 303–331.

Rule, John C., 'A Career in the Making: The Education of Jean-Baptiste Colbert, Marquis de Torcy', *FHS* 19 (1996), pp. 967–996.

Sabatier, Gérard, *Versailles ou la Figure du Roi* (Paris 1999).

Salvadori, Philippe, *La Chasse sous l'Ancien Régime* (Paris 1996).

Sánchez, Magdalena S., *The Empress, the Queen, and the Nun: Women and Power at the Court of Philip III of Spain* (Baltimore 1998).

Saunders, Steven, *Cross, Sword, and Lyre: Sacred Music at the Imperial Court of Ferdinand II of Habsburg (1619–1637)* (Oxford 1995).

Sauzet, Robert, ed., *Henri III et son temps. Actes du colloque international du Centre de la renaissance de Tours, octobre 1989* (Paris 1992).

Sawyer, Jeffrey K., *Printed Poison, Pamphlet Propaganda, Faction Politics, and the Public Sphere in Early Seventeenth-Century France* (Berkeley and Los Angeles 1990).

Schalk, Ellery, *From Valor to Pedigree: Ideas of Nobility in France in the Sixteenth and Seventeenth Centuries* (Princeton 1986).

Schilling, Heinz, 'Reichs-Staat im frühneuzeitliche Nation der deutschen oder teilmodernisiertes Reichssystem. Überlegungen zu Charakter und Aktualität des Alten Reiches', *Historische Zeitschrift* 272 (2001), pp. 377–395.

Schindling, A., and Ziegler, W., eds., *Die Kaiser der Neuzeit 1519–1918. Heiliges Römisches Reich, Österreich, Deutschland* (Munich 1990).

Schmidt, Georg, *Geschichte des alten Reiches. Staat und Nation in der Frühen Neuzeit 1495–1806* (Munich 1999).

Scholten, Helga, *Der Eunuch in Kaisernähe. Zur politischen und sozialen Bedeutung des praepositus sacri cubiculi im 4. und 5. Jahrhundert n. Chr*, Prismata 5 (Frankfurt 1995).

Schreiber, Renate, 'Erzherzog Leopold Wilhelm', unpublished dissertation, Vienna (2001).

Schwerhoff, Gerd, 'Zivilisationsprozeß und Geschichtswissenschaft. Norbert Elias' Forschungsparadigma in historischer Sicht', *Historische Zeitschrift* 266 (1998), pp. 61–105.

Scott, Hamish, 'The Rise of the First Minister in Eighteenth-century Europe', in *History and Biography: Essays in Honour of Derek Beales*, ed. T. C. W. Blanning and David Cannadine (Cambridge 1996).

Scott, Hamish, ed., *The European Nobilities in the Seventeenth and Eighteenth Centuries*, 2 vols. (London 1995).
Seeliger, Gerhard, *Das deutsche Hofmeisteramt im spaeteren Mittelalter* (Innsbruck 1865).
Sellert, Wolfgang, ed., *Reichshofrat und Reichskammergericht: ein Konkurrenzverhältnis*, Quellen und Forschungen zur Höchsten Gerichtsbarkeit im Alten Reich 34 (Cologne 1999).
Sienell, Stefan, *Die geheime Konferenz unter Kaiser Leopold I: personelle Strukturen und Methoden zur politischen Entscheidungsfindung am Wiener Hof*, Beiträge zur Neueren Geschichte Österreichs 17 (Frankfurt 2001).
'Die kaiserlichen Beratungsgremien und die spanische Erbfolgefrage 1699/1700)', *MÖStA* 47 (1999), pp. 117–145.
Solnon, Jean François, *La Cour de France* (Paris 1987).
Spagnolo-Stiff, Anne, *Die 'Entrée Solennelle'. Festarchitektur im Französischen Königtum (1700–1750)* (Weimar 1996).
Spielman, John P., 'Status as Commodity: The Habsburg Economy of Privilege', in *State and Society in Early Modern Austria*, ed. Charles Ingrao (West Lafayette Indiana 1994), pp. 110–118.
The City & the Crown: Vienna and the Imperial Court 1600–1740 (West Lafayette Indiana 1993).
Starkey, David, ed., *The English Court from the Wars of the Roses to the Civil War* (London 1987).
Stollberg-Rilinger, Barbara, 'Zeremoniell, Ritual, Symbol. Neue Forschungen zur symbolischen Kommunikation in Spätmittelalter und früher Neuzeit', *Zeitschrift für historische Forschung* 27, 3 (2000), pp. 389–405.
Stone, Bailey, *The French Parlements and the Crisis of the Old Regime* (Chapel Hill and London 1986).
Straub, Eberhard, *Repraesentatio Maiestatis oder Churbayerische Freudensfeste. Die höfischen Feste in der Münchner Residenz vom 16. bis zum Ende des 18. Jahrhunderts*, Miscellanea Bavarica Monacensia 14 (Munich 1969).
Sutter Fichtner, Paula, *Emperor Maximilian II* (New Haven and London 2001).
Ferdinand I of Austria: The Politics of Dynasticism in the Age of Reformation, East European Monographs C (New York 1982).
'Habsburg Household or Habsburg government? A Sixteenth-Century Administrative Dilemma', *Austrian History Yearbook* 26 (1995), pp. 45–60.
'To Rule Is Not To Govern: The Diary of Maximilian II', in *The Mirror of History. Essays in Honor of Fritz Fellner*, ed. Solomon Wank and Heidrun Maschl (Santa Barbara and Oxford 1988).
Swann, Julian, *Politics and the Parlement of Paris under Louis XV 1754–1774* (Cambridge 1995).
Tambiah, S. J., *Culture, Thought and Social Action: An Anthropological Perspective* (Cambridge MA 1985).
Tardits, Claude, 'L'Espace, indicateur historique, révélateur structural: l'exemple Bamoum (Cameroun)', *AESC* 40, 6 (1985), pp. 1261–1287.
'L'Etiquette à la cour royale Bamoum (Cameroun)', in *Culture et idéologie dans la genèse de l'état moderne. Actes de la table ronde organisée par le centre national de la recherche scientifique et l'école française de Rome* (Rome and Paris 1984), pp. 179–198.

Thomas, Christiane, 'Von Burgund zu Habsburg. Personalpolitische und administrative Verflechtungen in den Herrschaftskomplexen des Hauses Österreich', in *Archiv und Forschung. Das Haus-, Hof- und Staatsarchiv in seiner Bedeutung für die Geschichte Österreichs und Europas*, ed. Elisabeth Springer and Leopold Kammerhofer (Vienna and Munich 1993).

Thurley, Simon, *The Royal Palaces of Tudor England* (New Haven and London 1993).

Treasure, Geoffrey, *Mazarin: The Crisis of Absolutism in France* (London and New York 1995).

Vale, Malcolm, *The Princely Court: Medieval Courts and Culture in North-West Europe, 1270–1380* (Oxford 2001).

Vec, Milos, *Zeremonialwissenschaft im Fürstenstaat. Studien zur juristischen und politischen Theorie absolutistischer Herrschaftsrepräsentation* (Frankfurt am Main 1998).

Vehse, Eduard, *Geschichte der deutschen Höfe seit der Reformation* (Hamburg 1851–1860). *Zweite Abtheilung: Oestreich. Geschichte des Österreichischen Hofs und Adels und der Österreichischen Diplomatie*, 8 vols. (Hamburg 1851–1852).

Vincent, Monique, *Mercure Galant. Extraordinaire Affaires du temps. Table analytique de tous les articles publiés 1672–1710* (Paris 1998).

Vorel, Petr, 'Aristokratické svatby v čechách a no moravě v 16. století jako prostředek společenské komunikace a stavovské diplomacie', *Opera Historica* 8 (2000), pp. 191–206.

Wade, Mara R., *Triumphus Nuptialis Danicus: German Court Culture and Denmark. The Great Wedding of 1634*, Wolfenbütteler Arbeiten zur Barockforschung 27 (Wiesbaden 1996).

Wagner, Hans, 'Royal Graces and Legal Claims: The Pension Payments of Maria Theresa and their Withdrawal by Joseph II', in *Intellectual and Social Developments in the Habsburg Empire from Maria Theresa to World War I. Essays Dedicated to Robert A. Kann*, ed. Stanley Winters and Joseph Held, East European Monographs, 11 (New York and London 1973), pp. 5–29.

Wailly, Nathalis de, *Mémoire sur les variations de la livre Tournois depuis le règne de Saint-Louis jusqu'à l'établissement de la monnaie décimale*, Extrait des Mémoires de l'Académie des Inscriptions et des Belles Lettres 21, 2éme partie (Paris 1857).

Watanabe-O'Kelly, Helen, *Triumphall Shews: Tournaments at German-Speaking Courts in their European Context 1560–1730* (Berlin 1992).

Weary, W., 'The House of La Trémoille, Fifteenth through Eighteenth Centuries: Change and Adaptation in a French Noble Family', *JMH* 49 (1977), *D1001.

Wilson, Peter H., *The Holy Roman Empire, 1495–1806* (Basingstoke 1999).

Winkelbauer, Thomas, *Fürst und Fürstendiener. Gundaker von Liechtenstein, ein österreichischer Aristokrat des konfessionellen Zeitalters* (Vienna and Munich 1999).

'Grundherrschaft, Sozialdisziplinierung und Konfessionalisierung in Böhmen, Mähren und Österreich unter der Enns im 16. und 17. Jahrhundert', in *Konfessionalisierung in Ostmitteleuropa. Wirkungen des religiösen Wandels im 16. und 17. Jahrhundert in Staat, Gesellschaft und Kultur*, ed. Joachim Bahlcke and Arno Strohmeyer, Forschungen zur Geschichte und Kultur des östlichen Mitteleuropa 7 (Stuttgart 1999), pp. 307–338.

'Krise der Aristokratie? Zum Strukturwandel des Adels in den böhmischen und niederösterreichischen Ländern im 16. und 17. Jahrhundert', *MIÖG* 100 (1992), pp. 328–353.

'Sozialdisziplinierung und Konfessionaliserung durch Grundherren in den österreichischen und böhmischen Ländern im 16. und 17. Jahrhundert', *Zeitschrift für Historische Forschung* 19 (1992), pp. 318–319.

Winterling, Aloys, *Der Hof der Kurfürsten von Köln 1688–1794. Eine Fallstudie zur Bedeutung 'absolutistischer' Hofhaltung* (Bonn 1986).

Winterling, Aloys, ed., *Comitatus: Beiträge zur Erforschung des spätantiken Kaiserhofes* (Berlin 1998).

Zwischen 'Haus' und 'Staat'. Antike Höfe im Vergleich, Historische Zeitschrift, Beiheft 23 (Munich 1997).

Wolf, Adam, *Die Hofkammer unter Leopold I* (Oktoberhefte des Jahrganges 1853 der Sitzungsberichte der Philos.-histor. Classe der kais. Akademie der Wissenschaften, 11, pp. 440 ff., separately published).

Woolgar, C. M., *The Great Household in Late Medieval England* (New Haven 1999).

Zeller, Gaston, *Les institutions de la France au xvie siècle* (Paris 1948).

Zmora, Hillay, *Monarchy, Aristocracy, and the State in Europe, 1300–1800* (London 2001).

Zolger, Ivan, *Der Hofstaat des Hauses Österreich*, Wiener staatswissenschaftliche Studien 14 (Vienna and Leipzig 1917).

Zöllner, Erich, *Der Österreichbegriff* (Vienna 1988).

《図版出典一覧》

＊下記２点の略語は以下の通り
ÖNB : Österreichische Nationalbibliothek
BNF : Bibliothèque Nationale de France

図１　Réunion des Musées Nationaux
図２　ÖNB 461.761　A/B
図３　Réunion des Musées Nationaux
図４　作者不詳，Réunion des Musées Nationaux
図５　ÖNB 607.837 C
図６　Antoine Pezay 作，Réunion des Musées Nationaux
図７　ÖNB 65.071 res
図８　ÖNB LW 74.372
図９　ÖNB D 46923
図10　ÖNB 161.021
図11　Jean Le Pautre 作，BNF
図12　Salomon Kleiner 作，ÖNB RV 1.898
図13　ÖNB 171.776
図14　Adam Frans van der Meulen 作，Réunion des Musées Nationaux
図15　作者不詳，Réunion des Musées Nationaux
図16　Antoine Trouvain 作，Réunion des Musées Nationaux
図17　Antoine Trouvain 作，Réunion des Musées Nationaux
図18　Pierre Le Pautre 作，BNF
図19　ÖNB 198.944
図20　J. C. Hackhofer 作，ÖNB 284.972
図21　Jean Le Pautre 作，Réunion des Musées Nationaux
図22　ÖNB 608.009
図23　ÖNB 740.063
図24　Wagennar, Vaderlandsche Historie, vervattende de geschiedenisse der vereenigde Nederlanden (Amsterdam 1729), Letterenbibliotheek, Utrecht University
図25　Jean Marot 作，Réunion des Musées Nationaux
図26　J. C. Hackhofer 作，ÖNB 281.232
図27　J. B. Oudry 作，Réunion des Musées Nationaux
図28　ÖNB 535220
図29　Réunion des Musées Nationaux
図30　J. C. Hackhofer 作，ÖNB 198.709
図31　BNF
図32　ÖNB 461.761 A/B
図33　ÖNB 198.942
図34　ÖNB WH 3546 D
図35　ÖNB 8.581
図36　Sebastien Leclerc 作，BNF
図37　ÖNB 600.672 res
図38　BNF
図39　ÖNB 606.367 B
図40　Caspar Luyken 作，ÖNB 517.750

人間科学叢書46

ウィーンとヴェルサイユ

ヨーロッパにおけるライバル宮廷 1550〜1780

2017年３月７日　初版１刷印刷
2017年３月13日　初版１刷発行

著　者　J. ダインダム
訳　者　大津留　厚
小山啓子
石井大輔
発行者　中村文江

発行所　株式会社　刀水書房
〒101-0065　東京都千代田区西神田２－４－１　東方学会本館
電話 03-3261-6190　FAX 3261-2234　振替00110-9-75805
印刷　亜細亜印刷株式会社
製本　株式会社ブロケード

 ISBN978-4-88708-424-7　C3322

L.ダイアモンド，M.F.プラットナー編／中道寿一監訳

42 **シビリアン・コントロールとデモクラシー**

2006　345-9　A５上製　256頁　¥3000

1995年，米国で開催された国際会議「政軍関係と民主主義の定着」を基にした論集。ハンチントン他12人が，ロシア等ポスト共産主義諸国及びラテンアメリカ等発展途上国の，文民優位の現状と市民社会の成熟度を分析

S.ベラー／桑名映子訳

43 **世紀末ウィーンのユダヤ人**
1867―1938

2007　＊368-4　A５上製　390頁　¥4700

フロイト，ツヴァイク，マーラー，シェーンベルク，ヴィトゲンシュタイン…19世紀末に花開いたウィーン文化の担い手とされるユダヤ人。ユダヤ人問題と「世紀末」ウィーン文化の関わり合いを統計的手法を含めて読み解く

G.ステッドマン・ジョーンズ／長谷川貴彦訳

44 **階級という言語**
イングランド労働者階級の政治社会史　1832-1982年

2010　＊390-5　A５上製　330頁　¥4500

英国ニューレフト史学の記念碑的著作。チャーティズムをめぐる分析では「言語は実体を反映するものではなく，実体に先行して意味内容を規定する」という言語認識を歴史分析に応用，歴史学における言語論的転回を示す

ケヴェール・ジェルジ／平田 武訳

45 **身分社会と市民社会**
19世紀ハンガリー社会史

2013　＊408-7　A５上製　350頁　¥4600

ハンガリー社会史学界を代表する著者による，ブダペシュト大学のハンガリー近現代社会史講義。ハンガリー社会史研究最新の成果！　20世紀後半以来，久し振りにハンガリー史学の最先端に触れる

J.ダインダム／大津留厚・小山啓子・石井大輔訳

46 **ウィーンとヴェルサイユ**
ヨーロッパにおけるライバル宮廷　1550～1780

2017　＊424-7　A５上製　430頁　¥4500

膨大な史料を駆使，それぞれの人員・費用・宮廷生活・儀式・ヒエラルキーを比較して，新たな宮廷像を描き出し，二つの国家の形成過程における宮廷の役割を照射。エリアスの宮廷論を超える「野心的研究」と評価される

P. L. グプタ／山崎元一・鬼生田顯英・古井龍介・吉田幹子訳

33 **インド貨幣史**

古代から現代まで

2001　282-7　A5上製　305頁　￥3800

インドのコインの初めての通史。写真370点に，銘文および解説を付け，全時代を網羅する。インド本国でも版を重ね，特にムスリム支配以前の研究は抜群！

L. セア編／小林一宏・三橋利光訳

34 **現代ラテンアメリカ思想の先駆者たち**

2002　296-7　A5上製　242頁　￥4700

「ヨーロッパでもなく，先住民でもない」真のラテンアメリカ人のアイデンティティを模索した先駆者たち。ホセ・マルティーほか10人の代表作。文化と思想の独自性を主張する南米の新しい波！

C. ノヴァコヴィチ／越村勲・唐沢晃一訳

35 **セ　ロ**

中世セルビアの村と家

2003　294-0　A5上製　276頁　￥4700

中世セルビアの農村社会史。家族・共同体・村・国家を法制史・地理学・社会学・民俗学と多角的な方法により考察。刊行後100余年の今でもバルカン研究の基本図書とされ，原文が難解なため長く訳出が待ち望まれていた

M. L. ブッシュ／指昭博・指珠恵訳

36 **ヨーロッパの貴族**

歴史に見るその特権

2002　295-9　A5上製　369頁　￥4500

「ヨーロッパの貴族とは何か？　何故に貴族たり得たのか？」「貴族の特権？」「貴族の残存？」これらの問いに，ヨーロッパ全域，古代末から20世紀までを対象に答える

近藤仁之

37 **スペイン・ユダヤ民族史**

寛容から不寛容に至る道

2004　306-8　A5上製　218頁　￥4700

スペインにおけるユダヤ人の歴史を古代から近世までたどり，キリスト教・イスラム教・ユダヤ教の長期に亘る共存を通して相互に保たれていた寛容が，不寛容に変わる転換過程を分析する

姚荷生／多田狷介訳

38 **雲南のタイ族**

シプソンパンナー民族誌

2004　320-3　A5上製　334頁　￥4700

日中戦争中，中国西南部（シーサンパンナ）を訪ねた生物学徒の見聞録。人と自然が，現代にも通じる豊かな感性と，ユーモアに溢れた筆致で描かれる。巻末に，この地域特有のタイ語表を収録

H. キュング，J. チン／森田安一(訳者代表)

39 **中国宗教とキリスト教の対話**

2005　307-6　A5上製　284頁　￥4500

ユダヤ教やキリスト教は唯一絶対神の預言を特徴とし，中国宗教は聖賢と民間土俗の神々の共存を信ずるところから始まる。二つの宗教の差異を対比して，宗教の本質にせまる

M. L. ブッシュ／永井三明監訳，和栗了・和栗珠里訳

40 **貧乏貴族と金持貴族**

2005　308-4　A5上製　294頁　￥4000

貴族社会の本質的特性は“多様性”だった。中世から近代まで，東欧・西欧・北欧・南欧と時空間を縦横に駆け巡り様々な貴族を描き出しながら，貴族の特性を追究する。『ヨーロッパの貴族』の続編

O. ザンズ／有賀貞・西崎文子訳

41 **アメリカの世紀**

それはいかにして創られたか？

2005　344-0　A5上製　308頁　￥3600

20世紀は「アメリカの世紀」。世紀初めは新興国に過ぎなかったアメリカが世紀末には超大国に。フランス生まれの社会史研究者が「消費の民主化」に答えを見出した，画期的考察

木村和男，P. バックナー，N. ヒルマー共著

26 **カナダの歴史**

大英帝国の忠誠な長女　1713—1982

1997　219-3　A 5 上製　271頁　¥4500

第 8 回（1997）

カナダ首相出版賞受賞

カナダと日本の歴史学者の協力によるユニークな通史。フランスの植民地ケベックから始まり，しかしいまだにイギリス性から脱却しきれず，「大英帝国の忠誠な長女」と呼ばれるカナダは，同時に最も先進的な多民族国家でもある。このユニークな若い多文化主義の国は現代国家のモデルとして注目を浴びている

堀本武功

27 **インド現代政治史**

独立後半世紀の展望

1997　216-9　A 5 上製　229頁　¥4700

ガンディー，ネルーのもとに独立し，アジアの盟主であったインドの50年。根深い宗教と民族の対立を背景に，困難をきわめる国際関係。インドはその貧困とカーストのくびきから脱しうるか？　現状を冷静に把握

R. H. ヒルトン／瀬原義生訳

28 **中世封建都市**

—英仏比較論—

2000　267-3　A 5 上製　240頁　¥4800

中世都市は封建領主によって支配された小都市・市場都市を本質とし，都市の商品生産が中世の封建社会を崩壊させたとする漠然たる通説は成立しないとする。ローマの奴隷制や中世の手工業ギルドにも疑問を呈する

松浦高嶺

29 **イギリス近代史を彩る人びと**

2002　269-X　A 5 上製　205頁　¥2800

イギリス近代史の先達が学生・一般人向けに書き下ろした問題史。時代順に 8 つのテーマを選び，生き生きとした人間像の点描により近代英国の興亡を描く。ホイッグ史学の批判的継承の上に，新千年期の未来を展望

M. バーリー，W. ヴィッパーマン／柴田敬二訳

30 **人種主義国家ドイツ**

1933-45

2001　270-3　A 5 上製　302頁　¥4800

社会政策の近代性と人種政策の野蛮が同居するナチとは何か？　ユダヤ・ジプシー・同性愛者への蛮行と民族純血の追求は，世界的人種政策か。冷静に事実を収集し，いまあらためて歴史的事実を検証し，事の本質に迫る

阿部重雄

31 **ギリシア独立とカポディーストリアス**

2001　278-9　A 5 上製　275頁　¥3800

フランス革命後の独立の気運に乗って，ウィーン会議以後の国際社会の権謀術数の中から，オスマン帝国の支配を脱するギリシア人の苦闘。古代ギリシアがローマの属州に落ちて以来2000年の独立である

S. ベラー／坂井榮八郎監訳・川瀬美保訳

32 **フランツ・ヨーゼフとハプスブルク帝国**

2001　281-9　A 5 上製　323頁　¥3800

ハプスブルク帝国を崩壊に導いた皇帝の役割と責任は？　時代への対応を誤った多民族帝国の運命と，在位68年の皇帝の政治的生涯を厳密に検証。古くて新しい問題「歴史における個人の役割」に真っ向から挑戦する

吉村忠穂
18 **マルクシズムと国際共産主義の興亡**
1990　119-7　Ａ５上製　193頁　￥3301
前著『社会主義とファシズム』（本叢書８）につづく社会主義運動史。マルクシズムはベルンシュタインに修正され，民主社会主義が西欧の主流となった。西欧のマルクシストは実践面では修正主義者である

I. T. ベレンド，Gy. ラーンキ／柴宜弘・柴理子・今井淳子・今村労訳
19 **ヨーロッパ周辺の近代　1780～1914**
1991　128-6　Ａ５上製　276頁　￥3786
周辺は中心にいかに対応して「永い19世紀」の経済発展をとげたか？　ヨーロッパの「南北問題」。その後進性は全世界各地のモデルでもあり，日本の発展の道でもあった

小嶋　潤
20 **西洋思想史上のキリスト教**
1992　138-3　Ａ５上製　336頁　￥4660
キリスト教の水脈でたどる西洋の思想。原始キリスト教，スコラ哲学，ドイツ神秘主義，パスカル，スピノザ……そして実存主義まで，それらの背景にいかにキリスト教が大きな陰をやどしているか

I. ケルショー／柴田敬二訳
21 **ヒトラー神話　第三帝国の虚像と実像**
1993　149-9　Ａ５上製　308頁　￥3689
19世紀ドイツ統一以後の困難，敗戦・革命・インフレ・賠償など，ドイツ国家と民族の物質的・精神的窮乏が民衆に救世主を期待させた。そこにヒトラーの登場する要因を見るヨーロッパ歴史学の成果

岩本由輝
22 **東北開発120年（増補版）**
1994　＊378-3　Ａ５上製　209頁　￥2400
東北の近代～現代を戊辰戦争の怨念から解き放ち，東北自立へいたる道程として，東北に育ち学んだ歴史・経済史学者が語る東北論。地域としての東北をいかに自覚すべきか（その後の20年を増補。最新の東北経済論）

J. ロスチャイルド／大津留　厚監訳
23 **大戦間期の東欧　民族国家の幻影**
1994　170-7　Ａ５上製　428頁　￥5700
突然にやってきた東欧共産主義体制の崩壊とソ連による東欧支配の終焉の前提に，大戦間期の民族と国家の自立があった。74年に現在の情況を予言したに等しい本書の存在を確認したい

矢田俊隆
24 **オーストリア現代史の教訓**
1995　172-3　Ａ５上製　260頁　￥4200
ハプスブルク帝国から小国へ転落，次いでナチス・ドイツに併合され，敗戦後は永世中立国へ，激動するオーストリアに歴史の教訓を見るという意味で「現代史」が書かれている。本書は歴史学のあり方の一典型といえる

M. ワトソン編／浦野起央・荒井　功訳
25 **マイノリティ・ナショナリズムの現在**
1995　171-5　Ａ５上製　346頁　￥3700
近代は民族と国家が興隆し，帝国主義と二つの大戦に彩られた。現代はエスニック，地域主義その他のマイノリティがマジョリティを脅かす。マイノリティとは何か。研究は始まったばかりである

小嶋　潤

9 **西洋教会史**

1986　078-6　A５上製　414頁　¥4757

新約聖書学者によるほとんど唯一の書き下ろし。中世ヨーロッパ史の中心をなす教会の動き，教義論争，異端などをキリスト教哲学の立場で解説する専門家ならではの通史

E.コルプ／柴田敬二訳

10 **ワイマル共和国史**

研究の現状

1987　083-2　A５上製　290頁　¥2900

第二次大戦の前提となった不幸な共和国とヒトラーの進出は，ドイツの現状にとって避けて通れないばかりでなく，ヨーロッパ諸国にとっても忘れ得ない。現時点での概観と研究の総括

藤田健治　［品切］

11 **哲学的人間学方法論・生の連続と非連続のパースペクティヴ**

1988　085-9　A５上製　183頁　¥1800

西洋哲学の泰斗がインド，中国，日本の古典を眺望し，混迷する現代に新たなる人間的生の展望を与えようとする

P.ブリックレ／前間良爾・田中真造訳

12 **1525年の革命**

ドイツ農民戦争の社会構造史的研究

1988　087-5　A５上製　389頁　¥4800

重厚な実証的地域研究を背景に，マルクス史学・社会史学を批判的に摂取し，歴史学の抽象的概念論争に終止符を打った注目の書。その方法論的影響は大きい

小嶋　潤

13 **イギリス教会史**

［付　東方教会史要］

1988　093-X　A５上製　275頁　¥3300

西洋史の中枢をなした教会，政治権力をめぐる教会の動きを教義と霊性の相克とし，イギリスにピューリタニズムの伝統を見る。『西洋教会史』の姉妹編

岩本由輝

14 **村と土地の社会史**

若干の事例による通時的考察

1989　105-7　A５上製　312頁　¥2800

「耕す者が収穫を得る者である」という本源的土地所有の原理を解明……。古代から現代までを見通して論ずる土地と共同体の根本的考察。事例研究が古代から現代まであること自体が例の少ない，有効な方法である

G.シュタットミュラー／矢田俊隆解題・丹後杏一訳

15 **ハプスブルク帝国史**

中世から1918年まで

1989　106-5　A５上製　246頁　¥2800

誕生から終焉まで，ハプスブルク朝800年の歴史。欧州全域にまたがる大国家の政治・外交・民族問題を注視して現代ヨーロッパを暗示する第一人者によるコンパクトな名著

R.ベッセル編／柴田敬二訳

16 **ナチ統治下の民衆**

1990　112-X　A５上製　206頁　¥3300

ナチズムとその世代を非難すれば足りた時代が終り，あの時代を生きた平凡な民衆のレベルで第三帝国を視つめると，まったく新しい歴史が現れる。歴史と民衆，支配と民衆，新たな視点を提起する

S.N.アイゼンスタット／内山秀夫訳

17 **文明としてのヨーロッパ**

伝統と革命

1991　117-0　A５上製　200頁　¥3301

伝統と革命，近代とダイナミズム，参加と抗議，社会主義と全体主義，ヨーロッパを統一的に把握する比較ヨーロッパ文明論の試み

人間科学叢書

A 5 上製　平均250頁　随時刊

C. モリス／平井正樹訳

1 宗教改革時代のイギリス政治思想　［品切］

1981　030-1　A 5 上製　263頁　￥3800

中世から近代への転換期16，17世紀の政治思想に与えたプロテスタンティズムのインパクトを，社会的文化的大変動のうえに描いた概説書

M. ヘーダエートゥッラ／宮元啓一訳

2 中世インドの神秘思想　［品切］

ヒンドゥー・ムスリム交流史

1981　031-X　A 5 上製　240頁　￥4200

中世インドの宗教詩人カビールにいたる神秘思想の系譜を，回印両文化の交流と民衆エネルギーの高揚のうちに捉えた宗教史・中世史の労作。他に類例のない貴重書

P. アンダーソン／青山吉信・尚樹啓太郎・高橋秀訳

3 古代から封建へ

1984　050-6　A 5 上製　325頁　￥4200

イギリスの新左翼的歴史理論家として注目される著者が，ヨーロッパ史の発展の軌跡を全時代・世界的な視野から論じた問題提起の書。ヨーロッパ史の巨視的把握

中村吉治

4 日本封建制の源流

(上)氏と村　(下)身分と封建

1984　053-0,054-9　A 5 上製　(上)上229頁 (下)293頁　各￥3800

古代から近世まで，氏族と土地，名と寄進・托身，同族と儀礼，職業と身分などの実証的研究を根底に，「身分論」を提唱する。日本社会史の先達のラジカルな視線に注目

---

5 （欠番）

大谷瑞郎

6 歴 史 の 論 理

「封建」から近代へ

1986　074-3　A 5 上製　227頁　￥4400

「封建」の概念を検討，その具体相を比較し，さらにブルジョア革命・資本主義に及んで，西欧モデルの単系発展論を克服。自由な発想による比較歴史学的業績

大塚徳郎

7 みちのくの古代史

都人と現地人

1984　058-1　A 5 上製　284頁　￥4660

東北古代史に具体的に現れる人間を実証的に追求した労作。とぼしい史料の中から最近の考古学の成果もとり入れて支配者，被支配者を具体的に描きだす東北古代史研究の一方法を示した好著

吉村忠穂

8 社会主義とファシズム　［品切］

1986　077-8　A 5 上製　222頁　￥2800

独・露を中心にイタリア・日本をふくめて，基本的な史料・史実の洗いなおしによる冷静な立論，戦後40年にしてようやく出現。ソヴィエト崩壊以前に発表された労作

刀水書房のハプスブルク帝国関連書

［価格は税抜き、（　）は刊行年］

ハプスブルク帝国史　中世から一九一八年まで
G・シュタットミュラー／矢田俊隆解題・丹後杏一訳　A5　¥二八〇〇（一九八九年）

オーストリア現代史の教訓
矢田隆俊　A5　¥四二〇〇（一九九五年）

エリザベート　栄光と悲劇
M・シェーファー／大津留敦監訳・永島とも子訳　四六　¥二〇〇〇（二〇〇〇年）

フランツ・ヨーゼフとハプスブルク帝国
S・ベラー／坂井榮八郎監訳・川瀬美保訳　A5　¥三八〇〇（二〇〇一年）

ダルマチアにおける国民統合過程の研究
石田信一　A5　¥八四〇〇（二〇〇四年）

世紀末ウィーンのユダヤ人
S・ベラー／桑名映子訳　A5　¥四七〇〇（二〇〇七年）

近代スロヴァキア国民形成思想史研究　「歴史なき民」の近代国民法人説
中澤達哉　A5　¥七二〇〇（二〇〇九年）

近代ボヘミア農村と市民社会　一九世紀後半ハプスブルク帝国における社会変容と国民化
桐生裕子　A5　¥八一〇〇（二〇一二年）

中世後期のセルビアとボスニアにおける君主と社会　王冠と政治集会
唐澤晃一　A5　¥六五〇〇（二〇一三年）

身分社会と市民社会　一九世紀ハンガリー社会史
ケヴェール・G／平田　武訳　A5　¥四六〇〇（二〇一三年）

ハプスブルク帝国の鉄道と汽船　一九世紀の鉄道建設と河川・海運航行
佐々木洋子　A5　¥五〇〇〇（二〇一三年）